PREMIÈRE PARTIE

MÉMOIRES

SUR LA

COMMUNE DE CONTES

comprenant

HISTOIRE. — TERRITOIRE. — RELIGION.

INSTUCTION. — INDUSTRIE.

AGRICULTURE. — PRODUITS. — MÉTÉOROLOGIE.

La table des matières contenues dans ces Mémoires, et le nom des Villes et Villages, Couvents et Sanctuaires dont il y est fait mention se trouvent à la fin de ce volume.

HISTOIRE

Ce chapitre est important, il renferme sur la Commune de Contes de faits historiques que le temps avait obscurcis, et qu'il aurait pu faire entièrement oublier à l'avenir. Si chaque Commune avait sa petite histoire, on pourrait former un corps complet des faits historiques du Département qui aurait son importance dans l'histoire générale de la nation.

Pour l'histoire générale du Comté de Nice j'ai suivi les auteurs connus, surtout Durante Histoire de Nice, et pour les faits particuliers à la Révolution française Toselli, Tisserant et les Archives de la Préfecture.

Quant à l'histoire particulière de la Commune de Contes je me suis servi des Manuscrits de Dom Bonifassi (1) et de Scaliero, conservés dans les Archives de la Ville de Nice, et surtout des nombreux parchemins, chartes, papiers et mémoires conservés dans les Archives de la Commune de Contes, dont on trouve à la Préfecture un excellent inventaire fait en 1835 et renfermant une analyse détaillée des faits arrivés à Contes depuis l'an 1241.

J'ai aussi puisé quelques faits particuliers dans des papiers de famille et dans le souvenir des personnes qui par leur age et excellente memoire m'ont fourni le récit des faits traditionnels incontestables.

(1) Dom Bonifassi renommé par ses recherches historiques, géologiques, minérales, agraires et religieuses de la Ville et du Comté de Nice. Il fut Curé de Contes de 1829 à 1831.

Origine de Contes.

Les habitants des Alpes-Maritimes ne furent d'abord que des hordes errantes, aussi sauvages que leurs rochers, ne vivant que de chasse, toujours en guerre les uns contre les autres. Ils ne devinrent un peu civilisés que lorsque les Egyptiens, sous la conduite de *Ligurus*, fils de Phaéton, après s'être répandus sur les rivages de la Grèce, vinrent fonder des colonies en Italie, y apportèrent leurs mœurs, leurs lois, leurs connaissances agricoles et leur religion et y formèrent un nouveau peuple auquel *Ligurus* donna son nom.(1)

Ces *Liguriens* devinrent bientôt les maîtres absolus des rivages maritimes et des rochers qui les dominent : ils s'appelaient *chevelus, capillati,* parce qu'ils portaient de longues chevelures en signe d'indépendance, dont ils étaient extrêmement jaloux. Ils se divisaient en *Saliens, Alpins et Védiantiens*. Les *Saliens* habitaient en Provence au delà du Var, les *Alpins*, les hautes montagnes des Alpes maritimes, et les *Védiantiens*, les collines fertiles qui bordent la mer et qui s'étendent en amphithéâtre jusqu'aux premiers échelons des Alpes.(2)

Il est à peu près reconnu par les historiens que l'origine des *Védiantiens* est grecque, que ce furent les Troyens qui après la destruction d'*Ilion*, suivirent les

(1). Muratori. Giustiniani. ann.
(2). Bouche. Papon, Hist. de Prov.

nouveaux destins d'Enée, dont une fraction vint s'établir dans les collines qui entourent Nice, où ils bâtirent la ville de Cimiez, (*Céméléon*), dérivé de deux mots grecs *Cimélon* et *Ilion*, savoir *monts* habités par les *Troyens*.(1)

Telle était la population du Comté de Nice, lorsque les Phocéens, qui avaient fondé Marseille, vinrent s'établir dans le bassin de Nice, 300 ans avant Jésus-Christ, pour étendre leur commerce parmi les descendants de leurs anciens compatriotes, les Grecs. Ils bâtirent bientôt sur le rocher qui s'élève à l'embouchure de Paillon, une forteresse pour contenir les Liguriens et les Védiantiens qui s'étaient opposés à l'envahissement de leur territoire, et qu'à cause de la victoire qu'ils avaient remportée sur eux, ils appellèrent *Nika*, mot grec qui signifie *victoire*.(2)

Les Védiantiens s'accommodèrent bientôt avec les nouveaux venus qui leur apportaient le bienfait des sciences et des arts, et ceux-ci étendirent leur commerce aussi loin qu'ils le purent parmi les habitants des Alpes et de la Ligurie.

Le territoire de Contes, confinant avec celui des Védiantiens, n'était habité, à cette époque, que par des gens qui cultivaient le bétail dans les excellents pâturages des environs, et qui adonnés, comme les autres peuplades, à la guerre, prirent pour devise un emblème représentant un *chien de troupeau*, comme plus adapté à leur occupation. et que leur *chef* plaçait sur le cimier de son casque, ainsi que c'était la coutume

---

(1). Strabon. Pline lib. 15.

(2). Gioff. Nic. Civ. Cap. 2. Strabon. Tite Live. Nice ne conserva pas toujours son premier nom ; sous Charlemagne, elle portait celui de *Bellanda*, dérivé de *bel* beau, et *landa* terre ; belle terre.

pour chaque bourgade de prendre un signe distinctif, généralement d'un animal vivant, dans les temps de guerre. Ils étaient alors appellés d'après la devise qu'ils avaient prise ou qu'on leur avait donnée. Ainsi les habitants de Contes furent appellés *Contenos*, dérivé de deux mots grecs, *Cuon* et *thenos*, qui signifient *chien de troupeau*, (Sheep-dog en anglais), nom que les Romains latinisèrent en celui de *Cuntinus*, lorsque plus tard ils vinrent conquérir les Alpes maritimes, ainsi que cela apparaît d'une ancienne inscription latine, trouvée dans les environs, ainsi conçue :

EGOMONI CUNTINO
VICUS CUNTINORUM
POSUIT

Savoir, le bourg des Continois a dédié ce monument à son *chef*, appelé en grec *Egomon* qui signifie *Chef* qui dirige et commande dans les combats. (1)

Et comme *Mars* était le dieu de la guerre, ils l'adoraient dans la personne de leur *Chef* qui le représentait. Le dieu Mars était aussi adoré sous le même titre d'*Egomon* à Lyon, d'après l'inscription qu'on y a trouvée : *Marti Egonomi sacrum*. (2)

Et voilà l'étymologie de *Contes* qui vient du grec *Contenos* et du latin *Cuntinus*, dégénéré en celui de *Contes*. L'opinion de ceux qui veulent que Contes vienne de ce que tous les ans, au mois de Mai, une assemblée générale se tenait à Contes où les administrateurs venaient rendre compte de leur gestion, n'est pas vraisemblable ; rien dans l'histoire qui en démontre la réalité, qui en donne même la moindre idée.

(1) Gioffredo sto. Alp. mar. I pag. 217.
(2) Grutero, page 58.

Il paraît que le bourg de Contes existait originairement au *Vignal*, puisqu'on y a trouvé, à plusieurs reprises, des restes de tombeaux, des ossements en grand nombre, et des débris d'ustensiles romains que l'on n'a pas trouvés à l'endroit où est situé présentement Contes.(1)

D'après Dom Bonifassi, Contes faisait partie, du temps des Romains, de la Commune de Chateauneuf, ou Ville-vieille, qui était alors très-florissante ; mais dans la suite des temps il s'en sépara, et s'érigea en Communauté. La raison qu'il en donne est que Contes avait conservé jusqu'à la Révolution française, le droit d'envoyer tous les ans un délégué au Conseil municipal de Chateauneuf pour le règlement des comptes de la Commune.

Du temps des Romains, Contes n'était qu'un bourg ou village, *vicus*, plus tard il devint si important qu'il fut entouré de murailles et devint un château ou forteresse, *Castrum Continum*, appelé plus tard *Castrum de Comptes*, (2) et son importance fut telle qu'il eut ses Seigneurs.

Les Seigneurs.

Le plus ancien Seigneur de Contes que nous connaissons est un certain Bertrand Guigues, de la famille Guigues de Nice, qui était aussi Seigneur de Chateauneuf en l'année 1027. (3)

Nous trouvons dans les nombreuses chartes conservées dans les Archives de la Commune de Contes, qu'en l'année 1241 Gaufredo et son frère Rostagne étaient

---

(1) Durante Chor. p. 96.
(2) Arch. Com. N. 279 et 280.
(3) Durante Cho. 97.

coseigneurs de Contes et qu'en cette qualité ils prêtèrent hommage au Roi de Jérusalem et de Sicile. (1) Depuis cette époque nous ne trouvons plus dans les dites chartes que des Coseigneurs de Contes, dont les noms sont Boniface en 1269, les Seigneurs de Berre en 1271, Bertrand et Gaufredo en 1290. Gaufredo Seigneur de *Cros* en 1308. (2) Badati en 1314. Bertrand et Domicello de Berre en 1319, Guillaume et Antoine Boeti, Georges et Benoît, frères Borriglione en 1329, Louis Gaufredo de *Cros* en 1368, Jean et Philippe de Berre, Ludovic Graglieri et Terrazani, Pierre Blacassi, Barthélemy Borriglione, de 1434 à 1454 ; Capitaine Graglieri et Honoré de Berre en 1460. (3) Enfin le dernier feudataire fut Ludovic Chiabaudi, baron de Berre qui portait le titre de Châtelain de Vignal. (4)

Après la mort de la Reine Jeanne en 1382, et les désordres qui s'en suivirent, le Comté de Nice ayant passé sous la Souveraineté du Duc de Savoie Amédée VII en 1388, la Commune de Contes lui rendit hommage, qui lui fut aussi rendu en 1466 par Julien de Castelli au nom de la Commune. (5)

Les droits que les Seigneurs exerçaient sur leurs feudataires étaient souvent si outrés que, en 1460 les habitants de Contes se plaignirent au Duc de Savoie qu'ils étaient tracassés par leurs Seigneurs, lesquels exigeaient d'eux la prestation d'hommage, publiaient des ordres concernant la réparation des murailles de la ville et des chemins, prétendaient exercer des droits

---

(1) Arch. Com. N. 48.
(2) Charte conservée dans la bibliothèque du feu Comte de Robion. Ce *Cros* est *Sclos*, comme nous le verrons plus tard.
(3) Arch. Com. N. 50, 51. 58, 59, 73, 86, 90, 270, 295.
(4) Durante ch. p. 97.
(5) Arch. Com. N. 85, 96.

royaux, celui des *bans* et de *passage* et le droit de nommer le Bayle (Juge), prétentions auxquelles la Commune s'opposait, ne croyant relever que de l'autorité souveraine du Duc et des Magistrats par lui établis. Le Duc fit faire une enquête le 1er et 22 juillet 1461. Arch. Com. Nos 279 et 280.

Ce fut à cette époque 1461, que le Duc confirma tous les *Statuts* politiques de la Commune datés du 25 Février 1418. No 412

Cependant la Commune dut faire dans les années 1460-61 et 62 par devant le Gouverneur de Nice et son Délégué, plusieurs procès à ses Seigneurs, les nobles Louis Gragliéri, et Honoré de Berre, lesquels se permettaient de construire des scieries d'eau, couper des arbres dans les forêts de la Commune, et la troublaient ainsi dans la possession dont elle jouissait de temps immémorial, de construire des scieries, de couper les arbres de ses forêts, de les scier et de les vendre. Procès qui ne furent terminés qu'en 1466, à l'avantage de la Commune. No 279.

Afin d'éviter d'autres différents avec ses Seigneurs, la Commune acheta d'eux divers droits féodaux, entre autres la *Juridiction* de Contes qui appartenait anciennement au Seigneur de Berre, dont le tiers fut acquis à Louis Gragliéri comme héritier de Catherine de Berre, qui fut ensuite partagé avec Pierre Briglione et les frères Baretti ; lesquels vendirent leur part, avec droits et dépendants, à la Commune de Contes, le 15 Janvier 1482 par contrat reçu par Nitardi ; et les autres deux tiers furent vendus à la Communauté par Honoré de Berre le 7 Mai 1471. Cet achat fut ménagé et traité par Grimaldi de Beuil et fait à Nice. Par cet acte l'universalité des habitants de Contes, représentés par leurs magistrats, s'affranchit de toute redevance envers les anciens Seigneurs, moyennant la somme de 3,000 florins d'or, et obtint le privilège de n'être jamais détachée du Domaine Ducal. Nos 102 et 119 et Mellarède.

La Commune de Contes ayant acquis toute la juridiction de ses Seigneurs, la céda au Duc qui l'accepta par les Contrats de 5 Avril 1478 et du 28 Août 1483. Et le Duc donna à la Commune le 29 Août 1489 l'usage des eaux pour arroser leurs terres. No 125 et Mellarède. C'est en conséquence de cette cession de la juridiction au Duc que la Commune de Contes lui rendit hommage en cette même année 1489.

Les Seigneurs chassés de Contes.

Cependant les tracasseries continuelles des Seigneurs irritèrent tellement les habitants de Contes que le 26 Décembre 1500, jour de Saint Etienne, ils les chassèrent tous de leur Château, au nombre de 17, à l'exception d'un seul qui était encore dans les langes, et qui était de la famille Terrazani, Seigneur de Berre, famille qui s'est ensuite éteinte, passant par le moyen d'une fille dans celle de Dalaize. Ils furent surtout excités à cela pour venger la mort d'un certain Goiran, libérateur de la patrie, qui fut tué lorsqu'il se trouvait seul à la chasse, crime qui fut attribué à l'envie des Seigneurs.

Mais ce qui honore les habitants de Contes dans cette circonstance, c'est la justice avec laquelle ils se comportèrent envers un de ces Seigneurs, dont la conduite humaine et douce méritait un certain égard. Ils le maintinrent dans le droit, dont il avait joui jusqu'alors d'un certain revenu, et qu'ils continuèrent à lui payer dans un jour déterminé, en le lui donnant sur la porte de l'Eglise, devant laquelle ce Seigneur devait se tenir, tenant d'une main le cheval et un pied dans l'étrier dans l'acte de partir. Ce fait s'est conservé jusqu'à présent par tradition ; et c'est par mépris que les voisins appelèrent depuis lors ceux de Contes des *Seigneurs*. Dom Bonifassi.

La pierre dite *dau Revès*, sur laquelle on payait le tribut aux Seigneurs, et qui fut conservée dans la maison-de-ville de Contes jusqu'en 1770 environ, fut vue par M. Penchienatti qui vivait encore en 1807 âgé de 81 ans, et qui en informa Dom Bonifassi. (1)

Après le bannissement des Seigneurs la ville de Contes prit possession de leur Château, sur lequel le Duc Souverain avait des droits et que la ville tint en son nom pour la défense du pays.

On conserve dans les Archives de la ville au N° 88 de l'Inventaire, un extrait du Registre tenu par Léopold de Fulginéo, Inquisiteur des droits royaux, déposé dans les Archives d'Aix, constatant les droits que le domaine Royal avait sur le Château et lieu de Contes.

C'est dans ce château, ou *Fort* de Contes, ainsi que le Gouvernement Ducal l'appelait à cette époque et dont on voit encore la porte à herse, que les Bayles placèrent les voleurs et autres criminels, en vertu de l'autorisation que leur donna le Gouverneur de Nice en 1560. No 190.

Cependant les habitants de Contes, ne se croyant pas satisfaits de s'être délivrés de la présence des Seigneurs,

(1) Manus. Lettre D. Arch. Com. de Nice.

voulurent encore n'avoir rien de commun avec eux, et en conséquence dans une assemblée générale, tenue en 1510, ils résolurent à l'unanimité et s'obligèrent à n'assujettir à aucune servitude leurs immeubles, ni de les vendre ou les louer à aucun des nobles et puissants, des riches ou de toute autre personne de ce genre. No 143. Et la Commune en 1511 supplia le Duc, vu cette action solennelle des habitants, de maintenir leurs immeubles libres de tout service et servitude envers toute personne noble et puissante. No 100.

Le Duc, par ses lettres patentes du 10 Mars 1511, ordonna que ce privilège leur fût maintenu. Copies de ces lettres sont conservées dans les Archives de la Commune au No 147.

On fit même davantage. La Commune défendit en 1513, de négocier avec les personnes nobles, ecclésiastiques et semblables. No 150. Et le Duc de son côté, défendit aux seigneurs, en 1521, de vendre des terres aux habitants de Contes ou d'en acheter d'eux. Les Seigneurs avaient renoncé à tous les biens qu'ils possédaient dans la Commune de Contes à l'exception du *Vignal, La Greu et Lizières*.

Finalement en 1549, le 31 Août, le Duc Charles de Savoie confirma la concession de tous les privilèges qui avaient été accordés à la Commune de Contes, et lui donna à cens perpétuel les passages et les bans moyennant la somme de trois écus d'or, payables chaque année le jour de Pâques et la somme de trente écus de Savoie, payables une seule fois. No 182.

Et en 1586, le 23 Janvier, la Commune de Contes, par un acte public et solennel, reconnut tous les droits que les Princes Souverains de Savoie, avaient sur la ville et territoire de Contes. No 194.

Contes érigé en Comté

Ce ne fut qu'en 1700 que la commune s'affranchit de tout droit seigneurial, et à cet effet elle demanda au Duc souverain la rétrocession de la juridiction qu'elle lui avait cédée en 1483, et le Duc Victor-Amédée la lui accorda, moyennant 14.000 livres, par ses patentes du 31 Mars 1700, par lesquelles il lui inféoda, « toute la juridiction et pied noble, lige et gentil avec « première appellation, et tous revenus et droits sei- « gneuriaux et domaniaux, fidélité, dernier ressort, et « haute régale, à condition que de quatre Avocats pré- « sentés par la Commune pour Juges, le premier Président « en élira un. Et pour plus de *Decorum* le Duc érigea « la terre de Contes en *Comté* en faveur de la commune « avec pouvoir à la Commune de l'aliéner pour le tout « et non par parties, à la charge qu'elle concourra aux « cavalcades et qu'elle passera reconnaissance de 20 en « 20 ans et payera le *quindennium* de livres 300. » N° 216 et Mellarède.

Ces patentes furent intérinées par la Chambre le 6 Mai 1700 et ensuite approuvées et enrégistrées par le Sénat de Nice le 22 du même mois. (1)

---

(1) C'est le Duc Charles Emmanuel qui établit un Sénat à Nice le 8 Mars 1614, et lui donna les mêmes attributions et prérogatives qu'à ceux de Turin et de Chambéry : il était composé de quatre sénateurs et du premier Président. Leur installation eut lieu le 16 du même mois avec la plus grande pompe militaire et religieuse, en sa présence. Ce bon prince avait aussi établi à Nice en 1610, et dans les autres chefs-lieux du Comté le bureau de l'*Insinuation* et un collège de Notaires.

Il protégea la *Colonie des Juifs* établie à Nice, contre toutes les avanies auxquelles elle était en butte : il les exempta du service militaire et de la loi d'ubaine, avec la faculté de pouvoir librement acquérir et contracter. A l'époque que les Juifs furent chassés de l'île de Rhodes, vers 1500, les consuls voulant réparer la dépopulation de Nice, accordèrent aux Juifs un asile dans la ville ; une foule de familles israélites y portèrent alors leurs richesses, leurs habitudes et leur trafic particulier. Nous verrons plus tard comment le Pape sauva les Juifs d'une extermination générale en 1348, lors de la *peste noire*, dite de Florence.

En vertu de ces patentes la Commune de Contes devenue *Comtesse de la Ville et territoire de Contes*, rendit hommage et prêta serment de fidélité au Duc de de Savoie. No 215.

A cette époque, toutes les communes du Comté de Nice étaient inféodées, à l'exception de Puget et de St Martin.

Si après le bannissement des Seigneurs en 1500, les habitants de Contes furent appelés par dérision des *Seigneurs*, nous trouvons qu'après que leur territoire fut érigé *en Comté*, ils se crurent tellement des seigneurs, que, depuis cette époque jusqu'à la Révolution française, les Notaires donnèrent dans presque tous les contrats, le titre de *nobles* à toutes les personnes de la Commune.

Droits des Seigneurs sur Contes

Les droits que les Seigneurs prétendaient avoir sur la Commune de Contes furent souvent l'objet de contestations entre eux et les habitants, comme nous avons vu. Leur prétentions allèrent si loin que pendant les 14 ans qui précédèrent leur expulsion, ils exigèrent des habitants le *sixième* sur tous les produits de la terre, même sur les gages des domestiques, à l'exception toutefois du salaire des nourrices et du produit des semailles de Mars.

Il y a au-delà de Paillon, vis-à-vis Contes un endroit appellé *las forcas*, où l'on pendait les prétendus coupables. Les Seigneurs s'arrogeaient même le droit de tuer quiconque serait trouvé chassant sur leurs terres. (1)

---

(1) Le fief *(pied)* d'Aspremont était le plus considérable de tous les fiefs du Comté de Nice. Le Vassal retirait le *treizième* de tous les fruits que produisait le territoire, il avait les *lods* de toutes les ventes et la *corvée* de trois jours de chaque habitant : mais jamais prétendit-il à des droits semblables à ceux des Seigneurs de Contes.

Droits que le Souverain avait en 1703 dans la Commune de Contes. (1)

300		Chefs de maison.
25		Ecclésiastiques.
5		Féodaux. } terres qui payaient.
2248	86	Allodiaux
16,877	livres	revenus des cotisations, de traits et caloriques.
1,569	setiers	rochers, terres vaines, sans revenu.
1,315	charges	blés de toutes sortes.
735	rubs	de vin.
8,000	setiers	d'huile.
40	«	de noix.
80	rubs	de figues.
2	«	de soie.
70	quintaux	chanvre.
645	livres	de foin.
45,592	«	de capitaux.
2,474	«	d'Intérêt.
1,234	«	Censes, pensions, frais extraordinaires.
3,308	«	Revenu de la Commune.
300	«	Quindennium de 20 en 20 ans, à payer chaque 20 années.
15	«	feux (focages).
669	«	donatifs, payables chaque année.
120	«	nouvelle répartiton en Ecus d'or.

(1) Sommaire des droits du Roi dans le Comté de Nice, par Mellarède, Conseiller de S. A. et Intendant Général du Comté de Nice. 1703. Arch. Com. de Nice.

La Commune devait en outre payer 5 Livres *coronatorum* pour les cavalcades et alberghes, (frais des juges pour se transporter dans les divers lieux et y administrer la justice), 8 livres et 7 sols *parvorum* pour les pâturages, et 3 ducats d'or pour les *bans* et *passages* qui lui furent donnés en emphytéose par Charles III le 31 Août 1549. (*Bans* peines à ceux qui font des dommages aux particuliers ou aux animaux. On y a substitué à présent les gardes champêtres).

Focages, nom que l'on donnait aux collectes, ou impositions qui se faisaient par feu ou famille vivant ensemble. Ces focages furent établis en 993, et renouvelés en 1302 par le comte de Provence, comme impôt extraordinaire.

Nice paya alors 3,036 livres de Gênes, à raison de 18 deniers, ou gros tournois pour chaque feu. Il y avait à cette époque 2,064 feux à Nice et faubourgs, lesquels calculés à cinq individus, l'un dans l'autre, forment à cette époque une population de 18.320 âmes. Ces focages furent réduits en 1614, et ils furent fixés à 250 pour Nice, 35 Villefranche, 15 Contes, 15 Châteauneuf, 14 Eza, 12 Levens, 10 Tourette, 8 Berre, 8 Aspremont.

Pâturages et Bandites.

Le droit de pâturage dont abusaient trop souvent les seigneurs, au préjudice de l'agriculture, fut restreint dans de justes bornes par les lettres patentes de la Reine Jeanne du 16 Septembre 1367.

En 1439 le 17 Mai, les syndics de Contes, Paul Danielis et Pierre Giacobi prirent en emphytéose des Seigneurs, au profit de la Commune, tous les pâturages des terres *incultes* du teritoire de la Commune, pour 5 florins par an, payables à St Michel. Arch. Com. No 93 : mais en 1454 et 1460, la Commune dut faire plusieurs procès aux seigneurs de Contes, les nobles Philippe de Berre, Barthélemy Borriglione, Ludovic Gaglieri, et surtout Honoré de Berre, qui faisaient paître leurs troupeaux dans les bois de la Commune. N° 271 à 296.

Et pour éviter à l'avenir des différents avec les dits seigneurs, elle acheta d'Honoré de Berre toutes les *Bandites* de la Commune, duquel elle avait déjà acheté en 1471 sa part de juridiction, le tout pour 800 florins. No 131. Et nous trouvons qu'en 1605 elle loua ces Bandites à Nicolas Giacobi pour l'espace de six ans, pour 575 livres par an. No 195.

Et pour protéger ses bois que les habitants détruisaient sous prétexte d'y aller faire de la litière *(gias)*, la Commune obtint du sénat de Nice, le 27 Octobre 1724, une proclamation qui défendait aux particuliers du pays, et des pays voisins de s'introduire dans les bois appartenant à la Commune de Contes, d'y couper toute espèce de bois et d'y faire du *gias*. No 189 et 239.

Bornages.

On conserve dans les Archives de la Commune les bornages suivants :

En 1306 et 1357 deux copies d'un jugement arbitraire qui établit les limites entre la commune de Contes et celle de Berre. No 71 et 72.

En 1667, bornage à la *Colle de Caraïsson* entre les susdites deux communes. No 203 et 156.

En 1671, bornage du bois de *Puey*, entre la commune de Contes et André Gandolfo, du dit lieu. No 204.

En 1679, bornage du bois de *Barban*.

En 1686, bornage entre les communes de Contes et de Berre, dans les lieux dits *Serra, Terriglio* et *Caraïsson*. No 209.

En 1695, bornage des bois *Pastras* et *Peirafuec* entre la Commune et Jean-Baptiste Lea, Jean Castelli, Gio. Ludovic Giaume et Claude Scudéri. No 396.

En 1697, bornage du bois de *Fournier* entre la Commune et Jean André Calvino, mon trisaïeul. No 213.

En 1704, bornage de *Fournier* entre la Commune et Antoine Calvino du feu Jacques. No 218.

En 1720, bornage du bois de *Sipieras* entre la Commune et Fabrice Brocart et Jacques Cauvin No 240.

En 1702, quatre décrets du Sénat de Nice contre la commune de Peille, en faveur de celle de Contes, à l'égard des limites de leurs territoires respectifs. No 217.

Fontaine

Contes a été une des premières villes du Comté de Nice, qui a fourni à ses habitants une eau de source abondante. En 1482 elle avait déjà fait une convention avec un certain Antoine Gandolfi, pour la conduite à la Ville des eaux de la source de *Rieudum*. No 122 ; mais ce ne fut qu'en 1541 que les travaux furent commencés. Nos 179 et 382. — En 1587 elle fit construire la belle fontaine qu'on admire sur la place publique, à côté de l'Eglise. En 1645 elle avait eu un procès avec Honoré Scuderi, qui prétendait avoir des droits sur le lieu dit *Ray de trà la villa*, d'où dépend la dite source ; mais elle eut gain de cause. Arch. Com. No 391.

Moulins et Edifices

En 1469, le 10 Février, la Commune de Contes avait fait une convention avec un certain Mathieu Delserre, par laquelle elle obligeait toutes les personnes de la Ville à moudre leur blé et à triturer leurs Olives, au Moulin et à l'Edifice que le dit Delserre avait construits ; et dans le cas que quelqu'un voulut aller à d'autres moulins ou édifices, il devait en prévenir le dit Delserre et lui payer un droit à déterminer avec lui ; à défaut il encourrait une peine pécuniaire et la perte du blé ou des Olives. Par cette convention, Delserre s'obligeait de remettre les dits Moulin et Edifice en toute propriété à la Commune, après un terme de six ans. Alberti notaire.

En 1471 un mandat fiscal fut lancé contre les Syndics pour avoir fait clandestinement et frauduleusement la susdite Convention, par laquelle ils privaient le public et les Seigneurs de Contes, de la faculté de faire construire d'autres Moulins et Edifices dans la Commune, vu que personne n'oserait y aller moudre son blé ou triturer ses Olives, à cause des peines infligées dans la Convention. No 292, Ordinati Originali.

C'est alors en cette même année, 1471, que la Commune acheta les Moulins à farine que les Seigneurs de Berre et Gragliéri possédaient à Contes, et que le Duc la mit en possession de l'acqueduc qui conduisait les

Eaux sur les Moulins et les Edifices. No 100 et Mellarède. 1703.

Cependant en 1477, la Commune voyant que les Moulins et les Edifices n'étaient pas assez rémunérateurs, pensa de les vendre ; mais une grande dissension s'éleva parmi les habitants ; les uns, et c'était la majeure partie, disaient que c'était plus utile de les vendre au noble Ludovic Gragliéri, Coseigneur de Contes, et les autres voulaient qu'ils fussent vendus à la Commune de Sospel. No 294. Ils finirent par ne pas les vendre ; et par un contrat du 1er Décembre 1493, Blanchi notaire, Pierre Castelli de Contes s'obligea de construire un autre Moulin au-dessus du chemin public, et au-dessus d'un des moulins de la Commune, dans la propriété de Barthélemy Fulconis de Scarena, pour le compte de la Commune, moyennant le prix de 46 florins d'or. No 310.

Et en 1500, la Commune défendit à toute personne de construire des Moulins et des Edifices, des fabriques de drap, ou toute autre fabrique, sans son consentement exprès, parce qu'elle était en possession de l'aqueduc par la cession que lui en avait faite le Duc Souverain, en 1471. Nos 89 et 137.

En 1515, la Commune loua tous les Moulins et Edifices lui appartenant, à Barthélemy Jannesi, pour deux ans, moyennant 120 florins d'or. Et en 1518 elle loua le Moulin et l'Edifice situés au dessus de la *Puata* pour 5 ans à Pierre Giacobi pour 85 florins, et l'Edifice au-dessus de la *Puata* à Jean Scuderi alias *Rossinolli* pour 5 ans pour 71 florins ; et le moulin de *las Plastras* pour 5 ans à Antoine Traverso pour 25 florins par an. Nos 153, 156, 157, 158. Mais en 1705 et 1709, la Commune fut condamnée à payer une indemnité à qui de droit, pour avoir changé la direction de l'aqueduc *(bial)* des eaux du Moulin. Nos 430, 431.

Animaux nuisibles et animaux utiles

En 1513, la Commune défendit aux habitants et aux étrangers de chasser avec des engins, les oiseaux et les animaux sauvages, afin de ne pas en détruire la race. No 150.

En 1509, la Commune exposa à la Curie de Nice, qu'une quantité innombrable de chenilles, dites *tuoras*, avait envahi le territoire de Contes et y faisait d'immenses dégâts, dévorant les légumes, les herbages, les raisins, les arbres et tous les fruits de la terre, et lui demanda que par des exorcismes et les prières de l'Eglise, ces insectes destructeurs fussent forcés de sortir des terrains cultivés, et se retirer dans des lieux déserts. Arch. Com. No 320. — Les Exorcismes eurent lieu, et les *tuoras* se retirèrent dans le bois de *Barella*, au delà de Paillon, en plusieurs files, les unes après les autres ; les habitants placèrent même des planches en quelques endroits où il y avait de l'eau, afin que les chenilles pussent la traverser.

Durante II p. 396 dit qu'à Nice après l'inondation de 1601, des nuées d'insectes, dites *vers-chenilles*, détruisirent toutes les récoltes, et n'épargnèrent pas même les feuilles des arbres. Les Consuls promirent des récompenses à ceux qui trouveraient un remède contre ce fléau. (S'ils avaient eu recours aux prières et aux exorcismes de l'Eglise, la récompense aurait été la destruction des chenilles.)

De notre temps, Dom Filippi, Curé de Sclos, fut requis d'exorciser les chenilles, *tuoras*, qui ravageaient un champ de choux à la *Torre*, et un autre à *Mazin*, appartenant à Mr Joseph Cauvin, et le lendemain les chenilles avaient disparu à la *Torre*, et furent trouvées toutes mortes à *Mazin*. Des témoins oculaires vivent encore à Sclos.

A Castagniers plusieurs personnes encore vivantes se souviennent de la quantité innombrable de chenilles (*tuoras*), qui avaient envahi les arbres et les plantes de la campagne, et que Dom Vincent Guigo exorcisa, leur ordonnant de se retirer sur les pins du bois appartenant à la Commune, et que ces mêmes personnes, et tous les habitants les virent le lendemain y aller en files, de tous les côtés, de sorte que quelques jours après les pins se trouvèrent dégarnis en partie de leurs filioles que les chenilles avaient dévorées.

Archives de la Commune de Contes.

C'est des Archives de la Commune de Contes que j'ai tiré les faits locaux rapportés dans ces *Mémoires*, d'après l'inventaire qui fut fait en 1835 des chartes, parchemins, papiers contenus dans ces Archives, sous le numéro d'ordre indiqué à chaque fait, et dont copie authentique se trouve dans les Archives de la Préfecture de Nice.

En 1835, par ordre du Gouvernement Sarde, toutes les Communes durent faire l'*Inventaire* des papiers contenus dans leurs Archives. Le notaire Giacobi, secrétaire de la Commune, aidé du Syndic l'avocat Ludovic Allart, fit l'Inventaire de ceux contenus dans les Archives de Contes, lequel est admirable par l'ordre, la précision et le résumé qu'il y a faits du contenu de chaque charte etc. Voici les numéros de cet excellent inventaire.

Inventario Generale degli Archivi del Comune di Contes.

Contenti

1° Misure territoriali, libri di transporto ed atti relativi alla territorialità. . . . . . . Pagina 1
2° Causati. 2
    Parcellai. 3
3° Conti Esattoriali. 3
4° Contabilità comunale relativa alla produzione dei mandati, buoni e simili. 3
5° Ordini, provvidenze e Leggi. 4
6° Alloggi, Somministranze militari. 10
7° Instrumenti, patenti, titoli diversi di privilegi, prerogative, grazie e simili. 10
8° Ordinati originali. 79
9° Atti di lite e carte relative. 81
10° Chiabenze in granaglie fatte dal Comune a diversi particolari. 146
11° Bandi politici e composti. . . . . . . »
12° Oggetti diversi. 157
13° Catasti francesi, mutazioni ed atti relativi. . 162
14° Contribuzioni dirette. 163
15° Budjets attivi e passivi. . . . . »

16° Conti resi dai Sindaci e Esattori. . . . . . »
17° Ordini, provvidenze e bullettini del Governo. »
18° Lettere circolari della Prefettura ed altri Uffizi. 164
19° Registro di corrispondenza colla Prefettura.
20° Processi verbali del Consiglio. . . . . . .
21° Conscrizioni militari . . . .
22° Actes de l'état-civil. . . . .
23° Oggetti diversi, concernenti le succursali e Confraternite. . . . .
24° Mutazioni.. . . . .
25° Materie personali. . . . .
26° Causati, redditi, entrate Communali. . . .
27° Ordini, provvidenze, leggi Regie. . . . .
28° Ordinati originali del Consiglio. . . . . .
29° Registro delle persone estere. . . . . .

Li 7 Settembre 1840, il Sindaco Rosalindo Camous certifica che il notajo Andrea Giacobi, segretario del Comune, ha verificato la classificazione delle carte esistenti negli Archivi di questo Comune, ed inseguito formato l'Inventario Generale ch'egli sottomette al consiglio, il quale dichiara che questo Inventario contiene tutto ciò che è negli Archivi, che nulla è stato smarito ne dimenticato. Che gli Archivi sono stati chiusi a doppia chiave, di cui una fu data al Sindaco e l'altra al Segretario.

Per questo lavoro il Consiglio da al Segretario 200 Lire.

Firmato : GIACOBI, Segretario.

La Commune de Contes est la commune du Comté la plus riche en vieilles chartes et en transactions ; d'après son Inventaire, elle en contient 143 écrites en *latin*, écriture *gothique*, et sur *parchemin*, dont la plus ancienre est de 1241. On s'est servi de la langue latine jusqu'en 1567, et après cette époque de la langue italienne.

La Commune de Guillaumes, ne possède que 22 chartes sur parchemin, dont la plus ancienne est de 1300.

Le Puget a une transaction pour ses moulins de 1162. Ses chartes et privilèges ne remontent qu'à 1350.

Sigale possède 141 parchemins presque tous inexplorés : le plus ancien est de 1305.

Robion, ses chartes sont de 1321 à 1366.

Sausse de 1326.

Isola de 1307.

Peille de 1285 à 1339.

St Martin d'Entraunes de 1285 à 1330.

En temps de guerre.

Dans ces Mémoires, nous ne parlerons que des principales guerres dans lesquelles Contes dut prendre part, ou eut à souffrir comme les autres pays voisins de Nice.

Incursions des Barbares.

Le Comté de Nice, réduit en province romaine jusqu'à la décadence de l'Empire romain, passa successivement depuis l'an 406, sous le joug des Goths, des Bourguignons, des Visigoths et enfin des Lombards, lorsque vers l'an 585 Alboin, Duc des Lombards, s'avança avec une puissante armée sur les bords du Var, pour faire la guerre aux Francs. Il détruisit tout ce qui lui resista. Cimiez, cette Capitale des Alpes maritimes, célèbre par sa puissance, par ses nobles souvenirs et par sa vénérable antiquité, fut entièrement détruite. Nice, Antibes, Fréjus, Aix et plusieurs autres villes de la Gaule Narbonnaise eurent le même sort. (1)

Irrité des ravages des Lombards, *Childebert*, roi d'Austrasie, les chassa de la Gaule et des Alpes maritimes, et dès lors Nice et le bas Comté passèrent sous sa domination ; mais ils furent exposés à d'autres barbares.

Incursions des Sarrazins.

Les Sarrazins, ces pirates venus d'Afrique, ennemis acharnés des chrétiens, envahirent en 729 tout le midi des Gaules, et y détruisirent les églises, les monastères et les Etablissements religieux avec une rage brutale. Ils pillaient, incendiaient, égorgeaient, amenaient les habitants en esclavage, renouvelant les scènes d'horreur des peuples barbares qui les avaient devancés environ trois siècles auparavant. Un moine appellé *Ebbon*, parcourut le littoral de la Provence et de la Ligurie, la croix à la main, disant : *la victoire est écrite dans le Ciel, les infidèles seront exterminés sous les murs de Poitiers*. Nice, le bas Comté et les villes de la Ligurie répondirent à cet appel prophétique ; une bataille sanglante s'engagea sous les murs de Poitiers, et les chrétiens remportèrent un triomphe complet en 734.

Six ans après, les Sarrazins d'Espagne envahirent de nouveau la Provence et le bas Comté. *Charles-*

---

(1) L'incursion des barbares avait été prédite quelques années auparavant par S. Hospice, qui habitait une vieille tour au delà de la Ville de Villefranche. *Venient*, disait-il, *in Galliam Longobardi, et vastabunt civitates septem*.

Antibes du nom grec *Antipolis* qui signifie *vis-à-vis* de la ville de Nice.

Fréjus fut fondé par Jules-César (*Forum Julii*) Fréjus était alors sur le bord de la mer.

Aix fut fondé par le Consul *Sextius Calvinus* (*Acquœ Sextiœ*)

Martel les repoussa au-delà des Pyrénées. C'est alors en 740, qu'il réunit la Provence au royaume des Francs et que Nice reconnut sa Souveraineté pour mieux résister aux Sarrazins. C'est depuis cette époque que les habitants de Nice et du bas Comté, attachés au sort de la Provence, partagèrent toutes les vicissitudes de bonheur et de revers, dont elle devint le théâtre sous le règne des successeurs de *Charles-Martel*. Dès le huitième siècle, la Gaule Narbonnaise prit le nom de *Provence*, du mot latin *provincia*. Le titre de Comte de Provence date de 948 : Bozon II est la tige des Comtes de Provence.

Cependant les Sarrazins ne cessaient d'infester les côtes de la Provence ; maîtres de la mer Ligurienne, ces terribles pirates tombaient à l'improviste sur les divers points du littoral qui se trouvaient dégarnis, et y commettaient impunément d'horribles dévastations. *Charlemagne*, un des successeurs de *Charles-Martel*, vint à Nice en 777 et y reçut les députés des villes maritimes venus pour implorer son appui contre les infidèles. Ceux de Nice en particulier le supplièrent de prendre en considération la dévastation des campagnes, les populations amenées en esclavage, les églises profanées, enfin l'état d'alarme et de désespoir dans lequel vivaient sans cesse les malheureux habitants.

Touché du tableau affligeant des calamités publiques, *Charlemagne* entreprit de chasser les infidèles au-delà des Pyrénées ; mais il perdit la célèbre bataille de Roncevaux, dans laquelle l'armée des chrétiens fut presque entièrement détruite ; et plus tard *Guillaume*, Comte de Toulouse, perdit celle de Carcassonne où il fut tué. La ville de Nice ne put résister à la fureur des Maures, et elle fut de nouveau entièrement ruinée. Gioffredo attribue à cet évènement déplorable la perte de nos anciennes notions historiques, et par conséquent les ténèbres qui règnent sur une partie de nos annales. (1)

Les deux Fraxinets des Sarrazins.

A la mort de Charlemagne arrivée en 813, les Sarrazins se sentant affranchis de toute crainte, recommencèrent leurs pirateries sur les côtes de la Provence et des Alpes maritimes. En 970, ils s'établirent sur la sommité d'un rocher escarpé, vis-à-vis S. Tropez (*Heracle* des Romains), et la forteresse qu'ils y bâtirent, appelée en leur langue *Fraxinet*, devint la terreur des pays environnants. Ils ravagèrent successivement l'île de *Lérins*, (2) Cannes, Grasse et Antibes, passèrent le Var, et désolèrent toutes les campagnes aux environs de Nice et du bas Comté. Nice leur résista; mais ils déchargèrent leur rage sur l'Abbaye de St Pons ; ils brisèrent les vases sacrés, mutilèrent les religieux infirmes, emmenèrent les autres en esclavage et livrèrent aux flammes ce vaste édifice, regardé comme un des plus magnifiques de toute la Provence. (3)

Ils s'emparèrent ensuite du *Port Olive*, aujourd'hui Villefranche, et se fixèrent sur le promontoire du golfe S. Hospice, où il firent une autre forteresse ou *Fraxinet*, qui servit de point de communication avec le premier *Fraxinet* : ils s'établirent aussi sur le col de Turbie, où ils élevèrent des fortifications autour du

---
(1) *Iterum a Saracenis Nicae omnia ferme antiqua monumenta naufragium passa sunt, atque tabulae dispersae.* Nic. Civ. cap. 13.
(2) Le célèbre Couvent de *Lérins* fut fondé en 410.
(3) Gioffredo de Epis. Nic. p. 157.

monument d'Auguste, (1) et dans les montagnes entre Castillon et S¹ᵉ Agnès, (2) afin d'être les maîtres des passages par terre en Italie, comme ils l'étaient par mer ; ils s'emparèrent des retranchements de Montboron et se rendirent maîtres de tout le pays jusqu'aux portes de Nice. (3) En effet l'historien *Frodoard* dit que les Sarrazins rançonnaient tous les voyageurs qui de la Provence et du Languedoc voulaient passer en Italie. Tel était l'avilissement des chrétiens à la fin du dixième siècle.

La proximité de ces barbares africains réduisit bientôt les habitants de Nice, des cités maritimes de la Provence et du bas Comté à la dernière extrémité : obligés à se tenir enfermés dans leurs remparts, ils voyaient sans cesse leurs campagnes dévastées, et ceux qui se hasardaient à entreprendre quelque culture, impitoyablement égorgés ou amenés en esclavage.

Le manque de récoltes et le défaut de communications produisirent bientôt une affreuse misère. Les Sarrazins postés aux deux *Fraxinets*, redoublant d'audace dans leur impunité, osèrent passer les Alpes et menacer l'Italie.

(1) Le monument de la Turbie, dont il existe encore une partie, fut élevé en honneur de l'empereur Auguste, en souvenir des peuplades des Alpes maritimes qui avaient été soumises à l'empire Romain. Ce monument ainsi que les fortifications qui avaient été élevées à diverses époques, furent détruits par le Maréchal de Villars dans le 17e siècle, à l'instigation du Prince de Monaco. — C'est à l'Intendant *Crotti* que l'on doit la belle fontaine qui a été construite à la Turbie en 1823 : en faisant le conduit de l'eau qui commence à la région du *Faisset* près Peille, on trouva les vestiges de l'ancien aqueduc des Romains dont on s'est servi en partie. Ce conduit est long de 4500 mètres et a coûté avec la fontaine 24 mille francs.
La belle église de la Turbie fut construite en 1777.
(2) Il existe encore à Nice un quartier appelé *lou canton dei Sarazin*, apparemment l'endroit où les Sarrazins tenaient leur avant-poste.
(3) La tradition dit qu'une princesse nommée *Agnès* fut surprise par un ouragan effroyable, elle implora les prières de sa Sainte, et parvint à s'abriter sous une grotte dans la montagne. En reconnaissance elle fit élever un sanctuaire sur cette sommité. L'Eglise de Sᵗᵉ Agnès porte sur un de ses degrés la date de 1574.

Destruction des Fraxinets,

Il fallut enfin penser à leur destruction. Deux expéditions furent nécessaires pour réduire le grand *Fraxinet*; la première sous la conduite de *Hughes*, Comte de Provence, aidé des galères que lui envoyèrent les deux Empereurs d'Orient, et de celles de la République de Gênes; la seconde vers 950, sous celle de l'Empereur Othon Ier qui marcha en personne contre les Maures. Ceux-ci furent enfin défaits, massacrés, et leur forteresse, le grand *Fraxinet* détruit.

Restait encore le petit *Fraxinet*, celui de S. Hospice. *Gibalin Grimaldi*, lieutenant du Comte de Provence, en fut chargé. A son appel la ville de Nice se leva toute entière, celle de Sospel envoya des renforts considérables, les Seigneurs d'Aspremont, de Levens, de Gilette, de Beuil, de Puget-Théniers armèrent leurs nombreux vassaux; Contes, Berre et Peille envoyèrent leur contingent. *Gibalin* s'avança avec sa petite armée, attaqua le Fraxinet de S. Hospice, où s'étaient retirés les Sarrazins de la Turbie et de Castillon, et détruisit enfin ce repaire des pirates. (1) Les habitants de Nice et du Comté célébrèrent partout cette heureuse délivrance par des fêtes publiques. *Gibalin* fut proclamé libérateur de la patrie. (2)

C'est à l'époque des incursions des Sarrazins dans les Alpes maritimes et de leur établissement à S. Hospice

(1) Fleury, Hist. Eccl. — Muratori, Bouche hist. de Provence.
(2) Ce *Gibalin* Grimaldi était fils du grand capitaine de ce nom, à qui l'Empereur Othon I donna en 920 la ville d'Antibes et la forteresse de Monaco pour les services signalés qu'il lui avait rendus en différentes occasions. Voyez ma Chronol. de l'hist. de Monaco, 1834.

qu'il faut placer la construction des villes et des Châteaux, tels que le vieil Aspremont, et Châteauneuf sur le sommet des montagnes ou des rochers presque inaccessibles, où les habitants pouvaient se mettre à l'abri de leurs incursions.

Nice sous les Comtes de Provence.

Après la destruction des Sarrazins, suivie d'une série de troubles et d'orages politiques dans les temps d'anarchie féodale du moyen âge, Nice passa en 1176 sous la Souveraineté d'Alphonse II, Roi d'Aragon et Comte de Provence.

En 1246, elle fut soumise à la maison d'Anjou par le mariage de Béatrix, fille de Raymond Béranger, Comte de Provence, avec Charles d'Anjou dit le Sage, frère de St Louis, Roi de France, jusqu'à la mort de la Reine Jeanne, dernier rejeton de cette dynastie, arrivée en 1382, lorsqu'elle se donna au Duc de Savoie Amédée VII en 1388.

Vêpres Siciliennes.

C'est pendant le règne de Charles d'Anjou qu'arriva en 1273 le massacre des *Vêpres Siciliennes,* où Contes eut à déplorer la perte de quelques uns de ses citoyens.

A cette époque, la population de la Provence et du Comté de Nice avait tellement diminué, à cause des guerres continuelles dont il furent le théâtre, ou pour lesquelles il durent fournir leur contigent, que de 1,200,000 âmes qu'ils contenaient, d'après le recensement fait en 1188 sous Alphonse d'Aragon, elle se trouva réduite après 1273 à un tiers. Durante

Charles d'Anjou, qui était aussi à cette époque, Roi de Naples et de Sicile, s'imagina d'établir en Sicile de nombreuses colonies Provençales, croyant ainsi, par le mélange des races, pouvoir changer les mœurs et l'opinion des habitants qui lui étaient contraires. Mais ceux-ci jurèrent aux nouveaux venus une vengeance d'autant plus terrible, qu'elle fut longtemps méditée dans le silence et la dissimulation. La plus importante de ces colonies fut celle de *Nocera*, où la Viguerie de Nice envoya vingt familles, parmi lesquelles deux de Contes, dont les noms sont inconnus, (1) et le baillage de Puget-Théniers en envoya trente.

On fit transporter les colons par mer aux frais du trésor, avec leurs ustensiles, meubles et hardes : arrivée à sa destination, chaque famille reçut 50 sols de Tours *(Solidos Turonenses)* pour frais de premier établissement : on lui donna également les graines nécessaires pour la semence de la première année, les bœufs, charrues et autres outils de labourage, un champ à cultiver, l'habitation, le froment dont elle avait besoin pour la consommation d'une année; enfin l'exemption de toute imposition et charge publique, pendant dix ans. (2)

Ces avantages accordés à des étrangers, qui avides de faire fortune, avaient quitté la Provence et s'étaient établis en Sicile, irrita tellement la haine des Siciliens contre eux, que l'histoire nous a transmis l'effrayant tableau des *Vêpres Siciliennes*. Vingt mille victimes environ furent égorgées dans un seul jour: la férocité

---

(1) Vieux Mémoires de famille.
(2) Ordonnance du 20 Octobre 1273 Papon hist de Provence.

du peuple n'épargna pas même les femmes du pays mariées à des Français ou à des Provençaux, sans aucune pitié pour les enfants qu'elles portaient dans leur sein. Les établissements que le Commerce de Nice avait formés dans les principaux ports de Sicile, furent ruinés avec perte des navires et marchandises. — Durante I. 230.

Nice se donne au Duc de Savoie.

Après la mort de la Reine Jeanne, Comtesse de Provence, qui fut étouffée entre deux matelas en 1382, à l'âge de 52 ans, par Charles de Duras qu'elle avait choisi pour son héritier, n'ayant point eu d'enfants dans ses quatre mariages, la ville de Nice se voyant assiégée par les Angevins, (parti de Louis d'Anjou prétendant à la succession de Jeanne) choisit pour son défenseur et Souverain, le Comte de Savoie, Amédée VII, lequel jouissait alors d'une grande réputation, comme législateur et comme guerrier.

Amédée accepta et se mit en marche avec une armée imposante; il parut devant la place assiégée, le 2 septembre 1388, et prit position sur la colline de Cimiez, en face de la ville. Les assiégeants, saisis de terreur, repassèrent le Var pendant la nuit: Amédée vint s'établir à l'Abbaye de St Pons, où le 28 Septembre l'acte de donation fut signé sous l'orme de St Pons devant le Monastère, *sub ulmo Sancti Pontii, ante Monasterium.* Cet arbre gigantesque existait encore dans le siècle dernier; le temps l'avait respecté, un bras profane l'abattit en 1760.

La célèbre Abbaye de St Pons fut fondée en 775 par St Siagrius, qui y établit les Bénédictins : elle fut détruite par les Sarrazins en 890, rebâtie en 999 par Frédonius, Evêque de Nice, et supprimée en 1792. Elle fut restaurée en 1835 par l'Evêque Galvano, qui y plaça les Oblats de Marie.

Les Abbés de cette Abbaye étaient nommés par le Pape et choisis parmi les plus illustres familles : il fallait être noble, possédant fiefs, pour être admis dans cette Communauté : de là leurs immenses richesses dans un temps surtout où la libéralité envers les églises était une vertu pratiquée par les plus grands princes comme par les moindres Seigneurs.

Dans le Xe et XIe siècle, les Abbés portaient le titre de Comtes de Cimiez, et possédaient comme leur fief, la presque totalité des terres de cette fertile colline.

C'est probablement à l'époque de la seconde croisade, et sous Charles d'Anjou, Comte de Provence, que le Couvent de St Pons vendit une partie des terres féodales pour fournir aux frais de la guerre Sainte. Durante.

Nous aurons occasion de parler souvent dans ces Mémoires de ce fameux Monastère, qui possédait dans la Commune de Contes, le Couvent de St Martin sur la colline de *Fournier*, et l'église de *Ste Hélène* dans le hameau de Sclos ; et dans les Communes limitrophes l'église Ste Marie de Ville-vieille (1), celle de St Pierre de Scarena et celle de St Valentin de Berre.

(1) *Ville-Vieille* a eu différents noms *Villa dei Pagan*, la *Madonna dei prat*, la *Madonna dau buosc* et à présent tout simplement la *Madonna*. Son église fut donnée en 1030 au Couvent de St Pons par Pons, Evêque de Nice, avec la Villa *Sassoframarico* et celle de *Bendejun*.

Guerre avec la France.

En 1518, le Duc Charles craignant une guerre avec la France, décida d'agrandir le château de Nice d'une double enceinte de remparts, pour en faire une forteresse de premier ordre. (1) On dut alors détruire les habitations situées sur le point le plus élevé de la ville, et transporter l'Evêché et la Cathédrale dans la ville basse, à l'endroit occupé par la chapelle Ste Réparate, qui y existait depuis 1078. (2) Et la Vieille Cathédrale Ste Marie devint la paroisse du Château.

Pour procurer au château l'eau nécessaire dans le cas d'un long siège, on creusa un vaste puits à travers le roc jusqu'au niveau de la mer, où l'on trouva une source d'eau. Cet ouvrage coûta des sommes énormes ; il fut considéré alors comme la huitième merveille du monde. (3)

A peine ces ouvrages furent-ils terminés que la guerre s'alluma entre François Ier Roi de France, et l'empereur Charles-Quint, auquel le Duc de Savoie s'était uni en 1524. Les Impériaux avaient envahi la Provence ; mais ils durent bientôt l'abandonner, poursuivis jusque dans

---

(1) Les fortifications du château ne consistaient d'abord que dans ce qu'on appelle encore le *donjon*. En 1230 Romée de Villeneuve y ajouta des fortifications, et en 1440 on y fit des ouvrages extérieurs, à la suite desquels la Cathédrale Ste Marie se trouva renfermée dans l'enceinte du château. Cette Eglise bâtie dans le 6me Siècle, fut presque entièrement ruinée dans le siège de 1691, et finalement rasée en 1706 à l'époque de la démolition du château par le Duc de Berwick.

(2) La nouvelle Cathédrale fut bâtie aux frais de la ville, l'Evêque s'obligeant à donner 500 écus d'or par an jusqu'à ce que cet édifice fût achevé. Tandis qu'on construisait en 1538 la Coupole, une poutre tomba et tua l'Evêque Jérôme d'Araggis qui, à ce moment inspectait les travaux.

(3) Lorsqu'on eut fini ces nouvelles fortifications, le Duc Charles vint les visiter. Parmi les chansons que le peuple chanta en cette occasion, une surtout était remarquable par le refrain suivant.

Se guerra farus
Lu nuoestre cuors, lu nuoestre bras auras.

les plaines de Pavie par François Ier qui cependant y fut défait et fait prisonnier le 24 Février 1525. Il fut amené prisonnier en Espagne, où un traité de rançon fut signé le 17 Janvier 1526. Les sacrifices furent trop grands pour que la paix fût de longue durée.

En effet la guerre se ralluma, et en 1536 les Impériaux traversèrent de nouveau le Var en face de Carros, s'emparèrent de la Provence, où l'Empereur Charles-Quint, accompagné du Duc Charles, se fit consacrer Roi d'Arles. Les Provençaux au désespoir, ruinèrent toutes les récoltes, incendièrent les blés et les foins, enfoncèrent les tonneaux remplis de vin, détruisirent les fours et les moulins, empoisonnèrent même les sources et les puits. Les Impériaux durent battre en retraite, harcelés par l'entière population des campagnes. L'Empereur s'embarqua pour Gênes, et le Duc s'enferma dans le château avec la Duchesse, son fils, et 2,000 hommes de troupes espagnoles pour en assurer la défense.

Le Saint Suaire

Durante dit que l'Evêque de Nice, frappé des calamités dont le pays était menacé, obtint du Duc Charles l'envoi et l'exposition publique de la Relique du Saint Suaire, pour implorer l'assistance du Ciel. L'Archevêque de Turin y consentit, et le Linceul sacré fut reçu au château de *Drap* (1) et porté processionnellement à la Cathédrale de Nice, sous le baldaquin, le clergé et les confréries marchant pieds nus. Le 29 Mars 1837, jour du Vendredi Saint, on l'exposa à la vénération des fidèles,

---

(1) *Drap* a pris son nom de plusieurs fabriques d'étoffes de laine, qui y étaient établies et qui approvisionnaient la basse Provence et la Ligurie. Arch. Com. de Drap.

au haut de la tour dite *Bellanda*, qui domine les rochers des Ponchettes. (1) Le gravier de la mer put à peine contenir le concours prodigieux de monde accouru de tous les environs pour assister à cette cérémonie religieuse. Mon père m'a souvent parlé de cette fameuse Relique portée à Nice, et qu'il avait appris par tradition de ses ancêtres, que la population entière de Contes et des environs s'était transportée sur les lieux de son passage pour la vénérer.

Trève de dix ans

Comme les négociations pour la paix n'avaient pas abouti, le Pape Paul III offrit sa médiation aux deux rivaux François Ier et Charles-Quint. La ville de Nice fut choisie pour arranger en personne leurs différends. Le Pape y arriva le 6 Juin 1538, et alla s'établir au Couvent de Ste Croix, (2) situé aux environs de la Croix de marbre. (3) Le Pape ne put obtenir des deux rivaux qu'une trève de dix ans qui fut signée le 18 Juin 1838. Mon père m'a aussi parlé de l'empressement de la population de Contes d'aller à Nice recevoir la bénédiction du Souverain-Pontife.

(1) On voit encore les restes de cette tour antique où, pendant la durée des évènements désastreux, le Duc fit renfermer tous les bijoux de la Couronne.

(2) Le célèbre Couvent de Ste Croix des Récollets, bâti en 1460, était le plus vaste Monastère de la Provence et de la Ligurie. En Mai 1535 on y avait tenu le chapitre général de l'ordre, pour l'élection du Général, au nombre de 500 moines, et en 1538 le Pape y logea commodément avec dix Cardinaux et nombre de Prélats, sans compter les séculiers et les domestiques. Arch. Civ. Nic. Gioffredo. Ce Couvent ayant été détruit pendant le siège de Nice par les Turcs en 1543, les Pères Récollets furent transférés sur la colline de Cimiez, au local où existait jadis une petite chapelle, consacrée à la Vierge Marie, dépendante de l'abbaye de St Pons, le nouveau Couvent fut bâti du produit des aumônes.

(3) Une croix de bois avait été érigée à l'endroit où Paul III avait

Siège de Nice par les Turcs

François Ier n'attendit pas la fin de la trêve pour reprendre les hostilités. Lorsqu'on apprit qu'il avait fait alliance offensive et défensive avec Soliman II Empereur des Turcs, un cri d'indignation se fit entendre dans toute l'Europe chrétienne. Soliman envoya une flotte formidable avec des troupes de débarquement pour assiéger Nice, et en confia le commandement au fameux Barberousse, corsaire africain, devenu l'effroi de la Méditerranée. Il parut devant Nice le 5 Août jour de Dimanche, avec 174 galères, formant avec la flotte française environ 300 voiles. A la vue de ces vaisseaux, les femmes et les enfants sortirent de la ville, les campagnes demeurèrent désertes, la plupart de ses habitants s'enfoncèrent dans les montagnes, où ils vécurent longtemps dans les plus cruelles privations. Contes devint le refuge de bien de ces malheureux.

Le 15 Août, jour terrible, les Turcs donnèrent l'assaut à la ville, par terre et par mer ; elle allait succomber lorsque *Catherine Segurana* s'illustra par son courage, enlevant une enseigne aux Turcs et leur tuant un soldat. (1)

mis pied à terre. Cette croix fut remplacée en 1568 par une croix en marbre ; elle fut renversée en 1796, et replacée en 1810 par Mme Villeneuve, née Ségur. — Le second Monument en marbre blanc, d'ordre étrusque vis-à-vis, fut élevé en 1823 par la Ville, en souvenir du passage de Pie VII en 1809 et 1814, à l'endroit même où les habitants dételèrent les chevaux de sa voiture, qu'ils traînèrent jusqu'à la Cathédrale de Nice. Le Pape envoya son portrait à la Ville en récompense de son pieux dévouement, qu'elle a fait placer dans la grande salle de son Conseil, et graver sur une table de marbre, placée au bas du portrait, la lettre dont le St Père accompagna l'envoi de ce don précieux.

(1) Cette femme extraordinaire, née en 1506, avait le sobriquet de *donna maufacia*, qui signifie *laide, difforme*. Nic. Civitas. En 1554 les Consuls de la ville lui élevèrent une statue en pierre, qui resta longtemps au haut de la porte dite *Pairoliera* avec cette inscription latine sur le piédestal :

Nicœa Amazon, Irruentibus Turcis occurrit, Ereptoque Vexillo, triumphum meruit.

La ville résista, mais finalement le 23 elle dut capituler à des conditions honorables. (1)

Malgré tous les efforts des Turcs et des Français, le château ne fut pas pris, et plus tard, le 9 septembre ils durent lever le siège et se retirer : *ignominiose recesserunt*, dit l'historien.

Mais avant de se retirer, des maraudeurs Turcs, envoyés par Barberousse, se répandirent dans les villages voisins, où ils se livrèrent à tous les excès d'une brutalité sans exemple, pillant les habitations, violant les femmes, détruisant les églises, massacrant les prêtres, et ne retournant que quelques jours après, emmenant en esclavage une foule de malheureuses victimes, dont les assiégés entendirent les cris déchirants : tandis que les troupes françaises, sous les ordres de Grimaldi, Seigneur d'Ascros, allèrent jusqu'à Sospel, Bollena, la vallée du Var, menaçant d'incendie les villages qui ne prêteraient pas hommage au Roi de France. L'incendie d'Entraunes répandit la terreur partout, et tous, Contes compris, se soumirent.

Enfin, ils se retirèrent le 9 Septembre avec un butin de 60 mille ducats, emmenant en esclavage 5200 victimes de tout âge, sexe et condition, parmi lesquelles 200 religieuses. (2)

---

(1) En 1552 la Ville érigea dans l'endroit même où les Turcs avaient été repoussés, une somptueuse chapelle en l'honneur de la Vierge de l'Assomption, qui porta longtemps le nom de la Vierge de *Sincaire*, dont les habitants invoquèrent l'assistance, au plus fort du danger, et les Consuls firent vœu de s'y rendre processionnellement tous les ans le 15 Août, en pieuse reconnaissance. Cette procession générale se fait encore tous les ans, de Ste Réparate à l'Eglise du Saint Sépulcre sur la place Victor.

2 On avait choisi dans le nombre 200 jeunes filles et garçons les plus beaux, destinés au Sultan Soliman ; mais les deux galères qui les portaient furent rencontrées par Don *Garcia*, Commandant de la flotte de Sicile, qui les fit conduire à Nice sous bonne escorte. Paradin de Beaujeau. pag. 420.

La Paix de 1544.

Cependant, la guerre maritime continua entre François Ier et Charles-Quint. Dans la mémorable bataille de Cérisoles qui s'engagea aux environs de la ville d'Asti en Piémont, le 14 Avril 1544, les Français remportèrent une victoire complète sur les Impériaux. Le pape Paul III renouvela ses instances pour mettre un terme aux calamités de la guerre, et obtint une suspension d'armes le 18 Septembre. — Les deux Souverains rivaux, fatigués par une longue lutte, se montrèrent dociles à ses prières, et consentirent enfin à poser les armes, et le traité de Crespy, signé le 14 Octobre suivant, rendit la paix à toute l'Europe. François Ier renonça à toutes ses prétentions sur la Ville de Nice et le Comté.

Ces deux rivaux ne vécurent plus longtemps : *François Ier* mourut en 1547, et *Charles-Quint*, fatigué du poids des affaires, prit tout-à-coup la résolution de céder la couronne impériale à son frère *Ferdinand Ier*, et celles d'Espagne, de Naples et des Pays-Bas à son fils *Philippe II*. Il quitta lui-même la pourpre pour le froc, et alla s'enfermer dans un cloître, aux frontières du Portugal. C'est là qu'il termina quelque temps après, sa carrière.

Contes en temps de guerre.

En 1551, Valperga, Commissaire Général militaire à Nice, reçut ordre du Gouvernement de Turin de faire loger des troupes d'infanterie, qui devaient se rendre à Nice dans le fort de Contes, et de leur fournir le nécessaire. Ce Commissaire Général chargea le souscommissaire, *Ballada* d'exécuter l'ordre et enjoignit à Véran de Castelli Bayle, Barth. Scudéri et Pierre Camossi, Syndics d'ouvrir les portes du Fort, sous peine, en cas de refus, de se voir condamnés à l'amende de mille ducats. Ils firent répondre par la bouche du capitaine Barth. Lea, Commandant du Fort, qu'ils refusaient d'en ouvrir les portes, parce qu'ils avaient été insultés par Trofarello, Capitaine Commandant des troupes, et qu'ils préféraient s'en rapporter au bon vouloir de S. A. le Duc. Cette réponse fut faite le 26 juillet 1551. No 184 Par suite de ce refus ils furent assignés à comparaître devant la porte de St Roch (située au bas de Contes) et y furent condamnés à l'amende susdite et aux frais. No 340

Les Syndics eurent alors recours au Duc en lui exposant que le motif de leur refus était que les femmes et les filles, frappées de crainte à l'approche inattendue des troupes, s'étaient réfugiées dans le fort, que les troupes venant de Piémont n'avaient pas suivi la route ordinaire, mais en avaient dévié en passant par Contes, au lieu d'aller directement de Scarena à Nice ; que d'ailleurs, ils avaient fourni aux troupes les vivres et le logement nécessaires.

Le 15 septembre 1551, le Duc annulla les peines portées contre la Commune de Contes. N° 184

Siège de Dosfraires.

En 1617, le Gouvernement du Duc ordonna à la Commune de Contes d'envoyer 23 soldats, commandés par le capitaine Giacobi, au siége de Dosfraires. No 366 Le Le Château de Dosfraires était occupé par des Gascons qui commettaient de grandes déprédations de tous côtés. Le siège dut être levé, le château ne fut pas pris. En 1696, le 21 janvier on fit offrir 2000 écus aux Gascons pour la cession du Château au Duc ; mais ils retinrent prisonniers le capitaine Constantin et le Prieur de Boyon, envoyés du Duc et 200 écus que ceux-ci avaient apportés. En même temps ces brigands, ainsi qu'on les appelait, envoyèrent 40 des leurs pour s'emparer de la tour de Revest ; mais mal leur arriva, car, à l'exception de cinq qui furent faits prisonniers, ils furent tous tués par les habitants, et même par les femmes, qui tirèrent et jetèrent sur eux des pierres et des tuiles en si grande quantité, qu'on pouvait à peine apercevoir leurs cadavres sous cet énorme amas de projectiles.

Ce ne fut qu'en 1697 au mois de Mai que le Château de Dosfraires fut cédé au Duc, moyennant mille écus que la ville de Nice paya, afin de débarasser les Etats du Duc de ces vauriens. Gioffredo, Storia Alpi mar.

Echange avec la France.

Par le traité du 24 Mars 1760 entre la France et la Sardaigne, Dosfraires, Gattières, Boyon, Ferres, Conségudes, Aiglum et la moitié de Roquesteron furent cédés à la France, et celle-ci donna à la Sardaigne en échange Guillaumes, Daluis, Auvare, St Léger, La Croix, Puget de Rostan, Cuébris, St Antonin et la Penna.

Sous le rapport agricole la France se trouve avantagée : les communes acquises étaient sans contredit beaucoup plus productives ; mais les pays situés au de là du Var et de l'Esteron ne pouvaient être défendus en cas de guerre, et le territoire cédé en échange renforçait et rectifiait la frontière. (1)

Traité des limites 1760.

Dégâts et Frais de guerre.

Contes eut sa part de souffrance et de dépenses dans les guerres dont le Comté de Nice fut le théâtre pendant plusieurs siècles.

En 1629, les Français firent beaucoup de dégâts à Contes dans leur passage en Italie ; ils en firent aussi beaucoup en 1691 lorsque sous Catinat, ils firent le siége de Nice, dont le château fut ruiné par l'explosion de la poudrière, (2) époque à laquelle ils brûlèrent Villars et démolirent le château de Puget-Theniers, et en 1706 lorsque le vieux château fut rasé par le Duc de Berwick.

En 1705 à 1709 Contes dut envoyer au Touet, à Monaco et à d'autres endroits des ouvriers avec leurs bêches, et outils, et à Scarena des bœufs et des pail-

---

(1) *Guillaumes* était une place de guerre dans le 13me Siècle, par cet échange le Roi de Sardaigne s'obligea à ne pas en rétablir les fortifications. Le froid y est excessif, le Var y gèle et coule sous la glace ; l'eau gèle même dans les maisons.

A *Auvare* la terre est rouge avec une zone verte ; celle-ci contient du vitriol *azuré*, ce qui indique la présence du *cuivre* ; ce que l'on trouve aussi dans les territoires de Guillaume, St Léger, La Croix, Daluis et Puget-Rostan. — Le crayon (*hématite*) de couleur *bleuâtre*, parsemé de parcelles luisantes, est commun à Auvare et à La Croix.

(2) Dans cette explosion plus de 500 hommes de la garnison périrent ; la percussion fut tellement violente qu'à 30 lieues dans la Rivière de Gênes et en Provence, on crut avoir essuyé une secousse de tremblement de terre. Pendant ce siège Catinat avait établi son quartier général à Cimiez au Couvent des Récollets, qui dans cette circonstance offrit un mélange curieux de moines, de soldats et de religieuses, car les Religieuses y avaient cherché un asile ; elles furent enfermées dans des appartements séparés sous la sauve-garde de Catinat.

lasses et au camp retranché militaire à Nice pendant la guerre de succession qui ne fut terminée qu'en 1713 par le traité d'Utrecht. Misure terr.

Puis vinrent les impositions de guerre de 12,589 écus d'or, entre Nice et les bourgs du Comté en 1691 ; celles en 1748 dans la répartition faite le 2 Novembre de 100 mille francs pour le quartier d'hiver des troupes à Nice. Contes dut payer 1,343 francs en dix jours.

Les frais de guerre faits par Contes en 1591 et 1592 furent partagés entre Contes et les Communes de Peille, Chateauneuf, Coarazza et Luceram. Et ceux faits en 1625, 1691, et 1696 dans le passage des troupes, furent partagés avec les Communes de Peille, Peillon, Luceram, Berra, Coarazza, Roccasperviera et Utelle No 379. Ordinati originali.

Contes dut même concourir aux frais faits par Aspremont dans le maintien des gardes au Var en 1630. No 385, et concourir avec Drap, Peille, Peillon, Chateauneuf, Laghet et Eze dans la construction de la muraille faite au-dessous de la Chapelle de bon Voyage en 1700, pour contenir Paillon dans son lit. No 429

Travaux publics.

La démolition du château de Nice en 1706, par le Duc de Berwick, fut un bienfait pour Nice et le bas Comté, elle mit un terme aux affreux désastres de la guerre qui revenaient périodiquement affliger le pays. Cette ville, cessant pour son bonheur de compter parmi les places fortes, put enfin se livrer avec sécurité à l'industrie et au commerce. La guerre d'Italie en 1744 et l'invasion des Français en 1792, ne l'exposèrent qu'à des troubles passagers, et le bas Comté ne souffrit que du passage des troupes.

Le traité d'alliance signé à Londres en 1720, donna au Duc de Savoie la Sardaigne en échange de la Sicile qu'il n'avait occupée qu'en vertu du traité d'Utrecht, en 1714. Il prit alors le titre de *Roi de Sardaigne*. Enfin, le traité d'Aix-la-Chapelle fit luire les jours des plus heureux pour Nice et le Comté.

Pendant le XVIII siècle plusieurs ouvrages utiles pour le commerce et l'industrie furent exécutés à Nice et dans le Comté.

En 1750, le *Port de Lympia*, ainsi appelé à cause d'une fontaine d'eau limpide qui coule à peu de distance de son bassin, fut agrandi et ouvert aux navigateurs de la Méditerranée. La première caisse du môle fut jetée le 22 Juillet avec la plus grande pompe religieuse et militaire. (1)

Le port avait besoin d'une communication facile avec la Ville; le Gouvernement fit ouvrir en 1770, aux frais du trésor, le chemin dit des *Ponchettes*, creusé sur les flancs du rocher de l'ancien château.

La *route de Tende* (2) fut complètement restaurée et

---

(1) En 1748 Belidor avait proposé de bâtir le port à l'embouchure de Paillon dont le cours serait porté dans le port actuel, son ancien lit. Des raisons d'économie firent renoncer à ce plan.

(2) *Tende* fut bâtie par les Romains, ainsi appelée à cause de l'usage qu'ont les habitants de brûler les éclats du *pin résineux*, *tœda* en latin, pour servir de lumière. Les habitants furent convertis en 353; leur belle Église fut bâtie dans le XVI siècle par les Lascaris qui y ont leur tombeau. Le château de Tende fut détruit par les français en 1691.

L'hospice de *La Ca* sur le Col de Tende fut bâti par les moines bénédictins de St Dalmas, agrandi ensuite par les Ducs de Savoie: le Col de Tende s'appelait d'abord le col de *Cornio*.

En 1779 au mois de Novembre dans une terrible avalanche 200 mulets avec leurs conducteurs y périrent excepté un d'eux qui était très dévot des âmes du purgatoire et homme de bien. Dom Bonifassy dit qu'encore en 1809 on conservait à Tende le souvenir de ce désastre et de la piété de celui qui fut sauvé.

ouverte aux voitures en 1786, au grand avantage du Commerce et de l'agriculture. Deux superbes ponts en pierres de taille, jetés sur la Roya dans les gorges de *Saorgio*, aplanirent les difficultés qu'offrait ce passage périlleux : une inscription, gravée en lettres d'or, fut placée sur le rocher qui borde cette route. Malheureusement elle fut détruite en 1794 par les soldats français. Cette route avait été conçue et commencée par Charles-Emmanuel, qui avait ouvert ainsi dès l'année 1592 une communication facile entre le Piémont et Nice, à travers les gorges de Saorgio. (1) Avant cette époque on ne pouvait traverser les Alpes-Maritimes que très-difficilement, à cause des chemins périlleux, et très-souvent inpraticables : il fallait gravir des montagnes hérissées d'énormes rochers, bordées de précipices épouvantables, s'abandonner enfin à travers de sombres forêts, où le voyageur était sans cesse exposé à périr de faim, de soif et de fatigues. On faisait ordinairement son testamment avant de traverser les Alpes.

En 1424, une *route muletière* pour le transport du du sel, qui était alors une branche importante du commerce de Nice, avait été faite par *Paganino* Dalpozzo, par l'échelle de Levens, Utelle, Lantosca, St Martin, le col *de Fenêtres*, (2) et la chaîne de montagnes qui aboutit à *Vinay* et aux vallées de Coni. Elle était entièrement

---

(1) *Saorgio* était une place de guerre inexpugnable ; mais les français, conduits par Masséna en 1794 la prirent et en firent sauter les remparts. Au *Fontan*, près de Saorgio, il y a des ardoises couleur violette, dans lesquelles on trouve des empreintes de fleurs, de poissons etc. On y cueille une grande quantité d'amandes, le sol est propice à l'amandier et aux noisetiers.

(2) Il paraît que la Statue de la Vierge du Sanctuaire de *Fenêtres* est l'œuvre de St Luc ; car on lit dans une pièce authentique de la Bibliothèque du Vatican, que St Jérôme avait décrit toutes les Statues de la Madonna faites par St Luc, lorsqu'il était à Jérusalem, parmi lesquelles la Madonna de *Fenêtres* que les Templiers y apportèrent.

La Statue leur avait été donnée en 1130 par Rainard Bérenger, Comte

pavée selon le genre ancien, ornée de plusieurs ponts jetés à grands frais sur la Vésubie et sur les torrents qui s'y précipitent du haut des montagnes.

En 1718, on avait déjà élevé la tour de l'*horloge* sur la place St-Dominique, qui coûta 16.755 livres. L'ancienne tour de l'horloge existait près de l'ancien palais de Ville. On construisit plus tard la belle *caserne militaire*.

En 1725, on commença la *façade de l'Eglise Saint-Dominique*, monument d'architecture que les troubles révolutionnaires ont fait disparaître.

C'est en 1243, que l'*église* et le *Couvent de St-Dominique* furent construits sur un terrain donné aux Dominicains par Jourdan Badat, dont l'illustre famille s'est éteinte dans la personne d'une religieuse du Couvent de

de Barcellone de Provence, lequel s'était fait Templier, et qui leur donna aussi les biens qu'il possédait à St Martin où ils s'établirent. Ce sont les Templiers de St Martin qui fondèrent des Commandes à St Etienne, Touet, Tournefort, Villars, Sospel et Nice. — *Scaliero* Arch. com. de Nice.

C'est l'Abbé Hugues Rigaldo qui fonda l'hospice du Col de *Fenêtres* pour les Voyageurs du Col, et y bâtit l'Eglise. A la suppression des Templiers arrivée en 1308, l'hospice passa sous la juridiction du chapitre de Nice en 1335. En 1760 eut lieu le Couronnement de N. D. de Fenêtres.

En 1400, Jacques Aiglieri voulut prendre possession de la Seigneurie de de St Martin : la population s'y opposa. Comme il accusait le Curé d'avoir excité les habitants contre lui, s'étant déguisé en mendiant, il le poignarda dans la rue, tandis qu'il portait le St Sacrement en procession. Dans la confusion il se sauva dans les bois, où il fut dévoré par les loups: juste et divine punition.

Lorsque le chancelier Gubernatis voulut prendre le titre de Seigneur de St Martin, les habitants s'y opposèrent ; ils le conduisirent en effigie sur un âne et le brûlèrent. Gubernatis s'en plaignit au Roi Victor qui lui dit : *E cosa vus ti fa, a vulon nen ti, a vulon mi.*

A St Martin la fête du *Corpus Christi* s'appelait fête de l'*Andulata*. A la Pentecôte on distribuait aux pauvres 12 setiers de pois pointus cuits, et de l'huile. Lorsqu'on cessa de cultiver les pois, on leur donna du pain. On ne donne plus rien à présent.

En 1794 les français traversèrent avec un canon le lac de Fenêtres ; la glace se rompit, et 500 soldats furent noyés. En 1799 les Autrichiens au nombre de 9,000 traversèrent le col de Fenêtres, suivis par 15,000 français.

Non loin de N. D. des *Fenêtres* se trouve la montagne de *Monclapié*, la plus haute du Comté, au pied de laquelle sont les cinq lacs des *Merveilles*, qui sont très-curieux. Les eaux des lacs du Col d'*Enfer*, sont noires ; elles font horreur ; c'est le schiste noir qui leur donne cette couleur.

Ste-Claire, morte en 1784. (1) C'est dans l'église de St-Dominique que furent enterrés le célèbre Romée de Villeneuve, où la Ville reconnaissante lui éleva un monument, et en 1381, le cardinal de Boisson, Archevêque de Milan, célèbre dans les poésies de Pétrarque. Dans cette église, St Vincent Ferrier donna, en 1405, une mission qui dura plusieurs mois. — La place St-Dominique fut faite en 1779.

L'*Eglise St-François de Paule* des frères Minimes fut terminée en 1750, (2) et celle de St *Gaétan* (Miséricorde) des *Théatins*, vers la même époque.

Divers propriétaires formés en société firent construire à leurs frais, la *promenade de la Terrasse*. (3)

L'Evêque Canton releva le *palais Episcopal* qui tombait de vétusté. La Ville embellit la *façade de l'Hôtel-de-Ville* d'une élégante architecture, et l'on construisit le *théâtre* Maccarani. Les *rues* de la Ville furent pavées ; (4) on planta d'arbres la promenade du *Cours*, et une magnifique *place*, entourée de portiques et alignée au cordeau, fut construite sur un plan uniforme et régulier ; le Roi accorda gratuitement le terrain pour la bâtisse. On donna à cette place le nom de *Victor*, en hommage de reconnaissance au monarque. On a depuis changé plusieurs fois le nom de cette place ; pourquoi

---

(1) Le Couvent de Ste-Claire avait été fondé en 1607 ; les Religieuses qui étaient au nombre de 22 lorsque les Français s'emparèrent de Nice, le 30 Septembre 1792, durent quitter leur Couvent, le 4 Octobre suivant Ma tante, Catherine Cauvin, en religion Angèle Séraphine, qui était du nombre, se retira dans le couvent des Clarisses à Coni, où elle mourut en Janvier 1832.

(2) C'est dans cette Eglise que l'on commença en 1828 à célébrer une Messe pour l'âme de Louis XVI.

(3) En 1759, le Premier Président du Sénat, comte de Mélaréde qui se promenait sur la Terrasse, à la nuit close, s'approcha de son bord, encore sans parapet, tomba et resta sur le carreau ; les pauvres versèrent des larmes sincères sur sa tombe

(4) En 1808, on plaça sept réverbères dans les rues de Nice ; plusieurs années après, on en plaça 25.

en ôter l'honneur à qui il appartient ? — C'est dans les hivers de 1822 à 1824 que les Anglais firent faire la *promenade* dite *des Anglais*, dans le but de donner du travail aux pauvres.

En 1778, le Sénat ayant défendu pour des raisons hygiéniques d'enterrer les morts dans les sépultures des églises, on fonda un *cimetière* sur la pente du rocher, dans les ruines de l'ancien Château. (1)

Finances.

Les grands travaux publics exécutés en Piémont, en Savoie et à Nice avaient produit en 1782 un *déficit* dans le budget de l'Etat. Il fallut opter entre l'augmentation de l'impôt foncier, ou le système des emprunts. Le Roi préféra l'émission d'un nombre déterminé de billets de finances, dans l'espoir de pouvoir, à force d'économie, retirer chaque année une partie de ces billets, et de maintenir ainsi le crédit ; mais les dépenses continuèrent, et la fabrication du papier-monnaie augmenta en proportion. Lorsque les billets commencèrent à tomber, on voulut les soutenir en les hypothéquant sur les biens de plusieurs couvents et abbayes qui, à cette fin, furent supprimés. L'Abbaye de St-Pons, une des plus célèbres de la Provence par son antiquité et ses rentes, fut comprise dans cette suppression, *à l'horreur des habitants de Nice*, dit Dom Bonifassi. — Arch. Com. de Nice.

C'est à cette époque, en 1788, qu'eut lieu l'étonnante faillite de Vierne et Veillon.

En 1714, l'argent était d'une rareté extrême, à cau-

---

(1) C'est en cette année 1778 que fut imprimé à Nice le grand Dictionnaire français-Italien, et Italien-français de l'Abbé François *De Alberti* de Villeneuve, natif de Sospel, généralement regardé en France et en Italie comme un chef-d'œuvre.

se de la grande misère du peuple, et des pertes que firent plusieurs négociants de Nice, qui se laissèrent aller au torrent des spéculations hasardeuses. La France venait de traverser une crise monétaire qui, par contre-coup, compromit la fortune des peuples voisins. C'était le système de *Jean Law*, ministre des finances, fondé sur une imagination extravagante. Il s'était proposé d'absorber tout le numéraire en circulation au moyen de l'établissement d'un papier monnaie, dont les mines prétendues de la Louisiane, devaient garantir la valeur. Un épouvantable déficit en fut la conséquence.

A cette époque, une quantité de Juifs venus de Gênes et de Livourne à Nice, s'étaient livrés publiquement à d'énormes usures, sans que les magistrats osassent les réprimer, crainte d'enlever ces dernières et funestes ressources.

En 1723, le Gouvernement ayant besoin d'argent, voulut établir un impôt territorial; mais les habitants de Nice s'y opposèrent, parce que par le traité de 1338, ils avaient acquis le privilège d'être exempts de toute contribution foncière, moyennant un don gratuit annuel, fait aux finances de l'Etat, lequel était, pour Contes, de 669 fr., comme nous avons vu à la page 12.

A la rareté de l'argent, succéda en 1750, une grande quantité de numéraire, mis en circulation par le passage continuel des troupes, et par les prodigalités de l'Infant Don Philippe qui était à Nice, et des généraux français ; tellement qu'on n'avait qu'à se baisser pour ramasser de l'argent, disait un vieillard, témoin des évènements de la guerre ; pour peu qu'on eût de l'activité et de goût pour les affaires, on était sûr de s'enrichir. Il n'y a pas de doute que les Contais, dont l'activité et le goût pour le commerce sont connus, surent en profiter. A cette époque, l'argent était si abondant que les capitalistes sollicitaient le placement de leurs fonds par contrat à *cens*, à l'intérêt de 3 pour cent.

Vers le milieu du XVIIIe siècle, la ville de Nice commença à devenir le point de réunion d'une foule d'illustres étrangers, attirés par les charmes de son climat. L'hiver de 1784 se passa dans les fêtes et les plaisirs : le Duc d'*Yorck* et le Prince de *Brunswich* en étaient les moteurs et les objets. Ces Seigneurs puissants se provoquaient en bienfaisance ; ils firent les délices de la société et répandirent l'or à pleines mains au profit de la classe industrielle. Déjà en 1787, 95 familles anglaises et 15 autres appartenant toutes à la noblesse, y vinrent passer l'hiver.

Les voyageurs appliquèrent ensuite à Nice, ce que l'on dit de l'Italie :

>Bel Ciel di Nizza,
>Sereno, ridente,
>Tua vista nell'anima
>Risveglia repente,
>Gli affetti che languono
>Lontano da te. (1)

---

(1) C'est dans ce siècle qu'eut lieu, le 4 Juillet 1776, la célèbre déclaration de l'Indépendance des Etats-Unis de l'Amérique. C'est aussi dans ce siècle, en 1758, que la République de Gênes céda la Corse à la France.

Révolution Française.

A la guerre que l'on déclarait en France, en 1792, aux *aristocrates*, an cri fatal *à la lanterne*, qui retentissait partout, à l'incendie que l'on proclamait des châteaux, au pillage et aux assassinats, la terreur poursuivit toutes les classes, l'émigration devint générale. Les émigrés du Languedoc et de la Provence se réfugièrent en foule à Nice; les nobles et les prêtres surtout, et en si grand nombre, qu'à la procession de la Fête-Dieu, qui eut lieu le 1er Juin, il y avait un Archevêque, six Evêques, et plus de trois cents ecclésiastiques émigrés. (1)

Le général d'Anselme avait formé un camp à la Brague, entre Antibes et Cagnes, dans le dessein d'envahir le Comté de Nice, et le général de Courten, qui commandait et qui aurait pu facilement l'en empêcher, se décida tout à coup, dans la soirée du 29 septembre 1792, à évacuer Nice et à se retirer sous le canon de Saorgio, abandonnant ainsi à l'ennemi une nombreuse artillerie, d'immenses magasins et une population fidèle. — A cette résolution inattendue, le désespoir s'empare des habitants et des émigrés français, on n'entend partout que cris et lamentations ; les uns sont entraînés par la peur, les autres par le devoir ; les trois quarts de la population se précipitent pêle-mêle sur la route de Turin, et sur celle de Gênes. Rien ne peut décrire l'affreux tumulte de cette soirée et de cette nuit. Emigrés, nobles, prêtres, hommes, femmes et enfants, mêlés aux troupes et aux bagages, encombrèrent aussitôt la route de Turin. Arrivés au pont de Peille, un détachement

---

(1) C'étaient les Evêques de Toulon, Fréjus, Grasse, St Claude en Bourgogne, Senez, Nevers, Vence, et l'Archevêque de Brienne.

de dragons, de piquet au Var, que le Général dans sa précipitation avait oublié d'avertir, vint à toute bride rejoindre l'armée ; au bruit des chevaux, on crut l'ennemi aux trousses ; au cri : *gagnez la montagne*, les soldats s'éparpillent de tous les côtés, abandonnent les équipages, et ne se rallient que lorsque la clarté du jour eut fait reconnaître l'erreur.

La route de Scarena à Tende offrit la même scène de désolation que la soirée du 29 septembre ; la foule encombra les chemins et les villages, selon que la faim et la lassitude la forçaient à s'arrêter : on manquait de nourriture ; un morceau de pain se paya au poids de l'or ; à Tende, on paya un pain de munition cinq louis d'or. *Durante*.

A Nice, le 29 septembre, trois cents forçats du bagne, les marins du port et la lie du peuple, se répandirent dans la Ville, enfoncèrent les portes des maisons et des magasins, et se livrèrent aux rapines. On dut envoyer une députation à d'Anselme, pour presser son arrivée : il y arriva le 30 septembre, à la tête de son armée. — Montalban capitula, et le fort de Villefranche imita son exemple.

Les émigrés français et les habitants de Nice, en quittant leurs foyers, avaient laissé une grande quantité d'effets précieux, les uns en dépôt à des personnes de confiance, les autres secrètement enfouis dans des caches : un ordre rigoureux obligea chaque détenteur à les déclarer. La peur fit livrer une quantité de bijoux et de vaisselle, qui devinrent la proie des chefs les plus avides. Durante.

Les soldats français avides de butin, auxquels se joignirent les gens de la lie du peuple, vont et viennent, chantant le *Ça ira*, criant : *mort aux aristocrates*, enfonçant les portes des maisons désertes, pillant les meubles et hardes, n'épargnant pas même les églises Ils forcent l'Hôtel-de-Ville et la maison de l'Intendant, jettent les effets par la fenêtre ; pour les papiers, ils incendient les uns, foulent aux pieds les autres dans la boue de la rue.

Le mal devint pire lorsque la phalange marseillaise de funeste mémoire entra à Nice. C'était un ramassis de pillards, la lie de la population de Marseille ; la licence, le brigandage marchaient à sa suite : ces hommes féroces s'emparèrent de trois malheureux paysans arrêtés comme suspects, et sans autre forme de procès, les pendirent aux arbres du Cours. Quelques jours après, ils traînèrent dans la Ville le cadavre sanglant d'une autre victime, promenèrent sa tête au bout d'une pique, et eurent la cruauté de la faire baiser par une femme enceinte qui approchait de son terme : elle en mourut de frayeur.

D'Anselme, épouvanté lui-même d'avoir sous ses ordres ces détestables soldats, les envoya dans l'expédition que l'Amiral Truguet fit sur l'île de Sardaigne, en janvier 1793, où la phalange marseillaise fut presque entièrement détruite, recevant ainsi la juste punition de ses brigandages.

Ce fut le 12 octobre 1792, que le général Brunet s'avança par le col de *Braü* (1), sur Sospel, d' où il fut délogé par les Sardes ; l'ayant repris le 23 novembre, il le livra au pillage pendant quatre jours (2). Il éta-

---

(1) Il y avait anciennement à *Braü* un village et une église dont fait mention le pape *Lucius II*. — *Scaliero*, Arch. Com. de Nice.

(2) Le général sarde avant d'abandonner Sospel, fit enlever les poutres qui soutenaient le pont, de sorte que le premier détachement français

blit son quartier général à Scarena, et plaça 2000 hommes entre Scarena, Berre, Contes et Coarazza, le 19 novembre 1792. C'est alors en novembre, qu'eut lieu le sac de Sclos. (Voyez Sclos)

A Bendejeun, les soldats corses assassinèrent avec atrocité et sans distinction, entre autres trois prêtres du nom Mari, dont un vieux, oncle des deux autres, pour venger la mort d'un soldat qui y avait été tué. Ils respectèrent cependant le Curé Cauvin, parce qu'il était de Contes, dont les habitants avaient bien traité les officiers des 400 soldats qui y étaient en garnison, lesquels eurent en conséquence des égards pour les habitants de Contes. (1)

A Berre, le 22 décembre, Joseph Graille, soldat français, poursuivant les miliciens de Berre, rencontre un petit enfant qui suivait son père en pleurant : le soldat le prend sur ses épaules et continue à poursuivre le père, qui voyant son fils sauvé, redouble ses pas et a bientôt disparu. Le soldat porte l'enfant à Nice et veut l'adopter ; mais quelques jours après la mère vient le réclamer. Le général instruit du cas, loue le soldat et le fait asseoir à sa table en présence de tous. *Toselli.*

Une Convention qui avait pris le nom de *Convention nationale des Colons marseillais*, (parce que Nice avait été fondée par des Marseillais,) s'était établie à Nice, et était composée des représentants des huit Sections de Nice, et des communes d'Aspremont, Contes, Tourette, Châteauneuf, Villefranche, St André, Eze, Falicon, Levens, etc. Elle se réunit le 4 janvier 1793, en

roula dans le torrent avec les poutres. D'Anselme qui commandait, furieux, livra la ville au pillage; tout fut détruit, brulé ou emporté: pas une maison qui fût épargnée.

(1) M. Cauvin avait été nommé curé de Bendejeun en 1789 ; il se démit de sa paroisse en 1822.

séance publique, et prêta serment solennel de ne plus reconnaître à l'avenir d'autre autorité que celle du peuple. La Convention tenait ses séances dans l'église St Dominique, dont les religieux avaient été chassés le 1er octobre, et la guillotine fut placée en permanence sur la place du même nom, à laquelle on donna le nom d'*Egalité*. (1)

Des Comités de surveillance furent établis dans toutes les Communes, conséquence de la loi des suspects. La peine de mort fut décrétée pour tous et sur tous. Le procureur *Giraudi* fut exécuté le premier à Nice, le 14 octobre 1793 ; le lendemain, l'avocat Giletta ; puis Gubernatis de Peillon, Benoît de Bendejeun, Bottier de Drap, frère du savant théologien : deux autres de Drap, et trois de Scarena. Le terrorisme était à l'ordre du jour. Concussions, dilapidations, vols, brigandages, abus d'autorité, de pouvoir, immoralités, meurtres et assassinats, voilà les crimes dont se servait une grande partie de ces patriotes des Alpes maritimes. *Toselli.*

Les habitants de Contes, quoiqu'ils n'en eussent pas de motifs, se laissèrent aller au fanatisme révolutionnaire, eurent leur club et firent les fêtes républicaines. Le patriotisme à la mode avait gagné leurs cœurs, et parmi les patriotes de ce pays se distinguèrent surtout Dom Scuderi ancien moine, qui portait toujours un sabre au côté, et Faraut, lesquels furent les chefs du *Comité de surveillance* à Contes. Mais il convient de dire à l'honneur de la vérité, que parmi tous les patriotes de Contes, vrais ou faux par les tristes circonstances,

(1) Lorsque le bruit se répandit que les Piémontais allaient revenir à Nice, la fille d'un certain *Caravel* d'Aspremont, ex-Vice-Consul de France à Nice, très jolie personne, d'une taille élégante et de grande apparence, monta sur la tribune, (chaire de l'église). et excita les citoyens à la résistance. Après elle, une autre fille d'un certain *Barroin* en fit de même ; et après elle *Menier* qui dit : Je me charge d'aller prendre le tyran de Turin et venir moi-même vous le pendre à la place de ce lustre.

personne n'y a jamais été taxé de terrorisme, ni ne s'est rendu coupable d'actions barbares et cruelles. Au contraire, le Juge de paix à Nice, Dom Scuderi, frère du susdit, quoique toujours mêlé à tout ce qu'il y avait de plus terribles terroristes de Nice, rendit à plusieurs personnes de grands services ; et ce qui doit être mis en compte dans ces temps malheureux, il n'oublia pas de favoriser en tout ce qui dépendait de lui, son propre pays. De sorte que Contes est du petit nombre des Communes qui n'ont pas eu la liste fatale des Emigrés. *Dom Bonifassi.*

Le notaire Giacobi fut souvent sommé par devant le Comité de surveillance de Contes, sous de futiles prétextes ; mais il finit par leur dire : « Vous voulez me faire émigrer pour prendre possession de mes biens, vous ne les aurez pas, je suis de Contes et j'y resterai. » Les biens des émigrés étaient confisqués et devenaient biens nationaux.

A Nice la vente des biens nationaux commença le 14 Décembre 1793. et fut terminée le 25 Mai 1798. D'après une répartition des actes de vente de ces biens il y avait 1,166 biens fonds, dont 437 biens Ecclésiastiques, appartenant aux couvents, Eglises, Canonicats, Confréries, compagnies, etc. Les autres 729 étaient des biens d'émigrés, dont 28 appartenaient au Roi de Sardaigne, 32 au Prince de Monaco, (1) et 32 au Comte Cays de Gillette.

On peut avoir une idée de la manière dont furent traités les habitants de Nice et du Comté, de 1792 à 1794, par le rapport fait à la Convention par l'abbé

---

(1) A l'époque de la Révolution, la monnaie de Monaco consistait en pièces de 6 livres et de 3 livres, en un sol et demi, un sol, et 6 deniers. Le Prince actuel Charles III a fait frapper des pièces de 100 fr. et de 20 fr. en or.

Grégoire, le 1er Juillet 1793. « On entre dans les mai-
« sons, tout ce qui s'appelle comestible est dilapidé......
« On prend au malheureux montagnard sa vache ; on tue
« ses brebis, sa volaille ; on brise ses meubles pour le
« plaisir de détruire ; présume-t-on qu'il ait quelque
« argent ? on lui laisse l'alternative de donner, ou d'être
« pendu ; on avait jeté un mouchoir au cou d'un de ces
« malheureux avec menace de l'étrangler, s'il ne four-
« nissait à l'instant la somme fixée arbitrairement : sa
« femme désolée, ne sachant où puiser cet argent, court
« chercher un voisin pour se constituer caution ; le
« mouchoir passe au cou de celui-ci, jusqu'à ce qu'il
« ait trouvé la somme. Que sert de prêcher la liberté
« lorsqu'on la rend odieuse par tout ce que la lubricité
« a de plus effréné et le pillage de plus révoltant ?
« Tous gémissent de ces gaspillages commis partout.
« Sur des avances de plusieurs millions, la moitié a
« souvent disparu dans des maisons de fripons. Certains
« Commissaires sont regardés comme de Véritables Verrès.
« Ils ont enlevé plus de 200 mille livres dans les ma-
« gasins de Villefranche. Une brochure parue à Nice
« (1) évalue à plus de 15 millions les dilapidations de
« tout genre commises dans ce Département. »

Les Barbets.

Le Général Masséna, chargé en octobre 1792, d'occuper la vallée de Lantosca, n'épargna à ses concitoyens
ni les réquisitions de vivres ni les sommations républicaines. Levens, (2) berceau de sa famille, fut l'un des

(1) Par Victor Tirauti, député de Levens.
(2) Levens, chef-lieu des *Lepontii*. Son château, qui avait une forteresse, fut détruit en 1622, par Charles Emanuel I, lors de la catastrophe du Comte de Beuil, Annibal de Grimaldi, qui fut décapité, accusé de trahison.

premiers pays saccagés par ses volontaires. Il en fut de même de Lantosca, Bollena, Roccabiglièra et Belvedère, dont ils parcoururent les campagnes, emportèrent les troupeaux, la principale richesse du pays, et ruinèrent ainsi entièrement cette contrée. Ces premiers et cruels excès, en inspirant la crainte aux montagnards, leur rendirent les Français haïssables. Ils furent la cause de cette résistance opiniâtre, qui demanda plusieurs ans de combats à outrance, et qui ne fut pas une des moindres causes des horreurs commises contre les Français par ces montagnards, qu'ils appelèrent *barbets*, nom que les Français donnèrent au 15me et 16me siècles, aux habitants des vallées du Piémont, dont ils éprouvèrent la farouche résistance. (1)

Ces *barbets* étaient des habitants des montagnes, qui furent d'abord organisés en compagnies de milices, sous le nom de *chasseurs de Nice,* et qui rendirent de grands services, imitant les guérillas espagnoles. Ces milices durent naturellement cesser d'exister du moment que les troupes sardes étaient refoulées au-delà des Alpes, mais ils continuèrent à faire la chasse aux Français pour se venger des excès et des atrocités par eux commises dans leur pays. (2) Ils guettaient derrière un tallis, ou un

---

(1) Il y a à Sospel une maison appelée *Barbette*, temple jadis des Huguenots, nommés *barbets*, parce qu'ils portaient une longue barbe ; ils y vinrent de la Provence ; mais il en furent chassés.

(2) Voici l'Etat désastreux des pays de la vallée de la Vésubie ravagés par les soldats français.

Nous ressemblons à un malade épuisé par de fréquentes saignées, (An 4-10 Ventose). St Martin-Lantosca a eu 200 bastides brulées, les combats du Raoûs et de l'Authion ont promené le fer et la flamme dans tout le territoire de la Bollena. Belvedère, place de défense respectable, offre le spectacle le plus lamentable. Ses granges ont été brûlées, ses vacheries et ses bergeries saccagées, ses maisons pillées. Venanson est ruiné. Le canton de Roccabillière a perdu 3,000 moutons, 1,500 vaches, 300 bœufs, 100 mulets, 300 porcs.

rocher, et abattaient les Français ; chaque gendarme, chaque ouvrier, chaque sentinelle avancée courait un péril presque certain pour ses jours, puisque tout détour, tout rocher, tout arbre pouvait recéler un *barbet*. A Roquesparvière de Duranus, par exemple, ils s'emparaient de leur victime, étouffaient ses cris avec un mouchoir, la détroussaient et la lançaient dans le gouffre de la Vésubie, en lui criant : Va, saute pour la République. Cet endroit qui fait frémir, a gardé le nom de *Saut de la République*. — *Tisserant*.

Jugez par le crime suivant de l'horreur qu'inspiraient les *barbets*. Dans une pauvre maison, située entre Loude et Lantosque, étaient restées une femme et ses deux filles. Le père de famille et son fils couraient la montagne avec les *barbets* à la chasse des Français ; ils étaient doués, dit Alexandre Dumas, d'une force herculéenne. Or, par une soirée brumeuse de Novembre 1794, dix éclaireurs Français, surpris par la neige et par la pluie, frappèrent à la porte de la maison ; la mère, après avoir caché ses filles, se hasarda à ouvrir. « Avez-vous quelque chose à nous donner ? dit le sergent, allons dépêchez-vous. — Vous savez que nous n'avons plus rien dans ce pays-ci je vais vous offrir du peu qui nous reste. » Et elle tire de l'armoire du pain dur comme la pierre, puis une sorte de chose qui ressemblait à du fromage. Elle mit quelques fascines dans l'âtre, et chacun se blottit là comme il put. La conversation s'engagea entre le sergent et la femme qui eut l'imprudence de

St Martin-Lantosque réclame 879,880 francs
La Bollène 848,985 »
Belvédère 339,488 »
Venanson 110,435 »
Archives de la Commune de Belvédère de 1794 à 1796.
C'est en 1264 que mourut le poète Aimeric natif de Belvédère.

parler de ses filles : les soldats demandèrent aussitôt où elles étaient, et voilà qu'ils font du tapage. Les filles s'élançaient de la fenêtre en fuyant, lorsque entrèrent le père et le fils. Les soldats restent interdits à la vue de ces rudes montagnards qui portaient leur fusil en bandoulière, et avaient, sous leur large chapeau, une figure qui imposait. — « Femme, dit le père, en regardant les éclaireurs français, as-tu donné à ces braves ce qu'ils te demandent ? — Oui, tout ce que j'avais, mais.... — Allons, va chercher tout ce que tu as de mieux dans la cachette. » — Le sergent ne soufflait mot, les autres soldats se félicitaient d'avoir si bien rencontré. L'eau-de-vie arrive. Le Lantosquin verse rasade sur rasade et trinque avec eux, jusqu'à ce que les soldats tombent d'ivresse. Oh ! maintenant, écoutez. Le père et le fils s'arment chacun d'une hache, abattent l'un après l'autre la tête de ces infortunés, et les jettent dans le gouffre à côté. En une heure tout fut expédié.

A cette nouvelle, on redouble de sévérité à l'égard des Vésubiens, surtout à l'approche des fêtes de Noël ; (1) mais plus l'on sévissait, plus les *barbets* frappaient dans l'ombre. Aussi, ordre fut donné aux Communes de les dénoncer, les traquer, et défense sous peine de mort de leur donner vivre ou gîte ; et à la garde nationale, de fouiller les bastides et les maisons, et battre la campagne.

Le 14 Juillet 1793, *Contes* dut envoyer sa garde na-

---

(1) Dans la nuit de Noël de cette même année 1794, un terrible ouragan bouleversa la vallée de Lantosque. La redoute de *Tuech*, contre laquelle tous les efforts des Austro-Sardes avaient échoué, même dans les combats de *Raoux* et de l'*Authion*, fut complètement ruinée par un vent terrible mêlé de grêle, de foudres, de pluie et de neige. Les soldats français épouvantés et renversés, poussaient des cris affreux. Plusieurs périrent écrasés, le reste descendit mutilé, en disant : Nous croyions que c'était la fin du monde ; évidemment le Ciel combattait contre nous. Tisserant.

tionale jusqu'à l'Emberguet d'Utelle (1) et jusqu'à Duranus, qu'on appelait le refuge des brigands, sans qu'aucun de ses habitants ait jamais été de ce nombre, mais parce que Charles Cristini, Pierre Maurel, Henry Pille de Figaret et Nicolas de Lantosque, barbets, se tenaient cachés dans les Manouines ; le Commandant de Lantosque devait s'entendre avec celui d'Utelle pour les traquer, les prendre ou les tuer.

A Scarena, un tribunal militaire fonctionnait continuellement pour juger ceux qu'on saisissait. Un certain Fulconis mis à mort à Scarena, fut placé devant la maison de sa propre mère, puis promené dans le pays, et enfin son corps porté à Nice à dos de mulet, fut traîné ainsi dans toute la ville. Cette scène se renouvela encore le 23 Mai 1795, pour un autre barbet. Le corps était lié sur son mulet et avait le poignard attaché à la main et le fusil sur le dos.

Plus hardis que jamais, en 1798, ces bandits dévalisèrent le Courrier de Nice à Turin, et tuèrent deux gendarmes qui l'escortaient. Ils tirèrent à Scarena sur le poste militaire. Un de leurs chefs plus fameux se nommait *Contin*, originaire de Drap ; le général Garnier parvint

---

(1) *Utelle* de l'ancienne peuplade des Oratelli, appelée *Ues* dans les anciennes chartes. L'église paroissiale, bâtie à la fin du sixième siècle, est un des plus beaux et des plus anciens monuments du Comté de Nice ; dans l'intérieur il y a une double rangée de majestueuses colonnes d'un seul bloc qui sontient la voûte, divisée en trois ogives : derrière l'autel il y a une magnifique sculpture en bois de noyer ; c'est un prodige de travail et de patience, un chef-d'œuvre du même siècle.

Le sanctuaire de Notre-Dame d'Utelle, dit de la *Madona des Miracles* est assez fréquenté ; deux vastes portiques qui entourent l'église, servent d'abri aux pèlerins. Les murs sont tapissés d'une rangée de tableaux peints à la gouache. C'est une pieuse offrande de Georges Lascaris, comte de Tende, qui, atteint d'une grave maladie, fit un vœu à la Madone d'Utelle, et obtint sa guérison

Les habitants sont appelés *Couteliers*, parce qu'ils avaient le privilège de porter un coutelas à la ceinture.

à s'en emparer et l'envoya au bagne de Toulon où il mourut.

Ce ne fut qu'après que les Français se furent entièrement rendus maîtres du Comté de Nice, que ces ci-devant milices, poursuivies au milieu des rochers, comme des bêtes fauves, ne trouvant plus d'asile, n'écoutèrent plus que leur désespoir, poussées au vol et au brigandage par la détresse de leur situation. Ces terribles brigands qui infestaient les routes du département des Alpes-Maritimes, ne cessèrent d'y jeter la terreur. On dressa une liste des principaux chefs, qu'on envoya à toutes les Communes, tous condamnés à mort par contumace et leur tête mise à prix.

Cette liste contenait 2 de Nice, 10 de Villefranche, 10 de Scarena, 5 d'Utelle, 10 de Ste Agnès, 12 d'Eze, 4 de Cuebris, 12 de Breil, 6 de Saorgio, 3 de Belvedère, 3 de Tourette-Levens, 68 en tout. En 1801, on prend Castelli, Penchienatti de Contes et Cagneli d'Utelle. En 1804, le 26 Février, on en prend deux de Berre, et un de Bendejeun. En 1810, une bande de barbets court la vallée de Lantosque. Les gardes nationales, les gendarmes réunis font une battue du 11 Août au 17, et finissent par arrêter à la Bollène leur chef, André Thaon. En 1814 le 4 Avril, à 11 heures du matin, entre S. Martin du Var et Colmas, huit brigands armés attaquent et blessent mortellement trois gendarmes qui accompagnaient un mulet chargé de 9,905 francs de recettes de Puget-Théniers, — En 1815, 21 Mai, huit assassins attaquent les voitures de la Marquise de Butler, sur la route de Scarena à la *Fuont de Giariè*; ce sont les *Bellone* du Ray. Voyez *Sclos*. Enfin en 1818, on prendra un certain Laugier, dit le *Loup*, né à Grasse.

Les anciens racontent encore les forfaits d'un fameux barbet qui avait choisi pour asile le quartier si accidenté du *Ray* aux environs de Nice.

Constitution Civile du Clergé.

En 1791, la République française proclame la Constitution civile du Clergé, contraire aux Canons de l'Eglise. Tous les prêtres employés sont obligés à prêter serment à cette Constitution. De 800 Ecclésiastiques employés à Paris, 600 refusent de prêter le serment, et perdent leur place : sur 135 Evêques, 4 seulement prêtent le serment. Le Pape condamne et excommunie, en Avril 1791 et 1792, les prêtres assermentés.

Lorsque, à la fin de 1792, les Français se furent emparés de Nice, le Clergé fut invité à prêter serment à la dite Constitution. L'abbé Grégoire, représentant du peuple à Nice, voyant leur indécision, tâcha de les rassurer en leur disant que les dogmes catholiques étaient intacts, que la foi prêchée était toujours la même, et que ce n'était qu'une affaire de discipline, laquelle devait s'accommoder aux temps et aux lieux. Quelques membres du Clergé s'étant réunis, décidèrent de prêter le serment exigé ; mais la plupart des Curés préférèrent abandonner leur paroisse. Les uns se retirèrent en Piémont, les autres se cachèrent dans les campagnes.

Le 8 Juin 1794, on fit à Nice la fête civile de *l'Etre Suprême*, que Robespierre avait établie. A 11 heures du Soir, on ferma l'église de Ste Réparate et on scella les portes avec un petit écriteau : *temple de l'Etre Suprême*. Alors tous les signes extérieurs, les croix du culte, celles de la Croix de Marbre et de la place de

St François furent enlevées, et le son des cloches cessa. Les prêtres de Nice furent obligés de se déguiser entièrement en public. Le Costume religieux avait été interdit en Juin 1792 par l'Assemblée Législative. Les Eglises furent toutes fermées; mais les bons Chrétiens allaient en grand nombre, le matin de 4 à 8 heures, entendre la Messe dans des chapelles privées. Spectacle de foi et de piété que les patriotes appelaient *fanatisme*.

A cette époque 1793, tout ce qui portait le nom de saint, villages, rues, personnes, changeait de nom. Il y avait ordre d'anéantir châteaux, tours, emblèmes monarchiques, religieux, signes nobiliaires ou féodaux. On en voulait surtout aux prêtres; Féron disait aux Niçois le 18 Nov. 1793 : « Le châtiment des prêtres doit suivre de près celui des rois. » On s'acharna contre tout signe religieux ou royal. On se mit même à recueillir tous les papiers armoriés ou à face royale et seigneuriale. On les amoncelait sur les places publiques, on les brûlait, en faisant des rondeaux autour du feu. A Vence, on apporta à la Mairie les Statues du Calvaire ; un des Officiers municipaux dit : prenons de ce bois du Calvaire, et voyons comment on s'y chauffe. — A peine eut-il mis le feu, qu'il se sentit suffoqué, sortit, et arrivé sur la porte de l'Hôtel-de-Ville, il fut frappé d'apoplexie foudroyante. Un certain individu du Comté de Nice, appelé *brûle bon Dieu*, sera frappé de cécité et montré au pays comme un exemple du châtiment céleste. Un autre, qui avait fait fortune avec les biens de l'Eglise, sera trouvé mort dans sa cave la tête sur ses richesses entassées. Voilà quelques châtiments de Dieu dans notre seule contrée. — Tisserant.

On demanda alors aux prêtres un nouveau serment, et on envoya un ordre à toutes les Communes de l'exiger de tous les ministres du culte. Plusieurs prêtres prirent la fuite, d'autres restèrent sans toit à la charité des bons chrétiens.

On fit à Nice une perquisition nocturne, et on arrêta 44 prêtres et la sœur Bonjean. On plaça les premiers dans l'Eglise S. Jean Baptiste, et la sœur dans les prisons du Jésus avec les femmes de mauvaise vie. Deux jours après, à 10 heures, les prêtres furent conduits au milieu d'un bataillon de soldats à la maison Hérault, hôtel de Ville provisoire, place S. Dominique, pour être jugés.

Dom Verdi de 80 ans fut renvoyé comme imbécile.

Dom Derossi, ex jésuite et riche, fut renvoyé à la maison demi-mort, à la demande que Vachot, président du Tribunal, leur faisait, tous répondirent : *Je suis prêtre*, et Vachot de répondre, *Vilain métier !* Les autres juges s'opposèrent à la rigueur de Vachot qui voulait les condamner, et les prêtres furent renvoyés avec la promesse qu'ils ne feraient aucune fonction du culte. Un certain Dom *Martin*, refusant de faire toute promesse, dit à Vachot : *Je t'attends au grand jour, où tu ne seras que partie devant un juge incorruptible.*

A Paris, l'Evêque Gobet remit ses fonctions, et l'abbé Grégoire lui-même dit tout haut devant l'Assemblée. *Je ne tiens aucune autorité ni de vous ni du peuple; je suis Evêque, je reste Evêque.* La Montagne poussa des cris furieux.

Les mauvais prêtres furent à Nice, d'abord un certain *Riquelius* qui renonça publiquement à la prêtrise : un capucin et son frère prêtre. Dom Tomatis qui refusa les sacrements à la mort. Dom *Faraut* vivant avec les escrocs et les Juifs. Dom *Guigo* qui avait son domicile au temple décadaire. A Contes, Dom *Scuderi* ex-moine. Toselli.

Après la chute de Robespierre, dont le règne fut celui de la terreur et de la guillotine, la Convention qui lui succéda rétablit, le 15 Février 1795, *la liberté des cultes*. La Municipalité de Nice en félicita son représentant *Blanqui*, à Paris. « Il aurait été à souhaiter, « lui écrivait-elle, que les cruelles atteintes portées à « la liberté par une *faction scélérate* n'eussent jamais « mis la Convention dans la nécessité de rendre un pa- « reil décret. » Le 14 Mars, ce décret fut publié et exécuté à Nice. Un certain Guibert qui avait pris à loyer Ste Réparate pour 705 francs par an, la débarrassa de suite du blé qu'elle contenait, et en remit les clefs au Vicaire Général Garidelli de Quincenet. Cette église resta fermée 7 mois et 16 jours. Le 1er Avril, elle fut ouverte au service du culte ; et le 5, jour de Pâques, fut solennisé avec un grand concours de peuple ; ce fut une fête magnifique. (1)

Le représentant Beffroy publia enfin un décret de la Convention qui fermait *les clubs*, et défendait les rassemblements séditieux. A cette nouvelle, les Niçois s'embrassent dans les rues, et se félicitent d'avoir échappé aux bourreaux. On mit en état d'arrestation les terroristes de Nice, parmi lesquels Trémois, président du Tribunal Criminel, le juge Berutti, Sereno, Maurin Guido, A. Gastaud, Brun, Sasserno, Tiranti, Raynaud, le prêtre Guigo, Esmengaud.

Il ne faut pas s'étonner, si parmi tant de prêtres qu'il

---

(1) Le culte avait été seulement permis dans l'intérieur des églises. En 1799, on fit à Aspremont une procession à l'extérieur ; ce fut une grande faute qui excita le zèle des sans-culottes, Dom *Bonifassi*

y avait en France à l'époque de la Révolution, quelques-uns prévariquèrent ; on n'avait pas alors la foi vive des premiers chrétiens ; le besoin, la peur de la proscription et de la mort firent connaître les mauvais prêtres, ou firent d'eux de faux patriotes ; car, à la paix, presque tous retournèrent à leur devoir et menèrent une vie irréprochable. On le vit en effet à l'empressement qu'ils mirent à se soumettre aux ordres du Pape, dès que Pie VII eut fait, en 1801, un Concordat avec Napoléon devenu premier Consul, et que Colonna d'Istria, un saint et charitable prêtre, fut fait évêque de Nice, après la démission que donna son prédécesseur, Mgr Valperga. Ce fut un enthousiasme général lorsque, le 14 Septembre 1802, il prit possession de son siège : toutes les administrations, la Magistrature, le Clergé l'accompagnèrent solennellement à la Cathédrale. Et plus grand encore fut l'enthousiasme du peuple, lorsque Pie VII passa à Nice en 1809 et en 1814, et qu'il suivit la route de Turin en 1809, et celle de Gênes en 1814.

Cet empressement du peuple à revenir aux pratiques de la Religion, avec même un redoublement de ferveur et de zèle, prouve que le gouvernement républicain avait été, en France, dans les mains de gens qui voulaient imposer leur impiété au peuple, et se servaient à cette fin de confiscations, de proscriptions et de la guillotine. On commença à donner partout des Missions dans les Paroisses, et c'est admirable de voir les fruits qu'elles produisirent parmi le peuple, avide de la parole de Dieu, qu'il n'avait plus entendue depuis de longues années. On en fit aussi à Contes, et le peuple qui n'avait jamais cessé d'être bon, malgré les mauvais exemples, devint meilleur. Des Missions eurent surtout lieu après la Restauration. Nous trouvons qu'en 1834 et 1843, il y eut des Missions à Contes et dans le Comté de Nice.

La paix de 1814

Les armées françaises s'étant emparées d'une grande partie de l'Italie, le Directoire fit signifier au roi Charles-Emmanuel l'ordre de quitter Turin et de se retirer en Sardaigne. Il partit le 10 décembre 1798, et prit la route de Florence pour s'embarquer à Livourne. C'est à la Chartreuse, non loin de la capitale de la Toscane que le Ciel, pour montrer à la fois deux exemples frappants de la fragilité des grandeurs humaines, permit la rencontre du Roi avec le Pape Pie VI qui, lui aussi, expulsé de l'Italie, devait bientôt mourir à Valence, en France. Le Roi tombant aux pieds du Saint Père, lui dit : « Je ne regrette pas le trône que j'ai perdu, je retrouve tout à vos pieds. — Portons nos regards vers le Ciel, répondit le Pape, c'est là que nous attendent des trônes que les hommes ne pourront nous ravir ». Charles, à peine arrivé en Sardaigne, abdiqua en faveur de son frère Victor Emmanuel.

Enfin, les puissances européennes se coalisèrent contre le conquérant, envahirent la France, entrèrent dans Paris, et Napoléon abdiqua le 11 avril 1814 (1).

Déjà Sospel, Scarena, Lantosca, Roccabilière s'étaient mis en insurrection avant cette époque ; à Scarena sur-

(1) Une charte du 5 juin 1365, conservée dans les Archives de la ville de Sigale, rappelle les privilèges que la reine Jeanne avait acordés à cette Ville. Un viguier, chargé de l'administration de la Justice, y résidait ; il est désigné sous le nom de *notre amé et féal Neapoléon* ; ce qui est remarquable. Durante, Chron. p. 365. Sigale est la Commune qui, après Contes possède le plus de chartes comme nous avons vu, page 22.

tout, les habitants se permirent les paroles les plus outrageantes contre le Gouvernement Impérial, et contre les Français ; beaucoup refusèrent de tirer à la conscription, et d'autres désertèrent les drapeaux. A Contes, les conscrits qui étaient au nombre de 13, se cachèrent dans les bois, d'autres ne voulurent plus payer les contributions. Le Maréchal Masséna qui commandait la 8me division militaire, réunit les troupes qu'il avait sous la main, pour ramener les révoltés, et pour chercher les déserteurs; mais pas une route n'est sûre pour l'uniforme français : on les insulte, on les traque partout.

Enfin la nouvelle de la paix arrive. Le 15 avril 1814, le Préfet des Alpes-Maritimes, Dubouchage, se montre au balcon de la Préfecture en agitant un mouchoir blanc, et crie : *Vive Louis XVIII, vive les Alliés!* Sa voix est étouffée par les cris : *Vive Victor Emmanuel, vive notre roi légitime!* On s'embrasse, on fait des rondeaux, on parcourt la Ville, musique en tête ; et chacun a pris la cocarde blanche et bleue. Il n'y a aucun désordre, aucune vengeance, aucune insulte ; la joie ne discontinue plus ; au mois de Mai, on dresse partout des arbres enguirlandés et ornés des couleurs nationales ; on composa des chansons que tous, soldats, bourgeois et commerçants chantent en allant d'un quartier à l'autre autour des *mais*. Nice enfin et le Comté furent rendus à leur Roi légitime.

Le premier qui annonça la paix à Contes, fut Martin de Nice, marchand de cuir, dont la sœur avait épousé le neveu de Dom Faraut. Dès qu'on la connut, on sonna les cloches, le peuple se réunit sur la place, et on fit la farandole.... Les derniers conscrits qui s'étaient réfugiés dans les bois de *Serra*, et auxquels leurs mères portaient en cachette la nourriture, retournèrent à Contes, et grande fut la réjouissance de tous les habitants. Un certain Pierre Antoine Camous de Contes, qui avait déserté, eut l'envie de revoir sa patrie après une longue absence, et entra à Contes ce même jour de réjouissance publique. Il cherchait à ne pas se faire voir pour n'être pas reconnu ; mais ne sachant à quoi attribuer cette bruyante fête, puisque étant de Contes, il connaissait toutes les fêtes du pays ; dès qu'il l'eut appris, il s'annonça comme tel, et fut fêté de tout le monde ; chacun voulut lui serrer la main : il avait la gale !... — Un autre, nommé Jean Joseph, revint aussi plus tard à Contes ; mais lorsqu'on voulut lui serrer la main, il dit en la retirant : « J'ai la gale. »

Révolution de 1821.

Les étudiants de l'Université de Turin, travaillés par les meneurs révolutionnaires, se révoltèrent contre l'autorité : « L'Italie, disaient-ils, n'attend que notre impulsion pour secouer le joug de l'étranger ; au premier cri de liberté, toute l'Italie y répondra. Le 10 mars 1821, les troupes d'Alexandrie se révoltent et proclament la Constitution d'Espagne. Le 11 Mars, la Citadelle de Turin se range du côté des révoltés. Le 12, Turin est plein de soldats qui étaient venus de tous côtés, criant : *Vive le roi !* Mais Victor-Emmanuel Ier, croyant n'avoir plus de sujets fidèles, signe son abdication en faveur de son frère Charles-Félix, et part pour Nice le 13.

Les étudiants niçois acceptèrent les avances du Carbonarisme italien, se joignirent aux révoltés, et une partie d'entre eux se fit inscrire dans le corps des volontaires. Charles-Félix vint à Turin, la junte révolutionnaire fut dissoute, et tout rentra dans l' ordre. Le 10 avril, le canon du château de Nice annonça cette nouvelle.

Plusieurs sentences de mort furent prononcées en peu de mois contre les promoteurs principaux de cette révolution ; dans ce nombre, le Comté de Nice dut enregistrer trois de ses enfants.

Le 10 mai, fut condamné à mort *Joseph Faraut*, fils de Benoît, natif de Contes, fourrier dans la 4me compagnie du 4me bataillon de la royale légion légère. Le 23 août, fut condamné à la peine des travaux forcés, le comte *Hilarion Cagnoli de Ste Agnès*, natif de Saint-Martin-Lantosca, lieutenant dans la brigade d'Alexandrie. Le 6 septembre, fut condamné à la peine mort, *Clément Marvaldi*, natif de Saorgio, capitaine dans la brigade d'Aoste, et à la confiscation de ses biens, après avoir été dépouillé de ses grades.

Désordres à Contes en 1828

Pendant les vacances de 1828, quelques jeunes gens de Contes, étudiants en droit, en médecine, etc., sous prétexte d' aller jouir de l' air frais sur le clocher de l'église, obtinrent du sonneur des cloches la permission d' y aller ; mais ils se rendirent coupables, tant dans l'église que dehors, de certaines irrévérences et profanations, qui parvinrent à la connaissance du fisc. Le 17 septembre, le Sénat ordonna leur arrestation, et le 18, les gendarmes se transportèrent à Contes pour exécuter l'ordre ; mais les coupables avaient pris la fuite : trois d'entre eux seulement furent arrêtés le 23. Ils furent tous condamnés à 6 mois de prison.

La sentence fut publiée à Contes, le 29 juillet 1829, avec toutes les formes judiciaires, au son du tambour.

Le juge *Raybaut*, qui ne les avait pas accusés, fut suspendu de ses fonctions *ad annum* ; le curé, Dom *Massa* qui n'avait pas porté plainte, fut destitué, et le sonneur des cloches, congédié. C'est Dom Bonifassi qui succéda à Dom Massa dans la paroisse de Contes.

Passage du roi Charles-Félix à la Poncia de Contes.

En 1829, le 28 octobre, le roi Charles-Félix et la reine Christine vinrent à Nice par la route de l'Escarène. A la Poncia, le maire de Contes, Giacobi, fit faire un arc de triomphe, avec l'inscription suivante faite par Dom Bonifassi :

KAROLO FELICI AUG.
REGI OPTIMO INVICTO
PATRI PATRIÆ AMANTISSIMO
KRISTINÆ MARIÆ CONJ. AUG.
FIDELI, PIÆ REGINÆ MATRI
DILECTISSIMÆ
FAUSTA, FELICIAQUE OMNIA
ADPRECATUR
NOMINI, MAJESTATIQUE EARUM DEVOTUS
POPULUS COMPUTENSIS
GAUDENS, LŒTUS, EXULTANS
ANNO MDCCCXXIX.

Il arriva à Nice le 3 novembre. A cette occasion, on chanta de nouveau la belle chanson en niçois, que Joseph Rancher avait faite en 8 strophes lors de son premier voyage à Nice, le 8 novembre 1826, et qui fit grand bruit, parce qu'elle était historique. On en jugera par la strophe suivante :

>De Braüs e Brouis ai flanc
>Porras connoisse encara
>Che Nissa, dou siou sanc,
>Per tu non es avara,
>E che es tieu tout
>Giusc'au darriè degout. (1)

En 1834, la Reine *Marie-Christine*, Veuve de Charles-Félix, alla passer l'hiver à Nice, et à son passage à la *Poncia* de Contes, Adéline Camous de Vernea, fille de Joseph, sœur du Curé de Sclos, la plus belle fille de la Commune, lui présenta un bouquet. (2)

Constitution de 1848.

On fit à Contes, à l'occasion de la Constitution de 1848, beaucoup de fêtes, de réjouissances et de farandoles, fêtes qui furent approuvées par le Curé ; mais il n'y eut pas de désordres. (3)

Annexion à la France

En vertu de la Convention de Turin, entre la France et le Roi de Sardaigne, du 22 Mars 1860, le Comté de Nice est cédé à la France. Le 15 Avril, le Comté ac-

---

(1) Charles-Félix mourut en 1831, Charles-Albert lui succéda.
(2) A cette occasion Sixte Castel de Sclos, cordonnier, fit à ladite Adéline une paire de souliers en damas rouge.
(3) Il y eut des désordres a Tende, Briga, Scarena dont le Curé fut obligé de quitter le pays. Les Jésuites furent déchargés de la direction du Collège de Nice.

cepte l'annexion presque à l'unanimité des suffrages, 25,773 voix. La ville de Nice donne 8,454 voix contre 205. La Commune de Contes fut unanime à accepter l'annexion, le Curé en tête. On fit à Contes la farandole de réjouissance. A Sclos et Vernea, le peuple fut d'abord indifférent, cependant ils votèrent tous à l'unanimité pour l'annexion ; ils furent ensuite bien contents de cette annexion, lorsque le gouvernement français les exempta de payer le traitement du Vicaire de l'Annexe qui avait été à leur charge depuis 1807.

Territoire de Contes

La ville de Contes est située sur un plateau de grès qui se consume peu à peu. Anciennement elle était entourée de murailles et avait trois portes d'entrée : une à l'Est, au coin de la sacristie de l'église, l'autre à l'Ouest dont on peut encore distinguer les restes ; et la troisième, qui est encore intacte, est celle qui donnait entrée au château du côté du Nord, à côté de la maison Giacobi. Les deux premières furent enlevées au commencement de ce siècle. La maison de ville était située dans l'intérieur de la ville, à la *planetta*, où était aussi *l'albero pretorio*.

Le sol de la Commune repose sur une base de grès, depuis le plus tendre qui se brise sous le doigt, jusqu'au plus dur que l'on rompt avec la poudre. C'est de ces pierres que, tant à Contes qu'à Sclos, on tire la chaux hydraulique. Le sol de la Commune est sablonneux, la plus grande partie est de schiste, *scaglion*, cru et stérile. Il y a cependant dans quelques endroits une terre forte et bonne pour les divers produits, mais elle veut de l'eau et du fumier.

Le terrain cultivable est de 12⟋18mes ou 2⟋3, le reste est inculte, parce qu'il n'est pas susceptible de culture : 2⟋18mes sont arides et incapables de production, et le restant, 4⟋18mes, contient quelques pins sur un grès dur.

D'après le *Cadastre* fait en 1702 par Penchienatti, le territoire de Contes contenait 3,470 sétérées, 4 muturaux et 2 sextes. Il fit ce Cadastre en 10 jours, et coûta seulement 160 lires. La valeur des terres susdites fut évaluée à 344,576 lires et 18 sous. — La sétérée contient 16 boisseaux, le boisseau 6 sextes, la sexte se divise par la moitié. La valeur est en lires de 20 sous chacune, le sou se divise en 12 deniers, le denier en 5 points, le point en 5 quintes.

En 1883, la superficie de la Commune est de 1947 hectares, comme elle l'était sous le premier Empire. Revenus annuels 619. Valeur du Centime 108,59. Centimes pour dépenses ordinaires et extraordinaires, nombre total 69. Dons extraordinaires 20 à 1899. Revenu du bureau de bienfaisance nul.

La Commune de Contes de l'ancienne juridiction de Peille, se compose de la ville et territoire de Contes, et des trois hameaux suivants:

Sclos, la plus belle partie de la Commune.

Vernea séparée de Sclos par le Vallon.

Poncia située au sommet de l'angle formé par les deux torrents de Paillon et de Bleusasc.

Dans la Commune *l'air* est bon et sain à Contes, meilleur à Sclos, et assez bon à Vernea et à la Poncia.

Noms anciens des divers quartiers du territoire.

A Contes: La mesta du moulin, Gionchiès au-dessus du torrent; los Clos, où la Commune possédait une châtaignerie en 1406; la Greu, parcequ'il y avait un arbre d'*agreu*; las plastras, peiragrossa, Serra, las Condaminas, trà lo bari, Colla Liziera en 1544, Colla de Caraisson, Toart, Barban, peirafuec, lai plantadai, las ajas, crossum de pino, terraCumina, Sipieras, Fornier, trà la villa, las plastras (lieu le plus froid); Parran joli endroit, Valbruna; Borella, Meaglia, Suquet, Crosetié, Touet, Varet, Vegnoidum, Riurdum, Tamalosca, Combelo, Naigès, Piozel, Peira, Puns, Puada de Scarena, al sublier ou via oscura, Cuosta ou Parau, Balma, l'Euze.

A *Sclos*, Cros, Poula, Cuegne, Cluot, Serre, Puey, Raybert, Torre, Lambert, Riola, Terriglio, la Gardia, Colla dell'Olivié, Colla de Liziera, Roquier, Fuont de Giarrié, Costa de Sta Elena, Simon, Sipieras, terra Cumina, Pivuola, Fornier, Valliera, Castel.

A *Vernea*: Desteil, Cuollas, Presa, Colomp, Pemià Poncia, Pincalvin, las ajas.

Administration.

Il y a à Contes un Maire, un Adjoint et seize Conseillers, un Curé et un Vicaire, un Juge de Paix, un percepteur des Contributions, un bureau d'Enregistrement, un bureau des postes et télégraphe, une station de de gendarmes, un notaire, deux médecins, un courrier et un service journalier d'omnibus.

Le maire actuel (1884) est Gaziglia André François:

l'adjoint Barraja Jacques, et l'adjoint spécial pour Sclos et Vernea, Camous Augustin...

Population.

Année du Canton ou Arrondissement.		1838	1848	1881
de Contes (1)		5668	5651	4815
« Scarena		6433	6867	5140
« Levens		5904	6274	6162
Année de la Commune de Contes	1790	1808	1848	1881
habitants	1500	1578	1857	1681
de la ville de Contes et son territoire		1080	1238	1075
de Sclos		290	322	312
de Vernea		208	299	294

Recensement officiel fait le 10 Décembre 1881.

	MAISONS	MÉNAGES	INDIVIDUS
Contes la ville	190	232	743
Quartier de la Roseira	24	30	138
« de Ste Anne	12	12	41
« de Castellar	17	18	86
« de Vignal	17	17	67
Vernea, Colle et Eglise	45	46	174
La Pointe	32	32	120
Puey et Mazin	10	10	42
Fuont de Giarriè	2	2	9
Sclos	77	77	261
	426	476	1 681

(1) Composé de Berre habitants 520, Château-Neuf 1221, Coarazze 642, Contes 1681, et Drap 751. Total 4,815 en 1881.

Population agglomérée 743
Population éparse. 938
Population de la Commune de Contes . TOTAL 1 681
Maisons 426. Ménages 476. (1) Individus 1 681.

Contes, le 30 Janvier 1882

l'Adjoint délégué,

BARRAJA.

Ce recensement marque la population qui se trouvait dans la Commune de Contes le 10 Décembre 1881, mais non la population réelle de la Commune dont plusieurs habitants pouvaient se trouver absents en ce jour.

Les principales familles sont :

De *Contes*, Faraut, Fossat, Allardi, Giacobi, Penchienatti, Delserre, Barraja, Passeron, Cauvin, Gaudo, Camous...

De *Sclos*, Cauvin divers, Giauma, Brocart, Castelli, Nuat, Camous, Raybaut, Massa, Giacobi, de Cloux, Scareila, Caisson,... ;

De *Vernea*, Camous divers (2), Delzerre, Gasiglia,... ;

De *Poncia*, Prioris, Dalbera, Augier, Faraut dit *Kinson*.

Qualités des habitants

Voici ce que Dom *Bonifassi* écrivait des habitants de Contes lorsqu'il était Curé de cette ville en 1829, dans son Manuscrit. Lettre k No 446. Arch. Com. de Nice.

---

(1) En 1702 il y avait dans la Commune de Contes 345 ménages.
(2) Sous les surnoms de *gobbo, pregaire, pastaire, puore, marquis, conte, pebron, giandiè, reonet, dousset, boretta, clapa.*

« La *stature* des personnes de Contes est moyenne, peu ont une haute stature ; (1) les femmes sont généralement laides et contrefaites par le travail, et brunies par le soleil : communément elles ont une grosse poitrine.

Le *caractère* des personnes est bon ; elles sont très-vives, et leur vivacité se connaît à leur langage rapide et d'une extrême volubilité. Les filles aiment beaucoup la danse, elles sont joviales et de bonne humeur. Les jours de fête, elles sont assez bien habillées ; elles portent leur robe jusqu'à terre, de belle indienne, avec des pendants d'oreille. Les jeunes gens n'ont pas tant de goût que les filles. Celles-ci sont *drudoi*, de petite stature, plutôt grosses, d'une physionomie à ne pas mépriser, mais elle n'ont pas un joli pied ; elles sont affectueuses, et parlent avec une prodigieuse volubilité.

Richesse. Les habitants de Contes sans être riches sont à leur aise, et, moyennant le travail, ils ont une maison, du pain et des vêtements.

Les *pauvres* y sont en très-petit nombre. Les pauvres de la montagne y venaient, il y a bien des années, passer l'hiver, parce qu'ils y trouvaient du travail et de la compassion ; ils n'y viennent plus à présent, ils trouvent du travail chez eux.

La *longévité* de la vie à Contes est de près de 70 ans ; cependant on y voit des vieillards qui passent les 80 ans, encore vigoureux et robustes. Ces vieillards sont gais et aiment à boire. En 1833, mourut à Contes la veuve Giacobi, âgée de 92 ans, d'une santé rare, car elle ne fut jamais malade. » La longévité des habi-

---

(1) Dom *Bonifassi* dit que, d'après Dom *Isnardi*, la tradition orale nous a transmis qu'à Rocabilière, Saorgio et Luceram, il y avait trois géants qui dominaient sur le pays ; deux desquels étaient païens et le troisième chrétien. Leurs ossements que l'on a trouvés avaient 12 pieds.

tants de Sclos est bien plus grande. (1) Voyez Sclos.

Dans les douze années de la Révolution française, on ne compte à Contes, que deux *mariages* avec des Français, tandis qu'il y en a eu 34 à Scarena.

Il y a eu à Contes des *Juifs* qui y ont habité jusqu'en 1760 ; depuis lors on n'en a plus entendu parler.

Les personnes de Contes, qui se sont distinguées, sont : Le Président *Lea*, le capitaine *Lea* qui, en 1704, commandait la milice de la Cor..mune ; le célèbre chirurgien *Penchienatti Antoine*, qui a donné son nom à une des rues de la ville de Nice. Il était l'intime ami de Malacarne, tous deux élèves du fameux Beltrandi, lesquels égalèrent leur maître en théorie et en pratique. Il fut professeur dans l'Université de Turin, membre de l'Académie royale, habile chirurgien de la Cour, et écrivain. Il laissa une fortune de 200 mille francs, laquelle excita une grande émulation parmi les jeunes gens de son pays. L'*Avocat Allardi* Jean Ludovic, Directeur de l'Université de Turin en 1791, puis Directeur du Collège des Provinces, Inspecteur de l'Académie de Turin en 1812, avec un traitement de 5000 fr. Joseph *Scudéri*, écrivain ; *Delserre* Jean André, médecin. En 1728, *Giacobi* Ludovic, Prédicateur et écrivain. *Raybaud*, ex-capucin qui broda une belle tête de l'*Ecce homo*, travail très-fin et très-bien exécuté. Plusieurs avocats, médecins, chirurgiens et autres personnes d'un grand mérite, parmi lesquelles le digne chanoine *Belmondi*, versé dans le chant d'Eglise.

(1) Il mourut à Châteauneuf en 1758, un certain *Bermond du praet* qui avait 105 ans. — En Février 1883, il vient de mourir à Cimiez, la nommée *Félicité Martin*, veuve *Ramoin*, qui était âgée de 102 ans. — Ses obsèques ont eu lieu au milieu d'une affluence de parents, fils, petits-fils, arrière-petits-fils, neveux, etc., dont l'âge de la défunte expliquait suffisamment le grand nombre,

Noms des anciennes familles de Contes.

Dans le 13ᵐᵉ Siècle. Faraudi, Laugieri, Barletti, Canal, Agathoni, Traverso, Repayre, Scudiéri, Brocardi, Pic, Delserre, Berengari, Rigneri, Columba, Martha, Beco, Ysoardi, Miserere, Bernardi, Pepini.

Dans le 14ᵐᵉ Siècle. Ferrario, Pellegrini, Gandolfi, Adalqueri, Bertrando, Pelletti, Austraudo, Lea, Calvinus, Bruno, Lombardo notaire, Corte, Olivari, Guigone, Costa.

Dans le 15ᵐᵉ Siècle. Camossi, Rostagno, Travagna, Auda, Jacobi (Giacobi), Badan, Pellerano, Penchienatti, De Castello, Danielis, Nitardi, Jannesi, Calvini, Galleano, Raymondo, Goiran, Gajani, Giraudi, Pironi. — On voit que bien des familles se sont éteintes depuis ces époques.

Noms des anciens Syndics (Maires) de Contes.

En 1439, Paul Danielis et Pierre Giacobi.

1478, Languisco Scudiéri.

1481, Antoine Giacobi et Antoine Penchienatti.

1484, Philippe Brocardi et Etienne Camossi.

1495, Ugon Delserre et Christophe Majolis.

1500, Pierre Giraudi et Barthélemy Camossi.

1515, Jean de Rocamaura et Jean Camossi.

1520, Jean Calvini et François Penchienatti.

1551, Barthélemy Scudéri et Pierre Camossi.

Il est mort à Contes, en peu d'années, il y a une cinquantaine d'années, quatre personnes de la famille *Passeron*, d'une mauvaise mort : deux par des chutes, une brûlée et l'autre trouvée morte.

Noms des anciens Bayles (Juges) de Contes.

En 1335, Paul Adalqueri.
  1411, Guillaume Lea, notaire.
  1468, Pierre Camossi.
  1682, Jean Calvini, notaire.

Usages particuliers à Contes.

Les usages particuliers à Contes sont à peu près les mêmes qui règnent dans le Comté. Il y a l'*Abbé* qui dirige le bal de la jeunesse dans les *festins* (1). La jeunesse de l'un et de l'autre sexe aiment passionnément la danse. Ils tiennent beaucoup aux festins des noces dans les mariages; même ceux qui ont peu de moyens font un festin au baptême de leurs enfants, qui, ordinairement consiste en un souper.

Un usage particulier à Contes, que Dom Bonifassi relève dans ses Mémoires, qui était une avance des anciennes coutumes et une marque de l'union entre eux, c'était le festin ou repas qu'ils faisaient sur la place publique, le jour de l'Epiphanie. L'*Abbé* du festin attendait sur la porte de l'église, à l'issue des Vêpres, le Curé, le Syndic, le Secrétaire et les principales personnes du pays, et les invitait au repas; ce repas n'a plus lieu depuis 1848.

---

(1) En 1828, au festin de Contes, on tua un bœuf de 33 rubs, qu'on paya 160 fr. et qu'on vendit à 3 sous 1|2 la livre; et un veau de 8 rubs qu'on vendit à 3 sous la livre. — Dom Bonifassi.

Les Abbés des festins.

Voici le règlement de police, concernant les *Abbés*, que les Consuls de Nice firent le 8 juin 1614, à l'occasion de quelques troubles qui avaient eu lieu le 13 octobre 1613, dans un charivari. Cet extrait pourra donner une idée des mœurs et usages du temps. Protocole du notaire Milonis. Arch. de la ville de Nice.

Les Consuls nomment quatre compagnies d'*Abbés* chargés de veiller au bon ordre, tant en ville qu'à la campagne, à l'occasion des fêtes, danses, noces et festins : une pour la noblesse, l'autre pour la bourgeoisie, la troisième pour les artisans, la quatrième enfin pour le bas peuple.

Les danses seront sous la surveillance de *deux Abbés* directeurs, dont l'un doit être marié, l'autre jeune homme. Chaque classe aura le droit de n'admettre dans les lieux de réunion que des personnes de son rang ; mais les supérieurs peuvent toujours visiter les inférieurs, en se faisant connaître aux *Abbés*.

Le droit de *charivari* est fixé de la manière suivante :

Un noble, passant aux secondes noces, payera aux Abbés quatre écus d'or pour la dispense du charivari.

Un bourgeois et marchand, trois écus.

Un artisan, deux écus.

Un ouvrier ou paysan, un écu.

Les veuves, épousant un jeune homme, sont soumises au même payement. Si les époux sont tous les deux veufs, la rétribution sera double.

En cas de refus de payement, les Abbés de chaque

classe, sont autorisés, avec la permission du Gouverneur et des Consuls, à leur faire le charivari pendant trois jours, en surveillant qu'il ne se commette aucun désordre.

Tout étranger ayant épousé une demoiselle ou une veuve de la ville, ne pourra conduire son épouse chez lui sans en prévenir les Abbés de sa classe, trois jours avant son départ, pour que ceux-ci les fassent accompagner avec tous les honneurs d'usage. Sur cet avis les Abbés assemblent la jeunesse, et se rendent le jour indiqué, en habit de noces, à la porte de la maison où logent les époux, avec des instruments, pour leur faire cortège et les conduire hors de la ville, par la porte désignée à chaque classe. En cas de refus, les Abbés, après avoir épuisé les bons procédés, et pris les ordres du Gouverneur et des Consuls, auront le droit de barricader la porte des rénitents et d'empêcher la sortie.

PROVERBES EN USAGE A CONTES.

Lo magaglion fa veni lo gran a majon.
Lace begut non fa toma.
Lo coust gasta lou goust.
Cu premiè naisse premiè paisse.
Ben che ven de la fluta sen va per lou tambour.
Un cochin donàli dau vuostre, e laissalo corre.
Conseu de vieil, fuorsa de giove.
Se vieil poschessa e giove saupessa....
Cu maù semena, maù racueglie.
Ric e fuol fa sen che vuol.
Cu a sospet a diffet.
Lo redice es una marida erba.

L'Abat conoisse lu giove.
Mosseu da regalat.
Apres Aost la pluja gasta lo most.
Cora lou paire fa caramentran, fan carema lu sieu enfan.
Cu non onora lo paire e la maire buon fin non pou faire.
Un sou resparmiat es un sou doui fes gagnat.
Fai lo tieu dever e non avè poù.
Non es pa tout d'estre onest, foù encara lou pareisse.
Cu a da faire non duerme.
Ciripicicieu cu travaglia vieu.
Lo ten dona conseù.
Senche puodes faire ancuei, non lo remanda a deman.
Dieu perdona a cu offende, non a cu rauba e non rende.
L'ordre puorta de pan, lo desordre la fan.
Un buon camin non es mai lonc.
Lo ben face n'es mai perdut.
Touplen de parent touplen de torment.
Cadun lauda lo sieu sant..
Cora Dieu vou serra una fenestra, vou duerbe una puorta.
Cu maù non fa, maù non pensa.
Cu a defet a souspet.
Non faire senche non vuos che si saupe.
La bila dau sera la fou garda per lo matin.
Maximum iræ remedium mora (Seneca).
Cora si voù si poù — *Volli e sempre volli, e fortissimamente volli*. ALFIÈRI.
La fortuna la si foù faire.
Quisque est faber suœ fortunœ.

SOBRIQUETS.

Mellarède, Intendant du Comté de Nice, dans son rapport au Gouvernement de Turin en 1703, dit qu'à cette époque l'huile était altérée, en y mêlant avec beaucoup d'art de l'eau, mélange qui fut inventé par ceux de la commune de Contes, ce qui avait obligé les Etats de la Hollande à défendre à leurs sujets de commercer avec Nice ; et, en sa qualité d'Intendant, il dit qu'on observera une exacte visite et qu'on punira rigoureusement ceux qui feront quelque mélange. On pourra alors, dit-il, rétablir le Commerce avec les étrangers. C'est à cause de ce mélange, que les Contois sont appelés *tremp'oli*. (1)

Il y a environ 300 ans, un Curé de Contes s'était toujours montré très-sévère en fait de mœurs à l'égard des jeunes gens de sa paroisse, tellement que ceux-ci disaient qu'ils avaient *un Diable* pour Curé. Pour se venger de lui, ils répandirent un jour de la glue *(visc,)* sur le siège de son confessionnal, duquel le pauvre Curé eut beaucoup de peine à se détacher. De là : *lu Contes an pigliat lo Diau au visc.*

(1) Mellarède. Sommaire des droits du Roi dans le Comté de Nice de l'an 1703, conservé dans les archives communales de Nice.

RELIGION

Eglise paroissiale de Contes.

L'ancienne église *Ste Marie-Madeleine* de Contes avait été construite au bas de la ville dans Paillon, vis-à-vis le moulin. Les crues de ce torrent l'avaient souvent envahie, et l'exhaussement de son lit devint tel, qu'on dut enfin l'abandonner. On voyait encore au commencement de ce siècle ses murailles dans Paillon, et c'est à cet endroit que, chaque année, à un jour déterminé, les fidèles allaient prier pour les défunts qui y avaient été enterrés. (1) Ce n'est qu'après 1522, que cette église fut abandonnée, car nous trouvons qu'elle servait encore de paroisse à cette époque (2), tandis que dans la nomenclature des églises paroissiales du diocèse de Nice de l'an 1558, nous trouvons que l'église paroissiale de Contes était *St Etienne*. Il paraît que l'église actuelle de Ste Marie Madeleine de Contes ne fut terminée qu'en 1575, car son bénitier porte cette date.

L'église de *St Etienne* n'avait été que la Chapelle du château des Seigneurs de Contes, et elle consistait seulement en ce qui forme le chœur de l'église actuelle, auquel les habitants de Contes ajoutèrent les trois nefs qui forment la belle église que l'on voit à présent : ils y travaillèrent avec d'autant plus d'ardeur qu'ils s'étaient affranchis du joug, des tracasseries et de la domination des Seigneurs, et pouvaient disposer de l'emplacement nécessaire à sa construction aux dépens du Château.

---

(1) *Scaliero*. Vol. II. pag. 397. Arch. Com. de Nice. — Dom Bonifassi.
(2) Arch Com. No 165 ; en cette année le Prieur de Ste Marie Madeleine de Contes était Rodolphe de Roccamaure.

La nouvelle église fut dédiée à *Ste Marie-Madeleine*, ancienne titulaire de la paroisse ; mais pour conserver le souvenir de *St Etienne* auquel la chapelle avait été dédiée, ils placèrent une statue de St Etienne sur le fronton de l'église, et une autre au-dessus de celui du chœur : malheureusement celle-ci fut renversée par un tremblement de terre, et celle du fronton détruite par le tonnerre en 1857.

Compagnie du Rosaire.

C'est dans la susdite chapelle de St Etienne qu'avait pris naissance la célèbre Compagnie du Rosaire, laquelle contribua beaucoup à la construction de la nouvelle église paroissiale. Cette compagnie était déjà riche, et elle le devint encore davantage, car dans le 16me et le 17me siècles, il y avait une si grande dévotion au Rosaire, qu'on lui faisait des dons et des legs considérables. Peu de personnes mouraient sans laisser quelque chose au Rosaire, aux autels, aux églises : usage qui s'était conservé jusqu'à la Révolution française ; même ceux de *Vernea* et de *Sclos* laissèrent au Rosaire de Contes ; Jean *Camous* de Vernea en 1723, et Louise *Cauvin* de Sclos, veuve de Pierre Antoine Brocart en 1775. Antoine François Scudéri de Contes fut un des bienfaiteurs insignes de la Compagnie du Rosaire pendant sa vie, et lui laissa, en 1631, un fonds pour faire célébrer des Messes.

La Compagnie du Rosaire fit réparer en 1663 la nouvelle église Ste Marie-Madeleine, et en 1668, elle y fit faire le joli autel du Rosaire par un habile sculpteur de Grasse. En 1661, l'Evêque de Nice, par son décret du

3 Juillet, établit que les messes chantées à l'autel du Rosaire, dont la rétribution avait été jusqu'alors de cinq sols, serait à l'avenir de huit sols avec l'application, et les messes non chantées, à cinq sols. — En 1668, la Compagnie ordonna que chaque année, à l'occasion de la fête du Rosaire, on ferait une quête dans l'église, ce qui continue à se faire. Et l'Evêque Provana, faisant sa visite pastorale en 1689, accorda le privilège de donner la bénédiction du St Sacrement à l'autel du Rosaire, chaque premier Dimanche du mois.

Les revenus de cette Compagnie qui étaient considérables avant la Révolution française, ne s'élèvent actuellement qu'à la somme de 326,35 francs par an ; mais la dévotion au Rosaire continue toujours à Contes, on y célèbre la messe à l'autel du Rosaire et on y chante les litanies tous les matins, pendant l'octave de la fête du St Rosaire, et tous les soirs, pendant cette octave, on y dit le chapelet, on chante les litanies et on y donne la bénédiction du St Sacrement. De plus, le digne curé actuel, Dom Fortuné Millo, a introduit l'habitude d'y dire le chapelet tous les samedis et chaque veille de fête.

Eglise St Roch.

Il y a au bas de Contes, entre Paillon et le vallon, l'église de *St Roch* ; cette église existait déjà en 1551, puisque nous avons vu, page 37, que les Syndics de Contes furent enjoints, en cette année de se présenter devant la porte de ladite église pour s'y voir condamnés à l'amende de 1000 ducats, parce qu'ils avaient refusé d'admettre les troupes dans le fort.

A la fête de St Roch, on y chante la messe, qu'y viennent entendre les membres de la *Société de secours mutuels* sous le patronage de St Roch ; et pendant l'octave de la fête, un service funèbre est célébré à l'église paroissiale pour les confrères défunts de la Société.

Confréries.

Il y a à Contes deux *Confréries*. La première est celle des *pénitents noirs*, connue sous le nom de *St Joseph* et de *la Miséricorde*. Elle a pour but de pourvoir de luminaire les enterrements des indigents. *La bénédiction papale* est donnée quatre fois par an dans la chapelle des pénitents noirs : le premier jour de l'an, le lundi de Pâques, le jour de la fête de la Ceinture et le jour de St Etienne, 26 Décembre.

La seconde confrérie est celle des *pénitents blancs*, sous le nom de confrérie de *la Ste Croix*. Avant l'annexion à la France, cette confrérie possédait certains fonds dont la recette était affectée au soin des confrères malades : à pareille époque le Gouvernement Français a affecté ces rentes au bureau de bienfaisance pour tous les pauvres de la localité. Ces confréries ont chacune une chapelle (1).

(1) Tandis que dans le 13me siècle, l'Italie était déchirée par les factions des Guelfes et des Gibelins, un ermite poussé par son enthousiasme essaya de faire entendre des paroles de paix et de pénitence, et de faire cesser les dévastations et les vengeances atroces auxquelles se livraient les combattants. A sa voix, des milliers de personnes, hommes et enfants, voyagèrent en procession d'un pays à l'autre, armées de lourdes disciplines, le dos ensanglanté, le corps chargé de cilices. *Muratori*.

En 1260, une de ces Confréries, connues alors sous le nom de Compagnies de *flagellants*, venant de Vintimille, visita Nice, Antibes et Grasse, dont les habitants ne tardèrent pas à les imiter, et en peu de temps la Provence et le Languedoc furent inondés de *flagellants*. C'est à ces Compagnies qu'il faut attribuer l'origine des nombreuses Confréries établies successivement à Nice, dans le Comté et en Provence, lesquelles se li-

Pèlerinage à Ste Hélène de Sclos.

Les deux Confréries de Contes, accompagnées du Curé, du Syndic et des membres du Conseil, vont tous les ans, le 3 Mai, jour de l'invention de la Ste Croix, en pèlerinage à l'église de Ste Hélène de Sclos, selon un usage ancien qui date du 12me siècle, comme on le verra dans l'histoire de Sclos.

Partis de l'église paroissiale et suivis de la population, les pèlerins s'arrêtent à la montée de *las ajas* au torrent *Rio*, où, après avoir assisté à la bénédiction que le Curé donne à la campagne, la procession se dissout et ne se reforme qu'à Sclos, au quartier *Riolla*. Là, ils attendent que la procession de Berre, qui vient aussi le même jour en pèlerinage à Ste-Hélène, soit de retour du sanctuaire : alors la procession de Contes débouche du chemin de Riolla ; les bannières des deux processions se saluent, et les pèlerins de Contes ayant fait les trois tours autour de l'église, entendent la Messe célébrée par leur Curé, et s'en retournent à Contes par le chemin de Vernea : c'est par celui de *Fournier* qu'ils y viennent.

Ces pèlerinages à Ste-Hélène de Sclos, qui avaient été suspendus pendant la Révolution française, furent repris après le rétablissement du culte, et tel fut le concours des fidèles dans ces processions que, en 1807, le 1er Mai, le Vicaire Général *Rossi* écrivait au Vicaire de l'Annexe de Sclos, de sortir tous les bancs qui y

vrèrent à des œuvres de charité et de bienfaisance. La plus ancienne de ces Confréries de Nice, est celle de *Ste Croix*, ou du *Confalon* qui date de la fin du 13me siècle. Arch. Eccl. Cath. Nic.

La Confrérie de la *Miséricorde* de Nice fut établie en 1422, dans l'ancienne chapelle de Ste Réparate qui existait à l'endroit où, en 1539, fut construite la Cathédrale de Ste Réparate ; elle occupe à présent la belle église de la Miséricorde (*St Gaëtan*) sur le Cours.

avaient été placés sans la permission de l'Evêque, afin que l'église put contenir plus de monde et qu'il n'arrivât aucun inconvénient à l'occasion de la procession que ceux de Contes font annuellement à l'église le 3 Mai, jour de l'Invention de la Ste Croix. (Pièce originale). Le 2 du même mois, le maire de Contes, Alardi, écrivit dans le même sens aux fabriciens de l'église. (Pièce originale.)

Mais il arriva plus tard, que les pèlerins de Contes passèrent toute la journée à Sclos, où ils portaient leur dîner, et après les Vêpres, auxquelles ils assistaient, dansaient au son de la musique, et faisaient aussi un festin auquel accouraient les jeunes gens de Berre, Scarena, Vernea et Bleusasc, et bien des désordres et des disputes avaient lieu au détriment de la piété et de l'ordre public. Et pour attirer plus de monde à ce festin, ils avaient même transporté au Dimanche qui suit le 3 Mai leur pèlerinage à Ste-Hélène ; ce qui déplut beaucoup à la population de Sclos et à son digne Curé, Dom Filippi, d'heureuse mémoire, lesquels pour cette raison ne traitèrent pas toujours les pèlerins de Contes avec les égards de convenance qui leur étaient dus.

Mgr Galvano, Evêque de Nice, n'approuvant pas ce changement, fit à cette occasion le décret suivant, pendant sa visite pastorale à Contes, dont une copie est aussi conservée dans les Archives de la paroisse de Contes et une autre dans celles de la paroisse de Sclos.

« Perinteso avendo nella nostra visita della Parocchia
« di Contes eservi costi antico pio custome di recarsi
« processionalmente, nel giorno sacro all'*Invenzione di*
« *Sta Croce*, alla chiesa parrochiale di Sclos, frazione
« del sullodato luogo, e venendomi riferito trasferirsi di

« presente detta processione nella domenica successiva al
« mentovato solenne giorno, per cui abusando per la mul-
« titudine della sacra festività ne succedono non pochi
« inconvenienti; al nobile fine perciò direndere più di-
« vota la vetusta prelodata consuetudine, Veniamo a sta-
« bilire colla presente che d'ora in poi l'anzidetta pro-
« cessione abbia sempre luogo nel giorno proprio dell'*In-
« venzione di Sta Croce,* ed il Curato di Contes ne dia
« preventivo avviso al curato di Sclos, il quale, salvo i
« parriochali diritti, dovrà usare tutti quegli atti di
« convenienza che sono proprii d'una persona civile ed
« amante del buon ordine.

« Mandiamo frattanto il presente per Copia al sudetto
« Curato di Sclos, e da conservare per doppio Origina-
« le negli atti di nostra Cancellaria, e negli archivi pa-
« rochiali di Contes.

« Dato a Contes nell'atto di nostra visita addi tredici
« Luglio 1836. *Firmato* † Domenico Vescovo
C° Talento Convisitatore.

Bénifices Ecclésiastiques.

Il y avait avant la Révolution française quatre Bénéfices Ecclésiastiques établis à Contes. En voici la liste faite par ordre de l'Evêque Valperga en 1789.

Dom Verani.

1720, Rettoria *Vergine di pietà,* detta di *Castagniés.*
Fondatore Dom Claudio Verani di Contes, per atto dei
22 maggio 1720, in cui lega un Capitale di 1,200 Lire con obbligo di celebrare tante Messe. Patronato Verani. Rettore Dom Pietro Faraut, morto li 22 Maggio
1831.

CAMOUS.

1723 Rettoria di *San Carlo Borromeo*, fondata da Giovanni Camous della Vernea, con atto dei 26 Octobre 1723. Lega 300 Lire in beni stabili per la manutenzione di essa, e quando non vi ha bisogna, l'interesse da impiegarsi in tante Messe. Patronato Camous.

CAUVIN.

1748 Rettoria di *St Andrea*, fondata da Onorato Cauvin, per atto dei 26 Aprile 1748. Obbligo di 40 Messe annue, per cui legga fundi e terre del Valore di 2,300 Lire. Patronato Cauvin. Rettore Dom Andrea Cauvin di Sclos per Bolla 24 Maggio 1748.

Dom GASIGLIA

1758, Rettoria della *Vergine del Rosario*, fondata da Gion Antonio Gasiglia per atto rogato in Milano alli 25 Septembre 1758 dal notaro Francesco Dalonis, per cui depota vari suoi beni valutati a 4,117 Lire, con obligo di 4 Messe per settimana, e applicazione. Patronato Gasiglia.

Rettore Dom Gasiglia Giacomo, per Bolla 28 Gennajo 1767, a cui successe Dom Pietro Faraut, morto li 22 Maggio 1831.

Ces bénéfices, ou *chapellenies* existent encore et sont connues à présent sous d'autres noms, de *S. Barthélemy* dont la chapelle est située au Cimetière de la Madone de *Castagniés*, de *Ste Anne*, qui est celle du *Rosaire*, et de *St Barthélemy*, dont les chapelles n'ont plus été consacrées au culte. Les revenus de ces chapellenies existent toujours, mais les patrons ne faisant pas la nomination des chapelains, il leur reste l'obligation de faire célébrer les Messes que les fondateurs leur ont imposées.

Curés et prêtres de Contes.

Dans le rôle des bénéfices et chapellenies en 1690, on donnait le titre de *Prévôt* au Curé de la Cathédrale, et de *Prieur* aux Curés de Châteauneuf, Levens, Beaulieu, Aspremont, S. Blaise, Scarena, Villefranche, Peille, Touet, Berre, Contes et Porto Monœci. (Monaco) En effet les Curés prenaient le titre de *Prieur* avant la Révolution, et les personnes qui avaient vécu avant cette époque leur donnaient encore le même titre longtemps après. — Les deux églises de S. Pierre de Châteauneuf et de Ste Marie de Ville-Vieille étaient deux paroisses distinctes en 1159 d'après le Concile d'Embrun, dont le Diocèse de Nice était suffragant. En 1109, l'Eglise Ste Marie Ville-Vieille avait été donnée au chapitre de Nice.

A cette époque le Diocèse de Vintimille comprenait Roquebrune, Menton, Briga, Tende, Breil, Molinet, Castillon, Castellar, Ste Agnès, Gorbio et Sospel. (1)

(1) *Roquebrune*. Son château fut brûlé en 1560 par le pirate Ochiali (Muratori) lequel avec une escadre de galiotes, tenta de s'emparer du Duc *Emmanuel Philibert* qui se trouvait à Villefranche, mais il ne put faire prisonniers que quelques gentilshommes qui avaient sauvé le Duc. Pour leur rançon le Corsaire exigea 2000 écus d'or, et en sus du marché, la faveur de baiser la main à la Duchesse, honneur, dit-il, qui rendra mon nom célèbre dans toute l'Europe On dut lui présenter une jeune dame de la Cour magnifiquement habillée à la place de la Duchesse : Ochiali lui baisa la main avec respect et mit à la voile glorieux et triomphant.

Menton, le pays le plus chaud du département ; le froid en hiver n'est jamais au dessous de 9o au-dessus de zéro : on y arrose les fèves au printemps

A *Garavan* le vin est exquis : les figues *pitalussa* y sont beaucoup appréciées. La belle Eglise de S. Michel y fut terminée en 1638. Les femmes y sont plus actives et plus laborieuses que les hommes dans les ouvrages de la campagne : mais elles ont beaucoup de luxe. En 1803 il y avait à Menton 30 prêtres, presque tous Dominicains, chassés de Rome
Dom Bonifassi.

Molinet pays de prunes et de damasques et de belles *margueries*. Dans la région dite *La Pejera*, entre deux rives parallèles où les eaux de la *Bevera* se précipitent au fond d'un effroyable abîme on aperçoit

En 1337, la ville de Sospel avait été érigée en Evêché, lequel embrassait toutes les églises du diocèse de Vintimille qui étaient dans sa province. — L'Eglise de Monaco était gouvernée par un Délégué Apostolique, elle était *nullius diœcesis*.

Les *Curés de Contes* dont les noms nous sont connus sont :

Rodolphe de Roccamaure en 1522.

Lea ex-curé.

Castelli Jean Antoine, de 1724 à 1739, décédé à Contes âgé de 40 ans.

Gaubert Jean Paul, du 21 Septembre 1739, à fin Juin 1746

Berra Pierre Honoré, Régent jusqu'à Juillet 1747.

Camossi César, décédé à Contes le 20 Février 1774. âgé de 68 ans.

Camous Jean Antoine jusqu'en 1780.

Giletta D. jusqu'en 1786.

Ramini Jean Louis, décédé à Contes le 24 Janvier 1805 âgé de 57 ans.

---

des trous profondément creusés dans les parois de la roche vive, leur correspondance d'un bord à l'autre indique la place des anneaux de fer, au moyen desquels on dit que les intrépides montagnards de Molinet tendaient les cables d'un pont volant pour traverser le gouffre. *Durante*

Castillon dans une position horrible sur une cime escarpée, vent perpétuel, les fenêtres des maisons sont simplement des trous. Dans les montagnes on trouve des cornes d'ammonites et des bélemnites :

Castellar maisons régulières bien construites, position très-belle. Les aiglons habitent la cime des montagnes entre Ste Agnès, Castellar et Pigna.

Gorbio, les habitants en attribuent la fondation à S. Barnabé. Les archives de la Commune furent brûlées en 1793 par la phalange marseillaise dont le souvenir est encore aujourd'hui un sujet d'effroi pour la population. Vue magnifique, on voit de Gorbio, Menton, Cap Martin, Vintimille, Bordighiera. Il y a une belle et grande place avec un ormeau au milieu planté en 1718. Un certain Gubernatis y avait 17 fils dont 9 étaient en vie en 1809. Les habitants cultivent beaucoup les abeilles. Belle église régulière avec sept autels.

Galli Jean Baptiste, jusqu'au 30 Avril 1808, décédé à Contes, âgé de 61 ans.

Massa Pierre, jusqu'en 1829.

Bonifassy Joseph, jusqu'au mois de Juillet 1831.

Murris Pierre, jusqu'à fin Novembre 1834.

Cattani François, jusqu'à fin Octobre 1838.

Rostagny Roch, jusqu'en 1848.

Millo Sylvestre, jusqu'à fin Avril 1883, nommé Chanoine de la Cathédrale

Millo Fortuné.

Prêtres. En 1702 il y avait à Contes 26 prêtres. En 1760, il y en avait 40 et en 1808, il y en avait 11 natifs du pays.

En 1734, le 8 Janvier, un certain prêtre *Steffanis* de Contes fit un acte de soumission à la Curie de l'Evêché de Nice, après avoir fait cinq ans de prison, auxquels il avait été condamné pour ses sortilèges à Châteauneuf. Cette affaire, commencée en Décembre 1726, dura jusqu'en 1728 et fit beaucoup de bruit dans le pays. Dom Bonifassy Man. Lettre A. N° 3794. (1)

En 1570, il y avait dans la famille Giacobi de Contes, dits *Savonniers*, cinq membres qui étaient prêtres ou moines. Un d'eux était chapelain de St Charles Borromée, Archevêque de Milan: un autre nommé *Marc Antoine*, allant après Vêpres, à une de ses campagnes, située à côté de Vignal, s'arrêta au Pilou à quatre façades, qui contenait la Statue d'un Saint, pour s'y reposer ; lorsqu'il entendit une voix distincte qui lui dit : Marc Antoine, retourne à la maison, car dans trois jours tu seras mort : ces paroles lui étant répétées deux fois à court

---

(1) Luther de passage à Nice en 1534, à l'occasion de son voyage en tItalie, célébra la Messe le 20 Juin dans le Couvent des Pères Augustins.

intervalle l'un de l'autre, il prit le parti de retourner à Contes ; il se met au lit, reçoit les Sacrements et meurt le troisième jour.

Dom Bonifassi dit qu'en 1827 il y avait à Nice 148 prêtres, dont 16 dans les Couvents, et que deux tiers de ce nombre n'appartenaient pas au Diocèse. — Il dit aussi qu'en 1725 il y avait dans le Diocèse 340 prêtres, dont 371 appliquèrent la Messe aux funérailles du Vicaire Capitulaire Dom Honoré Giacobi, mort le 11 Avril de cette année. N° 3678. Le Siège de Nice resta vacant pendant 21 ans, depuis 1706 à 1727. En 1742, le 27 Mai, mourut à Nice Dom Crovetto de cette Ville, à l'âge de 99 ans.

Eglise paroissiale de Vernéa.

L'Eglise de Vernéa, fut construite en 1791, par les habitants à leurs propres frais ; plus tard ils construisirent aussi à leurs frais le clocher, et les deux chapelles latérales et le chœur. Au rétablissement de la Religion en France, l'Eglise fut érigée en 1803 en paroisse. Voici l'Inscription qui a été placée sur le fronton de l'Eglise.

SACELLUM PIIS
VERNANTIUM FIDELIUM
OPERIBUS ET SUMPTIBUS CONSTRUCTUM
D. O. M.
DEDICATUM ET GLORIOSO SS.
APOSTOLORUM PETRI ET PAULI TITULO
VOTIS OMNIUM ACCEDENTIBUS
DECORATUM
ANNO DOM. MDCCXCI
DIE XX JUIN
ANNO DNI 1860 RESTAURATUM.

Avant cette époque, il y avait à côté de l'Eglise une petite chapelle construite par Dom Charles Camous, qui y disait la messe. Cette chapelle n'existe plus. Son frère Jacques Camous, par sa piété et constance dans la prière, mérita le surnom de *pregaïre*, transmis même à sa famille.

Les Curés de Vernéa

Dom Maulandi de 1803 à
D. Godéon Joseph de 1805
D. Taulaigo Benoît de 1806
D. Camous J. Bapt. de 1818
D. Boeri Honoré Benoît de 1820
D. Camous Ange de 1825
D. Robin Pierre Antoine de 1837
D. Robin André de 1843
D. Richieri J. B. de 1848
D. Alberti Célestin de 1850
D. Gaidon Romuald de 1855
D. Cauvin Eugène Avril de 1857
D. Bailet Antoine Octob.
D. Peglion Louis de 1859
D. Massena Victor de 1860
D. Daniel J. B. de 1878
D. Gimello J. C. de 1881

Eglise paroissiale de Sclos

Voyez les Mémoires sur ce hameau.

Synode de Nice 1667.

En 1666 et 1667, l'Evêque de Nice, Dom Diego della

Chiesa, réorganisa la discipline et l'administration dans son Diocèse. Il fit un Synode dans lequel il retraça les devoirs des Curés dans l'exercice de leur ministère, et ordonna que tout Ecclésiastique fût doté d'un patrimoine d'au moins 15 écus d'or, avant son ordination. Il prescrivit entre autres que pendant les 40 jours du Carême, personne ne pourrait manger de la viande, sauf le cas de maladie, avec défense d'en vendre à la boucherie publique : un seul boucher, choisi par le Vicaire Général, avait la faculté d'en tenir, avec ordre de la distribuer à huis clos, sous peine d'amende pécuniaire et de la prison en cas de récidive. (1)

L'Evêque était à cette époque investi d'une grande autorité, même en partie civile. Les enchanteurs, les hérétiques, les blasphémateurs, les femmes publiques, les débauchés, enfin tous ceux qui menaient une vie honteuse, ressortaient exclusivement de son autorité : et les Curés furent obligés de donner, à la fin de chaque année, une note des concubines, des adultères, des maris et des femmes qui vivaient séparés de corps, ainsi que des paroissiens qui ne remplissaient pas le précepte de la Pâque, ou qui négligeaient les autres devoirs de la Religion. Il réprima aussi les usures..... Quelle différence dans les mœurs publiques, depuis que cette autorité lui a été enlevée !

Calendrier Romain.

C'est au mois de Mars 1582, que fut publiée à Nice,

---

(1) En 1773, l'Evêque Artisan accorda la permission de faire usage d'œufs et de laitage pendant le Carême.
En 1742, il fut convenu entre l'Evêque et le Sénat que les prêtres prendraient le Serment en plaçant la main sur la poitrine. — C'est en 1715 qu'on commença à Nice à célébrer la fête de l'Immaculée Conception.

par ordre du Souverain, la réforme du Calendrier Romain, faite par Bulle du Pape Grégoire XIII, en date du 24 Février de la même année, avec injonction aux notaires, officiers publics et marchands de s'y conformer dans leurs actes et écritures, sous peine de destitution et d'amende. D'après les dispositions de cette réforme, le 5 octobre 1582 devint le 15 du même mois ; on supprima dix jours qui avaient été comptés de trop, depuis le Concile de Nicée dans le 4me Siècle.

D'après les dispositions de ce Concile, *Pâques* ne peut tomber au plus tôt que le 22 Mars, ce qui arrive quand la pleine lune qui fait la fête, tombe le 21 Mars, et que ce jour est un *Samedi,* ce qui arrivera en 1894-1951-2035..... D'autre part, Pâques ne peut tomber au plus tard que le 25 Avril, ce qui aura lieu en 1886-1913-2117-2260.....

Cimetière de Contes

Jusqu'à la fin du 18me siècle, tous les morts de la Commune de Contes furent ensevelis dans les sépultures de l'église paroissiale de cette ville : les habitants des deux hameaux de Sclos et Vernea y transportaient leurs morts, parce qu'il n'y avait qu'une seule paroisse dans toute la commune. Nous verrons dans l'histoire de Sclos les graves inconvénients, qui résultaient de ce transport à une si grande distance.

En 1778, le Sénat de Nice ordonna, pour des raisons hygiéniques, que l'on préparât, dans tous les centres des lieux habités, des cimetières loin des habitations, afin de ne plus enterrer les morts dans les sépultures des églises ; et cinq ans après, le 30 Juin 1783, il défendit les enterrements dans les églises. Nous trouvons qu'en 1780, l'arpenteur Gaspard Gioffredo fit à la Commune sa relation sur le lieu adapté pour un Cimetière, où il fut enfin établi, et où depuis lors on a enterré les corps des défunts. En 1804, les deux hameaux de Sclos et Vernea, ayant obtenu chacun une paroisse, eurent aussi chacun un cimetière. Voyez Sclos — Cimetière.

INSTRUCTION

Instruction élémentaire à Contes

Dom Bonifassi écrivait en 1829, dans ses mémoires, « que l'instruction que l'on donnait au commencement « de ce siècle à Contes, était excellente depuis que Con- « tes avait eu le bonheur d'avoir pour instituteur un « natif du pays, Dom Faraut, excellent précepteur, di- « recteur exact, aimant la discipline, ce qui est l'âme « de l'Instruction, et qu'il possédait au grand avantage « de la jeunesse.

L'instruction des adultes, écrivait-il, était réduite à peu, excepté les Ecclésiastiques qui étaient assez instruits dans leur ministère. Il disait aussi que Mr Faraut, notaire et syndic de Contes, était très-habile dans sa profession, qu'il avait un bon jugement et faisait bien les actes. Il en était de même de l'Avocat Allardi qui, aidé du Secrétaire Giacobi, fit en 1835 l'excellent inventaire des Chartes, titres et papiers de la Commune. — A cette époque, il n'y avait pas d'écoles pour les filles à Contes.

Les Instituteurs des Ecoles élémentaires pour les garçons, à Contes, furent :

1º Dom Faraut qui, en 1825, après 47 ans d'Ecole élémentaire, reçut une pension de 700 francs.
2º Dom Camous, dit Gouverneur.
3º Dom Robin André.
4º Dom Robin Pierre.
5º Dom Camous, ex-curé de la Trinité.
6º Dom Camous Jean-Baptiste, pendant 13 ans, actuellement curé de Sclos.
7º Un Lorain en 1860.
8º Trapénat en 1867.
9º Pellegrini en 1884.

Les Institutrices pour les filles sont:
1º Pauline Faraut en 1856.
2º Louise Penchienatti en 1861.
3º { Joséphine Trapénat en 1883.
     Lautier. . . . . . id. . . . . »

Instruction élémentaire à Vernea

Les Instituteurs de l'Ecole mixte furent

Mr Faraut	jusqu'en	1864
« Giacobelli	de 1864 à	
« Cauvin		1866
« Mari		1869
« Noble		1872
Melle Auvergne		1873
« Taulaigo		1874
Mr Lagel David		1875
« Lanteri Jean		1875
« Roux		1876
« Laurent		1876
« Satiro		1878
« Castelli		1881

Instruction élémentaire à Sclos

Voyez les mémoires sur Sclos.

Instruction secondaire

C'est à Nice que les jeunes gens de Contes sont toujours allés, et vont encore pour faire leurs études classiques. Contes est un des lieux du Comté où un grand nombre de jeunes gens se donne aux arts libéraux.

Dès l'an 1607, les *Jésuites*, favorisés par le Duc Charles-Emmanuel, avaient construit à Nice un Collège à côté de la belle église du Jésus ; (1) ils furent en cela aidés par un noble Niçois, *Pons Ceva*, qui consacra une partie de sa fortune à la dotation de leur Collège, à condition que la jeunesse, sans distinction de classes, y serait instruite gratuitement : il leur céda un Capital qu'il avait à Rome de 15,000 écus Romains, et leur donna 1000 écus argent comptant, outre les meubles et les livres qu'il possédait à Nice.

En 1720, cet Etablissement des Jésuites fut érigé en Collège royal, par le Roi Victor Emmanuel.

Cinq mois avant l'entrée des Français à Nice, en 1792, ce collège fut converti en Caserne par le Gouvernement Sarde, et les classes se firent alors dans la sacristie de l'Eglise ; les Français s'en servirent pour prison.

En 1807, le Gouvernement Impérial fit construire le Lycée à St Jean-Baptiste. En 1821, le Gouvernement Sarde confia aux Jésuites la direction de ce lycée, qui prit alors le titre de Collège royal ; ceux-ci l'occupèrent jusqu'en 1848, époque à laquelle ils durent le quitter.

(1) Cette église fut consacrée cette même année par l'Evêque Raisini de Martiningue.

Ce célèbre corps religieux des Jésuites auquel on ne peut sans injustice refuser la gloire d'avoir rendu des services éminents à la société, sous les rapports de la morale, de l'enseignement et de l'instruction, devenu en butte à la jalousie, à la persécution et à la calomnie, fut supprimé en 1773 par Clément XIV, par sa bulle du 20 Juillet, publiée à Nice le 19 octobre suivant ; il durent alors fermer leur Couvent à Nice, *au grand regret de la population qui les aimait et les estimait.* (1) Durante et Dom Bonifassi

Pie VII rétablit les Jésuites après la chute de l'Empire.

En 1882, ils furent chassés de France par les décrets du mois de Mars. Voyez Sclos. *Ecole secondaire.*

INDUSTRIE

Fabriques à Contes

Cocons. Il y avait à Contes dans le siècle dernier, des filatures de Cocons. Nous trouvons, qu'en 1724, la Commune fit un règlement pour ces filatures. Arch. Com. N 435. — Il n'existe plus de filatures de Cocons ni à Contes, ni dans tout le Comté.

Fabrique de drap. Il y avait aussi à Contes une fabrique où on lavait la laine, elle n'existe plus ; elle céda sa place à un *Martinet* qui était loué pour 60 fr.

---

(1) En 1775, les Jésuites firent construire leur maison de retraite à Carabacel : elle sert à présent de petit Lycée.
En 1784, après la suppression des Jésuites, leur Bibliothèque fut donnée au chapitre de Nice pour l'usage du public.
En 1825, les Jésuites avaient dans leur Collège de Nice 63 pensionnaires qui payaient 700 fr. de pension.

par an, et qui lui aussi a disparu. Il y a un *Martinet* à la *Pautiera*, tenu par un *Lantosquin*.

Fabrique de poterie. Elle était possédée depuis plus de 200 ans par la même famille *Allart* de Contes ; elle travaillait assez, et fournissait toute la contrée et la montagne. Elle n'existe plus.

Savonnerie. Ce sont les *Giacobi* de Contes qui, les premiers, établirent une savonnerie dans le Comté de Nice, et ils sont appelés pour cela *savonniers*. Ils l'établirent un peu au nord de la ville, et employaient non seulement l'huile du pays, mais aussi celle qu'ils faisaient venir de la Rivière de Gênes. Il n'y avait à cette époque aucune savonnerie à Nice et dans le Comté ; leur débit était donc considérable. Cette savonnerie n'existe plus.

Fabrique de Vermicellerie établie en 1881, par Passeron de Contes, qui approvisionne tous les pays des environs.

Fabrique de Pipes établie par Mausel depuis l'année dernière 1883, dans l'ancien Martinet, quartier de la *lausa*. On y fait les pipes avec de la bruyère prise dans les bois de Contes et de Berre.

Edifices à huile à Contes

En 1807, il y avait à Contes 5 Edifices à huile, qui furent affermés pour 670 fr., et les eaux huileuses pour 1,225 fr. ; total, 1895 fr. Le droit de triturer les olives était payé à l'adjudicataire des Edifices par les particuliers, à raison de deux livres d'huile par *pistagne*, ou sept setiers d'olives. L'adjudicataire des eaux huileuses avait le droit sur tous les réservoirs existant au-dessous des moulins, excepté le premier qui était destiné pour l'usage des particuliers qui fabriquaient l'huile. En 1856, la Commune vendit tous ses Edifices, excepté celui de S¹ Roch. Depuis, elle en a racheté deux ; de sorte que la Commune possède, en 1883, trois Edifices à huile.

Edifices à huile à Sclos

Strafforelli fut le premier à construire dans sa propriété du *Puey*, un Edifice à manège, vis-à-vis Vernea, avec sept réservoirs. Ce moulin n'existe plus depuis longues années. (1)

Joseph Cauvin, dit *Frussa* de la *Torre*, mort en 1849, construisit aussi un Edifice à manège vers l'an 1832, dans sa propriété de *Mazin* vis-à-vis Vernea, et acheta l'eau de Strafforelli, le 24 Mai 1833. Cauvin notaire. Après sa mort, cet Edifice cessa de fonctionner ; il a été détruit en 1881.

J. Bapt. Cauvin de *Libac* en construisit un à *Cuegne* à eau et à manège. Il fonctionne encore.

Le médecin *Cauvin* en construisit un à eau et à manège dans sa propriété de *Roquier*, avec un grand Réservoir, le tout solidement bâti, selon toutes les règles de l'art et avec toutes les commodités requises ; mais ce moulin manquait souvent d'eau. Il croyait pouvoir compter sur la source de *Roquier*, mais elle ne coule avec abondance qu'après de longues et grandes pluies, dites *tempiè*, et encore ne dure-t-elle pas longtemps. Pour obvier au manque d'eau, il conduisit l'eau du Vallon *Cuegne* dans son réservoir, achetant le droit de passage des propriétaires riverains. Mais il eut à lutter ensuite avec André Cauvin de Sclos qui avait acheté, en 1856,

---

(1) *Strafforelli* de Nice vint s'établir au *Puey*. Il était par goût mécanicien, sculpteur, ébéniste. Il fit même une *viole*, qui donna son nom à son fils Joseph qui en hérita.

de la Commune de Contes son moulin de Vernea, et qui s'opposa à ce que le médecin Cauvin salît avec son moulin l'eau du Vallon, laquelle venait s'unir avec celle de la source de la *Presa,* à l'usage de laquelle il avait un droit exclusif. André Cauvin avait raison, aussi le médecin en vint avec lui à un arrangement, en lui achetant le moulin de *Vernea* au prix de 5,000 francs, quoiqu'il ne l'eût payé à la Commune que 3,000 francs ; mais il y avait fait de grandes réparations et des améliorations considérables.

Edifice à huile à Vernea

L'Edifice à eau de *Vernea*, situé vis-à-vis de la fontaine publique, et sur le bord du Vallon appartient à présent à Prosper Cauvin de Sclos, qui l'a acheté en 1881 de Titus Cauvin, fils du médecin de Sclos, et qui l'a reconstruit entièrement, car il était dans un état à ne pouvoir plus fonctionner ; il y a mis une roue hydraulique en fer, deux pistes à eau, et une à manège avec de grands virants, et deux presses dont une en fer. Il a aussi fait construire au-dessus du moulin de grands magasins pour y déposer les olives. C'est le meilleur moulin à huile de la Commune et des Communes environnantes ; c'est un Edifice modèle ; mais il manque souvent d'eau.

Moulins à farine

Il y en a à présent un seul à Contes qui ne fonctionne plus. En 1807, le droit de mouture était de 1⟋32, et d'autres fois de 1⟋16. A Pâques en 1806, on fit moudre dans les Moulins de la Commune, en deux ou trois jours, 98 setiers de blé. Ces Moulins furent évalués à 9,000 francs. (1)

Usine à chaux hydraulique de Contes-les-pins

Cette importante Usine est située près de Contes sur la route de Nice, à l'endroit dit *Mocetta*. Les carrières dont l'exploitation remonte à l'année 1867, font partie des terrains crétacés, et se trouvent à la limite supérieure de la craie blanche.

Cette Usine prit un grand développement en 1878, dix ans après, dès qu'il fut constaté que sa chaux est excellente, et qu'elle ne le cède en rien à celle de Theil et à d'autres.

Les propriétés de cette chaux sont :

1º elle est remarquable par son hydraulicité et son homogénéité.

2º elle est une des plus légères chaux de cette espèce.

3º dans sa composition, le *silice* (l'élément le plus énergique) domine beaucoup plus que dans les autres chaux hydrauliques de la même espèce.

4º elle renferme une très-faible proportion de *magnésie* (laquelle est sujette à l'action dissolvante des eaux de mer.)

5º les proportions *d'alumine* et de *protoxyde de fer*, y existent en fort minimes quantités dans les calcaires.

C'est le résultat de l'analyse du Calcaire de Contes-les-pins, faite au laboratoire de l'Ecole des Ponts-et-Chaussées de Paris, le 5 Janvier 1869.

(1) Il y avait anciennement à Tournefort des moulins à vent, bâtis sur la hauteur qui le domine : ils n'existent plus.

Pour les *usages* de cette chaux de Contes, on peut s'en tenir en général aux indications suivantes :

Pour les mortiers. Mortiers à la mer, 350 kilos de chaux par mètre cube de sable.

Mortiers à l'eau douce 300 kilos.

Mortiers à l'air. . . 250 kilos.

Pour les bétons

En mer — 2 volumes mortier pour 3 de pierres carrées.

En eau douce 1 « . . . . . . 2 »
Blocs artificiels 1 « . . . . . . 2 »

Prix de revient des travaux de maçonnerie, avec la chaux de Theil et avec la chaux de Contes-les-pins. — La chaux de Theil se vend à Nice à l'entrepôt 34 fr. la tonne, et la chaux de Contes-les-pins, 26 fr. la tonne : 8 fr. d'économie.

Capital de la Société. Le Capital de la Société Anonyme de Contes-les-pins était, en 1878, de 300,000 fr., divisés en 600 Actions de 500 fr. chacune, libérées, et avait donné cette année un bénéfice de 8260 francs.

L'assemblée générale de cette Société, tenue le 12 Juillet 1879, décida la duplication du Capital pour amortir une grande partie des dettes contractées pour la construction de l'Usine de Contes et de l'entrepôt de Nice. Le capital fut ainsi porté à 600,000 fr., et les actions à 1,200 de 500 fr., entièrement libérées.

Le 14 Mai 1883, on inaugura à l'Usine la nouvelle grande machine à vapeur pour y faire aussi du ciment.

Le préfet et les principaux actionnaires de la société y étaient: il y eut un repas sur l'herbe.

Chaux hydraulique
à la fuont de Giarriè

Il y a à la *Fuont de Giarriè*, territoire de *Sclos*, une Usine à manège de chaux hydraulique, chaux excellente qui ne le cède en rien à celle de Contes-les-pins. Sa fondation date de 1859. Elle est dirigée par M. Paul, qui paye un loyer à Pauline Cauvin, veuve du Notaire.

Tuilerie et Briqueterie
à Sclos, Vernea et Poncia

Sclos. La *tuilerie* de Libac, appartenant à la famille Cauvin, est ancienne. Lorsque, en 1852, le Vallon du *Cuegne* emporta une grande partie de son emplacement, la tuilerie fut placée sur l'endroit où elle se trouve à présent; et c'est après que le chemin carrossable fut fait en 1874, que l'on commença à y faire des *briques*. Cette briqueterie fut agrandie en 1879, et en 1882 on y introduisit une machine à vapeur. — Un certain Alasia y fit même de la céramique, mais on dut y renoncer à cause de la difficulté du transport des objets confectionnés.

A *Vernea*, on a aussi toujours fait des *tuiles*; tout le sous-sol de ce territoire étant propre à cette industrie, tellement qu'on appelait les habitants de Vernea *lu teugliè*, faiseurs de tuiles.

En 1882, M_r Allart de Contes acheta les biens de feu Jean Fabre et y établit une belle *Briqueterie*, tout près du Vallon. Elle est à présent en pleine fonction.

A *Poncia*, il y a aussi une belle *Briqueterie*, tenue

par Robin, et une autre dans le Vallon du *Desteil*, tenue par Ludovic Gasiglia.

―――――

Il faut avouer que nos ancêtres étaient infiniment plus industrieux et plus habiles à faire fructifier leurs ressources territoriales. Un nombre considérable d'ouvriers travaillait aux cordages ; d'autres, aux fabriques de draps grossiers en usage parmi le bas peuple, et de papiers. Le miel et la cire (1) étaient une branche importante de l'industrie locale ; à présent tout a disparu. Par exemple, il y avait anciennement à St Etienne-des-Monts des fabriques de drap, d'où sortaient chaque année trois mille pièces de drap et douze cents de serge, dont une partie s'exportait en Piémont, en Dauphiné et en Provence.

Ce n'est que dans la culture des fleurs qu'à Nice on a fait des progrès étonnants ; par le moyen des chemins de fer, on les expédie dans toute l'Europe. En 1822, il y avait très peu de fleuristes à Nice ; on n'y cultivait les fleurs que pour la ville et les étrangers qui venaient y passer l'hiver.

(1) *Pierlas* était renommé par son miel ; il y avait encore au commencement de ce siècle 1000 ruches d'abeilles ; les habitants prennent la moitié du miel et laissent l'autre pour la nourriture des abeilles en hiver. A Pierlas on cultive le fameux navet, *naveu* dit *gerent* du nom de la Région ; il prend la couleur du terrain, il est beau à la vue.
A *Rigaud* aussi, on récoltait une grande quantité de miel ; on en récolte beaucoup à présent à la *Briga*. En 1812 le miel se vendait 12 fr le rub. Le pays de la Briga produit des châtaignes et des pommes en abondance ; du blé, seigle et légumes de toute sorte, surtout des lentilles. En 1807, il y avait à la Briga 50,000 brebis, fonds de richesse.
Les habitants de la *Briga* sont spirituels, les hommes sont bien constitués, les femmes sont jolies et rubicondes ; on y conserve le costume ancien. — De la haute montagne de *Malaquaglia* on jouit d'une vue grandiose ; on voit le Piémont, Alexandrie, le fanal de Gênes et la mer de la Corse.
Il y a *Pierlas* une montagne, et à *Rigaud* des terrains d'une couleur rougeâtre ; lorsqu'il pleut beaucoup dans ces pays les eaux du Var prennent la même couleur. L'Olivier et la vigne ne croissent pas à Pierlas, sa récolte principale est le blé *roux*.

AGRICULTURE.

L'Olivier.

Les Oliviers de la Commune de Contes sont tous de l'espèce dite *nostral* (ourioli), *Corriginolo* des Italiens ; il y en a très-peu de *puncineri* ou sauvages. Comme l'huile est la principale richesse de la Commune, voyons les meilleures méthodes de cultiver l'olivier et les moyens de le guérir des différentes maladies auxquelles il est sujet. (1)

Maladies de l'Olivier.

La *muffe* (muffa) ou charbon qui l'attaque dans les racines et au pied, est causé par une trop grande humidité du sol et le manque d'air. Les oliviers sauvages ou greffés sur des troncs sauvages n'y sont pas sujets. Il convient donc de propager les oliviers sauvages que l'on greffe ensuite ; ils sont d'ailleurs perpétuels, tandis que ceux provenant de racines domestiques ne durent qu'environ 300 ans, et ils ne craignent pas l'air marin qui est nuisible aux Oliviers domestiques.

On guérit ordinairement les Oliviers attaqués de la

(1) Ce sont les Phocéens qui apportèrent à Marseille, en Provence, à Nice et dans la Ligurie, la culture de l'Olivier, qui y était inconnue; en effet les espèces d'Oliviers que nous avons surtout à Nice semblables à celles que l'on cultive à Athènes, à Méletin et à Candie. *Durante*. La fertile colline du golfe de St Hospice, connue des Romains sous le nom de *Olivula*, obtint naturellement la préférence ; l'hiver y exerce rarement son empire.
Le Climat y est si doux, qu'il y a dans le flanc de la colline un figuier sauvage qui conserve ses feuilles vertes toute l'année.
Le fameux Olivier de Beaulieu, dit *pignole* ; son tronc offrait à sa base 12 mètres 42 cent. de circonférence ; et ses nombreux rameaux ombrageaient un circuit de plus de trente mètres. Il a été brûlé en 1882. L'Eglise Ste Marie de Beaulieu est une de celles que le pape Innocent IV déclara par sa bulle du 1247 appartenir à l'Abbaye de St Pons. Voyez Sclos, Eglise

muffa en les déchaussant et leur enlevant la partie pourrie avec la hache jusqu'à la partie saine, et y appliquant le feu pour empêcher la maladie d'y retourner. Autrefois, on les guérissait par la chaux vive, laquelle se vendait 15 sous la charge, en 1808, prise à Berre; et le port était de 10 sous. Ceux de Berre la portaient à Contes pour 35 sous. Une charge suffisait pour trois oliviers. A Contes, un olivier détruit par la *muffa*, presque sec, bon seulement à brûler, devint sain et vigoureux par le traitement de la chaux. En 1807, la cinquième partie des oliviers de la Commune avait la *muffa*. *Dom Bonifassi*.

Le *lichen* est une mousse blanche qui recouvre tout l'olivier depuis le tronc jusqu'à l'extrémité des branches. Ce n'est que dans les lieux bas et humides, que l'on voit cette mousse sur les oliviers plantés trop près l'un de l'autre. Jean Honoré de Sclos, mort en 1842, assura à Dom Bonifassi que, dans l'espace de 15 ans, il n'avait pas obtenu 100 rubs d'huile de son fonds d'Oliviers sis au-dessous de sa maison, tandis qu'il en aurait dû avoir autant chaque quatre ans. Ses Oliviers avaient, et ont encore le lichen. On devrait pour les en débarrasser, racler et tenir polis le tronc et les branches de l'olivier couverts de lichen, ou les couvrir d'eau de chaux. Cette mousse absorbe les sucs nourriciers, et entretient les insectes et l'eau de pluie.

Le *Verp* ou *barban*, ver noir, est un insecte qui dépose ses œufs à l'extrémité des tiges du sommet de l'arbre, et se nourrit du suc des tendres feuilles et des bourgeons qu'il crible de petits trous et qu'il détruit. C'est en Août qu'il se développe et se roule dans les feuilles; il est dur à écraser. C'est depuis la grande sécheresse de 1733-34 que ce *verp* a attaqué l'olivier.

Un bon remède pour le détruire, c'est de tailler court et beaucoup, et brûler immédiatement le produit de ces tailles. Mais le remède le plus efficace est le froid et la gelée. Le froid de 1789 tua le *verp* des oliviers de Peillon, et celui de 1820, celui des oliviers de la Commune de Contes.

Le *Keiron (musca oleœ)* est un ver vorace qui attaque l'olive dès sa naissance, la ronge jusqu'au noyau, la dessèche et la fait tomber. Cette maladie est d'autant plus terrible qu'elle attaque toutes les olives et détruit toute la récolte.

Le médecin Cauvin de Sclos travailla longtemps pour trouver un remède à ce fléau, et publia en 1840 et 1842 deux opuscules, dans lesquels il démontre que l'unique moyen est de cueillir les olives avant le 15 Mai, parce que la mouche qui pique les olives en Juillet et Août, naît de celles qui sont restées sur l'arbre ou à terre en Juin. En 1880, la Société d'Agriculture de Nice, à qui je communiquai cet ouvrage, s'empara de cette heureuse découverte, et obtint en 1881 un décret du Préfet ordonnant la récolte des olives avant cette époque. Mais cette ordonnance ne put être exécutée, soit parce que les Olives ne sont pas toujours mûres à cette époque, soit faute de bras pour les gauler et de mains pour les ramasser. (1)

La *morphée* (fumagine) espèce de gallinsecte, est une imperceptible punaise, produite par le manque de Soleil,

(1) A *Maria*, ils cueillent les olives avant l'hiver, parce que le froid les détruirait. Le climat n'est propre à la culture de l'olivier et de la vigne que jusqu'à *Maria*. A *Maria*, le pont sur la Tinée se trouve sur un précipice épouvantable ; l'origine de *Maria* est due à un saint ermite qui opérait des guérisons miraculeuses ; comme de toute part on accourait pour le consulter, il fit bâtir près de sa cabane, à l'aide d'aumônes, une chapelle dédiée à la Vierge *Marie*.

à la suite de grandes humidités. L'arbre se couvre d'abord d'une infinité de réseaux filamenteux, semblables à ceux de la toile d'araignée, auxquels succèdent de petits tubercules blanchâtres. Ceux-ci ne tardent pas à noircir et à se transformer en une poussière charbonneuse et corrosive qui couvre promptement les feuilles, les rameaux, les branches, le tronc, les racines mêmes de l'olivier, et le réduit en un état complet de stérilité. Cette morphée noircit et flétrit toute la végétation environnante, même les pierres nues. En regardant à travers l'atmosphère on distingue, à la clarté du soleil, la chute incessante d'une espèce de rosée gluante et visqueuse.

La morphée a ravagé par intervalles le Comté de Nice pendant plus de vingt ans. Malheureusement les oliviers de Vernea et plusieurs de Sclos en sont présentement infestés. Le fertile territoire de Tourrette en fut souvent entièrement envahi ; les oliviers devinrent des squelettes improductifs, et un grand nombre de propriétaires les abattirent pour vendre le bois. En 1520, le Duc de Savoie remit toute la contribution à cette Commune à cause de ce désastre. On n'a pas encore trouvé de remède efficace pour prévenir le mal ou en arrêter le cours ; le temps seul semble triompher de son obstination et de ses caprices. *Durante.* — L'unique moyen que suggère l'expérience, c'est d'enlever ou couper à l'arbre le plus de branches que l'on peut ; il en fera de nouvelles qui n'auront pas la morphée. Ce serait plus efficace, si on les lui coupait absolument toutes.

Toutes ces maladies, jointes à l'intempérie des saisons, à la gelée, au vent chaud qui les sèche, auxquels les olives sont exposées pendant les dix mois qu'elles restent sur l'arbre, démontrent la vérité de l'oracle ; *men-*

tietur opus olivœ du Prophète Habacuc III. 17 : *le produit de l'Olivier trompera l'attente.* (1)

Culture de L'Olivier.

Comme l'huile est la principale production et ressource de la Commune de Contes, il convient de bien cultiver l'olivier, et à cette fin, il faut :

1º suivre le principe des anciens Romains :

« Celui qui laboure la terre autour de l'Olivier, lui de-
« mande du fruit :

« Celui qui y met du l'engrais, l'obtient.

« Mais celui qui le coupe (l'émonde), le force à en donner.

Il faut donc, non-seulement nettoyer l'arbre, *remondà*, des branches petites, sèches, vieilles et inutiles, mais couper aussi les grosses branches des oliviers vieux et épuisés, *emmotà* ; c'est l'unique moyen de les sauver, les rajeunir et leur faire donner du fruit : *faïmi paure et ti farai ric*. Alexandre Cauvin, mon frère, a été le premier à enseigner à Sclos, par son exemple, l'art de propager et d'émonder les oliviers. Il n'avait qu'un défaut, celui de ne pas mettre assez de distance entre un olivier et l'autre, et par conséquent de ne pas donner assez d'air et de soleil aux oliviers, oubliant ainsi l'excellent proverbe : *Olivié rar tenloti car*.

En second lieu, ne rien semer sous les oliviers, les labourer fréquemment, surtout au commencement de l'été pour leur conserver la fraîcheur, et légèrement pour ne pas

---

(1) Les vents secs et chauds du midi nuisent bien souvent aux olives. En 1838, ils cautérisèrent le pédoncule au point d'insertion, interrompirent dans le fruit la circulation des sucs nourriciers, et l'olive se détacha de l'arbre, ou se racornit.

En 1803, il y avait à *Bendejeun* une extraordinaire récolte d'Olives, jamais vue de mémoire d'homme. Dans la nuit du 13 Mars, un vent chaud sécha toutes les olives qui furent réduites à rien.

blesser le chevelu de l'arbre qui tend à s'approcher du sol, et enfin les bien fumer ; ce qui est exprimé par cette maxime, qu'un Olivier doit être *fumat couma un uort, e laurat da un puorc*. Dans une propriété de M. Penchienatti à Contes, il y avait, dit Dom Bonifassi, un très-bel olivier qui produisait 14 rubs d'huile; mais chaque année, il le fumait avec de la *colombina* et deux charges de fumier choisi.

Dans l'élagage ou remondage de l'olivier, mettez à bas les plus petits rameaux de l'arbre qui sont préférés par les insectes ; et brûlez sans retard à la nuit les brondilles coupés ; vous détruirez ainsi une grande quantité de chenilles, cochenilles, papillons, etc., attirés par le feu.

Empêchez que les jeunes plants d'olivier soient touchés par la dent des chèvres et des brebis ; leur salive est un poison pour eux.

Dans les cas d'une gelée, destructive de l'olivier, il faut les couper à ras-de-terre ; c'est ce que l'on fit aux oliviers qui périrent dans les gelées de 1709 et 1789, lesquels poussèrent rapidement des jets vigoureux qui repeuplèrent bientôt les campagnes. (1)

Vous pouvez attendre une bonne récolte d'olives, s'il vient à se réaliser le proverbe suivant.

« L'aulivié vou ben beure a S. Micheu

« E aiga doussa e tem fresc alla prima.

Quelle agréable vue que celle d'une campagne plantée en oliviers bien tenus, verts et vigoureux ! Elle est comparée dans l'Ecriture Sainte à la beauté de la Vierge ; *Quasi oliva speciosa in campis* Eccl. XXIV. 19

Elle représente les enfants qui croissent autour de leur mère; *filii tui sicut novellœ olivarum*. Ps. CXXVII–3...

---

(1) Durante, Hist. de Nice

Elle produit l'huile qui est utile autant que le froment et le vin ; *a fructu frumenti, vini et olei sui multiplicati sunt*. Ps. IV – 8...

L'olivier est un arbre si précieux, qu'à l'occasion de la maladie qui l'attaquait, on fit à Nice en 1661 des processions de pénitence, et en 1779 le Chapitre et les Consuls firent un Triduum de prières, auquel la Duchesse de Penthièvres, qui était à Nice, assistait tous les jours dans l'église St Dominique, avec un concours extraordinaire de monde.

L'Olivier est le symbole de la paix ; la colombe en rapporta le feuillage après le déluge ; *portans ramum Olivæ virentibus folii*. (1)

C'est d'une branche d'Olivier que se fit précéder Mgr Affre, Archevêque de Paris, lorsqu'il alla sur les barricades pour parlementer avec les révoltés en 1848, et qu'il devint victime de son dévouement.

Vigne.

On connaît un bon agriculteur au soin qu'il prend de sa vigne. Salomon disait : *J'ai passé par le champ du paresseux, et par la vigne de l'insensé, et voilà que tout était rempli d'orties et que les épines en avaient couvert la surface* (2). Il faut surtout un homme très-expérimenté pour tailler *puà* la vigne.

La vigne est bien tenue dans la Commune de Contes, mais ils ne la lient pas bien aux échalas et aux roseaux qui la supportent ; il faut que les ceps de vigne soient tous

---

(1) Genèse VIII, 2. *Portant à son bec un rameau d'olivier ayant des feuilles vertes.*

(2) Prov. XXIV, 30 et 31. *Per agrum hominis pigri transivi, et super vineam viri stulti, et ecce totum repleverant urticæ, et operuerant super faciem ejus spinæ, et materia lapidum destructa erat.*

droits sur la même ligne, sans qu'ils la dépassent d'un côté ou de l'autre. Le genêt dont ils se servent pour les lier aux roseaux, doit être coupé en été ; et quand ils veulent s'en servir, il faut le tremper dans l'eau ; il devient alors plus fort et de plus longue durée.

Les ceps de vigne qui font le bon vin sont la *fuola*, le *braquet*, le *pignarou* et le *blancou*. A Drap et à la Turbie, on cultive la *maliverna* dite *rosséa*, parce qu'elle est plus précoce, et qu'elle ne permet pas au *bega* de se développer ; on rejette le *trinquier* pour les raisons contraires. A Castellar, on cultive aussi la *maliverna* qui fait d'excellent vin. C'est de Castellar que ce cep fut introduit à Bellet par Dom Guiglionda. A Nice, au *Ray*, il y avait un cep de vigne dit *valentina* qui produisit 18 rubs de raisin ; et à Peillon, (1) une treille de quatre ceps de vigne qui produisit 5 charges de vin; là, le *braquet* domine, on fait d'excellent vin. Dom Bonifassi.

A *Massouins*, qui vient de deux mots *masse* et *voïns*, vieux termes qui signifient *abondance de vin*, il y avait anciennement un grand marché de vin. La situation méridionale qui le met à l'abri des vents du nord, et son sol de nature calcaire et sulfureuse favorisent ses produits vinicoles. (2)

La pluie porte un grand dommage à la vigne lorsqu'elle est en fleur, et comme elle est dans cet état dans quel-

---

(1) A *Peillon*, un certain *Gasti* eut 12 enfants ; il fut exempté de l'impôt avec une pension ; sa femme mourut à l'âge de 101 ans. — Une autre y est morte à 92 ans. — En 1801, la petite vérole y fit de nombreuses victimes parmi les enfants.

(2) Pendant la Révolution française, les habitants de Massouins, fusillèrent, avec tout le cérémonial de guerre, un papillon insolent accusé, quoique à tort, d'avoir mangé les feuilles de l'*arbre de la liberté*. Ils avaient placé sur le clocher un drapeau tricolore qu'un coup de vent emporta : ils voulurent punir le vent, mais ils ne surent comment faire.

ques pays vers le 19 juillet, fête de S. Vincent de Paul, de là le proverbe :

Vincentii festo, si sol radiet, memor esto,
Para tuas cupas, quia multas colligis uvas.

En France, on dit que s'il pleut le jour de St Urbain, il y aura une petite récolte.

Les vignes flagellées par la grêle doivent être coupées ras de terre, ou *trà duoi terra*, elles porteront quelques fruits l'année suivante, autrement il faudra attendre deux ou trois ans. — Les choux sont ennemis de la vigne, comme le chêne de l'olivier.

Au commencement de ce siècle, les vignes de la Commune de Contes furent attaquées d'un insecte, connu sous le nom de *Bega* ; les dégâts causés par cet animal furent considérables. Le *Bega* est un ver gros comme un haricot, il est poilu comme les chenilles, il se renferme dans les feuilles de la vigne qu'il roule comme un cigare. C'est le bourgeon, *greil*, qu'il ronge le matin, à la rosée. Il fit sa première apparition en 1770, au au château de Drap ; quinze ans après, il descendit dans la plaine. En 1812, il était à la Trinité (1). En 1780, il fit de grands dégâts à Peille, où, dans une vigne qui produisait annuellement 60 charges de raisin, on en recueillit à peine cinq ou six charges. A Malausséna, il maltraita tellement les vignes en 1811 et 1812, que les habitants vendirent jusqu'à leurs tonneaux : deux ans après, le *Bega* attaqua les vignes de Villars. Il n'y a pas d'autre moyen de détruire ce ver que de le chercher

(1) En 1812 on pêcha à Trinité à la pointe de Tulone au moulin, deux anguilles dont une pesait 7 livres et l'autre 8. Il y a à la Trinité Victor, à l'*Adrece* sous le *Caïre* une source intermittente, dite *fuon santa*, dont l'eau est en hiver chaude et limpide ; on en voit sortir la vapeur. C'est une eau bonne qui féconde le terrain, c'est peut-être l'effet de la marne qui se dissout.

le matin de bonne heure et de le tuer. Outre le *Bega*, il y a un autre insecte appelé *Vigneron*, qui s'attaque aux feuilles de la vigne, les roule sur elles-mêmes et les fait sécher.

La culture de la vigne était déjà générale en 1025.

Cette culture était autrefois plus considérable dans le le Comté de Nice qu'elle ne l'est de nos jours, à cause des plantations successives d'oliviers dans les terrains précédemment occupés par les vignes. — En 1340, l'introduction des vins étrangers était sévèrement défendue dans toute l'étendue du Comté de Nice ; (1) c'est une preuve que la récolte du vin suffisait à la consommation de la population. En Italie, on engraisse la vigne avec des *lupins*. On doit aussi appliquer à la vigne ce que nous avons dit de l'olivier ; *fai mi paure, ti farai ric*. La vigne, plus courte vous la taillez, plus longtemps vous la conservez, et meilleur est son vin. Les Toscans disent : *Ramo corto vendemmia longa*. (2)

On connaît la règle des paysans : *Cu vou de buon moust, laure li souca d'Agoust*.

A *Malaussena*, il y a cette maxime à l'égard des vignes : *Vigna serieu, per incoltura perduo serieu*. (3)

A Peille, ils disent : *après Aost la plueja gasta le most*.

---

(1) Statuti del 1340 della città di Nizza. Bibl. R. di Torino.

(2) On dit que c'est un âne qui enseigna aux Grecs l'art de tailler la vigne. Etant entré dans un jardin, il y mangea le bois de quelques ceps de vigne ; et, comme le propriétaire s'aperçut que ces ceps avaient produit cette année plus de fruits que ceux qui avaient été laissés intacts, les habitants de la Napoule élevèrent à l'âne une statue en marbre. Bacchus représenté sur un âne semble confirmer ce fait.

La vigne était considérée par les Romains comme une plante noble ; en effet, c'était avec un brin de sarment que les Centurions châtiaient les soldats *romains* ; ceux qui n'étaient pas citoyens romains étaient punis avec d'autres verges, ce qui était une infamie.

(3) Il y avait en 1512 à *Malaussena* une femme, nommée Giana Maria Castelli, morte à l'âge de 70 ans, qui était somnambule. Pendant son sommeil

Mûrier

Il y avait à Contes et à Sclos, du temps de nos pères, plusieurs mûriers qui rendaient assez ; alors, chacun faisait les cocons. Les vieux mûriers sont presque tous morts, et on n'en plante plus ; on fait mal. *Omnibus utilior Morus, me Judice plantis. Fructus ille prosunt, frondibus hæc etiam. (1)* Le mûrier réussit surtout dans les terres légères et dans celles où il existe un fond naturel d'humidité ; il supporte une température plus froide, craint moins les vents et la neige, et se marie volontiers avec les autres productions du sol ; il exige moins d'engrais et de frais de labourage.

Il y a à Contes une espèce particulière de mûriers ; ses feuilles sont *palmate*, c'est-à-dire, elles présentent cinq pointes comme la main, 3 plus grandes et 2 petites finissant en pointe. Cette espèce ne produit aucun fruit, les habitants l'appellent *incartada* ; le pédoncule est court : excellente qualité.

Dom Bonifassi dit qu'en 1814, Guillaume Camous, dit *labicol* de Sclos, se distinguait en semant des pépinières de mûriers, qu'il greffait ensuite, et les vendait de 15 à 20 sous pièce.

elle allait à la campagne y ramasser des figues, à la fontaine y prendre de l'eau, elle ouvrait et fermait la porte de sa maison, et attachait la clef à sa ceinture : ce qui lui arrivait assez souvent, au grand étonnement de tout le pays. — Il y avait à Malaussena un joli pont sur le Var, de 130 pieds qui fut détruit par les Français en 1800, pendant la guerre. La fontaine dite de l'*Adous*, sourde avec violence du bas en haut. — Il y à Malaussena un usage pieux, depuis plus de trois siècles, celui de réciter le Rosaire en famille tous les jours.
On dit qu'un chasseur forcé de passer la nuit à Malaussena, ne put se procurer qu'un mauvais souper, et que, pour un perpétuer le souvenir, il donna à l'endroit le nom de *mala cena*.

(1) Comme les mûres du mûrier noir se conservent assez longtemps dans l'état de matûrité, c'était un proverbe des anciens de dire d'une personne qui se mariait tard, qu'elle était plus mûre que la mûre ; *maturior mora*.

Figuier

Le figuier est d'origine asiatique. (1) Les Romains l'introduisirent dans le midi de l'Europe, particulièrement en Provence ; sa propagation y fut d'autant plus rapide qu'il prend racine par bouture. La culture du figuier mérite d'être prise en considération ; elle fournit en hiver une nourriture saine et agréable aux familles pauvres, et les qualités inférieures aident à l'entretien des bestiaux, lorsque les fourrages viennent à manquer ; les figues engraissent les porcs plus que tout autre fruit.

La figue est un fruit si doux qu'on la donne pour symbole de la douceur; elle donne de doux rêves à ceux qui la mangent, cette douceur alléche tant les hommes que les oiseaux.

Te fures spoliant, spoliant te rostra volucrum.
Dulcedo ficus te tua persequitur.

La figue est mûre lorsqu'elle est dans l'état suivant: *pendente il capo, e lacera la spoglia.* Marino.

Le figuier n'a ni fleurs, ni odeur, et ne dure pas longtemps ; mais c'est un arbre si précieux, que le Tasse dit vrai lorsqu'il chante que *Sopra il nascente fico invecchia il fico.*

Le figuier a la vertu d'attendrir la viande, si on la suspend pendant un jour à ses branches, et celle de rendre doux et tranquille le fougueux taureau qui y est attaché. Les cendres du figuier sont excellentes pour la lessive; on fait du vinaigre avec les figues, on guérit la piqûre des

(2) La figue fut le premier et principal aliment des Athéniens dont les Philosophes étaient friands. *Platon* était appelé l'amateur des figues; *Galien* de tous les fruits ne mangeait que des figues. Aussi ils se servaient du bois de figuier pour les statues des dieux de leurs jardins et vergers.

guêpes et des scorpions avec le lait du figuier, (1) et le tonnerre ne tombe jamais sur le figuier, comme il ne tombe pas sur les cyprès.

Les diverses espèces de figuier cultivées dans la Commune sont principalement : la *cagliana* dite *bertolina* à Eze, et *rolandina ;* puis viennent *labicol, levensana, perrochina, imperiala, bellona.*

Un insecte appelé *peü* s'attache souvent aux branches, aux pédoncules et aux pétioles du figuier, et en pompe le suc ; il empêche le fruit de mûrir, lequel, faute de suc, se détache et tombe. Cet insecte envahit les autres arbres, si on ne le détruit; ce que l'on fait en frottant au mois de mai la tige et les branches avec quelque chose de rude. Lorsque le mal est trop avancé, on coupe les branches attaquées, et même l'arbre qui rejettera de nouveau. La loi sur l'échenillage met à l'amende ceux qui négligent de faire cette opération, laquelle est alors faite aux frais des récalcitrants.

Châtaignier

Il y avait anciennement dans la Commune, surtout à Sclos, beaucoup de châtaigniers : on les a presque tous détruits sans en planter d'autres. Cependant le châtaignier dont l'ombrage gracieux et salutaire procure l'abondance des herbages, et protége le parcours des troupeaux, devrait être cultivé en grand, dans les endroits humides et abandonnés aux pins et aux broussailles.

---

(1) Le prophète Isaïe guérit une blessure du Roi Ezéchiel avec des figues. L'Ecole de Salerne dit: *Scroffe, apostome, edinflazion si curano. Con impiastro di fichi in acqua cotti.*

Amandier

On ne cultive pas l'amande dans la Commune de Contes. L'amande n'aime ni la brise de mer, ni un climat doux ; il y a plusieurs endroits dans le territoire de la Commune où l'amandier viendrait très bien. On devrait adopter l'espèce appelée *amygaldus-dulcis*, dont les fleurs plus tardives bravent les changements subits de l'admosphère et la pernicieuse influence des vents. Les Provençaux ont, à leur grand profit, considérablement propagé cette variété dans leur territoire.

A Malaussena, on a une qualité d'amandes plus douces et plus nourries : elles méritent aussi d'être propagées.

Culture des Cyprès

Voyez Sclos.

Prairies artificielles

Dom Faraut de Contes fut le premier qui réduisit une partie de ses propriétés de Contes en prairies artificielles, en y semant de la *luzerne* ; il donna ainsi l'exemple aux habitants qui, en 1807, en semèrent déjà 40 rubs. Un seul particulier en sema 130 livres. — En 1808, Dom Faraut faucha sa prairie 4 fois ; le 1er juillet, cette prairie lui donna 45 quintaux de foin ; 80 en totalité, lequel se vendait 5 fr. le quintal : total 400 fr. — M. Lea, dans une prairie très rapide, au-dessous de sa maison, la faucha cinq fois. Cette prairie avait été fumée seulement des écoulements gras des chemins. A la dernière fauchaison l'herbe est restée sèche, d'une belle couleur verte. Dom Bonifassi.

Toutes ces prairies étaient de *luzerne*. Ce n'est que plus tard que l'on a cultivé le *sainfoin, espercet* des Provençaux et *Ray-grass* des Anglais. Le sainfoin dure cinq ou six ans, et se sème dans les mauvais terrains, lesquels se trouvent très bien fumés, après cette période de temps, par les feuilles du sainfoin qui y tombent chaque année. Le sainfoin est approprié aux terres les plus ingrates ; il ne se refuse à aucune localité, n'exige d'autre travail que de défoncer le sol à une certaine profondeur, et produit sans aucun autre soin, pendant plusieurs années consécutives, un fourrage copieux et propre à toute sorte de bestiaux.

A Sclos, ce n'est que récemment que quelques propriétaires ont cultivé le sainfoin. C'est vrai qu'ils n'ont pas beaucoup de terrain ; mais ils pourraient convertir une partie de leurs bois ou terrains incultes en prairies artificielles, en y semant du sainfoin, et dans les endroits humides ou à l'ombre de la luzerne.

Engrais

C'est le manque de fumier qui contribue à la pauvreté des récoltes. Dom Faraut de Contes est le premier qui a introduit l'usage de mêler de la terre avec le fumier des écuries, pour en augmenter la quantité. La rareté de la litière (*gias*) à Contes et à Sclos, devrait faire adopter ce système qui est indispensable pour un terrain qui exige une grande quantité de fumier. Dom Bonifassi. Ce serait du terreau, le meilleur fumier dont on se sert dans les jardins et pour les prairies naturelles. La terre absorbe les excréments des bestiaux, surtout leur urine qui s'incorpore avec la terre, et devient un excellent terreau qui équivaut à du sésame. La litière ou *gias* ne sert principalement qu'à recueillir le fumier des bestiaux ; par lui-même le *gias* contient *très-peu* de matière d'engrais, surtout les *folioles* de pin, *garna*.

Le fumier doit être mis en tas de suite après la pleine lune, il ne se gâtera pas alors pendant la fermentation, ce qui arrive lorsqu'il prend la couleur blanche. C'est aussi après la pleine lune qu'il faut faire la *lessive;* si elle est faite avant la pleine lune, le linge devient mou et filamenteux.

Bestiaux

En 1807, il y avait dans la Commune de Contes 270 vaches. On les envoyait en été paître dans les Alpes, principalement à Tende et à Briga. Si la vache était jeune et bonne, elle donnait 5 rubs de fromage. A Briga les *marghieri* donnaient trois écus au lieu de fromage.

A présent, on n'envoie plus les vaches à la montagne, on les tient à la maison, car le fumier qu'elles produisent, joint au prix du lait que l'on vend au laitier qui va le prendre à Contes et Sclos tous les jours, vaut beaucoup plus que le fromage ou les trois écus qu'on recevait. C'est le Médecin Cauvin de Sclos qui le premier a gardé ses vaches à Sclos, et son exemple a été imité par les habitants de la Commune. — Une vache bien nourrie donne cinq charges de fumier par mois, et huit ou neuf litres de lait par jour.

En 1826, le Gouvernement voulait bannir les *chèvres* des forêts. Il y avait alors dans le Comté de Nice 80 mille chèvres. Les Communes de Turbie et de Peille s'y opposèrent ; Contes adhéra avec joie à leur suppression.

La chèvre est un animal vorace et nuisible ; sa dent meurtrière frappe de mort les plantes, les buissons et les arbres de toute espèce ; on devrait lui préférer les bêtes à laine qui fournissent une viande plus saine, un meilleur engrais, et de riches toisons. (1)

Animaux domestiques

Poules. — Il n'est guère de ménagère qui n'ait des poules dans sa ferme. Les œufs sont pour une famille une ressource importante. C'est le second lait des enfants, le soutien des vieillards et des malades, une nourriture pour tous; nourriture que l'on a toujours sous la main et pour toute occasion, que l'on peut humer tout frais, que l'on cuit avec un petit feu, et même sans feu si l'on veut imiter les anciens Babyloniens, qui selon Pline se servaient de la fronde pour cuire les œufs. (2) Comme les anciens commençaient le repas par les œufs et le finissaient par les pommes, de là le proverbe connu ; *ab ovo ad poma.*

Les meilleurs œufs pour manger et faire couver doivent être *longs*, ce qui indique la force de la chaleur de la poule, *petits*, parce que pondus par des poules jeunes, et tout *récemment pondus*, d'après la règle, *quod bona sint ova parvula, longa, nova.*

(1) A *Dalluis*, les pères de famille intéressent leurs enfants en leur donnant une ou deux brebis. Il y a à Dalluis deux sources d'eau salée dans les plaines du Var; les habitants s'en servent souvent.
En 1775, on trouva à Dalluis une tête de veau en bronze, œuvre des anciens Romains.

(2) La chaleur qui est produite par le mouvement rapide de la fronde, ne rend pas ce fait impossible.

Les œufs pour être conservés, sont ceux pondus pendant la pleine lune de Mars et d'Août ; ils sont alors *pleins* ; on les conserve en hiver dans la paille, et en été dans le millet, le son, la farine ou dans de l'eau blanchie avec de la chaux.

Le coq. — Le coq est l'horloge des campagnes ; il éveille les ouvriers, et les appelle au travail, il nous apprend la chose la plus obscure à connaître, l'heure de minuit, il nous annonce l'aurore.

Cristatoque sonant undique lucis aves. Martial.
Excubitor diem cantu patefecerat ales. — Virgile.
Non vigil Aves sibi cristati cantibus oris — Ovide

Et tandis que, avec son chant il nous apprend l'heure de midi, il regarde le Ciel, ce que ne font pas les autres animaux.

S'il chante plus qu'à l'ordinaire et d'une voix rauque, pendant la nuit, il présage la grêle ; si dans le temps pluvieux il chante souvent, il présage la sérénité qui s'approche.

Avec son chant continuel, il prédit la victoire des Thébains contre les Spartiates, de même qu'il chante après avoir battu son adversaire. Pline dit que les Romains commençaient toute chose d'après le chant du coq.

Le coq est le plus bel animal. *Crésus*, assis sur son trône, couvert de pourpre et d'un riche diadème, entouré de ses Satrapes en grande majesté et enivré d'orgueil, demanda à *Solon* s'il avait jamais vu quelque chose de plus beau ; oui, répondit-il, *le coq est plus beau que toi*. — La bravoure du coq n'a pas d'égale, il effraie la terreur même des animaux, le lion ; et pour défendre ses poules n'expose-t-il pas sa vie contre tout animal féroce ?

Un bon coq doit être de taille moyenne, à plumage brillant et varié, de couleur noire et rougeâtre, portant la tête haute, garnie d'une large crête droite, et de barbes bien pendantes, d'un rouge vif, les yeux noirs et brillants, le bec court et crochu, la poitrine large, les cuisses longues et fournies de plumes, les pieds forts, garnis d'ongles bien saillants, et d'ergots ou d'éperons longs et pointus, de grandes ailes, la queue recourbée en faucille et bien relevée. Ses mouvements doivent être pétulants et sa voix étendue. De plus, un bon coq chante souvent, gratte vivement la terre, et montre un soin empressé pour ses poules, dont le nombre ne doit pas dépasser douze.

Animaux nuisibles et animaux utiles à l'Agriculture

Il y a des animaux nuisibles, et des animaux utiles à l'Agriculture ; les premiers détruisent les végétaux ; les seconds dévorent les premiers, et deviennent ainsi les auxiliaires de l'homme, les protecteurs de ses cultures: Tout ce que Dieu a fait est bien fait, car à tout mal il y a son remède. Nous parlerons d'abord de quelques insectes nuisibles à l'Agriculture, et ensuite de quelques petits oiseaux qui lui sont utiles ; et nous dirons aux agriculteurs et surtout à leurs enfants : *Ne tuez pas les petits oiseaux, ne dénichez pas*, vous causeriez un tort immense à l'Agriculture, vous iriez contre les desseins de la Providence : rappelez-vous ces paroles de l'Ecriture :

« Si en te promenant, tu trouves sur ton chemin,

« sur un arbre ou à terre, un nid d'oiseaux, tu ne pren-
« dras point la mère ni les petits; mais tu les
« laisseras en liberté, pour qu'il ne te mésarrive pas et que
« tu vives longtemps. » Deut. XXII, 6, 7.

Insectes nuisibles à l'agriculture.

Le plus grand nombre des Insectes, avant d'arriver à l'état parfait, passe par divers états qu'on nomme métamorphoses. En sortant de l'œuf, c'est un ver qu'on nomme *larve*, et, quand il est pourvu de pattes, il est appelé *chenille*: après un certain temps, il se transforme en *nymphe*, et devient insecte parfait, c'est-à-dire apte à reproduire sa race. — Ce qui est prodigieux dans les insectes et étonne l'imagination, c'est leur fécondité; ils se multiplient par millions et milliards.

Le *Hanneton*, ainsi nommé à cause du bourdonnement qu'il fait en volant, est de tous les insectes le plus nuisible. Sa larve connue sous le nom de *ver blanc*, reste trois ou quatre ans dans la terre : arrivé à l'état parfait, le hanneton se répand sur les arbres dont il dévore les bourgeons et les feuilles. Avant de mourir, la femelle s'enfonce dans la terre pour y déposer ses œufs, au nombre de 70 à 100.

On ne se fait pas une idée des ravages que le *ver blanc* cause dans les jardins, les vergers, les vignes et les champs ; il ronge tellement les racines des plantes, que souvent les arbres périssent et l'herbe se flétrit et meurt. En 1868, on dut retourner les gazons du parc de Vincennes, où l'on ramassa quatre mille décalitres, contenant douze millions de hannetons. Et, n'est-ce pas en grande partie le *ver blanc* qui, en mangeant le blé semé et les autres céréales, est cause que le blé ne rend que le cinq ou huit pour un, tandis qu'il devrait rendre le 20 ou 30, puisque chaque épi contient de 40 à 60 grains, et souvent chaque grain produit deux ou trois épis?

Le *charançon* pond de 75 à 95 œufs qu'il dépose dans autant de grains de blé : avec la multiplication naturelle, il produit 23,000 individus dont chacun mange au moins un grain de blé.

Les *Courtilières*. Les plantes légumineuses sont détruites par les *courtilières* et les *Bruches*. La courtilière se fraie dans le sol des galeries en tout sens, et pond de 250 à 300 œufs.

Les *Sauterelles*, après avoir creusé quelquefois plus de cinq cents trous sur un espace de dix mètres carrés de terrain, déposent dans chacun de ces trous de 150 à 200 œufs ; ce qui donne en moyenne quatre-vingt huit millions de sauterelles par hectare.

Le *puceron* compte onze générations par année. Une seule femelle produit 90 individus. A la seconde génération, ces 90 pucerons auront donné naissance à 8100. Si l'on poursuit ce calcul jusqu'à la onzième génération, on trouve qu'une seule famille de printemps est la source annuelle d'un quintillon de pucerons, représenté par dix-neuf chiffres allignés.

Pour se rendre compte des ravages qu'une telle fécondité peut développer, il suffira de déterminer celui que produit, par exemple, une seule *Pyrale*, qui dépose sur la vigne en moyenne 120 œufs. De chacun de ces œufs sort une chenille qui, après être restée cachée sous l'écorce durant l'hiver, commence, dès le printemps, à **ronger les bourgeons**.

En supposant qu'elle se contente d'un seul bourgeon dans les mois de Mai et de Juin, la famille d'une seule *pyrale* aura détruit, en leur germe, 120 grappes de raisin. Mais, en réalité, chaque chenille dévore plusieurs bourgeons. — Cet insecte a causé, il y a une douzaine d'années, pour plus de trois millions de pertes dans une vingtaine de Communes du Beaujolais. *Les animaux*, par de Beaupré.

Mais tous les Insectes ne sont pas nuisibles.

La *Coccinelle* écarlate, appelée *bête à Dieu*, ou insecte *à la Vierge*, laquelle fait un carnage effroyable des pucerons. *Respectez-la.*

Le *Grillon*, connu sous le nom de *cricri*, se nourrit des insectes nuisibles. *Ne le troublez pas.*

La *jardinière*, ce brillant *carabe doré* qui détruit les loches, limaces et pucerons. *Ne l'écrasez pas.*

La *fourmi* est l'ennemi des pucerons, elle tue les chenilles dès qu'elles éclosent. *Que ses mérites lui soient comptés.*

L'*araignée* prend dans ses toiles beaucoup d'insectes nuisibles et de mouches venimeuses. *Epargnez-la quand elle ne vous gêne pas.*

Voyons à présent les oiseaux que le bon Dieu a chargé de détruire les Insectes nuisibles, ou au moins d'en limiter l'effrayante multiplication.

Oiseaux utiles à l'Agriculture ou insectivores.

L'*hirondelle*, appelée dans les campagnes *la bête du bon Dieu*, consomme 500 insectes par jour, soit cent mille pendant le temps trop court qu'elle reste dans nos contrées. En Suisse, dans le Canton de Vaud, l'hirondelle est placée sous la protection de la loi. (1)

Le *martinet* fait surtout une terrible guerre aux sauterelles, à leurs larves et à leurs œufs : On a trouvé dans le gésier de ces oiseaux 680 insectes : or, comme le martinet chasse deux fois par jour, il faut en conclure qu'un seul peut détruire, par année, plus de cinq cent mille insectes.

L'*Alouette* est par excellence l'oiseau des champs, la compagne assidue du laboureur. Elle détruit la cécidomygie du blé, l'alucite des céréales et un grand nombre d'autres insectes qui sont le fléau de nos cultures; elle se nourrit aussi de graines nuisibles aux blés. (2)

L'*Etourneau*, ou Sansonnet, commence ses explorations de très-grand matin, de sorte qu'il surprend les chenilles pendant qu'elles broutent le feuillage à découvert; et lorsque, dans la journée, elles sont cachées dans les feuilles qu'elles ont enroulées, il retourne ces feuilles avec une merveilleuse adresse et saisit sa proie. Comme le martinet, il est un grand destructeur de sauterelles dont il recherche ardemment les œufs. (3)

Le *Coucou* dévore, pour vivre, une quantité considé-

(1) Il y a de par le monde une tradition charmante ; c'est que la maison dont la fenêtre est le siège d'un nid d'hirondelles est une maison de bonheur. — Cette tradition populaire semble reposer sur un fait, constaté d'ailleurs par une longue expérience, que *la contrée la plus saine et la plus fertile est celle où il y a le plus d'oiseaux*.
(2) L'alouette chante aux premiers rayons du soleil et donne aux moissonneurs le signal du travail ; elle chante l'espérance. *Espoir !* c'est la vieille devise des Gaulois. Voilà pourquoi ils avaient pris, comme oiseau national, cet humble oiseau des sillons.
(3) Vous voyez quelquefois l'étourneau se poser sur le dos des bœufs ; il y fouille les larves que la mouche dite *astre*, a déposés sous leurs épidermes et dont l'action forme des tumeurs purulentes dont il est impossible aux quadrupèdes de se débarrasser. Il est *l'infirmier* des bœufs. — La *Pie* prend aussi la peine de purger les porcs et les moutons de leur vermine.

rable de chenilles, et surtout ces chenilles processionnaires dont la chauve-souris fait ses délices, et va à la chasse des vers et des larves. (1)

Le *Rossignol* et la *Fauvette* à tête noire font une guerre acharnée aux insectes qui dévastent nos bocages. Le *rouge-queue* poursuit sur nos toits la mouche et le cousin qui envahissent nos appartements. La *fauvette grise* habite les haies, les buissons, les prairies, et se trouve partout où il y a un moucheron propre à lui servir de pâture.

Le *Roitelet* (2) et le *Pouillot* sont de francs et parfaits insectivores ; jamais ils ne touchent à une graine, à un fruit, à une baie. Aussi, pendant l'hiver, ne se nourrissent-ils que de chrysalides et d'œufs d'insectes. Le roitelet est facile à reconnaître à sa huppe d'or et à sa moustache blanche ; il est un des plus actifs destructeurs du phylloxéra : chaque roitelet, échenilleur infatigable qui jamais ne s'arrête, absorbe vingt mille œufs de papillon par jour; il consomme annuellement 3,500,000 de ces œufs ; il attaque vivement même des insectes aussi gros que lui. (3)

(1) En 1847 une grande forêt de Sapins, en Poméranie, souffrait tellement de bostriches, qu'elle commençait à se déssécher ; lorsque tout à coup elle fut sauvée par une bande de coucous qui s'établirent dans la forêt, attirés par ces insectes, et en quelques semaines nettoyèrent si bien les arbres, que l'année suivante, le mal ne se renouvela plus.

(2) Le Roitelet est l'oiseau *porte-feu* celtique. Des légendes normandes et bretonnes l'attestent encore. Le plus petit des oiseaux, hardi comme un lion, seul il eut l'audace d'aller chercher le feu du ciel, au risque de se brûler toutes les plumes. Encore aujourd'hui, le Roitelet est respecté comme un oiseau sacré dans ces Contrées. *Revue des Deux Mondes*, 1862 No 4, page 847.

(3) Ne vous imaginez pas que tous ces nombres soient inventés à plaisir. C'est dans une suite d'études poursuivies avec persévérance depuis plus de cinquante ans, que de savants investigateurs sont parvenus à constater expérimentalement, semaine par semaine, le régime alimentaire des oiseaux. L'autopsie de ces oiseaux a révélé que leur estomac ne contient pas une graine, pas une parcelle de fruits, pas la trace du moindre végétal ; mais des débris considérables des insectes dont ils se nourrissent et dont ils nous délivrent.

Les animaux par *De Beaupré*, page 79.

La *Mésange* est de tous les oiseaux le meilleur échenilleur. Qui n'a vu ces petits oiseaux pétillants de vivacité, tantôt grimper sur les troncs et les branches, tantôt se balancer dans toutes les positions, à l'extrémité des rameaux les plus grêles ? Rien ne leur échappe; ils brisent, avec leur bec aigu et dur comme un coin, les œufs déposés par le *bombyx neustria,* en forme d'anneaux autour des branches ; ils fouillent les fentes et les crevasses des écorces pour y découvrir les larves, les cocons, les chrysalides des insectes, les acarus ; à la saison des nichées, la mésange redouble d'activité et d'énergie; elle pourvoit à sa subsistance et à celle de sa nombreuse famille (de 50 à 60 petits en trois couvées), avec une abondance d'insectes qui paraîtrait fabuleuse, si la science d'observation ne l'avait prise sur le fait. Ainsi on a constaté montre en main, qu'un couple de mésanges apportait au nid, par minute, en moyenne, vingt-cinq chenilles. Que la chasse dure six heures par jour, dix mille insectes auront été détruits, et comme il faut 21 jours au père et à la mère pour élever une nichée, on peut affirmer que le nombre d'insectes sera de deux cent mille au moins pendant cet espace de temps. Une mésange ne consomme pas moins de deux millions d'œufs de papillon et d'insectes par an. — Si on réfléchit sur les dégâts que peut faire une seule chenille, ne doit-on pas condamner ceux qui prennent au piège ou tuent ces oiseaux par centaines ? (1) *Beaupré*.

Le *Moineau* qu'on nomme aussi *pierrot*, a donné lieu

(1) C'est bien des *mésanges* qu'on peut dire que dans un faible corps s'allume un grand courage : en effet quand la pie, le geai et même l'épervier menacent sa couvée, elle n'hésite pas à livrer bataille à ces *géants*, et si elle ne parvient pas à leur crever les yeux, ou à leur perforer la crâne, elle les force du moins à battre en retraite.

à ce proverbe : *hardi comme un pierrot*. Il mange bien en effet quelques grains en sa qualité de *granivore*; mais ce léger tribut qu'il prélève sur nos moissons, est-il proportionné aux services qu'il nous rend ? Non. A la saison des nichées, il se fait exclusivement *insectivore* et consomme une quantité prodigieuse de chenilles et de hannetons, qui doit lui faire pardonner ses larcins à l'égard de nos céréales et de nos fruits. M. *Victor Chatel*, dans sa remarquable brochure sur *l'utilité du moineau*, démontre que cet oiseau détruit en *trente jours*, dans toutes les Communes de France, près de quinze milliards de hannetons.

Dans les pays où le moineau a été exterminé, par exemple, en Angleterre, en Bohême, en Hongrie, en Prusse, les insectes se sont tellement multipliés, qu'on a été obligé de le rappeler et de favoriser sa multiplication. L'Australie, qui en était privée, l'a introduit chez elle, par cargaisons. Aujourd'hui, les Américains se félicitent d'avoir acclimaté le moineau d'Europe. (1) Grâce à lui ils peuvent se promener à présent dans leurs parcs, dans leurs squares, dans leurs allées, sans être inondés par des milliards de chenilles et d'autres insectes.

(1) A New-York et dans les villes des Etats-Unis, les rues sont bordées d'arbres de chaque côté. De ces arbres, il y a vingt-cinq ans, pendaient en été un nombre formidable de chenilles, tellement qu'on ne pouvait rentrer à la maison sans en être presque couvert ; lorsque un allemand porta trois cents couples de moineaux à New-York, lesquels se multiplièrent tellement qu'en peu d'années on fut entièrement débarrassé des chenilles. En récompense de ces services, le moineau se voit l'objet de mille prévenances de la part des habitants, qui lui offrent des abris confortables et des friandises de toute sorte. J'en ai vu entrer dans les boutiques et becqueter les miettes de pain sur le comptoir des boulangers et sur les tables des cuisines donnant sur la rue. A Paris, les moineaux sont si familiers qu'aux jardins du Luxembourg et du Palais-Royal, ils viennent manger à vos pieds les miettes de pain et de biscuit que les enfants leur jettent.

Une des persécutions les plus célèbres exécutées contre le moineau est sans contredit celle de Frédéric II, roi de Prusse. Ce prince aimait beaucoup les fruits et surtout les cerises. S'étant aperçu que les moineaux visitaient celles de ses magnifiques vergers de Postdam, il jura de les exterminer jusqu'au dernier. Il donna une prime de quatre centimes par tête, et dépensa 48,000 francs; en trois ans, il fit périr dans toute l'étendue de son royaume 1,213,150 moineaux. Mais il avait compté sans les insectes ; ceux-ci se multiplièrent alors par milliards, et la quatrième année de la proscription, la Prusse fut ravagée ; le Roi ne trouva même pas des queues de cerises pour préparer les boissons rafraîchissantes que lui prescrivait son médecin. Il consacra une somme supérieure à celle de la proscription pour encourager l'importation d'une multitude de couples de moineaux.

Il ne faut donc pas tuer les oiseaux utiles. Les lois de l'ancienne Egypte et de l'ancienne Thèbes punissaient fortement et quelquefois même de mort quiconque tuait un oiseau reconnu utile. De nos jours, l'Allemagne, le Chili, le Pérou ont placé sous la sauvegarde des lois certains oiseaux dont l'utilité est incontestable. En Sénégambie, en Guinée, au Congo, au Cap, les officiers français et anglais commandant les postes avancés, punissent de plusieurs jours de prison quiconque aurait volontairement blessé ou tué un Vautour. Dans les Indes anglaises, les oiseaux sont si bien protégés, que tous les jours ils viennent dans les maisons prendre leur pitance. (1) Les *oiseaux*, par Juge et Guien, page 24.

(1) A Venise, sur la magnifique place Saint Marc, s'ébattent chaque jour de nombreux pigeons. Nourris jadis au frais de la République, ils sont entretenus aujourd'hui par la générosité des promeneurs. Il est curieux de les voir accourir à une heure fixe, se grouper au soleil et atten_

Ne devrait-il pas en être de même pour les petits oiseaux dont la plus grande partie de la nourriture se compose d'insectes malfaiteurs, et à qui la Providence a confié la mission de limiter ainsi leur multiplication ?

Autres oiseaux et animaux utiles à l'Agriculture.

Les *Buses*, les *Hiboux*, les *Chouettes*, et autres oiseaux de proie nocturnes, se nourrissent de hannetons, de souris et de mulots. Ils en consomment en moyenne, chacun plus de six mille par année. On a trouvé jusqu'à trente souris dans le jabot et dans l'estomac d'une buse. Et cependant il y a des campagnards qui se glorifient d'avoir tué une chouette, et la clouent à leur porte les ailes déployées ! (1) *Ne tuez pas le hibou.*

La *pie* se nourrit de vers, de guêpes, fouille les fumiers étendus sur les terres, et détruit les familles d'insectes qui s'y reproduisent. Elle détruit le sphinx des pins, les frelons et les charançons des sapins, et les bostriches de certains arbres.

dre leur pâture ordinaire. Jamais un passant ne les effraye, jamais un enfant ne les poursuit. La foule indignée punirait immédiatement celui qui insulterait ces charmants protégés. Aussi sont-ils familiers : ils viennent prendre dans la main le grain qu'on lui offre, ils volent autour et se posent sur les bras et sur les épaules de ceux qui les nourrissent. — La source de tant de soins et de faveurs, c'est que leurs glorieux ancêtres aidèrent, en 1202, le célèbre doge de Venise, Dandolo, à s'emparer de l'île de Candie, en portant les messages de l'armée Vénitienne. Le vainqueur les rapporta dans sa patrie, et la République les adopta sous le nom de *Pigeons de Saint Marc.*

(1) Cela rappelle l'histoire de ce tyran de l'Asie qui, après avoir chassé de son royaume toutes les honnêtes gens et en avoir même fait périr un grand nombre, fut dépouillé de ses trésors par le reste de ses sujets, dont les débordements n'avaient plus pour frein l'exemple et la crainte des braves gens.

La *chauve-souris* détruit les phalènes qui produisent les innombrables destructeurs de nos cultures, et aussi le papillon des fameuses chenilles processionnaires, ainsi nommées, parce que, vivant en société, elles forment, lorsqu'elles sortent pour aller à *la dévastation*, une longue procession sur deux ou trois lignes parallèles. (1) Voyez page 18, la destruction des chenilles à Contes et à Sclos.

La *couleuvre*, *bissa*, est un serpent de moyenne taille, tout à fait inoffensif pour l'homme, et dépourvu de venin. Elle ne se nourrit que d'insectes et surtout de souris. *Laissez-la en paix.*

Le *lézard*, *lambert*, vit de vers et d'insectes. On l'a de tout temps considéré comme l'ami de l'homme, pour sa douceur et son amour pour la musique. *Laissez-le vivre.*

Le *crapaud*, objet de haine et de dégoût pour l'homme, n'est nullement venimeux ; c'est un des reptiles qui nous rendent le plus de services : c'est un auxiliaire indispensable aux vignerons et aux maraîchers. — Plusieurs insectes attaquent les bourgeons pendant la nuit, le crapaud se met à l'affût dès que vient le soir, et les saisit au passage. Il fait aussi une guerre acharnée aux limaces et aux limaçons qui portent un préjudice déplorable aux fruits et aux plantes légumineuses. — Les horticulteurs anglais emploient les services du crapaud dans leurs cultures, ils les achètent au marché de Paris à 2 fr. 50 la douzaine ; à Londres, le crapaud fait prime. *Ne tuez pas les crapauds.*

(1) On rapporte que, dans une forêt d'Allemagne, les bûcherons, après avoir abattu quelques milliers de vieux chênes, tuèrent une multitude de chauves-souris qui avaient établi leur quartier d'hiver dans les cavités de ces arbres. Les années suivantes, les chenilles processionnaires se multiplièrent si considérablement que la forêt entière fut détruite, et que plusieurs personnes imprudentes y trouvèrent la mort.

Patron et Protecteur de l'Agriculture.

St Isidore, Archevêque de Séville en Espagne, mort en 626, dont la fête est célébrée le 4 Avril. (1).

PRODUITS.

Huile.

Il y a 68 Communes dans le comté de Nice, qui produisent l'huile, dont les principales sont :

Villefranche qui produit dans les années pleines 60,000 rubs d'huile.

Menton.	60,000
Contes.	50,000
Sospel.	50,000
Levens.	50,000
Aspremont et Castagniers.	50,000
Utelle.	40,000
Peille.	40,000

En 1767, il y eut une très-belle récolte d'olives ; ce fut une année très *pleine*. A Nice les moulins triturèrent jusqu'au 8 Septembre, et s'ouvrirent de nouveau au 15 Octobre.

En 1795, année du *maximum* en huile, qui alla très-

---

(1) Les Patrons des autres professions sont :
St Crépin — des cordonniers.
St Pierre — des pêcheurs.
St Joseph — des menuisiers.
St Honoré — des boulangers.
Ste Catherine — des cordiers.
St Aladius — des forgerons et des bâtiers.
St Antoine, ermite — des portafaix.
La Nativité de Marie — des tisserands.
Les 4 couronnés — des maçons.

mal par le vil prix auquel on dut la livrer. — En 1825, année pleine, il y eut dans le Comté de Nice 800,000 rubs d'huile. (1) En 1836, une des plus abondantes récoltes d'huile ; on en acheta à Nice pour 900,000 rubs, dont 742,000 exportés par mer, et 158,000 restèrent au dépôt, soit pour la consommation, soit pour la spéculation.   Durante.

On calcule le produit annuel de l'huile dans le Comté de Nice à 300,000 rubs, et celui de la Commune de Contes à 35,000 rubs. Dans l'espace de 33 ans, de 1795 à 1828, il n'y a eu dans la Commune de Contes que trois seules bonnes années d'huile ; ce qui fait une année chaque dix ans et plus.   Dom Bonifassi.

En 1826, il y avait à Nice 61 moulins à eau, et 67 à manège qui fabriquaient l'huile : C'est une preuve qu'il y avait à cette époque beaucoup d'huile et par conséquent beaucoup d'oliviers.

Lorsque les olives sont bien mûres et saines, elles donnent un rub d'huile (25 livres) par setier : à Contes, elles ne donnent ordinairement que 20 livres. En 1735, elles donnèrent 35 livres par setier, ce qu'on n'avait jamais vu, puisque dans les années *pleines*, elles n'outrepassent pas les 26 livres ; ce fut une année *très-pleine*.

Le prix de l'huile a bien varié : en 1646 il était de 3 fr. le rub ; en 1790 de 6 fr ; de 1793 à 1815 de 15 à 18 fr pour les qualités fines, et pour les autres en proportion, il s'éleva même à 24 fr. Après la Restauration, le prix de l'huile baissa considérablement ; elle s'est toujours vendue de 6 à 8 fr. première qualité, jus-

---

(1) En 1826, la maison Alardi de Contes eut 1200 rubs d'huile. Dom Bonifassi

qu'à l'annexion en 1860, lorsqu'elle augmenta ; en 1882 elle s'est vendue à 12 et 14 f. première qualité.

Mesure de l'huile. Il y avait autrefois une mesure établie par le Gouvernement du Duc de Savoie pour l'huile, que l'on appelait *baril de Gabelle,* dont tous les négociants en gros devaient se servir, en payant deux deniers génois pour le louage de ce baril, et un denier pour le demi-baril. Le denier génois valait un peu plus de six sous et demi de Piémont.

Pour la *mesure des Olives* chaque pays avait sa mesure. On adopta ensuite le décalitre, mais on ne le *randait* pas, ce qui était la cause de bien des fraudes. Ce ne fut qu'en 1854, qu'on commença à rander le décalitre, comme on rande la mesure du blé. Ce fut un certain Morel qui introduisit cette méthode à Vence, et de là elle passa à Nice et à Contes.

La bonne qualité d'huile consiste à ne pas laisser fermenter les olives avant de les triturer, et la meilleure est celle qui provient en outre d'olives n'ayant pas atteint toute leur maturité, seulement aux trois quarts mûres.

On fait quatre espèces d'huile ; l'huile *vierge,* l'huile de *canon,* de *ressence* et d'*enfer.* L'huile *vierge,* qui est au-dessus de la surfine, n'est pas dans le commerce ; elle ne se fait que pour les propriétaires qui la désirent, elle provient seulement de la pulpe des olives aux 3|4 de leur maturité et à peine broyées, de manière que la pulpe seule soit attaquée, car le noyau et l'amande fournissent une huile acre et de mauvais goût. On laisse couler l'huile de cette pulpe, sans addition d'eau, que l'on place en tas, ou dans des sportins neufs, disposés les uns sur les autres, sans les presser : l'huile qui s'en dégage est *vierge*. On dit que cette huile dure dix ans.

L'huile qui sort des Olives triturées et placées sous la presse, s'appelle huile de *canon*, et de *ressence*, celle fournie par le lavage du marc ; celle-ci et celle d'*enfer* ne sont pas mangeables, elles ne servent que pour les fabriques. (1)

100 kilos d'olives donnent ordinairement 20 kilos d'huile de *Canon*, et 4 de *ressence* ; avec le soufre de carbone on obtient encore le 10 °/o sous forte presse.

Pour conserver l'huile, il faut bien la clarifier, la

(1) A *Utelle* chaque particulier a dans sa maison un petit moulin à huile et à manége. Le soir et pendant la nuit ils triturent les Olives recueillies pendant le jour, et font ainsi une huile excellente surfine ; ce qui compense la perte qu'ils font de l'huile de *ressence* et d'*enfer* qu'ils négligent.

En 1726 Juillet, la moitié d'une colline de la commune d'Utelle s'éboula dans le Var, lequel rebroussa (*rellamé*), tourna en arrière jusqu'au dessous de Malaussena, avec de grands dégats irréparables.

Au Sanctuaire d'Utelle, *Madone des Miracles*, on a trouvé un grand nombre de corps marins, cornes d'ammon, pointes d'oursins, étoiles, arissons, et des coquilles pétrifiées. A *Tourette-Revest* on a aussi trouvé des coquilles, des cornes fossiles, et sur la route de *Toudon*, il y a un banc de diverses pétrifications, telles que grifée, sérite, coquilles bivulves, gomatiles, patelles, ammonites, terebratiela, et un très-joli pecten. Sur le sommet du mont Vial, au-dessus de *Toudon*, on a trouvé une grosse corne d'ammon dans le roc vif.

Toudon. Son nom vient de *Totum donum* (tout don), parce que la nature a pourvu ce territoire de toutes les productions nécessaires à la vie : riches cultures en terres arrosables, vignes, oliviers, et arbres fruitiers de toute espèce : on y récolte beaucoup de noix, on y sème des lentilles et l'avoine blanche. — Les Romains y bâtirent une forteresse : on y a trouvé des médailles et des monnaies romaines. La forteresse et les remparts de Toudon furent détruits par ordre d'Amédée VII, après la catastrophe du Comte *Annibal Grimaldi*, en 1621. Toudon a éprouvé deux grands désastres : en 1619 une énorme avalanche se détacha du sommet du mont *Vial* et emporta la meilleure partie de ses campagnes. Un autre éboulement eut lieu en 1644 qui causa de plus grands dégâts. L'Eglise protégée par un rempart de roches vives, échappa à la destruction. Mon bien aimé frère, Dom.Eugène Cauvin, a été Curé de Toudon pendant 27 ans, depuis 1831 à 1858 ; il gagna cette paroisse au concours. Il fut transféré à la paroisse de Peille.

filtrer à travers du coton, charbon de bois, etc.; la bien boucher pour la préserver du contact de l'air et la déposer dans un lieu ni trop chaud ni trop froid. — (On conserve aussi l'huile à peine faite, en jetant dedans du sel très-chaud, ou bien en salant les olives lorsqu'on les triture.) — On ranime l'huile qui a le *rance*, en la faisant chauffer avec un peu d'alcool, on la lave ensuite. On peut aussi employer l'eau de chaux à parties égales.

Si les olives ont fermenté, ont le *colmà*, avant de les triturer, on les corrige en mettant dans la pile quelques feuilles vertes d'olivier, comme on fait à Drap; mais ceci ne dure pas.

Les huiles de Nice ont conservé leur antique réputation et préférence pour l'usage de la table, sur celles de la Provence, et même sur les qualités les plus fines.

Parmi les meilleures huiles du comté, on compte celles de Contes, d'Aspremont et de Castagniers, surtout celles de Châteauneuf, Bendejeun et Coarazza.

Vin

Le produit du vin est assez considérable dans la Commune de Contes; il suffit aux besoins de la population.

Le vin est clair, spiritueux et sec. On fait dans le pays du *vin blanc* très estimé et vraiment délicieux, lorsqu'on a soin de bien boucher les bouteilles avec des bouchons neufs. Ce vin blanc ne le cède en bonté et finesse à aucun autre vin blanc de France. Le vin de la Commune ne se conserve pas ordinairement au delà d'un an ou quinze mois, non par sa faute, mais faute d'avoir de bonnes caves pour l'y conserver. Eu effet, *la buona crotta fa lou buon vin.*

Les meilleurs vins du Comté, après celui de Bellet, sont ceux d'Aspremont, de Cimiez, du Cros d'Utelle, de Villars, de Massouins, Touet de Beuil (1), de Clans et et de Tournefort. Dom Bonifassi.

A Drap, quelques uns jettent le fruit du genièvre bien mûr, après l'avoir écrasé, dans le vin, ce qui le rend d'un goût plus délicat. A Sigale, M. Dalmassi retirait de la cuve (*tina*) le vin dit *desteil*, le faisait réduire au tiers sur le feu, et le jetait ensuite sur le raisin écrasé qui est dans la cuve : il faisait ainsi du bon vin.

Cette industrie agricole n'est plus ce qu'elle était dans les temps anciens, la propagation des oliviers en a été la cause. Cependant la culture de la vigne semble préférable à celle de l'olivier. Le prix du vin se soutient mieux que celui de l'huile, la dépense est moindre, et à part le fléau de la grêle et de la gelée, et celui d'un insecte appelé *bega*, auxquels notre territoire, et surtout Sclos, est peu exposé, il y a moins de chances de malheur à courir. Il faut encore ajouter que la vigne s'accommode très-bien avec les produits intercalés des céréales et des arbres fruitiers, ce qui mérite d'être pris en considération. Mon père me disait qu'il avait vu cultivés en vignes tout le versant *est* de la colline de Ste Hélène de Sclos, et le versant *est* de la colline de *Fournier*, qui ne sont actuellement couverts que de pins.

L'ancienne mesure du vin était le *quartin*, un baril. La nouvelle mesure est le litre, décalitre, hectolitre, etc.

(1) A Touet de Beuil, il y a une caverne de facile accès dans laquelle on voit des stalactites et des stalagmites très curieuses. Les habitants ont l'habitude de brûler la terre avant de semer.

Le prix du vin en 1646 était de 4 lires 1|2 la charge, ce qui revenait à moins d'un sou la pinte (litre).

En 1825, le vin se vendait 18 francs la charge, pris au port de Nice. En 1882, on le payait de 45 à 50 fr. la charge (de 100 litres).

Vinaigre. — A Drap ils ont toujours du bon vinaigre : pour le faire, ils exposent le vin au soleil et y mettent dedans quelques fèves rôties toutes chaudes, ou du pain d'orge au moment qu'il sort du four. Si vous faites chauffer le vinaigre près de l'ébullition, il se conservera sans se gâter. (1)

Blé

Le blé et les autres céréales, récoltés dans le Comté de Nice, sont loin de suffire aux besoins de la population des Alpes Maritimes, si on en excepte les vallées de

---

(1) Les habitants de Drap sont d'excellents maraîchers, ils connaissent très-bien l'agriculture. Ils cultivent avec le plus grand soin les vers-à-soie, et reçoivent chaque année les éloges et des médailles de prix de la société d'Agriculture du Département.

L'économie domestique y est pratiquée surtout par les femmes.

Il ne tombe jamais de grêle à Drap.

Le territoire de Drap est mauvais étant en partie de *scaglion*. Il y a des quartiers appelés *Simbola, Concas, Vallon dei muort*, à cause des grandes pluies qui en 1560 ruinèrent le pays, et où deux familles entières furent ensevelies dans les avalanches. L'ancienne voie romaine (*via Julia*) passait par Drap ; il y a un hameau qui a conservé le nom de *Roma*, parce que les Romains s'y étaient établis.

Le fief de Drap fut donné à l'Evêque de Nice en 1073, *in perpetuum et successoribus suis*. Voilà pourquoi les Evêques de Nice portent le titre de *Comte de Drap*. Gioffredo page 162.

En 1616, l'Evêque donna aux habitants, en emphytéose perpétuelle, toutes les terres de Drap, moyennant 300 louis d'or par an, avec l'obligation de se constituer en Commune. Pendant l'occupation française, ce cens fut suspendu ; il fut repris en 1814 ; mais l'Evêque se contenta de 1,200 fr. par an, et 4,000 fr. d'intérêts arriérés. En 1839, moyennant 30,000 fr. payés à l'Evêque, la Commune se libéra de cette dette, et, alors n'ayant plus rien à payer, elle renonça aux bandites en faveur des particuliers.

Guillaumes et de Valdeblora. Il faut avoir recours à l'importation, et dans le cas de guerre notre situation serait malheureuse. Ce malheur arriva successivement dans les années 1793 et 1795; sans les arrivages des navires grecs, favorisés par leur neutralité, le Comté de Nice aurait éprouvé une effroyable famine. Les blés pour la plupart étaient avariés, et se vendaient aux prix exorbitants de 90 à 100 francs la charge, et les habitants de Nice furent mis à la ration.

Dans la Commune de Contes on recueille peu de blé; il suffit à peine pour un tiers de l'année. Le blé ne rend que le trois pour un à Contes, le 3 ou 4 à Vernea, et le 5 ou le 6 à Sclos et à Poncia. La raison de ce maigre produit, c'est 1° qu'ils ne choisissent pas la semence; ils devraient la venter comme ils font des fêves, et prendre la plus pesante; 2° ils ne sèment pas assez de bonne heure; le blé semé de bonne heure réussit toujours; *cu prémié naisse premié paisse.* On doit le semer depuis la St Michel jusqu'à la Toussaint. (1)

Lorsque le blé est en fleur, la moindre pluie ou vent lui est nuisible; pour le soustraire à ce danger, la nature y a pourvu, car après huit jours que la fleur est tombée le blé est mûr.

Si bene floruerint segetes, erit area dives. Ovide.

---

(1) *A la Pena*, ils font de bon pain, parce qu'ils moissonnent le blé bien mûr. La Pena était habité par les anciens *Beretini*, c'est pourquoi ils sont encore appelés aujourd'hui *lous Beritons*.

A *Isola* le pain est rare, il n'y a que quelques familles qui en mangent. Le pain est de 15 livres, ils le cassent avec la hache. Le pain de Noël dure jusqu'à Pâques; on pétrit le pain trois fois par an. On l'appelle *Isola* parce que c'était une petite île que le fleuve a emportée. Lieu très curieux, il abonde en pommes, martin sec, bon chrétien, et en poires: Ramini avait un superbe poirier d'une production extraordinaire; il en prit 150 rubs dans une seule année. L'hiver y est sans soleil; à 11 heures 1/2 il s'en va. Dom *Bonifassi*.

La paille est mauvaise et noire, parce qu'on diffère la moisson, et puis ils l'abandonnent à l'intempérie de l'air. Ils soignent mieux le *seigle*, parce qu'ils en portent la paille à Nice où ils la vendent cinq ou six sous le rub.

Dom Bonifass.

En 1719, le 23 novembre, la Commune de Contes fit une ordonnance pour empêcher de glaner après la récolte du blé ; ordonnance qui fut confirmée par le Sénat.

Arch. Com. N° 335.

Haricots

Les *haricots* de Contes sont renommés partout, parce qu'ils cuisent très-bien et ont une bonne saveur. Les voisins vont les échanger avec le meilleur blé à mesure égale. Ils appellent semer les haricots *fagolà* ou *enregà*. Une mesure de haricots occupe un espace six fois et demi de moins que n'en occupe le blé.

Le Chirurgien Faraut de Contes en sema trois boisseaux de *bonne heure*, et il en récolta 40 boisseaux, ce

---

Il y avait à *Cuébris*, pays pauvre en blé, en vin et en huile, un *Mont de blé*, fondé par l'abbé Jacques *Mirapelli*, pour les besoins des habitants de Cuébris, de 354 *pannali*, mesure du pays, avec un boisseau *muturau* d'augmentation chaque année. La distribution se faisait le lundi de la semaine sainte, et le lundi de la Pentecôte de chaque année. Et le remplacement se faisait à la fin du mois d'Août avec l'avantage d'un boisseau sur quatre *pannali*.

Le nom de *Cuébris* se compose de l'inversion des deux mots *bris* et *cus*, lesquels dans le langage du pays signifient *casse-cou*. Il est justifié par sa situation environnée de pentes rapides. On y cultive la *spelta* (épeautre) dans les lieux stériles, et on en donne la farine aux porcs : on s'en sert aussi beaucoup à Ascross. A Cuébris les pommes sont excellentes : celles dites *Gianeto e bellai figlioi* de couleur rose et blanche, sont très-tendres d'un goût suave. — En 1768 les loups mordirent plusieurs personnes ; la Commune dépensa 1457 fr. pour guérir les blessés. En 1773, grande misère à Cuébris.

qui est 13 pour un. Voilà ce c'est que de semer de bonne heure : le haricot veut un sol léger. Dom Bonifassi. (1)

Patates

On sait que les *patates* ont été portées d'Amérique en Europe et propagées par *Parmentier*, vers la fin du siècle dernier. Depuis lors on n'a plus eu à déplorer les famines qui ont désolé les populations dans les siècles passés. Il y a famine en Irlande lorsque la récolte des patates faillit, et détresse dans notre pays lorsqu'elle n'y réussit pas. Il importe donc de prendre toutes les mesures nécessaires pour que cette récolte réussisse et soit abondante.

La réussite dans la culture des *patates* dépend beaucoup de la semence. Les patates du pays ne font pas une bonne semence, parce qu'à l'époque de leur plantation, elles ont déjà poussé *greglid*; elles sont molles, émaciées, elles ne sont plus *pleines*. Il faut prendre celles de la montagne, et les acheter au moment de les planter ; celles-ci sont dures, pleines et sans jet *greil*. Dom Bonifassi.

Pour avoir une bonne récolte de patates, il faut du bon fumier ; le meilleur est le sésame et le purin. Les patates ne se conservent pas à Contes et à Sclos, parce qu'on les ramasse trop tôt ; ce qu'on ne fait pas à la montagne.

Le premier qui en 1770 sema des patates à Vernea, fut Antoine François Camous, dit *Conte*, dans l'endroit dit *Gabriel*, propriété qui est encore aujourd'hui en pos-

(1) Virgile dit que le haricot est un légume très-ordinaire: *Viciamque seres, vilemque fassolum.*

session de son fils Joseph Camous dit *Conte*. Il mourut à Vernea, en 1842, à l'âge de 95 ans. Il en sema cinq files, *rega*.

Choux

Les *choux* à planter. Delserre dit: *plus jeunes ils sont, plus facilement se reprennent-ils et plus tôt s'accroissent*. Il faut donc les planter jeunes et de bonne heure.

En 1829 au mois d'Août, on donnait à Nice 100 plantes de choux *cabus* pour un sou, tant il y avait de la misère. Un homme en ayant porté une grande quantité à Contes pour les vendre, resta toute la matinée sur la place sans en vendre un seul paquet. Il dut en donner quelques centaines pour rien et jeter les autres. Dom Bonifassi.

Chacun devrait faire son propre *coulà*; il les planterait à temps et choisirait les meilleures plantes.

Châtaignes.

Lorsque les *châtaignes* ne sont pas pleines, et qu'elles sont presque vides, on dit à Contes qu'elles sont des *groulas*. En Toscane, on dit qu'elles font le *Borselone*.

A Contes on conserve les châtaignes fraîches jusqu'à la Madeleine (22 Juillet) dans le sable. Dans d'autres endroits on les met 40 heures à tremper dans l'eau, puis on les fait sécher à l'ombre, ce qu'ils appellent *lai defogà*.

Le prix des châtaignes fraîches était en 1645 de 52

sous le setier, à Contes; en 1732 de 30 sous; en 1823 de 4 fr.; en 1826 de 8 fr., et en 1882 de 4 sous le kilo à Nice.

Les châtaignes sèches se vendaient en 1882 à Lantosque à 7 fr. le setier.

Fèves

Pour semence conservez les cosses des fèves qui sont le plus près de la terre; elles sont plus grosses et plus saines: ne prenez pour manger que celles qui sont au dessus. Coupez les sommités des fèves, quand elles sont en fleurs, vous les ferez nouer de fruits, mûrir plus tôt, et les préserverez des pucerons. C'est ce que l'on fait à Drap. A Cimiez, ils sèment les fèves le 17 Octobre, *jour sacré* pour eux, comme c'est un *jour sacré* le 22 Avril à Roquesteron pour semer le chanvre. (1) Si vous avez un arbre malade, mettez-y au pied l'eau qui a servi pour cuire les fèves, et même les cosses; c'est un remède excellent pour le guérir.

La fève est un légume échauffant. Pythagore conseillait à ses disciples de s'en abstenir: *a fabis abstineto*.

Cocons.

Au treizième siècle on récoltait à Nice des soies brutes que l'on envoyait à Marseille, Arles et Avignon, où l'on fabriquait des taffetas et autres étoffes de luxe.

---

(1) Il y a *Roquesteron* un usage pieux, celui de réciter le Rosaire tous les Dimanches.
Le territoire est petit, mais bien cultivé On dit que le pont de pierre sur l'Esteron fut construit par les Romains:
Grande chaleur en été, grand froid en hiver.

En 1770, la recette totale des cocons dans le Comté de Nice fut de 550 mille livres de soie chaque année. Dans les territoires de Touet de Beuil, (1) Villars, Massouins et de Malaussèna, il y avait en pleine activité huit filatures ; il y en avait quinze autres à Nice. A présent tout a disparu.

En 1803, entre Contes, Sclos et Vernea, il y eut environ 500 rubs de cocons, vendus à 15 fr. le rub. Il y en eut autant les années suivantes et au même prix ; mais en 1825, ils se vendirent à 45 fr. le rub, ou 5 fr. 70 le kilo. En l'année 1883, ils ne se sont vendus que 3 fr. 50 le kilo la première qualité, et 2 fr. 50 le kilo la seconde qualité.

A Bendejeun, commune de Châteauneuf, (2) il y eut une bonne récolte en 1803, on en retira 10,000 fr. environ. Un particulier en eut 29 rubs et un autre 39 rubs ; les particuliers calculent qu'il faut de 40 à 60 rubs de feuille de mûrier pour chaque once de graine de vers-à-soie ; et s'il y a réussite, elles donnent 4 rubs de cocons.

(1) *Touet* jadis si populeux et industrieux n'est plus qu'un triste village. Il en est de même de *Thieri*, demeure favorite de la célèbre Baronne *Asturga* ; on n'y trouve même plus aucun reste de son fameux château ; sa population jadis si nombreuse et animée est à présent réduite à un petit nombre de familles. Thieri est célèbre aussi par la fille de son fondateur, Delphine, veuve de Romée de Villeneuve qui y mourut après avoir déposé son testament dans l'église paroissiale, selon l'usage de ce temps.

(2) Dans les siècles passés, plusieurs Seigneurs et co-Seigneurs des environs, entre autres ceux de Contes, et Gaufredo, Seigneur de Cros (Sclos), s'étaient retirés à *Châteauneuf* pour y vivre en société avec les seigneurs de ce lieu : mais, les progrès de la civilisation ayant amené des changements dans les mœurs et dans les anciennes habitudes, les feudataires abandonnèrent leurs manoirs, et s'établirent à Nice, vers le milieu du siècle dernier. En 1556, la famille Constantin était le seul seigneur de Châteauneuf. Dans le cadastre de 1702, il y avait onze vassaux, 23 co-seigneurs et 8 autres qui avaient seulement la basse juridiction. Parmi les 64 particuliers qui signèrent ce cadastre en 1703, sept seulement purent écrire leur nom ; tous les autres étaient *illettrés* ; il résulte de ce cadastre qu'il y avait 201 chefs de famille.

Saisons précoces.

En 1822, la chaleur fut si précoce, qu'à la fête de St Laurent, 10 Août, on commença à vendanger en plusieurs endroits, et qu'à la St Michel, 29 septembre, il n'y eut plus à Contes et à Sclos, de feuilles sur les vignes, ni sur les figuiers.

En 1823, à Aspremont on avait fini les vendanges le 11 Septembre.

En 1825, à Contes, Tourette et Peille, les vendanges se firent plus d'un mois avant l'époque ordinaire, savoir en Août ; ce qui n'avait jamais été vu des vieillards, ni entendu dire de leurs ancêtres. Cette année fut à Contes plus précoce qu'en 1822. L'hiver de 1825 fut très-doux. (1).

En 1882, la saison fut aussi précoce, on vendangea à la mi-septembre, trois semaines avant le temps ordinaire ; et le *graissié* fut mis le 1er Août.

Saisons arriérées.

En 1829, 18 Août, il n'y avait encore à Sclos ni figues, ni raisins mûrs, et cependant on met ordinairement le *graissié* vers le 15 Août.

En 1735, Constantin céda à la Commune la bandite de Revel, et les moulins à farine et à huile existant au *Serre, Bendejeun* et *Romaïran*. La terre de *Biglion* fut vendue pour 4950 écus d'or. La grande propriété dite de *Villar* appartenait au comte Torrini. Il y a dans les flancs de la montagne de Châteauneuf une vaste grotte remplie de stalactites curieuses. — On trouve du charbon de terre dans cette commune, surtout au-dessous de la chapelle, dans la plaine de Paillon et à Bendejeun.

A Châteauneuf, les habitants font un bon commerce d'escargots. Cette bourgade était très-florissante du temps des Romains, dont on a trouvé des vases, des amphores et des restes de tombeaux.

A *Bendejeun*, on fait tous les ans le 31 Mars, *ab immemorabili*, la procession à la chapelle de St Benet.

En 1265, mourut le poète et écrivain *Pierre* de Châteauneuf.

(1) A la Turbie, à l'endroit dit *Tenat*, le 26 Juin, il y avait des figues déjà mûres ; Le *Cap d'Ail* est l'endroit le plus précoce du Comté de Nice.

En 1883, les vendanges furent faites à la fin Octobre et le *graissié* ne fut mis qu'à la fin septembre.

Cependant le temps devint si beau et si chaud qu'on sécha les figues jusqu'en Décembre, et qu'on mangea des figues fraîches, prises sur les arbres jusqu'à la Noël, contrairement au proverbe *a Toussan lai figa son dai enfan*.

Temps favorable à l'Agriculture
Proverbes Italiens

Gennajo e Febbrajo riempiono e vuotano il granajo.
Janvier — Polve di Gennajo carica il solajo.
Gennajo secco villano ricco.
Quando Gennajo mette erba, se tu hai grano, e tu lo serba.
Février — Pioggia di Febbrajo empie il granajo.
Se Febbrajo febbreggia, Marzo campeggia.
La pluie de Février vaut du fumier.
Mars — Marzo asciutto grano per tutto.
Avril — Aprile ogni giorno un barile.
Mai — Maggio ventoso, Aprile piovoso, anno fruttuoso.

Pronostics
de la pluie et du beau temps

Il est toujours utile pour un agriculteur de pouvoir prévoir les variations atmosphériques, de se rendre compte des chances probables de pluie ou de beau temps pour un moment donné.

Les pronostics de *l'état du ciel* sont nombreux ; voici les principaux :

Rouge de soir, bon espoir.

Rouge de matin fait tourner le moulin (vent ou pluie).

Ciel pommelé n'est pas de longue durée.

Lorsque de gros nuages arrondis, entassés les uns sur les autres *(cumulus)* apparaissent le matin, et persistent après le coucher du soleil, on doit s'attendre à de la pluie ou à un orage.

Les variations brusques de température indiquent la pluie.

Les pronostics basés sur la *conduite des animaux* :

A l'approche du mauvais temps, l'oie s'agite, bat des ailes, court et vole sans motif : — Les poules se grattent et se couvrent de sable — le coq chante, bat des ailes — l'âne secoue les oreilles — le chien pousse des hurlements plaintifs et prolongés — le chat lustre son pelage et passe sa patte derrière les oreilles — l'hirondelle rase le sol en poussant de petits cris.

L'homme est averti souvent d'une manière cruelle de l'approche du mauvais temps, par les cors aux pieds, les rhumatismes, et les blessures anciennes.

Les plantes offrent aussi une foule d'indices assez sûrs pour prévoir le temps.

La carline jaune, le souci pluvial, l'oxalis, la lunaire hygrométrique ouvrent leurs fleurs, si le temps est au beau ; mais les referment dès que la pluie les menace.

Le Maréchal Bugeaud, grand observateur autant qu'habile homme de guerre, prétendait avoir expérimenté cette loi, « que le temps se comporte *onze fois sur douze* pen-« dant toute la durée de la lune, si le *6ᵉ jour* le temps

« est resté le même qu'au 5ᵉ, et *neuf fois sur douze*
« comme le 4ᵉ *jour*, si le 6ᵉ ressemble au 4ᵉ »

Proverbes français.

S'il pleut le jour de Sᵗᵉ Pétronille, (31 Mai)
Elle est quarante jours à sécher ses guenilles.
S'il pleut le jour de St Gervais, (19 Juin)
Il pleut quarante jours après.
S'il pleut la veille de Sᵗ Pierre, (28 Juin)
La vinée est réduite au tiers.
Sᵗ Pierre et Sᵗ Paul pluvieux, (29 Juin)
Pour trente jours dangereux.
S'il pleut le jour de Sᵗ Vincent, (22 Janvier)
Le vin monte au sarment ;
Quand il gèle, il en descend.
A la Saint-Vincent, clair et beau,
Autant de vin que d'eau.
A la Saint-Vincent,
L'hiver s'en va, ou il reprend.

Proverbe latin. Sicut Bibiana dies, quadraginta dies. (2 Décembre)

Prix des denrées à diverses époques.

	ANNÉE	PRIX	MESURE ET POIDS
Blé	1646	5 livres de Piémont	le setier (stara)
	1793 à 1803	de 72 à 81 francs	la charge
	1825	de 34 à 48 fr.	«
	1882	de 9 à 10 «	le setier
Orge	1825	4 «	«
Huile	1646	3 livres	le rub
	1790	6 «	«
	1793 à 1815	de 15 à 18 fr.	«
	1825	8 « la fine	«
	«	6 « commune	«
	«	4, 50 « sanse	«
	1882	12 « fine	«
	«	de 8 à 9 commune	«
Vin	1646	4 ½ livres	la charge, ou un sou le litre (*pinta*)
	1785	12 «	«
	«	4 de lai Sagna	«

	ANNÉE	PRIX	MESURE ET POIDS
	1825	18 livres	« pris au port de Nice
	1882	de 45 à 50 fr.	«
Raisin, Gaude	1825	de 36 à 40 sous	le rub
« du pays	1805	13 «	«
	1882	de 15 à 25	«
Viande	1767	3 sous	la livre à la boucherie publique
	1781	5 ¼ «	« «
	1825	4 ½ «	« de bœuf
	1882	1, 80 francs	le kilo, 1re Catégorie, de bœuf
	«	1, 30 «	« 2me « «
	«	de 1, 90 à 1, 50	« de mouton
Poisson	1781	15 sous	la livre, fin
	1825	22 «	« merlan
	«	6 «	« anchois (1)
Morue	1781	5 ½ sous	la livre *sèche* 1re qualité
	«	4 «	« mouillée
	1882	20 «	le kilo sèche
	«	18 «	« mouillée

	ANNÉE	PRIX	MESURE ET POIDS
Riz	1825	3 «	la livre *risone*
«	«	2 «	« ordinaire
	1882	10 «	le kilo
Patates	1825	7 « à Contes	le rub
	1829	17 « «	«
	1882	de 2 à 3 «	le kilo
Légumes	1646	de 3 à 4 lires	le setier, *stara*
Haricots secs	1825	29 fr.	la charge, secs
	1882	12 sous	kilo
Figues sèches	1804	26 «	le rub, bonne qualité
	1825	de 5 à 6 fr.	« les bellones
	1882	de 26 à 30 sous	« les communes
Châtaignes fraîches	1646	50 «	le setier
	1732	30 «	«
	1823	4 « francs	«
	1882	4 sous	le kilo
Sèches	«	4 ½ «	« à Lantosca
Farine	1825	de 50 à 54 sous	le rub, bonne qualité

	ANNÉE	PRIX	MESURE ET POIDS
Farine	1882	12 «	le kilo
Vermicelle	1825	3 «	la livre
	1882	12 «	le kilo
Œufs	1825	10 «	la douzaine
	1882	de 14 à 20 «	«
Beurre	1825	12 «	la livre
	1882	de 3 à 3 ½ francs	le kilo
Fromage	1825	12 sous	la livre
	1882	3 fr.	le kilo
Lard	1825	12 sous	la livre
	1882	2, 50 francs	le kilo
Saucisson	1825	30 sous	la livre
	1882	4 fr.	le kilo
Pain	1825	2 ½ sous	la livre, 1re qualité
	«	2 «	« 2me «
	1882	9 «	le kilo 1re qualité
	«	8 «	« 2me «
Sel	1702	4 «	la livre en *France*

	ANNÉE	PRIX	MESURE ET POIDS
Sel	1825	1 ¼ «	à Nice et Contes
	1882	4 «	le kilo
Charbon	1825	7 «	le rub à Contes
	1882	de 10 à 11 francs	les 100 kilos
Bois à brûler	1825	de 13 à 18 sous	« de chêne à Contes
	1882	de 2, 50 à 3 fr.	« « à Nice
Roseaux	1825	12 sous	le fagot
Foin	1825	de 15 à 18 sous	le rub à Nice, foin de Sospel
	«	10 «	« pris à Sospel
	1882	de 10 à 14 francs	les 100 kilos à Nice
Paille	1825	4 sous	le rub pour litière
	1882	6 «	«
Graine de	1825	4 francs	l'once
vers à soie	1882	de 15 à 20 «	«
Cocons	1805	15 «	le rub
	1825	45 «	«
	1882	de 4 à 5 «	le kilo
Mûrier feuille	1825	20 sous	le rub

	ANNÉE	PRIX	MESURE ET POIDS
Mûrier feuille	1882	20 sous	le rub,
Citron feuille	1825	5 «	la livre
branches	«	2 ½ «	« la douce
	«	20 «	le rub, ou 12 fr. les 100 kilos
Laine	1825	16 francs	« à Nice
	1882	de 12 à 14 «	« à la montagne
Noix	1646	2 lires	l'Emine (½ setier)
	1882	de 30 à 35 sous	le kilo
Cire blanche	1646	21 sous	la livre
	1882	de 5 à 6 francs	le kilo
Glands	1646	24 sous	le setier
	1882	25 «	«
Chaux de	1808	15 «	la charge
Berre	1882	45 «	«

Dom Bonifassy dit qu'en 1825 on pouvait vivre à l'auberge à Nice pour 25 sous par jour, tout compris. (2)

Prix des denrées dans le 11ᵐᵉ siècle

L'argent monnayé étant très-rare dans les dixième et et onzième siècles, on s'habitua à trafiquer au moyen d'échanges en nature; c'est-à-dire que l'on troquait une marchandise contre une autre, que l'on achetait même les propriétés contre des denrées ou des bestiaux.

Une charte de 1060 établit les prix suivants pour les denrées au détail :

Un bœuf valait.	15 sols
Un cheval.	20 »
Un mulet.	17 »
Un cochon.	8 »
Une paire de souliers.	5 »
Un manteau avec capuchon.	18 »
Une tunique complète de femme.	25 »
Une livre de pain.	3 deniers
id de viande.	2 ½ »
id de poisson.	2 »
Une volaille.	2 sols
La journée d'un ouvrier.	3 »

(1) En 1802 au mois de Mai la pêche d'Anchois fut si prodigieuse à Nice que dans une seule nuit on en prit dix mille rubs ; cette abondance continua pendant deux semaines. Cent bateaux appelés laüts ne purent l'épuiser. La surface de l'eau était encombrée de ces innombrables voyageurs aquatiques : les filets rompaient sous le poids, les bras des pêcheurs tombaient de lassitude, et les saleurs n'en voulaient plus à aucun prix. Depuis cette époque la mer s'en est montrée avare. Une extraordinaire pêche d'anchois eut lieu aussi en 1783, et une autre en 1775 qui dura tout le mois de Juin.

(2) C'est en 1854 que Nice a perdu le privilège du *port franc*. Depuis cette époque tout a augmenté de prix à Nice et dans le Comté.

Les gages annuels des servantes. . . 40 »
Les salaires journaliers des jongleurs
    et ménétriers. . . . . 4 »

On entend parler du *sol melgorien*, évalué le vingtième en sus de notre monnaie actuelle; c'était la monnaie la plus anciennement courante, *sol et deniers melgoriens* (battus par les Comtes de Melguiel dans leur château). 50 sols valaient un marc d'argent. Plus tard on se servait des lires de Gênes, et au quatorzième siècle des florins d'or d'Italie, dits *papalins*. Durante.

Prix de la Viande en 1883

Mercuriale du marché aux bestiaux tenu à Nice le 29 Mai 1883

Pour les bœufs, taureaux, génisses, le prix moyen *sur pied* est de . . . . 0,95 à 1,00 fr.
Pour les vaches. . . . . 0,80 à 0,85
Pour les veaux. . . . . 0,85 à 0,90
Pour les moutons. . . . . . . 0,85 à 0,90
Pour les brebis. . . . . 0,75 à 0,80
Pour les chèvres et boucs. . . . 0,70
Le prix moyen du kilogr. *de viande* est
Pour les bœufs, taureaux, de . . 1,90 à 1,95 fr.
Pour les vaches. . . . . 1,40 à 1,50
Pour les veaux. . . . . 1,70 à 1,75
Pour les moutons. . . . . . . 1,85 à 1,90
Pour les brebis. . . . . 1,50 à 1,55
Pour les chèvres et les boucs. . 1,40 à 1,45

Réduction des kilogrammes en rubs, livres et onces.

KILO	RUBS	LIVRES	ONCES	KILO	RUBS	LIVRES	ONCES
1	«	3	2 ½	20	2	14	2
2	«	6	5	30	3	21	3
3	«	9	7 ½	40	5	3	4
4	«	12	10	50	6	10	5
5	«	16	« ½	60	7	17	6
6	«	19	3	70	8	24	7
7	«	22	5 ½	80	10	6	8
8	1	«	8	90	11	13	9
9	1	3	10 ½	100	12	20	10
10	1	7	1	200	25	16	8

12 onces font une livre, 25 livres font un rub.

Maximes de Culture

La terre *seule*, quoique cultivée avec diligence, produit moins que celle où il y a des vignes, des oliviers et des arbres fruitiers.

Toutes les semences doivent être mises à tremper dans l'eau pendant quelques heures ; les bonnes vont au fond.

On doit *venter* le blé, comme on vente les fèves, et prendre les grains les plus pesants pour semence. Dom Bonifassi.

En agriculture, la mesure du *produit* dépend de la mesure de la *culture* ; *in sudore rallæ* dit Pline, à *force de labourer*. Le vrai cultivateur est le propriétaire qui y est intéressé. *Fertilissimus in agro oculus Domini est.* Pline. *Tristo è quel aver, che il suo Signor non vede.*

Peu de terre bien cultivée rend plus que beaucoup de terre négligée. Virgile dit : *Laudato ingentia rura, exiguum colito.*

Et Alamani : *Che assai frutto maggior riporta il poco, quando ben culto sia, che il molto inculto.* (1)

(1) A *Moliéras*, hameau de Valdeblora, chaque culture est séparée ; prairies, châtaignes, vignes, champs...

A *Bollèna*, autre hameau de Valdeblora, le sol est si bon qu'on y sème sans le labourer, *garacià*, on le laboure seulement en semant. Il y a une mine de plomb, connue des chasseurs qui en font usage. Le fromage y est excellent à cause des bons pâturages des Alpes. — A St Dalmas de Valdeblora, l'église est un vénérable monument du moyen-âge, son clocher pyramidal conserve intacte son antique structure ; ses deux volumineuses cloches ont miraculeusement échappé au vandalisme révolutionnaire.

Valdeblora, pays très-chaud en été à cause de sa situation dans un endroit concave ; le soleil y cuit la terre, ce qui la rend fertile ; le froid y est très-rigoureux en hiver, le thermomètre y descend à 10 degrés Réaumur. On récolte dans la Commune de Valdeblora beaucoup de blé, de noix et de châtaignes. En 1600, un feu souterrain, ou volcan, brûla les Archives de la Commune.

La journée de l'ouvrier

Se payait en 1829 à Contes et à Sclos 25 sous, ou bien 10 sous avec trois repas *très-grossiers*. En 1883 elle se paie de 40, à 45 sous, ou bien 25 sous et deux *bons* repas.

Il ne faut pas confondre St Dalmas de Valdeblora avec *St Dalmas* le *Selvage*, fondé par les Templiers dans le 12me siècle, ainsi appelé du mot italien *Selvatico*, couvert de bois, qu'ils firent défricher. Les habitants y sont plus civilisés qu'ailleurs, parce que tous les ans, pendant l'hiver toute la population au nombre d'environ 300, émigre en Provence, excepté les vieillards, les enfants en bas âge, pour en revenir en été avec les économies qu'elle s'est procurées avec le travail. Voilà pourquoi leur langage est provençal mêlé de français. Les habitants d'Arles viennent en été à St Dalmas avec leurs troupeaux de 20,000 brebis. — St Dalmas vint prêcher l'Evangile en Piémont et dans le Comté de Nice ; il fut martyrisé sous Décius. Les habitants de St Dalmas portaient au lieu de souliers, des peaux de chèvres liées aux pieds ; c'est pour cela qu'on les appelait *Cavotti* ou *Ciambaïronié*. Durante.

Les habitants de *Beuil* émigrent aussi en hiver en Provence, d'où ils reviennent chez eux après la fonte des neiges. Aussi ont-ils pris les habitudes et les mœurs des provençaux dont ils parlent le langage.

Les habitants de *Péona* ont conservé aussi les usages, les mœurs, le caractère et jusqu'au langage, mêlé de l'idiôme provençal, des Catalans ; parce qu'ils descendent des ouvriers Catalans qui travaillèrent à la construction de Barcelonnette, et qui y bâtirent une bourgade appelée du nom de *Péona*, leur pays natal en Catalogne: aussi ils conservent le surnom de *Catalans*.

MÉTÉOROLOGIE

Grandes sécheresses

En 1158, phénomène extraordinaire ! en douze mois, il ne tomba pas *une seule goutte d'eau* dans le bas Comté de Nice : aussi l'année suivante, il y eut la mortalité des arbres qui périrent en grand nombre.

Les années 1323 et 1355 furent des années de grande sécheresse.

En 1500, *cinq années successives* d'une cruelle sécheresse tarirent toutes les ressources du sol. Les habitants du Comté, réduits au désespoir, manquèrent souvent des aliments les plus indispensables à la vie ; et la faim, qui avait succédé au fléau de la peste de l'année précédente (1499), fit de nouvelles victimes. Durante dit qu'une sombre terreur s'était emparée à cette époque de tous les esprits ; le moindre événement était regardé comme un présage sinistre ; un nuage qui cachait momentanément le soleil, le disque enflammé de la lune, ou le passage de quelque oiseau de proie, produisaient une consternation générale à Nice, surtout lorsqu'en 1504, on vit voltiger sur la ville, huit heures entières, quatre aigles passagers, venant d'Afrique.

En 1630, il ne plut pas pendant *neuf mois* ; les fontaines tarirent, et celle du *Temple*, au Ray de Nice, fut réduite à un filet d'eau : les moulins furent tous fermés. Cette longue et terrible sécheresse fut suivie d'une effroyable disette.

1733 et 1734, années de trop mémorable sécheresse !

Durante. Il ne plut pas de deux ans et demi. Les habitants de Contes, Châteauneuf, Tourrette, durent aller abreuver leurs bestiaux au Var. La tradition en est encore à Aspremont et à Castagniers, où on leur permit de suivre les chemins et sentiers les plus courts pour descendre au Var ; et à Villefranche, dont les femmes durent aller aussi au Var pour laver le linge. La sécheresse sévit aussi en Provence, car les habitants de Valbonne vinrent en pèlerinage à Ste Hélène de Sclos, pour implorer la pluie; ils l'obtinrent. Voyez Sclos.

En 1741, le 24 juin, on fait à Nice une procession générale, où l'on porte la statue de N. D. *Addolorata*, pour obtenir la pluie.

En 1749, le 26 février, la pluie fut obtenue par une faveur céleste, après une neuvaine et une procession générale, où l'on porta les reliques de *St Alexandre* à Nice,

La *fuon santa* qui avait tari, revint et, pendant les trois premiers jours, son eau était *rouge*.

En 1775, grande sécheresse et prières publiques partout.

En 1781, on prie pendant les mois de mars et avril, dans la ville de Nice et dans les campagnes, et le 28 avril, il y eut une pluie abondante avec deux tonnerres.

En 1845 — 1851 — 1877, les habitants de Contes, Berre et Vernéa vinrent en procession à Ste Hélène pour demander la pluie, et la pluie fut accordée. Voyez Sclos.

Pluies extraordinaires

En 1330, il y eut un déluge d'eau : pluies continuelles tombées pendant six mois.

En 1345 et 1346, pluies continuelles.

En 1530, le 9 octobre, il y eut une inondation générale à Nice, qui ruina entièrement les récoltes. Le Var et Paillon ayant débordé avec fureur, couvrirent de leurs eaux toutes les plaines qui s'étendent le long des collines, renversant murailles, maisons, arbres. Les habitants du faubourg *Sincaire* se refugièrent au haut des arbres et du toit des maisons ; plusieurs victimes périrent dans celui de St Antoine, et pour comble de malheur le pont de Paillon fut emporté et les communications interrompues d'un bord à l'autre. (1) *Ravelli*, de Memoralibus.

En 1544, il plut tant à Sospel pendant huit jours, que l'on se souvient encore du *déluge de S. Martin*, parce qu'il arriva en novembre (2)

En 1601, un orage épouvantable éclata sur le versant des premiers échelons des Alpes : des torrents de pluie grossirent les eaux impétueuses de Paillon, entraînant les bestiaux, les hommes et tout ce qu'elles rencontrèrent dans leur cours. Cette inondation, une des plus terribles que le bas Comté ait essuyé dans l'espace de plusieurs siècles, eut lieu le 15 du mois d'août. La masse des eaux du torrent s'éleva à une hauteur prodigieuse.

En 1623, Paillon inonda trois fois les campagnes de

(1) Le pont S. Antoine fut reconstruit l'année suivante; les trois quarts de la population y travaillèrent avec une ardeur infatigable. L'Evêque Jérôme d'Arsagis attacha le gain des indulgences à cette œuvre d'utilité publique. On y plaça l'Inscription suivante sur le pilier du centre:

Pons sacer exhaustas celsis de montibus undas
Respuit et rapidas hic Pallionis asquas. Julii 1531

(2) Sospel, Capitale des anciens *Viberi*, seconde Ville des Alpes maritimes du temps des Romains, était entouré de remparts à présent ruinés. En 1700, il y avait 5000 habitants, il n'y en a plus que 3000. Les campagnes sont très fertiles en toutes sortes de productions : pays d'huile et de blé, carrières de marbre, alabastre, vitriol, tripoli, spath sélèniteux. — Le froid de 1820 fit beaucoup de mal aux arbres, mais *las beroflas* furent sa vées. - L'église est un vaisseau grandiose, soutenu par une double rangée de colonnes.

Contes et de Nice en 12 jours : les 18 et 25 octobre et le 1ᵉʳ novembre.

En 1651, année dite du *déluge*, le Var rompt le pont en pierre à Entraunes et celui en bois de Fougent. (1)

En 1694, après de grandes pluies, une montagne s'écroula à Lucéram et causa de grands dommages. (2)

En 1751 Paillon se jette dans le Port.

En 1756 — 58 — 74 — 75 — 78, les inondations de Paillon ruinèrent les campagnes. *A Coarazza*, une grande partie des terrains cultivés fut complètement ravagée par l'affaissement de la montagne de *Col de Bec* dite *Secco*, vis-à-vis la *Gardiola*, et forma un lac qui dura 15 ans, le 31 Décembre 1786. (3) Dans la vallée de Roccabillière, il y eut des éboulements semblables. (4)

En 1792, le lendemain de l'entrée des Français à Ni-

---

(1) On voit encore, à *Entraunes*, l'ancienne maison des Templiers avec cette inscription *S. Sepulchri 1143*. Dans une chapelle, il y a un tableau dégradé de la Vierge : à ses pieds, des religieux cuirassés : la croix qu'ils portent sur leur armure est celle des chevaliers du Temple. L'église possède aussi un tableau du Rosaire du 15me Siècle, et de précieuses Reliques venant de l'Abbaye de St Pons. Les femmes d'Entraunes font des chapeaux de paille.

(2) En 1747, il y avait 40 prêtres vivants, natifs de *Luceram*, dont 12 vivaient dans leur pays. En 1807, ils furent réduits au nombre de 9 dont deux vivaient hors du pays. — Le nom *Barralis* domine parmi les familles de Luceram. En 1807 il y avait 28 familles de ce nom. Les familles ne sont pas nombreuses, 51 familles font à peine 150 personnes. Dom *Bonifassi*.

(3) A Coarazza, il y a une tour, adossée à l'église, qui porte le millésime de 1354 ; et dans l'église il y a la majestueuse tête du Rédempteur que l'on dit peinte par *Guido* milanais. Coarazza ne souffrit pas de l'épidémie de 1799 – 1800. Les habitants n'ont jamais porté la queue.

(4) *Rocabillière* vient de *Roche d'abeilles*, parce que de nombreux essaims d'abeilles font leur miel dans le trou d'une roche vis-à-vis la ville. Des monnaies romaines, des tombeaux... montrent que les Romains y ont habité. Bâtie sur la rive droite de la Vésubie, elle fut détruite par les eaux, et l'église St Michel qui y existe encore, fut sauvée par la protection de St Julien dont la statue y est encore vénérée. En 1840, un paysan y trouva une statuette en bronze des payens : c'est dommage qu'elle soit perdue.

Roccabillière est peut-être le meilleur endroit du Comté : air excellent pour les maladies pulmonaires ; blé, foin, soie, gros bétail en abondance, le maïs y est appelé *Cavalis*, les patates *tartifloi*. En 1779, il y avait des filatures de soie.

ce, il plut à verse pendant 12 jours ; les communications furent interrompues entre les deux rives du Var : Les Français firent alors une passerelle sur le Var.

En 1796, une pluie de plus 12 jours causa l'avalanche de la colline de *Lizières* à Sclos, le 3 février. Voyez Sclos.

En 1802, le 17 novembre, après 4 jours de pluie continuelle, une colline, près *d'Eze*, glissa dans la mer, et une autre sur le chemin de Nice à Scarena, vis-à-vis Ste Hélène de Sclos. Plus de 100 personnes travaillèrent pour en débarrasser le chemin ; les passagers devaient gravir la colline de Ste Hélène pour pouvoir passer.

En 1803 le 19 janvier, Paillon crût pour la 4me fois : il avait crû trois fois en novembre dernier. La pluie causa de grands dommages : une partie des olives fut abattue et détruite. Une indemnité fut donnée à ceux qui avaient le plus souffert.

En 1837 le 30 juillet, pluie diluvienne, depuis 8 heures 1|2 du matin jusqu'à 4 heures du soir. Tous les vallons débordent. Paillon se jette dans le port, et l'eau passe au-dessus du Pont-Vieux. (Le Pont-Neuf fut construit en 1825.)

En 1841 le 3 Décembre, pluies torrentielles, le Var déborde et emporte deux arches du pont : l'Ingénieur *Ripert*, qui était sur le pont, est emporté, et le Gouverneur *Des Ambrois* y court un grand danger.

En 1848, grande pluie à Contes et environs.

En 1852, crue extraordinaire du Var.

En 1855, Paillon emporte le chemin de Contes.

En 1857, pluies de trois jours, grands dégâts à Aspremont, Castagniers et aux plaines.

En 1879, Paillon emporte une partie du chemin de Contes.

En 1882 29 Octobre, grande crue du Var et de Paillon ; grands dégâts à Cannes et à Contes, où il emporte de nouveau une partie du chemin.

Pluies bienfaisantes.

En 1822, depuis octobre à fin Mai 1823, il y eut *tempié*.

En 1825, il plut tellement en octobre qu'il y eut *tempié*. Depuis 1803, il n'y avait point eu de pluies régulières. Mais le 16 septembre, il plut tellement à verse, que la pluie détruisit à Contes haricots, raisins et blé de Turquie.

En 1857, pluies de trois jours, un autre *tempié*. A Sclos, la source de *Roquier* coula pendant longtemps.

En 1882, un autre *tempié*; la source de *Roquier* coula de nouveau.

Asphyxie par immersion.

Dans le cas *d'asphyxie* par immersion (Asphyxie, c'est la privation du pouls, la suspension de la vie), la première chose à faire c'est de retirer le corps *noyé* de l'eau, le débarrasser de suite de ses vêtements, de l'essuyer et d'en frictionner vivement toutes les parties avec des brosses, de la laine sèche ou imbibée d'eau-de-vie, ou de tout autre liquide fort et mordant ; d'administrer des lavements à eau salée et de brûler sous le nez des allumettes soufrées. On peut lui introduire dans la bouche quelques gouttes d'eau-de-vie.

Mais que l'on se garde bien *de placer les pieds en haut et la tête en bas*, sous prétexte de lui faire rendre l'eau qu'il a avalée. C'est le plus sûr moyen de le tuer tout-à-fait, s'il lui reste quelque trace de vie.

Dans le cas d'asphyxie par *la foudre* (lorsqu'on est frappé par la foudre), il faut immédiatement porter la personne asphyxiée au grand air, la débarrasser de ses vêtements, faire des affusions d'eau froide sur le corps et le visage, pratiquer des frictions aux extrémités, et chercher à rétablir la respiration. (1)

Dans le cas d'*Asphyxie par la vapeur des cuves à vin* ou par celle du *charbon*, le malade doit être exposé au grand air, debarrassé de ses vêtements ; ensuite on lui jettera avec force de l'eau froide sur le corps et au visage. Cette opération doit être continuée longtemps. — Dès que l'asphyxié pourra avaler, on lui fera boire de l'eau-de-vie.

Ouragans

En 1516 un vent appelé *mistral* renversa à Nice toitures des maisons, arbres, et une foule de victimes

---

(1) En temps d'orage, ne vous mettez jamais à l'abri sous un grand arbre, auprès d'un bâtiment élevé. Tenez-vous plutôt en plein air, au risque d'être mouillé ; vous courrez même dans ce cas d'autant moins de danger, que les vêtements mouillés préservent de la foudre.
Dans l'intérieur d'une habitation, en temps d'orage, il faut éviter de se tenir près d'un corps métallique tel que l'espagnolette de la fenêtre ou un fil métallique quelconque : ces corps attirant la foudre, ou près d'une cheminée, la suie étant un bon conducteur. L'endroit le moins dangereux est le milieu de la chambre.
Celui qui entend le bruit d'un coup de tonnerre n'a rien à redouter de la décharge électrique qui l'a produit, le danger est passé, la transmission du son étant beaucoup moins rapide que celle du fluide électrique qui tue. — En effet la lumière de l'éclair marche un million de fois plus vite que le son ; le son ne parcourt que 340 mètres par seconde. Il suffit de compter le nombre de secondes écoulées entre l'éclair et le bruit du tonnerre et de multiplier ce nombre par 340, le produit sera la distance cherchée en mètres, entre vous et la chute du tonnerre. Supposons, par exemple, que le bruit du tonnerre n'arrive à l'oreille que six secondes après l'éclair, le nuage orageux d'où est parti le tonnerre sera à 2040 mètres, ou à un peu plus de deux kilomètres de distance du lieu où vous vous trouvez. (340 × 6 = 2040 mètres)

périt sous les ruines ; les eaux de la mer abattirent une partie des remparts, et inondèrent la partie basse de la Ville, le peuple accourut aux églises, qu'il dut bientôt abandonner, crainte d'un effondrement. A Villefranche, tous les navires de guerre et de commerce furent engloutis dans le port. *Durante, Revelli*. Une autre furieuse tempête, presque de la même violence eut lieu le 22 Mai 1521.

En 1807, le 10 Février. dans un *Ouragan terrible* l'église d'Eze fut tellement endommagée à ne pouvoir plus servir. (1) Des arbres furent déracinés, des murs renversés, des milliers d'orangers jetés à terre à Nice, sur le littoral et les campagnes voisines.

En 1825, le 31 Juillet, après un *Vent furieux* toutes les sources diminuèrent. Celle du *Temple* fut réduite à un très-petit volume : les moulins alimentés par cette source restèrent huit jours sans eau. A Nice, les puits baissèrent beaucoup. Dom *Bonifassi*.

En 1851, dans la nuit du 21 Avril, un *violent orage* éclata sur Nice. Un tourbillon, espèce de trombe aspirante, traversa la ville en enlevant et portant au loin les persiennes, les tuiles, les ardoises et les chapeaux

---

(1) *Eze* s'appellait anciennement *Avisio*. Dom Millo à été Curé d'Eze pendant 48 ans ; nommé en 1786, il y est mort en 1834. En 1559, on prit une baleine dans la mer d'Eze. C'est un pays productif de caroubes, les principaux propriétaires en récoltaient : Cauvin 3,000 rubs, Vidor 2,000 et Fighiera 1,500. Il y a à Eze le passage de pigeons *ramié* en troupes de 200 à 300 tous les ans A *St Laurent* on trouve de très-belles coquilles de mer pétrifiées. Du temps de la République française, M. *Fabre*, père de ma belle-sœur Marianin, était le représentant du peuple.

En 1829, le fameux peintre *David* se trouvant à Eze avec trois autres peintres, y fut surpris par un Orage ; il y reçut une si belle hospitalité du Vicaire de la paroisse, Dom Fighiera, qu'il fit cadeau à l'Eglise d'un de ses tableaux.

En 1598, mourut à Eze l'Evêque Palavicini, pendant sa visite pastorale.

de cheminée. Plusieurs grues exténuées de fatigue, furent trouvées sur les boulevards, entraînées là par la tourmente. On trouva le lendemain matin des perdrix grises de Corse, des moineaux morts en grande quantité sur le Cours, lesquels s'étaient abrités sur les arbres. *Toselli.*

Froid

Il y eut en Provence et le midi du Comté de Nice de grands froids en 765, lorsque les fleuves gelèrent, en 1234, 1239, 1302, 1337, 1364, et surtout en l'année, 1494, dont le froid horrible brûla tous les Oliviers de la Rivière de Gênes, et une partie de ceux du Comté de Nice. L'eau de la mer gela dans le port de Gênes.

En 1623, le 5 Janvier, l'eau de Paillon, à la *Spina santa* gela d'une rive à l'autre ; l'eau coulait sous la glace.

A ces différentes époques, le froid fut tellement intense, qu'il causa la ruine entière des campagnes. La nature répara avec le temps ces pertes, mais les mêmes calamités se renouvelèrent en 1709, le 13 Janvier, *année mémorable* pour la gelée de tous les arbres. A Florence le thermomètre descendit à 15 degrés Réaumur au-dessous du zéro ; le froid dura dix jours. A Contes les Oliviers périrent presque tous. Dans le Comté, il fit des dommages irréparables aux noyers, aux Oliviers : dans toute la côte maritime, les citronniers, limoniers, étaient semblables aux ossements décharnés des morts ; mais le froid n'alla pas jusqu'aux racines, plusieurs germèrent de nouveau au printemps. Les agrumes et les Oliviers périrent presque tous dans le Comté, qui souffrit plus que Nice. On a calculé l'intensité du froid de 1709 à 9 degrés au-dessous du zéro. En France, Louis XIV exempta des contributions tous les pays de la rive droite du Var.

En 1720, le 11 Janvier, le thermomètre descendit à 7 degrés Réaumur au-dessous du zéro à Nice. Le froid tua le *Verp* des Oliviers qui en étaient attaqués.

Les hivers de 1749, 1767 et 1782, furent très-rigoureux ; à Paris le thermomètre descendit à 14 degrés cent., au-dessous du zéro en 1767. A Bollena, tous les Oliviers furent gelés en 1761.

En 1788 à Bendejeun, un *Surion* froid gela les bourgeons des ciriers, noyers,.. fendit l'écorce des arbres, et la sève pendait des branches, toute gelée.

En 1789 le 11 Janvier, un vent glacial pousse des nuages sinistres de la Corse ; la neige tombe à gros flocons à la hauteur de deux pieds. Pendant la nuit, le froid devient excessif ; le thermomètre descend à 7 degrés Réaumur au-dessous du zéro ; tous les arbres périssent jusqu'aux racines. Le poids de la neige abattit les arbres les plus robustes et laissa le tronc entièrement dépouillé. Les bestiaux surpris au pâturage furent trouvés morts sous la neige, et nombre de leurs conducteurs. Le vin gela dans les caves. (1) *Durante*.

En 1792, les *Olives* gelèrent et furent presque toutes perdues à Nice. A Bendejeun, le thermomètre marqua 5 degrés au-dessous du zéro. Chose curieuse, dans un angle d'une propriété un seul olivier fut gelé, les autres ne le furent pas. Dom *Bonifassi*.

Du 12 Décembre 1846 à la fin Janvier 1847, il gela

---

(1) A Nice, les oranges gelèrent dans les magasins, on dut les jeter; les bâtiments qui les attendaient au port, durent aller charger ailleurs. Dans cette année les habitants de Contes portèrent leur huile directement au port de Nice, où les bâtiments l'achetaient. — Dom *Bonifassi*.

à Contes et à Sclos, à deux pieds de profondeur. Cette gelée ne fit pas beaucoup de mal: elle fit un grand bien, car elle tua et anéantit le puceron dit *peu* des figuiers, et la morphie des Oliviers. (1)

Asphyxie par le froid.

Dans le cas d'*Asphyxie par le froid*, il est de la plus haute importance de ne rétablir la chaleur que lentement et par degrés. Un être vivant gelé qu'on approcherait du feu, ou que l'on tiendrait dans un lieu trop chauffé, serait irrévocablement perdu. — Il faut le déshabiller et le frotter avec de la neige. — Lorsque le malade commence à se réchauffer ou qu'il manifeste des signes de vie, on l'essuie avec soin, et on lui fait prendre un demi-verre d'eau *froide*, dans laquelle on aura mis une cuillerée d'eau-de-vie. — Ne mettez pas les asphyxiés par le froid dans le *fumier*, comme on fait dans les campagnes.

Hivers doux.

L'Hiver de 1825 fut *très-doux* partout, même en Russie et en Allemagne. En Janvier, on envoya à Nice, de S. Etienne, un rameau de poirier bien fleuri, et

---

(1) A *S. Etienne* il y a ordinairement trois jours de froid rigoureux à la S. Jean (29 Juin), ce qu'ils appellent l'*Invernet de S. Jean* ; comme nous disons à Nice et à Contes l'*Eté de S. Martin*. Cet *Invernet* est joli !

En 1793 le 31 Août, il y eut un orage sur la montagne dite du *Col de Pal*, passage pour le Piémont, suivi d'un froid excessif.

Le médecin Caffarelli de S. Etienne y avait un poirier énorme qui lui donnait 112 rubs de fruits dans une année.

Le clocher de l'église est un admirable monument gothique, sa curieuse structure répond à son élévation colossale. Cette imposante masse résista au tremblement de terre de 1564. Le millésime de 1130 y est sculpté. Durante chor.

de S. Martin Lantosque, des fraises et des violettes. L'hiver de 1881 fut aussi très-doux.

Cependant, en Avril 1825, le froid brûla les feuilles des mûriers, des roseaux et de plusieurs vignes à Contes; le froid vint très-tard.

Neige.

Il tomba beaucoup de neige en 1709, 1767, 1768, et 1789.

En 1837, *année mémorable* pour la grande quantité de neige tombée ; à Nice, il en tomba un demi-pied qui fut convertie en verglas.

En 1840, il en tomba tant que les branches d'arbres de toute espèce, surtout des Oliviers, fléchirent et rompirent sous le poids.

En 1853, le 18 Février, la neige tomba dans tout le Comté en si grande quantité, qu'elle couvrit même les collines de Nice à un pied de hauteur, partout dans les jardins, dans les rues, sur le toit des maisons.

En 1883, 10 Mars, il tomba beaucoup de neige dans le Département des Alpes Maritimes, laquelle causa beaucoup de dommages aux oliviers dont les branches rompirent en Provence, à Nice, Castagniers, Contes...; cependant elle ne fit pas grand dommage à Contes.

Grêle.

La grêle n'est jamais tombée à *Sclos*, excepté sur la partie sud. Elle a souvent ravagé Bleusasc, Vernea, Poncia, Contes et Chateauneuf, mais jamais Sclos. Cependant elle y fit quelques dommages le 6 Juillet 1826, et en 1851 elle en fit à *Libac* et un peu à *Lizières*

En 1782, 30 Août, à 6 heures du matin, une grande tempête avec grêle d'une livre de pesanteur, pluie à verse et vent furieux, soufflant de l'Ouest, s'abattit sur Nice. On a calculé à dix mille francs les dommages faits par la grêle aux vitres des fenêtres. Spectacle jamais vu de mémoire d'homme.

En 1787, la grêle ravage tout le Comté.

En 1794, la nuit de Noël, un Ouragan terrible, mêlé de grêle, de pluie, de neige et de foudres bouleversa la vallée de la Vésubie. Il détruisit la redoute du *Tuech*. Voyez page 58 l'épouvante des soldats français qui l'occupaient.

En 1806, une série de tempêtes qui firent beaucoup de dégâts.

En 1818, le 13 Août, Grêle à Contes : la Commune eut une indemnité.

En 1827 le 6 Juillet, une horrible tempête qui fait d'immenses dégâts à Contes, Tourette et Aspremont (1). A Contes les dégâts furent évalués à 20 mille francs ; on ne lui donna qu'une indemnité de 600 fr.

Dom BONIFASSY.

---

(1) *Tourette*, vieux château à plusieurs tours sur un rocher où il y a de superbes veines de marbre *jaspé* très-difficiles à couper.

Aspremont fut fortifié en 1350. Pour faire disparaître en 1793 les signes de la féodalité, les habitants brûlèrent le château du Seigneur Lascaris — En 1784 le 3 Mars fut exécuté le sacrilège Reggiano qui y avait volé le ciboire de l'Eglise.

A *Castagniers* en 1819 au mois de Juin la foudre tua un jeune homme qui, surpris par un orage, s'était réfugié sous un arbre de pin ; un peu plus loin il y avait son père avec d'autres personnes ; quel cruel spectacle ! Le lendemain la foudre tua 60 brebis sur le Mont Chauve ; le berger fut terrassé.

La fête d'Aspremont a lieu le 8 septembre, qu'on appelle la fête du *menon*, parce qu'on y tue plusieurs *menons*.

Dans le vallon de Roccagarbiera le lithologue y trouve une grande quantité de pierres de diverses qualités.

Le vallon de *Danarou* à Castagniers est si étroit qu'on voyait les étoiles en plein midi. Cette curiosité a été détruite par un mur très-haut que les Ponts et Chaussées y ont élevé en travers en 1875.

Le 18 du même mois, tempête horrible à Rora, Robion, S. Sauveur et Maria (1). A Rora il y eut de la grêle du poids d'une livre ; un grelon pesait 30 onces Elle détruisit tout, déracina de grands noyers, emporta les terres etc ; chose horrible, jamais vue.

Le 27 Août, une autre tempête à Contes et à Tourette ; les vieux n'avaient jamais vu une chose semblable ; terrible catastrophe, mais tout avait déjà été ruiné le 6 Juillet.

En 1834 le 26 Juillet, un orage épouvantable accompagné de grêle d'une grosseur épouvantable s'abat sur Nice et les campagnes.

En 1839, le 14 Septembre est un jour terrible inscrit dans les annales de Nice en caractères néfastes. A une heure après midi, pendant dix minutes, il tomba des grelons d'une grosseur prodigieuse ; dans le nombre on en trouva qui pesaient une livre, d'autres disent trois livres. La plaine et les collines, sur un rayon de deux lieues, offrirent l'aspect d'un champ de bataille aux regards épouvantés.   DURANTE, TOSELLI.

En 1881, la Grêle détruisit tout à Castagniers, Aspremont, Colmas, Gairaut..., surtout dans ma propriété des Plaines de Castagniers où elle n'était jamais tombée, même dans les siècles précédents. Deux épou-

---

(1) A *Maria* il y a de nombreuses antiquités. En 1658 on y trouva plusieurs monnaies des Empereurs Vespasien, Néron. On en trouva aussi plusieurs à *S. Sauveur* qui furent d'abord conservées à la mairie, et puis vendues à un chaudronnier qui les fit fondre, quelle perte! En 1742 on trouva dans une caverne diverses idoles en or qui furent vendues pour 20,000 fr. On a aussi trouvé un grand nombre de monnaies romaines à *Pierre feu*, lesquelles furent aussi vendues à un chaudronnier, à vil prix, lequel profita de l'ignorance des habitants. A *Daluis* on a trouvé une tête de veau en bronze, qui est aussi perdue.

A *Robion* son Eglise porte sur son portail l'an 1130. — Chaque particulier à Robion a de 12 à 20 têtes de menu bétail.

vantables nuages, un venant du Couchant l'autre du Nord, se rencontrèrent au dessus des *Plaines* ; leur choc dura dix minutes pendant lesquelles une grêle affreuse couvrit la terre ; ils se dirigèrent enfin vers le Sud Est.

Phénomènes.

Sauterelles en 1364. Epoque mémorable dans nos annales, à cause d'un phénomène extraordinaire, qui causa les plus grands malheurs. A le suite d'une sécheresse de quatre mois, un vent impétueux et brûlant s'élança du fond des déserts d'Afrique, et transporta sur les rivages de la Provence, des Alpes maritimes et de la Ligurie d'innombrables essaims de Sauterelles, à la fin de Mai : l'air en fut obscurci, la terre tellement couverte qu'en peu de jours, ces insectes dévorèrent l'herbe, les plantes et jusqu'au feuillage des Oliviers. Alors les belles campagnes de Nice et des territoires environnants n'offrirent plus que l'image d'une terre désolée. La Reine Jeanne vint au secours des habitants, en leur envoyant du blé et des légumes, tirés de la Sicile et du royaume de Naples.

Une autre espèce de Sauterelles, *grillus migratorius*, vient toujours de l'Ouest. L'arrivée de ces Insectes dans le Comté de Nice est mentionnée à des époques très-reculées. Dom Bonifassi a trouvé qu'en 1339 et 1357, l'air fut obscurci par des nuées de sauterelles noires, très-grosses à 4 ailes et à 6 pieds, qui ravagèrent toutes les campagnes. Il en parut autant en 1495 et 1542, qui firent aussi de grands dégâts. Il en tomba, dit l'historien Alberti, un si grand nombre de mortes, qu'on fut obligé de les enterrer en labourant la terre, à cause de la puanteur qu'elles exhalaient. *Rora* est sujet à l'invasion des sauterelles. (1)

Voyez *sauterelles*, page 131.

Papillons. En 1623, le 28 Mai une multitude extraordinaire de papillons, arrivèrent à Nice et à Villefranche en nuées et portés par le vent du Sud, ainsi que plusieurs oiseaux de passage. Ces papillons inondèrent une partie de la montagne, surtout la Vallée de Paillon, Contes et Scarena.

Brouillards. En 1781, pendant 50 jours, depuis le 1er Avril jusqu'au 20 Mai, il régna à Nice et les environs, un épais brouillard. Il était si épais sur la montagne de Ferrion, qu'à quatre pas, on ne pouvait voir un bœuf ; mais il ne causa aucun dommage.

(1) *Rora* vient de *rore*, chêne sous lequel les habitants *(chevriers)*, se réunissaient pour régler le parcours du territoire. Sur le mur d'une ancienne chapelle, il y avait le millésime de 1281. — Les Caïs de Nice furent les Seigneurs de Rora depuis 1340. Bertrand de Caïs, pour se venger des dévastations que Barnabé Grimaldi de Beuil avait commises sur ses terres, le poignarda de sa main. Cependant Barnabé, laissé pour mort, guérit : aussitôt il assiège Caïs dans son château et le force de se rendre à discrétion. Caïs fut livré au bourreau ; la hache lui abat d'abord le poignet de la main droite qui avait enfoncé le poignard, un fer rouge lui brûle les yeux, et sa tête tombe après les plus terribles souffrances. L'histoire signale une honteuse convention, par laquelle Barnabé Grimaldi, moyennant l'amende de 900 florins d'or, obtint son pardon, et l'inféodation de la Seigneurie de Rora. *Durante* chor.

L'ambition perdit cette illustre famille. *Annibal*, chef des Grimaldi de Beuil, fut convaincu du crime de lèse-majesté, condamné à mort par le Sénat de Nice et exécuté en 1621. Les Grimaldi, possesseurs de 32 terres et fiefs, avaient choisi pour leur résidence *Villars*, où ils avaient fait bâtir de grands palais.

Villars comptait plus de 4000 âmes en 1246 (Arch. Com.) L'église St Jean, sa première paroisse, était bâtie sur le plateau appelé *Roccaria*. C'est à cette église que les Curés de Villars allaient prendre leur investiture, et où chaque année, le jour des morts, ils allaient célébrer une Messe pour le repos des âmes des anciens habitants, ce qui prouve que Villars des anciens *Eguituri* fut bâti d'abord sur ce même plateau. Villars est un joli endroit, salubre, exposé au levant et au midi, séparé des vents du nord et du couchant par de hautes montagnes.

En 1840, du 24 au 30 Avril, Nice et sa plaine se réveillent enveloppées dans un brouillard qui ne disparaît qu'à dix heures du matin. Robaudi—p. 182.

En 1853, le 28 Juin, à 3 heures après midi, un brouillard très-intense parut du côté de Montboron. Une heure après, Nice et son territoire étaient enveloppés d'une vapeur grisâtre, ayant une saveur âpre, et une odeur résineuse. Ce phénomène dura jusqu'à la fin du jour.

En 1881, un autre brouillard très-épais, qui parut aussi du côté de Montboron, enveloppa bientôt toute la campagne de Nice jusqu'à Montchauve. Il dura cinq ou six heures.

Exhalaisons sèches. En 1782, en Mai et Juin, on vit très-souvent sortir de la mer des exhalaisons sèches, et s'évanouir dans les montagnes, sans faire aucun dommage, mais à la grande crainte et peur des habitants de Nice et des environs.

Comète. Aux mois d'Août et de Septembre en 1743, une Comète visible pendant longtemps au Sud-Ouest de l'horizon, offrit pendant la nuit une vive clarté couleur du sang. Sa longue queue traînante donna matière à de funestes prédictions ; elle sema l'alarme parmi les esprits crédules. C'était, disait-on, le signal des calamités qui doivent s'appesantir sur l'Europe, les uns craignaient que son rapprochement de la terre n'occasionnât un bouleversement général ; les autres lisaient dans ses taches rougeâtres les signes manifestes de la colère du Ciel. Ces bruits populaires portèrent l'effroi dans toutes les familles. L'invasion des armées française et espagnole qui eut lieu en Mai vint confirmer les craintes du peuple. Durante.

En 1514 — 20 Janvier, *trois Soleils* apparurent pendant cinq heures à l'Occident, lesquels se couchèrent l'un après l'autre ; et la nuit suivante, *trois lunes*, avec une grande croix de couleur rouge dans celle du milieu. Le peuple en fut épouvanté, présage, disait-il, de grands châtiments du Ciel. J. Pierre Artivan.

Jean Pierre *Scaliero* dit qu'en 1006, il y eut une *pluie de sang* : En 957 et en 1139, on vit dans le Ciel *deux Soleils*. En 1147, *une* Croix dans la lune. En 1217, *trois croix* dans le Ciel, et en 1309, *le feu dans l'air*. — 2e Vol. page 397. Arch. Com. de Nice.

En 1799, 5 Mars, à 4 heures du matin, on vit un *grand feu* dans le Ciel, à l'Ouest, qui se divisa en deux parts ; après 5 minutes, on sentit deux secousses de tremblement de terre ; la première forte comme celle d'un tonnerre, la seconde 5 minutes plus tard, moins forte.

Aurores boréales. En 1848 le 18 Novembre, à 10 heures du soir, dans la direction du nord, une auréole boréale fut visible pendant une demi-heure.

On eût dit qu'un immense incendie embrasait la partie nord de Comté. — En 1870, il y en eut une autre beaucoup plus forte qui dura quinze jours. — En 1883, à 7 heures du soir, une Aurore superbe qui dura de 10 à 12 minutes.

En 1883, de la fin Novembre aux premiers jours de Décembre, le matin à 6 heures et le soir à 5 heures, l'horizon parut embrasé ; l'atmosphère était imprégnée de vapeurs qui s'élevaient à une grande hauteur, et qui réflétaient les rayons rouges du Soleil, à son lever et à son coucher. C'était réellement beau à voir.

Tremblements de terre

Il y a eu dans le Comté de Nice de terribles tremblements de terre, qui sans doute furent ressentis à Contes.

Au commencement du 7ᵐᵉ siècle, lorsque Nice fut unie à la Provence, un affreux tremblement porta la désolation dans toutes les familles. Des secousses violentes se firent sentir depuis les Pyrénées jusqu'à l'extrémité de l'Italie, le long du Littoral de la mer. Partout on déserta les maisons pour vivre en rase campagne. Les campagnes du bas Comté et les vallées de Roccabilière et de Lantosque furent bouleversées, et plusieurs personnes périrent.

En 1227, dans les montagnes alpines, où plus de 5,000 personnes périrent parmi les peuplades dites *Sulii*, à cause des maisons qui s'écroulèrent sur les habitants.

En 1556 — 20 Avril 150 personnes périrent à Bollena, et Luda fut entièrement détruite (1).

En 1564, 10 Août, tremblement dont on se rappelle toujours partout avec terreur. A Nice, presque toutes les maisons furent lézardées, une partie des remparts s'écroula, les puits tarirent et la mer s'élança sur la plage. Le port de Ville-Franche s'abaissa considérablement. Le hameau de *Gordolon* fut ruiné de fond en comble (2), et Bollena, Lantosca, Belvedère, Sᵗ Martin, Roccabillière et Venanson furent en partie écrasés par les

---

(1) A *Bollena*, dans la sacristie de l'église il existait une Inscription, laquelle rappelait la peste de 1348. Les habitants ont à se reprocher de ne l'avoir pas conservée lors de la reconstruction de l'ancienne église. L'Evêque Recroisio mourut à Bollena en 1732 en visite pastorale.

(2) Il ne reste plus à *Gordolon* qu'une Eglise où tous les ans les habitants des trois villages voisins vont entendre la Messe.

rochers qui se détachèrent des montagnes; les eaux de différentes sources devinrent chaudes et sulfureuses. Le Dr *Fodéré* rapporte qu'on y vit des flammes jaillir des entrailles de la terre. Il attribue ce phénomène à une éruption volcanique. (1).

L'année suivante 1565 de nouvelles secousses eurent lieu, mais le fléau ne frappa que la bourgade de Lucéram : un énorme éboulement provenant de la hauteur voisine, écrasa une partie des habitations.

A la fin *de 1755,* le Globe céleste paraissait ébranlé..; les côtes d'Espagne et d'Afrique éprouvèrent des secousses continuelles. Aux environs de Cadix, la mer sortit en fureur de son lit, et les vagues de l'Océan inondèrent la Hollande. Un affreux tremblement ruina la ville de Lisbonne, où vingt mille habitants périrent sous les décombres. Quelques secousses se firent aussi sentir en Provence et dans le Comté de Nice ; il n'en fallut pas davantage pour répandre la consternation dans toutes les familles : on craignait à tout moment d'éprouver le sort des infortunés portugais ; on eut recours aux prières publiques. (2)

En 1803 le 4 Mars, les montagnes liguriennes furent ébranlées, le Col de la *Roccaglia* de St Agnès s'ouvrit en plusieurs endroits. Le 18 Mars, à Taggia, le pont s'écroula, les églises et les édifices principaux furent grandement endommagés. Le village de Castellar fut presque ruiné, et la population de S. Remo bivaqua

---

(1) *Durante* dit que ce tremblement fit beaucoup de bruit en Europe, parmi les physiciens les plus renommés du 16e Siècle, qui ont laissé des observations sur ce phénomène. II-351.

(2) Ce fut un an après, le 5 Janvier 1757, que Louis XV fut assassiné par un homme du peuple, *Damien*, dans la cour du palais de Versailles, au moment où il montait dans son carosse : sa blessure ne fut pas mortelle.

plusieurs jours en rase campagne. Ces deux tremblements furent sentis à Sclos.

En 1818, 24 Février, un tremblement fut senti à Sclos à 7½ de soir; le lendemain à 11¼ de matin, un autre plus long et aussi violent. A Contes, le peuple était dans l'église et Dom Raynaut qui prêchait leur dit de se mettre à genoux. Le Curé Dom Massa s'écria : « Qu'avons-nous à craindre, nous sommes dans la maison de Dieu. Mais la peur poussa le peuple hors de l'église.

En 1845 le 26 Mai, à 10½ de soir, un tremblement fut senti à Sclos, et à 11 heures un autre moins fort.

En 1854 le 29 Décembre, vers 9 heures du soir et à 11, il y eut deux tremblements à Sclos et à Nice et des plus terribles.

Toselli dans son histoire dit: A Nice d'abord une rumeur souterraine se fit entendre, les arbres furent agités, plus tard un nouveau roulement plus fort, le sol agité tremble avec fracas : on entend comme les mugissements d'une violente tempête : les maisons se balancent comme des roseaux, les personnes couchées étaient comme dans une barque agitée par les vagues; les vitres résonnaient, les cloches, les sonnettes tintaient, la population alla bivaquer sur les boulevards et places publiques. Ce tremblement fut senti à Gênes, à Marseille et en Piémont.

A Sclos il renversa douze chapeaux de cheminée. Jacques Cauvin du Ribas, dit *manchot*, effrayé, se réfugia chez son cousin Alexandre Cauvin, au Cluot, avec sa famille. Pour passer le temps, ils firent rôtir des châtaignes, mais le second tremblement renversa aussi le chapeau de la cheminée, les débris tombèrent sur la poêle, et détruisirent feu et châtaignes.

Ce fut ce tremblement qui fit tarir la fontaine dite

fontetta dans le vallon de *Cuegne*. Elle commença à couler de nouveau en 1879, mais un peu plus haut et dans le vallon.

En 1871 vers 11 heures du matin, un autre tremblement se fit sentir à Sclos.

Peste

En 1348, la peste de Florence, dite *peste noire*, pendant le règne de la Reine Jeanne en Provence, fut apportée à Nice, au mois de Juillet, par des Juifs venus de Marseille. La mortalité fut extrême jusqu'à la fin de l'automne.

A Nice, les cadavres restèrent sans sépulture, exposés à la porte des maisons, entassés dans les rues et sur les places publiques ; souvent même on ne connut la mort de son mari, de son parent, de son ami, ou de son voisin que par l'infection de la victime ; les liens les plus doux se brisèrent, les habitants devinrent l'un pour l'autre un objet d'épouvante et de terreur. Tout le Comté en fut atteint.

Illonza qui à cette époque comptait trois mille habitants, fut si cruellement désolée par la peste, qu'une partie de cette bourgade appelée *Castel* cessa d'être habitée. (1)

A Clans, (2) à Puget-Thénier*s*, (3) plus d'un tiers de la population périt.

(1) *Hyls*, mot celtique qui signifie *boisé*, est la racine du mot *Illonza* Après la peste, les habitants élevèrent une Chapelle à St Roch, sur les ruines de laquelle l'Eglise paroissiale a été bâtie. *Illonza* fut fortifié par les Romains ; il est célèbre, ainsi que *Bairols*, par la résistance qu'ils firent au 5ème Siècle aux envahisseurs.

(2) A *Clans* presque la moitié de la population périt pendant l'épidémie de 1799 -- 1800. La population de Clans qui n'est à présent que de

Dès que la peste eut ralenti de violence, un aveugle préjugé attribua aux juifs d'avoir provoqué ce fléau, en haine des chrétiens, par des maléfices et d'impies sortilèges. La population furieuse se jeta sur ces malheureux, et en fit un horrible carnage, sans même respecter les enfants au berceau : la nation juive eût été entièrement exterminée, si l'autorité du Pape n'eût arrêté l'effusion du sang.

Les villes maritimes n'avaient point encore adopté des mesures de préservation, que l'ignorance jugeait inutiles. Les médecins du 14ème Siècle expliquaient cette maladie de différentes manières : les uns assuraient que c'était une pluie de serpents invisibles qui s'insinuaient dans le corps humain, et y semaient la corruption ; d'autres l'attribuaient à une pluie imperceptible de feu

---

900 âmes, était anciennement de 3,000. Son église fut bâtie par les Templiers, elle passa aux bénédictins de St Pons, érigée ensuite en Collégiale de 3 chanoines et un Archiprêtre. Cette Collégiale supprimée par les Français fut rétablie en 1829. On y vénère une relique de St Martin, dont St Charles Borromée lui fit don. Un acte authentique du 8 Juillet 1625, conservé à la paroisse en fait foi. — Il y a l'usage très-ancien à Clans de donner des pois en aumône le jour de la Pentecôte. Un proverbe y dit : *cu muor d'abriou, muor d'iver.*

Il y avait aussi à Contes l'usage de distribuer au peuple des fèves cuites à la Pentecôte. Les adjudicataires des Edifices donnaient chaque année un setier de fèves, lesquelles cuites dans le chaudron de l'Edifice, et portées dans le chaudron même sur la place publique, étaient distribuées à chaque famille ; chacun, riche et pauvre, venait en recevoir. Cet usage a cessé depuis 1835. Et comme à la fête de la Trinité, le Dimanche qui suit, est la Pentecôte, on chante à l'église le *Salve Regina*, on disait : voilà le *Salve* avec ses fèves qui s'approche. — A *Berre* c'étaient des *châtaignes* que l'on distribuait.

(3) *Puget-Théniers* est la patrie de l'Abbé *Papon*, ex-oratorien de Marseille, mort en 1823, auteur de l'histoire générale de Provence.

En 1525 le 20 Octobre un débordement du torrent *Rondule* qui traverse la ville, emporta le pont construit par les Romains ; plusieurs maisons s'écroulèrent, tellement que le premier étage de la Viguerie devint le rez-de-chaussée, et celui-ci fut transformé en cave par l'exhaussement du sol. L'Eglise bâtie sur l'emplacement des Templiers semble une forteresse.

qui infectait la masse de l'air ; les plus savants soutenaient sur les bancs de la faculté, qu'un combat à outrance livré entre les constellations, dans les hautes régions de l'atmosphère, exerçait une pression sur le soleil et les masses aqueuses, et produisait la gangrène des corps. Ces opinions ne servaient qu'à propager les ravages de ce fléau. *Durante.*

En 1405 la ville de Nice et le bas Comté furent affligés par la peste et toutes les calamités que ce terrible fléau traîne à sa suite, pendant toute l'année que *l'antipape* Benoît XIII *(Pierre de Luna)* resta à Nice. Il y fit son entrée le 5 Janvier, et ce même jour le Ciel se chargea de nuages sinistres, et au milieu des éclairs parut tout-à-coup un météore enflammé, sous la forme d'un homme qui parcourait l'air se dirigeant vers le nord ; ce qui porta l'épouvante dans toutes les familles. C'était, disait-on, le présage de malheurs publics. En effet, c'est au séjour que cet *Antipape* fit à Nice, qu'on attribua, comme châtiment du Ciel, la peste qui pendant tout le séjour qu'il y fit, désola le pays. *Revelli.* (1)

L'année 1467 sera à jamais mémorable par les ravages que la peste fit à Nice et dans toute l'étendue du Comté. La Commune de Contes chargea Jean de Castelli et d'autres, de prendre les mesures nécessaires pour en préserver la population. Arch. Com. No 105.

(1) Cet *Antipape* alla loger au Couvent des Franciscains, situé sur les bords de Paillon, derrière les remparts de la ville, sur la place St François. C'était un édifice remarquable par son étendue, puisque l'année auparavant, à l'occasion du chapitre général de l'ordre, on y avait reçu environ 1,200 moines, venus de la Ligurie, du Piémont, de la Provence et du Languedoc, pour assister à la réunion. Ce Couvent fut détruit à l'époque du Siège de la Ville par les turcs en 1543. L'antipape *Pierre de Luna* vivait à Avignon, où le Pape Clément V avait établi son siège en 1307, et que Grégoire XI, dernier pape d'Avignon, transporta de nouveau à Rome en 1375.

Toutes les affaires suspendues, les maisons désertes et abandonnées, les cadavres entassés dans les rues, le reste de la population poursuivi par la mort, errant dans les campagnes, sans secours et sans aliment, voilà l'horrible tableau qu'offraient la ville et les environs de Nice. On vécut pendant plusieurs mois en rase campagne, en proie à tous les besoins, se fuyant les uns les autres comme d'objets d'épouvante et d'horreur. Le dénombrement fait quelques mois après, porta les morts à 7,833 à Nice, parmi lesquels 211 religieux de tous les ordres, dont plusieurs s'étaient sacrifiés au bien spirituel des pestiférés, entre autres l'Evêque Barthélemy Cuetti qui était toujours au milieu des cadavres et des mourants.

Telle fut la rigueur de cette peste que dans le village de St Laurent du Var, appelé par les Romains *Castrum Agrimontis*, il ne resta pas *un seul* habitant, ce qui obligea Raphaël de Mons, Evêque de Grasse et Seigneur de cette terre, de recourir à l'Evêque d'Albenga, pour obtenir la cession d'un nombre de ses vassaux afin de le repeupler.

Ce Prélat lui envoya trente familles de la vallée d'Oneille, auxquelles l'Evêque Raphaël accorda gratuitement l'habitation du Village, et la distribution des terrains en friche, sous la simple obligation d'entretenir, à titre de redevance, une barque sur les eaux du Var, pour le passage des pèlerins et des voyageurs, sans exiger d'eux aucune rétribution. Hist. Alp. mar.

Cette Convention tombée en désuétude, deux siècles après, donna lieu à de longues discussions entre les habitants de St Laurent et les Consuls de Nice, intéressés à favoriser le passage du Var pour l'avantage du Commerce. Ce ne fut qu'en 1792, que les Français construisirent une passerelle sur le Var pour le passage des troupes. (1)

La peste de 1499, quoique moins terrible que celle de 1467, enleva pourtant nombre de victimes, et chose singulière, la force et la jeunesse résistèrent moins que l'âge et l'infirmité.

La peste de 1522. Ce terrible fléau, devenu pour ainsi dire permanent sur les côtes de la Méditeranrée, moissonna de nombreuses victimes dans la Ligurie, le Comté de Nice et la Provence, tantôt ralentissant ses fureurs, tantôt redoublant de violence. Pendant sept années le Ciel épuisa sa rigueur sur ces contrées désolées.

La peste de 1550 porta de nouveau la désolation dans les familles du Comté de Nice; après que les inondations de l'année 1544 eurent détruit toutes les récoltes et dévasté les plus belles propriétés, et que, l'année précédente, les Turcs, après le siège de Nice, eurent emmenés tant de personnes en esclavage.

(1) Les *Templiers* qui en 1135 s'établirent à Nice, outre une grande maison qu'ils possédaient en Ville, et une autre non loin de la source du *temple*, en construisirent une troisième en 1154 près du Var sur la colline dite de *lai serai sobranai*, où l'on voit encore ses ruines. Cette maison fut construite à l'effet d'aider les pèlerins à traverser le Var, fleuve très-périlleux à cause de la rapidité des eaux et des sombres forêts qui couvraient les deux rivages. Ils y tenaient une barque. Les Templiers furent supprimés en 1308.
Les *Templiers* et les *Chevaliers de St Jean de Jérusalem* étaient deux Ordres militaires et religieux qui aidaient les pèlerins à la Terre Sainte. — Lorsque les Chevaliers de S. Jean de Jérusalem furent chassés de Rhodes par les Turcs, ils vinrent s'établir à Nice et à Villefranche en 1527, où ils armèrent en course contre les pirates africains, qu'ils tinrent constamment éloignés, et rendirent de grands services pendant la disette, en fournissant des secours continuels en blé, qu'ils allaient charger sur les côtes de la Sicile et du Languedoc. — Ils sont appelés à présent *chevaliers de Malte*, parce qu'ils s'étaient établis dans l'île de Malte qui leur fut donnée en 1529 par l'Empereur Charles-Quint. Les Anglais se sont emparés de cette île.

Un recensement de la population de Nice au commencement de 1551, éleva la perte des habitants, seulement dans l'intérieur de la ville, à 3,534 individus de tout âge, sexe et condition.

La peste de 1581 fit de très-nombreuses victimes à Nice et dans toute l'étendue du Comté, et même en Piémont : On déserta les lieux habités, les cadavres restèrent sans sépulture, les campagnes incultes. Dans l'espace de quatre mois que dura l'infection, la population de Nice fut réduite à moins *d'un tiers* : il y eut 5,460 morts dans le seul faubourg de Sincaire. — Tous les ans, le 20 Janvier, dans la Cathédrale de Ste Réparate, on chante les Litanies des Saints et le *Te Deum*, en actions de grâces à St *Sébastien*, pour avoir été délivrés de la peste en 1581, d'après le vœu fait ce jour-là par la Ville.

La peste de 1630 attaqua plusieurs Villes du Comté, entre autres Nice, Aspremont, Châteauneuf, Scarena, Touet, Turbie, Villefranche, Monaco, Sospel, Breil. (1) A Nice, il mourut environ mille personnes ; la cherté de vivres accrut le mal. *Contes en fut préservé.* — Le 4 Septembre 1631, la Ville de Nice fit un vœu d'une procession annuelle pour avoir été délivrée de la peste par l'intercession de Ste *Rosalie*. On y chante les litanies des Saints et *Te Deum*, lesquels sont aussi chantés, tous

---

(1) A *Breil* la population presque entière, les magistrats en tête, se rendirent processionnellement, à travers les montagnes, au Sanctuaire de la Madone de *Mondovi*, pour implorer sa protection ; la contagion cessa.

Breil est la patrie de l'astronome Charles Antoine *Cacciardi*, géographe piémontais. C'est un triste séjour, très froid et privé du soleil en hiver.

En 1700, il y avait 15 moulins à farine et 8 à huile. La *Giandula*, hameau de Breil est la partie la plus belle de Breil, le terrain est meilleur.

les ans, le 16 Août, en honneur de S¹ *Roch*, et en actions de grâces.

Comme les reliques de *Ste Rosalie* se conservaient en grande vénération à Palerme, le Corps municipal décida en 1636 d'envoyer une Députation au Sénat Sicilien, pour en obtenir une partie. Le Sénat l'accorda, et lorsque le précieux dépôt fut arrivé à Villefranche, le Clergé, le Corps de Ville, toutes les Confréries, et une foule immense de peuple se rendirent processionnellement à Villefranche, et on transporta les Reliques avec toute la pompe religieuse à la Cathédrale de Ste Réparate, où la pieuse libéralité des fidèles fit construire une somptueuse chapelle dans laquelle elles sont conservées (1).

La peste de 1720, dite de Marseille, pendant laquelle l'Evêque *de Belzunce* se signala par sa charité, son zèle et son dévouement. Cette peste fit à Marseille des ravages épouvantables : cette Ville n'offrit plus qu'un vaste tombeau. Son souffle destructeur infesta toute la Provence et répandit l'épouvante jusqu'aux frontières du Var. — La Ville de Nice prit des mesures énergiques pour couper les communications et réussit à préserver de la contagion les habitants et ceux du Comté. D'après le recensement fait en Provence, après la fin du fléau, le nombre des victimes s'éleva à 87,650 individus de tout âge, sexe et condition. Voyez la description de la peste de Marseille en 1720, dans l'histoire générale de Provence par l'Abbé Papon.

---

(1) On conserve aussi à Luceram des reliques de *St Rosalie* qui y furent portées de Palerme par Ludovic Barralis dit *Salerne* : deux frères dont un Jésuite, écrivain distingué dans l'Ecriture Sainte, et l'autre, religieux qui a fait la Chronologie de *Lérins*. Lérins fut supprimé en 1787.

Epidémies

En 1476, à l'occasion d'une Epidémie qui régnait à Nice, la Commune de Contes chargea, le 4 Février, Julien de Castello et d'autres de la conservation de la santé publique. Arch. Com. No 105

L'année 1735 reçut l'épithète de *mortelle* ; c'est ainsi que vers la fin du 18me Siècle la désignaient encore avec effroi les vieillards qui avaient échappé à cette influence maligne. Mon père me disait que son père lui racontait qu'à Contes elle avait fait quelques victimes, mais que Sclos en avait été préservé. A Nice, il mourut 3,654 personnes, son territoire compris. Lorsque les Consuls do Nice firent vœu de célébrer chaque année la fête de l'*Immaculée-Conception* de la Vierge, s'ils étaient délivrés de l'Epidémie, le fléau cessa tout-à-coup. (Tisserand, p. 211). La Ligurie, le Piémont, et la Provence eurent leur part aux calamités du Comté de Nice. La Reine de Sardaigne, Proxilène-Christine, mourut de cette maladie le 3 Janvier 1735 — Durante III — 70.

La famine de l'année précédente (1734) occasionna la dyssenterie accompagnée de vomisssments continuels, suivie d'une fièvre ardente. Ordinairement la victime succombait au troisième accès. Ce fléau fit des progrès rapides en hiver, augmenta de violence au printemps, et s'éleva à sa période la plus alarmante aux mois de Juillet et d'Août. La douceur de l'Automne, ou plutôt la lassitude du mal mirent enfin un terme à ses ravages. Le nombre des morts à Nice était tel qu'on n'avait pas le temps de les porter à l'église ; on faisait l'absoute au Cimetière. Les médecins que la faculté de Montpellier envoya sur les lieux infectés, pour analyser la maladie, trouvèrent, dit-on, pour spécifique un breuvage de vin, mêlé avec de jus de citron et d'huile d'amande douce.

En 1779, la bourgade de Bausson fut affligée d'une cruelle maladie ; les habitants n'en furent délivrés que par un *Ex-voto* à St Sébastien et à St Roch. (1)

En 1782, l'automne fut funeste aux petits enfants, dont plus de mille moururent à Nice, et une dizaine à Contes, de la petite vérole.

En 1799 et 1800, le fléau d'une terrible maladie, le *typhus* ou *fièvre de l'hôpital*, fut occasionnée par l'agglomération des militaires malades à Nice, et l'évacuation des hôpitaux militaires. Les malades s'entassèrent par milliers le long du littoral maritime ; c'était déchirant de voir tant d'infortunés soldats, manquant de secours, en proie aux plus cruelles angoisses, invoquant le trépas pour dernier terme de leurs souffrances ! Nice devint le foyer principal de l'infection, l'épidémie ne tarda pas à se communiquer aux habitants, et la mort porta le deuil dans toutes les familles. Les cadavres à moitié gangrenés, pourrissaient faute de bras à côté des agonisants ; ils se multiplièrent à un tel point, qu'on ne pouvait plus suffire aux enterrements. Heureusement les églises se trouvèrent ouvertes depuis 1795, et les mourants purent recevoir les derniers Sacrements de l'Eglise. L'atmosphère se chargea de miasmes putrides, les ordures coururent à ruisseaux dans les rues et sur les places publiques.

Ce fléau commença ses ravages dans la ville de Nice vers le milieu du mois d'Octobre 1799 ; il augmenta progressivement de violence jusqu'à la fin de Janvier

(1) Sur le territoire de *Bausson*, vis-à-vis le Claudan, il y a la *Balma Colombièra*, de forme semi-circulaire, où font leurs nids les aigles ; sa longueur est de plus d'un kilomètre. C'est dans cette caverne que deux prêtres émigrés s'étaient réfugiés pendant les années de la terreur. Bausson est exposé au vent ; le plus terrible est celui qu'ils appellent, le *Baussolène ;* il fait trembler les maisons, il est épouvantable pour ceux qui n'y sont pas habitués. Dom Bonifassi.

1800, et commença à décliner au mois de Mars. La maladie se manifestait ordinairement par un violent mal de tête, suivi de vomissement et de délire ; plus le tempérament était robuste, plus ses progrès étaient rapides. Chez les uns, la dernière crise s'opérait au bout de trois jours, chez les autres elle se prolongeait jusqu'à neuf, ou onze jours. L'expérience prouva que la saignée et les purgatifs opéraient un effet pernicieux, et que le vin et le quinquina étaient les meilleurs antidotes.

Fodéré dit que cette Epidémie fit 8,000 victimes ; mais il conste que, sans compter les militaires qui succombèrent dans les hôpitaux, le nombre des morts dans la Ville de Nice et son territoire s'éleva à 5,000 ; pas une famille ne fut épargnée.

A Contes *80 personnes* jeunes et robustes moururent.

En 1806, il régna à Contes des coliques terribles, faiblesse, prostration, abattement des forces. Dans plusieurs personnes ces maladies furent attribuées à la mauvaise nourriture.

En 1818, une épidémie désola la vallée de Lantosca. Belvedère fit un vœu à Notre-Dame des Fenêtres, où la population va tous les ans en procession le 11 Juillet, pour avoir été guérie des fièvres malignes qui l'avaient décimée en peu de temps (1)

En 1805, il y eut à Nice, à Contes et dans les environs une Epidémie des *chiens*.

---

(1) Les habitants de St Martin Lantosca y vont le 5 Juillet, par un vœu fait dans le 15me Siècle lors de l'incendie qui détruisit presque tout le village, et où le commerce perdit les marchandises qui se trouvaient dans l'entrepôt pour la valeur de 160,000 florins d'or. Amédée IX fit reconstruire le Village aux frais du trésor, distribua des secours aux habitants et les exempta de tout impôt pendant 12 ans.
Ce furent les habitants de Lantosca qui fondèrent un hameau qui fut appellé *St Martin*, parce que les Templiers s'y étaient établis, et dont

Choléra.

En 1835, du 14 Juillet au 24 Septembre, il y eut à Nice 438 cas de choléra et 231 morts. (1)

En 1854, il y eut à Nice 355 cas et 211 décès.

    à Scarena 43 « « 19 « (2)
    à Castellar 8 « « 2 «
    à Pierlas 8 « « 2 «

Il n'y a jamais eu de cas de choléra dans la Commune de Contes.

La Lèpre.

Maladie terrible, introduite en Italie par le contact des peuples asiatiques, se répandit à Nice en 618 ce qui obligea les administrateurs de la Ville de construi-

le Saint protecteur est *St Martin*. De là le nom de *St Martin-Lantosca*. Dans l'Epidémie de 1800, il mourut 700 personnes à St Martin. Avant la révolution française les habitants faisaient beaucoup de cocons, la guerre a détruit les arbres de mûrier.

Le fromage jaune de St Martin est excellent, parce que les vaches mangent la violette jaune, dont abondent les montagnes du pays. Il y a des truites en abondance à St Martin, on en pêche quelquefois de trois livres. C'est un pays de châtaignes. Les aigles impériaux sont nombreux dans les montagnes de Fenêtres, ainsi que les lièvres blancs, les marmottes et les chamois; lorsque ceux-ci vont un derrière l'autre, au nombre de 4 à 6, on dit à S. Martin : *Un bateu de Camous fan baleu*. Les cerises noires dites *dou picoul court* y sont abondantes et très bonnes.

(1) C'est en 1835 que la ville de Nice fit le vœu de construire une Eglise à Notre Dame, que l'on appelle l'Eglise *du Vœu*. Elle ne fut inaugurée qu'en 1852.

(2) C'est en 1520 que Scareua se sépara de la Commune de Peille, et forma une Commune à part. — Quant à *Bleusasc*, après un long procès que les habitants firent au Curé de Peille pour l'obliger à tenir un prêtre à Bleusasc pour y administrer les Sacrements, la Curie de Nice leur donna gain de cause en 1738 ; et en 1742 Bleusasc fut érigé en Succursale sur les instances du comte Joseph Saissi.

L'Eglise de *Peille* est très-ancienne, ses colonnes sont de 40 pieds de haut, toutes de pierres de taille Pendant la Révolution française, les habitants ont conservé toute l'argenterie de l'église qui est considérable. Le pape Pascal II déclara que cette église appartenait au Couvent de de S. Pons. Le tonnerre n'est jamais tombé sur Peille.

On ressent à Peille de petits tremblements de terre pendant les grandes pluies, ou les orages ; ils sont produits par la chute des eaux dans les nombreuses cavités et cascades du Vallon qui coule à côté.

En 1774 8 nov., une femme accoucha de trois enfants bien portants.

re un Hôpital de lépreux, fondé par un moine appelé *Ganton*, que Saint *Colomban* envoya de la Provence pour secourir les malades des Alpes maritimes, et leur porter les consolations de la Religion. *Magnum leprosis Niciæ hospitellum.* — Ruffi, du Guesnay.

En 1532 un nouvel hôpital de lépreux fut construit au Lazaret, sous l'invocation de S. Lazare (de là le nom de Lazaret) parce que le premier étant situé tout près de la mer, avait été endommagé par les eaux de Paillon. Gioff. Nic. Civ. 498.

Il y a quelques années il y avait des lépreux à Tourette et à Turbie.

Famine, Misère.

En 1330 des pluies continuelles, tombées presque sans interruption, pendant six mois de l'année, ruinèrent toutes les récoltes. Nice, le Comté et la Provence manquèrent de toute subsistance : une effroyable maladie, causée par la misère, moissonna le tiers de la population. Des familles entières désertèrent leurs tristes foyers, pour vivre à l'aventure d'herbes et de racines sauvages. C'était déchirant d'entendre les cris de désespoir que poussaient ces malheureuses victimes au milieu des rochers qui leur servaient de tombeau, de les voir disputer aux bêtes féroces les aliments les plus sales et les plus grossiers : toute la population aurait disparu si le roi de Naples n'avait envoyé de la Grèce du blé et des légumes pour nourrir ceux qui avaient pu conserver un reste de vie. — Giust. Papon. Durante.

En 1358 pendant la guerre civile, sous le règne de la Reine Jeanne, à la suite de l'abandon de la culture, et des ravages continuels des bandes armées qui couraient le pays, il y eut une grande famine. — Une somme de blé se vendit à Nice douze florins d'or, ce qui fait environ 120 livres tournois, prix énorme, vu la rareté du numéraire au 14ᵐᵉ siècle. Papon.

Les habitants furent réduits à toute extrémité par le fameux brigand, Arnaud de Servale, dit l'*Archiprêtre*, qui à la tête de ses bandes sanguinaires, dites *Compagnies*, parcourut la Provence, le fer et la flamme à la main, commettant des exactions, des rapines de toute espèce. — Après eux, une autre compagnie, appelée les *tard-venus*, et composée d'Anglais, d'Allemands, et de Gascons, renvoyés du service de France, traversèrent la Provence et le Comté, commettant toutes les horreurs imaginables.

Il fallut avoir recours aux confédérés d'Utelle pour résister à ces bandes, que le Marquis de Monferrat prit enfin à sa solde, à la prière du Pape. Le Comté de Nice fut ainsi débarrassé de ces brigands.

En 1364 les sauterelles ayant dévoré les récoltes de presque tout le Comté, il s'en suivit une misère affreuse. Voyez *sauterelles*, page 131 etc...

En 1520, telle était la misère dans la Commune de Contes, que Jean Calvini et François Penchienatti syndics, et Jean Camossi, furent chargés par la Commune d'emprunter une somme pour acheter des comestibles et venir en aide aux habitants. Arch. Com. Nº 161 — Plus tard, en 1683, 1686 et 1693, les habitants se trouvant de nouveau en détresse, la Commune prend à crédit (*Chiabenza*) une quantité de blé aux ports de Villefranche (1) et de Nice, qu'elle distribue aux particuliers selon leur besoin. Arch. Com. *Chiabenza* Nº 10.

En 1560 les habitants des montagnes furent réduits la plupart à vivre d'herbes et de racines sauvages. *Alberti*, Stor. di Sospello page 243.

En 1568 après une longue sécheresse, la famine et de grandes misères se firent sentir de nouveau dans le Comté de Nice. A Nice le peuple arrêta deux navires chargés de blé, arrivés à Villefranche le 3 Juin : le blé fut distribué immédiatement au peuple affamé (*al popolo affamato*), et le prix du blé fut payé par la ville aux négociants auxquels ils appartenait.

En 1709 à la suite du mémorable froid qui gela toutes les plantes, une effroyable misère porta la désolation dans toutes les familles ; la faim moissonna de nombreuses victimes.

En 1711 misère générale depuis vingt ans (2)

En 1721 et 1727 misère dans tout le Comté : la cause en fut la stérilité des récoltes.

(1) *Villefranche* fut fondée en 1295 par Charles d'Anjou, qui y fit construire des murs pour la protéger, et plaça des galères dans son port, qui était appelé *Port-Olive* (*Portus Herculis* de Ptolémée) ; mais Charles donna à la ville le nom de *Cieutat franca*, ou soit Villefranche Au milieu de la colline dite Mont-Olive, on trouve encore quelques ruines de l'ancien village qui était appelé *Oliva* : il y a la chapelle de *St Michel* Ce sont les habitants de ce village qu'il transporta à Villefranche. Emmanuel-Philibert y fit construire, en 1557, la Citadelle et la Darse, ainsi que le fort Montalban, qu'il arma de la nombreuse artillerie qu'il avait prise sur l'ennemi dans la glorieuse victoire de Saint Quintin.
En 1575, plusieurs galères d'Espagne périrent dans le port, et en 1762 la frégate française *Minerve* de 36 canons, coula à fond par un vent de libeccio.

(2) La misère était telle à *Bairols* que les habitants achetèrent au Villars du *rassé* (son) et de la *morcia* (marc d'olive) et en firent du pain. Bairols ainsi appelé de *bai*, lieu dominant, et *rols*, rochers, parce qu'il est placé sur un précipice. Les bergers crient continuellement *où, où*, pour éloigner les loups nombreux qui règnent dans le pays.
Bairols, Lieucia, Tornefort, sont les pays les plus tristes du comté. On trouve à Bairols d'excellentes pierres à aiguiser.
Bairols est renommé dans le 5me siècle par sa résistance aux envahisseurs. Il y eut ensuite un grand incendie dont le souvenir inspire encore la terreur ; puis ravagé par la peste qui décima les habitants dans toute la vallée de la Tinée.
En 1002, le Comte Adalbert était seigneur de Bairols. *Arch. de Lérins.* La reine Jeanne y fit construire les moulins dont on voit encore le réservoir destiné à recueillir les eaux d'une source supérieure. — Durante.

En 1730, année stérile pour toutes les récoltes, excepté pour le vin qui fut très abondant, mais qu'on ne put vendre, ou qu'on ne vendait qu'à vil prix.

En 1733 et 1734, années de *terrible famine*, après plus de deux ans d'une continuelle sécheresse, plusieurs personnes de Contes se nourrissaient de glands de chênes, dont quelques uns étaient heureusement doux. En 1807 M. Penchienatti en récoltait encore cent setiers. Plusieurs moururent de faim ; on en trouva qui étaient morts, couchés à terre sur leur ventre comme s'ils broutaient l'herbe à l'instar des brutes. A S. Etienne on mêlait le blé avec le fruit du Genièvre *(cae)*. A Luceram on faisait moudre les nœuds de la paille et on en faisait du pain. Un prêtre mort peu avant la révolution française, conservait encore avec soin un petit sac rempli de cette poudre ou farine en mémoire de la terrible famine. C'est Dom Barralis, Vicaire à Luceram, qui assura à Dom Bonifassi avoir vu ce sac conservé avec jalousie par le dit prêtre très-âgé.

Le souvenir de cette affreuse famine s'est conservé à Sclos. Mon père me disait en avoir entendu parler souvent de son père ; on allait jusqu'aux racines des plantes, ne pouvant même trouver de l'herbe à cause de la terrible sécheresse ; le pain se vendait dix sols la livre, et le blé était à un prix exorbitant, voyez *Sécheresse* page 168. C'est à cette époque que la confrérie de Valbonne vint en pèlerinage à S. Hélène pour demander la pluie. Voyez *Sclos*.

En 1755, grande misère à St Etienne, les récoltes ayant fait défaut.

Il faut observer que ce ne fut que vers la fin du 18me siècle, que l'on commença à cultiver les *patates* dans le comté de Nice ; depuis que les paysans se font chaque année une grande provision de patates, il n'y a plus cette famine qui a si souvent désolé la contrée. Voyez *patates*, page 149.

En 1825, la misère commença à être grande à Contes ; le froid d'avril avait brûlé les feuilles des mûriers ; une pluie à verse de septembre avait détruit haricots, raisins et blé de Turquie ; les châtaignes étaient petites à cause de la grande sécheresse de l'été. Il n'y avait pas le sou dans le pays ; Contes, Coarazza, Châteauneuf, Berre et Luceram ne pouvaient payer la contribution ; et le Gouvernement l'exigeait. Dom Bonifassi.

En 1828 Janvier, grande misère à Contes, maisons vides, sans vin, très-peu de châtaignes, peu de figues sèches, presque rien de blé, et l'huile détruite par la tempête de 1827. Les taxes pour Contes sont de 12 mille francs, et on ne peut les payer.

En 1829, de nouveau grande misère à Contes ; plusieurs pères de famille vont à la montagne acheter des patates et des châtaignes qu'ils portent à Contes sur leur dos. Il n'y a pas de ressources pour les journaliers, lesquels offrent de travailler pour 15 sous par jour, et personne ne les occupe faute de moyens. La détresse est générale.

Dom Bonifassy dit aussi qu'au mois de Mars, de cette année, il y avait dans les prisons de Nice, 9 personnes de Contes accusées de vol. — La misère enfante le crime bien souvent.

DEUXIÈME PARTIE

LE HAMEAU DE SCLOS

AVEC LA BIOGRAPHIE DES PERSONNES
QUI SE SONT DISTINGUÉES ET LA GÉNÉALOGIE
DE LEURS FAMILLES.

SUIVI D'UN APPERÇU SUR LE SANCTUAIRE DE LAGHET
ET DE LA TABLE DES MATIÈRES CONTENUES DANS CES MÉMOIRES

TERRITOIRE DE SCLOS

Ancienneté de Sclos

L'antiquité du hameau de Sclos est démontrée d'abord par les restes de tombeaux en briques et d'ustensiles romains que l'on a trouvés à l'endroit dit *Valliera*, au-dessus du quartier *Serre*, et à l'endroit dit *Foncia* au delà du ravin de la dite Valliera, ce qui prouve que Sclos fut habité par les Romains ; ensuite par l'ancienneté de son église Ste Hélène, dont la fondation date de la fin du onzième siècle, comme nous le verrons plus tard ; et finalement par ses Seigneurs qui dès le troisième siècle y avaient un manoir ou château.

Une charte, conservée dans la bibliothèque du feu Comte de Robion, en date de l'an 1308, dit qu'un certain Domicello Gaufredo, Coseigneur de Contes, était en même temps Seigneur de *Cros*, et qu'en cette double qualité il reçut hommage et serment de fidélité et d'obéissance de plusieurs habitants du territoire de Contes. Arch. Com. N° 80 et 81. (1)

Or ce *Cros* ne peut être que le hameau de Sclos (2), car l'église Ste Hélène de Sclos fut construite avant 1108, dans la même région dite de *Cros*, à l'endroit où

---

(1) Nous trouvons qu'avant l'an 1368 le Seigneur Gaufredo de *Cros* s'était retiré à Châteauneuf, pour y vivre en société avec les autres Seigneurs et Coseigneurs des environs, où ceux-ci faisaient leur demeure habituelle. Arch Comm. N° 73. Voyez page 152 de ces Mémoires. Et nous trouvons qu'en 1398 ce Seigneur Gaufredo de *Cros* arrangea les différends qu'il avait avec un certain Bellatore. Dom Bonifassi Manus. D.

(2) C'était l'opinion du feu Comte de Robion, mort subitement en 1882 à Nice.

de temps immémorial une croix avait été plantée sur les confins des territoires de Contes, Berre et Peille. Dans la suite des temps, ce mot *Cros* fut changé en celui plus doux de *Clos, Cluos, los Clos*, dont on se servit indifféremment dans les actes publics jusque vers la fin du 18me siècle. Ce ne fut qu'à cette époque qu'on commença à se servir du mot *Sclos*. (1)

Ce qui confirme encore que par *Cros* on désignait le hameau de Sclos, c'est que l'endroit où le seigneur Gaufredo construisit son manoir, a conservé jusqu'à présent le nom de *Castel* ou *Château (sobre lo Castel)*, nom que le peuple avait coutume de donner aux manoirs de leurs Seigneurs.

Tout ceci prouve l'ancienneté de Sclos, puisqu'il fut habité du temps des Romains, qu'au 13me siècle son importance était telle qu'il avait déjà son Seigneur avec son château ou manoir, construit sur une position éminente, dans un des plus fertiles quartiers de Sclos, et qu'avant cette époque, comme nous le verrons plus tard, la nouvelle église de Ste Hélène était déjà devenue le rendez-vous des pieuses populations de Contes, Berre et Peille.

Eboulements dits Avalanches

Il est certain que le territoire de Sclos a été bouleversé par de nombreux éboulements à diverses époques : il n'y a pas un endroit où ces avalanches ne soient visibles. Les *barres* et le *lausaï* mises à decouvert et les rochers amoncelés pêle-mêle aux endroits dits *Ray-*

---

(1) Peut-être ainsi appelé par les Allemands du mot *Schloss* qui en leur langue signifie *château*, à cause du passage et séjour des troupes allemandes dans le Comté de Nice.

bert, *Roquier*, *Sipièra* et *Lizières*, en sont des preuves évidentes.

Ce qui prouve encore que Sclos a été habité de temps immémorial, c'est que ces Avalanches dont nous ne pouvons retracer l'époque, ont enseveli des habitations construites sur le terrain qu'elles ont couvert.

En 1843 le Médecin Louis Cauvin de Sclos fit creuser un puits dans sa propriété de *Robin*, sur le Collet et, à la profondeur de 124 pieds, il y trouva des morceaux de tuile et de poterie. En 1882 je fis creuser dans ma nouvelle propriété de la *Torre* le terrain pour construire une citerne dans la maison, et l'on y trouva du charbon de bois et des morceaux de poterie, à la profondeur de deux mètres, dans un sol qui semblait être vierge : et mon neveu Adolphe Cauvin qui l'année dernière 1883 a fait défricher la partie haute et boisée de sa propriété de la *Poula*, vis-à-vis le quartier *Roquier*, y a trouvé aussi une pierre toute noircie du feu, et de la poterie brisée près de cette pierre.

La grande avalanche dont nos pères furent témoins, fut celle qui eut lieu le 3 Février 1796 à *Lizières*; elle mit à découvert la grande *barre* de la *Valanca*, laquelle était avant cette catastrophe de niveau avec la terre éboulée, puisque l'ancienne route de Berre, dont on voit encore à présent les traces, passait à cet endroit. Par suite de cette avalanche la propriété de mon père située en haut de la colline de Lizières, s'étendit au dessus de celle qui appartenait au prêtre Trophime Galli, et celle-ci sur la belle propriété des frères Cauvin prêtres, et un grand étang, dit *luona*, se forma à *Sipieras*, lequel s'est rempli peu à peu de terre portée par le vallon de *Cuegne*, et forme à présent une belle prairie. Cette avalanche fut causée par une pluie continuelle de douze jours et demi. Voyez Chapitre *Histoire* de Sclos.

Sources.

La susdite avalanche fit disparaître la source dite *Gioferna*, qui arrosait les terres des dits frères Cauvin prêtres, et qui sortait au haut de leur propriété au dessous de l'endroit où il y a encore aujourd'hui l'*arbousier* qui existait à cette époque ; et à sa place une belle source se forma au bas de toutes ces propriétés éboulées et amoncelées les unes sur les autres, dite source de *Libac*.

Par suite de ces avalanches successives, la sortie des eaux de source a été amenée à l'extrémité inférieure du pays, à l'exception de quelques petites sources qui se sont fait jour à travers les rochers et terres amoncelés. Aussi nous voyons la source dite la *presa,* celle de *Libac*, celle de la *Poula*, et celles du feu Médecin Cauvin et de Nuat, naissant au pied de la vallée de Sclos.

L'ancienne source de la *Poula* était reçue dans un réservoir qui existe encore dans la propriété qu'Adolphe Cauvin acheta en 1879 du chanoine Fabre. En 1875, Ignace Giaume, qui possédait une terre en amont de la propriété susdite, fit faire des fouilles par son frère Pierre-Jean, dit *Besogna*, qui était devineur d'eau, lequel réussit à intercepter le cours de la dite source et l'amener dans la propriété de son frère. En 1979, Adolphe Cauvin susdit fit aussi faire des fouilles au haut de la propriété qu'il venait d'acquérir, et enleva à la dite source les deux tiers de son eau, qui coule à présent dans un réservoir qu'il y a fait construire.

Les sœurs Cauvin, dites *Peironella*, avaient une petite source à la *Costa*, à l'endroit dit *fuont*, à environ 500 mètres de leur maison de *Riolla*, avec un réservoir qui existe encore. Un devineur d'eau, *aquario*, leur fit croire qu'il aurait pu augmenter l'eau de cette source en y faisant des fouilles. Elles promirent de tuer le veau gras et de faire un grand repas s'il y réussissait. Les fouilles eurent lieu, et voilà qu'en tirant une mine l'eau en jaillit abondamment. Il les somma alors de tenir leur promesse, mais ne s'y décidant pas il leur dit que la source disparaîtrait, et en effet elle cessa de couler ; c'était apparemment une poche d'eau, et la petite source ancienne disparut entièrement.

Jean Honoré Camous, dit *bolacion*, dont la propriété était au-dessous, s'empara de l'*aquario*, et lui fit faire des fouilles dans sa dite propriété, et y trouva la petite source qui sourd encore aujourd'hui près de sa maison, laquelle appartient à présent à François Camous.

En 1854, Dom Sixte Cauvin, mon bien aimé frère aîné, fit faire des fouilles derrière sa maison de la Valauca, et dans la maison même, d'après les indications de M. *Belia* (1) le meilleur devineur d'eau,

---

(1) C'est ce *Belia* de Nice, qui a augmenté du double la source de *Mourraglia* dans la campagne de Nice, et fait sourdre plusieurs autres sources. — Cette source est tout près de celle qui est appelée vulgairement *fuon santa*, à cause du préjugé qui lui attribue la faculté de prédire l'avenir, par le plus ou moins d'abondance de ses eaux. On a prétendu que cette source tarissait même dans les années les plus pluvieuses, lorsqu'il devait arriver de grandes calamités, telles que la guerre, la famine et autres fléaux, et qu'elle reparaissait à la fin de ces désastres. C'est ainsi qu'elle sécha entièrement lors du siège de Nice en

et fut assez heureux de trouver un fil d'eau dans chacun des deux endroits. En 1879 et 1883, Prosper Cauvin, mon neveu, héritier du susdit Dom Sixte, fit faire d'autres fouilles au dessous de la *barre* de la Valnaca, lesquelles furent infructueuses.

Auge Giacobi, fut assez heureux de trouver assez d'eau pour l'usage de sa maison, dans la propriété qu'il possède à *Enieril*.

François Orengo fit creuser un puits en 1878 dans sa propriété du *Puey*, et y trouva une excellente source.

Dom Camous, dit *pregaïre*, a trouvé une belle source dans sa propriété de *Sobre lo Castel*; et Jacques Castelli en a trouvé une autre dans sa propriété dite l'*Evesche*, sise au dessus de la susdite.

Enfin la *source publique* de Sclos est celle dite de *Simon*, qui sort au bas de la *Costa* de Ste Hélène. Le notaire Cauvin de Sclos voulut s'approprier, cette source qui naissait dans un enfoncement pratiqué dans le mur de sa propriété qui borde le chemin public, et à cet effet il fit clore cet enfoncement par un mur; mais ayant été reconnu que cette source naissait au milieu du chemin public, que par conséquent elle appartenait au public, et que c'était le père du dit notaire qui avait pratiqué cette niche dans le mur, où il

1543 et pendant la peste de 1581. Peut-être serait-il plus sage de ne voir dans ces intermittences que l'effet de la pression de l'air par les vents, qui accélèrent ou retardent l'action des eaux sous la terre.

En 1676, la *Fuon santa*, au milieu des fortes chaleurs de l'Eté, après trois ans de stérilité, versa à l'improviste ses eaux abondantes, au grand étonnement des observateurs. Un certain cabaliste *Castelli*, (serait-il de Contes ?) se disant astrologue et profitant du préjugé vulgaire susdit, annonça avec emphase le rétablissement du jeune Duc Victor-Amédée qui était réduit à un souffle de vie, ce qui eut lieu. *Castelli* qui avait composé un livre intitulé l'*Horoscope*, fut appelé à la Cour de Turin, où il joua longtemps un rôle important. Voilà comment un hasard heureux fit la fortune et la célébrité d'un charlatan. DURANTE.

avait conduit la source, quelques habitants de Sclos, renversèrent ce mur. (1) La Commune en vint alors à un arrangement avec le notaire Cauvin en 1866, et la source fut déclarée Communale, avec le droit exclusif pour le notaire de se servir des eaux de la source qui découlent des Réservoirs que la Commune a fait bâtir pour l'abreuvage des bestiaux et le lavoir public, en compensation du terrain qu'il a donné pour ces Constructions.

Il faut observer qu'après de grandes pluies, lorsqu'il y a *tempiè*, il sort une grosse source d'eau au-dessous de l'endroit dit *Roquier*, dont se servit le médecin Cauvin pour son moulin à huile. Mais cette source ne coule que dans de rares époques, et encore ne dure-t-elle pas longtemps. Voyez Edifices, page 105.

Il paraît qu'au haut de Sclos, au quartier *Enteril*, et tout-à-fait au-dessous de l'endroit où il y a le *baüs scrice*, sur le chemin de Berre, il y a une source que nos ancêtres creusèrent et qu'ils abandonnèrent par suite d'un éboulement qui remplit les fouilles commencées. En effet Dom *Gaudentius Raynaud*, Curé de Berre, mort en 1819, accompagnant la procession de Berre à Ste Hélène le 3 Mai 1810, fut accompagné à son retour par Joseph Giaume, dit *Santon* de Sclos, et passant par un sentier plus court, au-dessous du dit chemin de Berre, arrivés à l'endroit où la dite source avait été creusée, il changea tout-à-coup de couleur, et commençant à trembler : Levons-nous d'ici, dit-il, car au-dessous de nous il y a de l'eau : il était devineur d'eau.

C'est un fait que tous les habitants de Sclos ont ra-

---

(1) Ce furent Trophime Cauvin, Sixte Castel, Augustin Nuat, J.-Bap. Camous, Hilaire Giaume et Marcel Giaume.

conté, et que dans les vieux papiers de la famille Cauvin, dite *Peironnella*, on trouve avoir eu lieu en 1751, *alla Costina de Santa Ellena, allai giojai*, qu'à cette époque les habitants de Sclos firent des fouilles pour découvrir ladite source qui leur avait été indiquée par un devineur d'eau, et qu'ils avaient déjà trouvé une belle source ; mais qu'un jour, tandis que les ouvriers prenaient leur repas, un éboulement remplit le puits et ensevelit les outils. Ils abandonnèrent alors l'ouvrage que personne n'a plus repris. Les témoins vivants que plusieurs de notre génération ont vus et entendus, lesquels travaillèrent à ces fouilles, sont : Joseph Nuat, père de Jean-Baptiste, mort en 1817, et Camille, épouse de Pierre Giaume, mère du susdit Joseph, morte en 1836, âgée de 93 ans, qui disait avoir vu elle-même ces fouilles, et que son père y allait remplir le barillet, *barla*. Mon père m'a souvent dit l'avoir entendu de son père et de tous ceux qui vivaient à cette époque.

Les habitants de Sclos cherchèrent aussi une source *allai giojai*, à l'endroit même où existe encore un filet d'eau, croyant y trouver une grosse source ; mais ils n'y trouvèrent que de la boue, *bacias*.

Echo de Ste-Hélène.

C'est à *lai giojai* qu'il y a un magnifique écho, formé par l'église. Il faut se placer à l'angle du mur du chemin, au-dessous duquel se trouve la petite source de *lai giojai*.

Baüs scrice.

J'ai dit qu'au quartier *Enteril* on creusa une source au-dessous du *baüs scrice*, rocher écrit. Des maçons piémontais ayant eu quelques différends avec Ludovic Cauvin, dit *fotte* du Collet, mort en 1808, pour qui ils bâtissaient la maison et la tour à pigeons du Collet, se mirent en grève, pendant laquelle ils gravèrent sur ledit rocher les vers suivants :

  Il tempo passa e la morte viene,
   Beati quei che han fatto bene.
avec un cœur et la date de 1763.

Ce rocher fut brisé par une mine par ordre du médecin Cauvin, chargé par la Commune de Contes de réparer et élargir le chemin de Berre. Il est facile de trouver ce rocher à cause de la mine encore très-apparente, et de deux lettres qui y existent encore. Le morceau qui contient le cœur et celui qui porte la date de 1763 ont été placés dans le mur qui borde le chemin et qui appartient à Pierre Giaume de *Riolla*, au coin du petit ravin qui traverse le chemin de Berre, non loin du dit rocher du *baüs scrice*, où on peut encore le voir.

Source d'eau minérale de la Gardia, au bas de la Colline de Ste Hélène, à Sclos.

Une source d'eau minérale fut découverte en 1862 à la *Gardia* par le comte Saissi de Bleusasc. Elle consiste en un petit filet d'eau qui coule dans un ravin de la propriété de Charles Deleuze. Elle fut achetée par M. Alardi, avocat de Contes, et M. Faraut, maître d'hôtel à Nice, pour une somme de cent francs du dit Deleuze, à la condition qu'il resterait propriétaire d'un tiers des eaux de la source. Cette affaire tomba en oubli jusqu'en 1882.

A cette époque M. Janssen, Ingénieur agricole, s'entendit avec les propriétaires riverains, Charles Deleuze susdit, Broglio Deleuze, Laugier André, Lottier de Bleusasc, Victor Castel et Victor Ambroise de Selos, pour l'achat de leurs terres. En examinant les lieux voisins, M. Janssen signala onze filets ou petites sources d'eau froide sulfureuse, et une d'eau chaude à une température de 24 à 28 degrés.

La crise financière du commencement de 1882 empêcha la formation d'une Société pour l'exploitation des dites sources. Il y aurait cependant profit pour la ville de Nice d'avoir pour ainsi dire à ses portes un endroit où les malades de poitrine pussent trouver un lieu propre à leur procurer en hiver un soulagement, comme Bagnères, Amélie-les-Bains, etc.

L'analyse de la susdite source de la *Guardia* a été faite par M. Ossiam Henry père. La voici:

Chlorure de potassium	0,0100
Sulfure sodique	0,0405
Sulfate de soude	0,5529
Chlorure de sodium	0,2176
Iodure alcaline (évalué)	0,0076
Silicate ⎱ de soude Carbonate ⎰	0,0980
Sels calcaires et magnésiés. (Carbonatés)	0,0200
Matière organique ⎱ Eau pure ⎰	999,0540
	1,000000

Tableau comparatif, Richesse en sulfure de Iodium des diverses sources sulfureuses.

La Guardia de Sclos	0,0405
Eaux-Bonnes	0,0214
Penticourse (Espagne)	0,0049
St Christan (Pays-Bas)	à faire
Gazort	0,0396
Cadiac	0,0237 à 0,0772
Cauterets	0,0055 à 0,0308
Source Pame nouveau	0,0247
« vieux	0,0279
La Raillère	0,0192
St Sauveur	0,0099
Le Pré	0,0223
Mahaurat	0,0162
Les Œufs	0,0191
Le Bois	0,0161
St Sauveur	0,0217
Ax	0,0270
Vernet	0,0155
Amélie-les Bains	0,0124 à 0,0217
Barèges	0,0404
Bagnères de Luchon	0,0559 à 0,0777

Chemin vicinal de Sclos

Lorsqu'en 1865 il fut question de faire un chemin vicinal pour Vernea et Sclos, Dom Sixte Cauvin, mon frère, exposa à l'Ingénieur en chef des Ponts et Chaussées et au Marquis de Constantin, un des plus influants

Conseillers généraux, la convenance et la justice de faire ce chemin dans la Vallée de la Poncia, Vernea et Sclos, qui se trouve entre les autres deux Vallées de Peillon et de Bleusasc qui avaient déjà chacune leur chemin vicinal. Ce chemin aurait alors desservi les habitants et les propriétés de ces trois hameaux, Poncia, Vernea et Sclos.

D'un autre côté, la Commune exposa que ce chemin ne devait être qu'un embranchement du chemin de Contes, afin que les habitants de Vernea et de Sclos pussent se transporter plus facilement à leur chef-lieu, Contes.

Le plan de Dom Sixte semblait le plus raisonnable puisque c'est avec Nice qui est le chef-lieu du département, que les habitants de Vernea et Sclos ont du trafic et du commerce, et non avec Contes pour lequel ils ont déjà un chemin communal ; et que d'ailleurs, dans le plan de Dom Sixte, le chemin vicinal aurait traversé les propriétés des trois hameaux dans toute leur longueur, tandis que dans l'autre plan, il n'en aurait traversé presque aucune.

Lorsqu'en 1866, il s'agit de faire le dit chemin, on envoya demander Dom Sixte pour qu'il vînt développer son plan ; mais il était en Italie aux bains de Lucques. Personne ne défendant ce plan, on adopta celui de la Commune, et l'on fit la première partie du chemin, depuis *Mocetta* jusqu'à la *Colle* de Vernea.

En 1872, il y eut deux plans pour la prolongation de ce chemin de Vernea jusqu'à Sclos ; celui de le faire descendre à la *Presa* et monter ensuite à *Raybert* où serait son terminus : et l'autre, de le faire passer sur la *barre de Fournier*, traverser le vallon de *Cuegne* et monter jusqu'au *Cluot*, son terminus. Ce dernier plan devait coûter moins et arriver à l'endroit où habite la majorité de la population de Sclos, tandis que l'autre plan aurait coûté davantage, et son terminus aurait été dans un terrain inculte, au milieu des bois et loin de toute habitation. — La grande majorité des habitants vota pour le plan du *Cluot* qui fut adopté, et le chemin vicinal fut fini en 1875.

En 1882 il fut question de prolonger le chemin de Sclos, jusqu'au centre du hameau, afin de le rendre plus utile aux habitants. Il y eut aussi deux plans ; mais deux heureuses circonstances firent pencher la balance en faveur de celui qui fut adopté. Je venais d'acquérir de la Dame Marie Muaux, épouse Toselli, l'ancienne propriété de son grand père Joseph Cauvin, sise à la *Torre*, juste au centre de Sclos, pour y construire la nouvelle église paroissiale, à côté de laquelle un emplacement aurait pu être destiné à une place publique. Et à peu près dans le même temps, la Commune avait désigné une propriété contigüe, pour y construire l'Ecole Communale. Cet endroit appellé *Caïre*, centre de Sclos, fut alors choisi pour *terminus* du prolongement du chemin vicinal de Sclos, à l'exclusion de l'autre plan qui aurait eu pour terminus le bois de Raybert. — Ce prolongement de la route fut terminé en Mars 1884.

POPULATION

Population de Sclos en 1814.

D'après le recensement de la population de Sclos fait par Dom Bonifassi en Octobre 1814, elle contenait.

	Individus	Familles
	290	52

Ce recensement (1) se trouve dans son Manuscrit, Lettre K, N° 1343, conservé dans les Archives de la ville de Nice. Il contient les noms et prénoms, l'âge, la condition et la fortune de chaque individu, et le nombre des membres de chaque famille, avec les *tableaux* suivants:

Familles de Sclos en 1814 composées

de une seule personne	3 familles qui font	3 personnes
2 personnes	1	2
3	4	12
4	12	48
5	10	50
6	7	42
7	5	35
8	3	24
9	3	27
10	2	20
11	1	11
16	1	16
	52 familles	290 personnes

(1) Stato delle famiglie di Sclos nell'ottobre 1814.

Population de Sclos en 1814 par âge

	Mâles	Femelles	Individus
de 1 an jusqu'à l'âge de 10 ans inclusivement	43	45	88
11 ans 17	15	25	40
18 20	5	12	17
21 25	10	18	28
26 30	17	11	28
31 35	4	5	9
36 40	13	9	22
41 50	14	12	26
51 60	11	10	21
61 80	5	6	11
	137	153	290

Il resulte de ce tableau que de l'âge *d'un à 30 ans*, le nombre des femelles est supérieur de 31 à celui des mâles; et de l'âge *au dessus de 30 ans*, le nombre des mâles est supérieur de 5 à celui des femelles.

Il y a dans ce nombre 4 veufs et 14 veuves.

Il y a de non mariés 23 hommes et 10 femmes.

Age des personnes mariées en 1814

Parmi les 47 mariages qu'il y a à Sclos, 38 époux sont plus âgés que leurs épouses.

Il n'y a qu'un seul mariage où les époux soient du même âge.

Le mari le plus jeune a 26 ans, et la plus jeune femme a 18 ans.

La plus grande différence d'âge dans les mariages est de 19 ans.

Condition des personnes en 1814

Il y a à Sclos 3 prêtres (1), 1 chirurgien, 2 cordonniers, 3 tisserands, 2 tuiliers, 12 domestiques; tous les autres sont cultivateurs.

Il y en a un habile dans les ouvrages manuels (2); deux qui jouent du violon (3), et quelques étudiants. Les autres en petit nombre vivent de leurs rentes.

Animaux domestiques à Sclos

	en 1814	en 1883
Mulets de voyage	2	chevaux 5
» de campagne	13	20
Anes	10	4
Vaches	80	48
Bœufs de travail	2	1
Porcs	29	40
Chèvres	29	26
Poules	17	30
Lapins	70	20
Moutons	1	20
	253	284

(1) Les deux frères Cauvin Joseph et Pierre Jean de Libac. morts en en 1882, et le Curé Dom Mari.

(2) *Straforelli* du Puey Masin dit *viola*, parce qu'il avait fabriqué une viole qui a donné le même surnom à celui de ses enfants qui l'a hérité.

(3) Cauvin Joseph dit *frussa* de la *Torre*, et Jacques Giaume dit *blanqui*.

Valeur des propriétés de Sclos en 1814
d'après Dom Bonifassi

	VALEUR	PROPRIÉ-TAIRES
de 1,000 fr. et au dessous, savoir 200, 200, 700, 800, 1,000	2,900	5
de 1,000 à 2,000 fr. 1,300, 1,300, 1,500, 1,600, 1,600, 1,700, 1,700, 1,700, 1,800.	15,800	10
de 2 à 3 mille fr. 2,000, 2,000, 2,900, 2,950.	9,850	4
de 3 à 4 « « 3,800, 4,000, 4,000, 4,000, 4,000	19,800	5
de 4 à 5 « « 4,100, 4,400, 5,000, 5,000, 5,000	23,500	5
de 5 à 6 « « 5,800, 5,900, 6,000, 6,000.	23,700	4
de 6 à 7 « « 6,460, 6,600, 7,000, 7,000.	27,060	4
de 8 à 9 « 8,000, 8,000, 8,300	24,300	3
de 10 mille 10,000.	10,000	1
au dessus de 10 mille : 11,000, 16,000, 17,100.	44,700	3
au dessus de 20 mille : 20,500, 21,000, 22,000, 26,000, 39,000	128,500	5
Ne possédant rien : 2 métayers, et un tisserand étranger.		3
Une veuve qui jouit d'une pension de 100 francs (Jeanne Véran).		1
Une domestique qui possède une somme de 200 fr.		1
Valeur des propriétés fr.	330,010	

Population de Sclos
à diverses époques.

	Années	Individus	Familles
D'après Dom Bonifassi, en Octobre	1814	290	52
D'après Dom Sixte Cauvin, en Août (1)	1814	296	57
D'après Dom Bonifassi, Curé de Contes, en	1829	322	
D'après un recensement conservé dans les archives de la paroisse, en	1845	386	85
D'après Dom Filippi, Curé de Sclos, dans son *Stato delle anime*, conservé dans les Archives de la Paroisse, en .	1848	326	63 (2)
Recensement officiel du 10 Décembre tiré des Archives de de la Préfecture, en . . .	1881	312	89
Savoir :		Individus	Familles
Sclos proprement dit. . . .		261	77
Puey et Mazin.		42	10
Fuont de Giarrié		9	2
		312	89

Voyez population de la Commune de Contes, page 75 (3)

(1) Le recensement de la population de Sclos fait par Dom Sixte, mon frère, en 1814 est en ma possession. Il contient, comme celui de Dom Bonifassi, le nom et prénom, la condition et la fortune de chaque individu. — A la page 75 c'est par erreur que nous avons mis la population de la Commune en 1808, c'est en 1814 que nous devions mettre.

(2) Dom Filippi ajouta 26 individus aux 326 de son *Stato delle anime* de 1848 ; ce qui portait à 353 la population de Sclos vers cette époque.

C'est à tort que l'on a prétendu dernièrement mettre au nombre des habitants de Vernea, ceux du quartier *Puey* et *Mazin*. Ce quartier a toujours fait partie du hameau de Sclos. Le *vallon de Vernea* a toujours été la limite naturelle des deux hameaux jusqu'au vallon du *Ray* du *Puey*. Dom Bonifassi et Dom Sixte Cauvin dans leurs recensements de la population de Sclos, en 1814, y comprennent les habitants de ce quartier, par leur propre nom et prénom. Dom Filippi, curé de Sclos, en fait autant dans son *Stato delle Anime* de 1848, à l'exception de quelques uns apparemment plus renitents que les autres. Et on n'a pas encore oublié la résistance énergique que firent en 1836 les habitants de Sclos, lorsque la procession de Vernea, accompagnée de son curé et de ses conseillers municipaux, voulut franchir ce *vallon*, quoique ce ne fût que pour le seul motif de faire plus d'honneur à l'évêque Galvano, en l'accompagnant dans sa visite pastorale, honneur que l'évêque refusa alors, en ordonnant à la procession de se retirer. Voyez *Visites pastorales* à Sclos.

Sous le gouvernement Sarde les habitants du quartier *Puey et Mazin* furent toujours compris dans la Section de Sclos dans le rôle des Contributions foncieres; ce ne fut qu'à l'époque de l'annexion en 1860 que sous l'influence politique d'une part (Vernea) et l'indifférence de l'autre (Sclos), le vieux Maire de Contes, M. Giacobi. leur demanda leur bon plaisir et qu'alors les uns restèrent unis à Sclos, et les autres se firent inscrire dans les listes électorales parmi les habitants de Vernea, parce qu'ils étaient, disaient-ils, plus près de son église à laquelle ils étaient habitués d'aller. Même Joseph Gasiglia qui s'était construit une maison d'habitation dans un autre quartier de Sclos, appelé *Raybert*, voulut appartenir à Vernea pour la même raison.

On ne peut tolérer sans protestation que l'on empiéte ainsi sur les droits civils et religieux du hameau de Sclos sur le bon plaisir de quelques uns de ses habitants. C'est un abus qu'on doit corriger. On ne peut changer les bornes que la nature et les siècles ont placées entre deux Sections et deux populations surtout entre deux paroisses, sans un décret spécial de l'autorité supérieure, fondé sur de bonnes raisons.

Veufs et Veuves à Sclos, en 1881.

Il y avait à Sclos en 1881, 10 veufs et 22 veuves.
Les *Veufs* étaient :

Camous Jean-Baptiste.
Cauvin Césarin.
Cauvin Jacques.
Cauvin Antoine.
Cauvin Jacques.

Cauvin Pie.
Castel Ambroise.
Castel Sixte, deux fois.
Giaume Oscar.
Nuat Ignace.

Les *Veuves* étaient :

Camous Constance veuve de Raybaut Joseph.
Camous Catherine.
Camous Césarine.
Cauvin Catherine
Cauvin Eugénie.
Cauvin Pauline.

Castel Baptistine.

Castel Françoise.
Castel Madeleine.
Claire de Palarea.

Cauvin Trophime.
Michelis Joseph.
Massa Joseph.
Cauvin Thérésius.
Blancart Jean-Baptiste.
(Paul Cauvin et
(Marcel Giaume.

Castel Michel.
Castel Joseph.
Castel Jacques.

Fabre Marianin.
Faraut Angéline.
Giacobi Pauline.
Giaume Thérèse.
Dalbera Rosalie
Lea Marie.
Rollant Pauline.
Raybaut Louise.
Raybaut Thérèse.
Raybaut Victorine.
Raynaud Catherine.
Veran Claire.

Cauvin Alexandre.
Giaume François.
Du notaire Cauvin.
Du médecin Cauvin.
Giauffret Barthélemy.
Baillet Antoine.
Giaume Ignace.
Camous Thérésius.
Camous Victor.
Castel Antoine.
Castel Jean-Honoré.
Delserre Jean.

Personnes de Sclos qui se sont distinguées.

Dans les professions libérales :

Prêtres. Voyez leur Biographie à la fin de ces Mémoires.
Médecins. Cauvin Louis, mort en 1865. Voyez sa Biographie.
Giaume André, mort en 1869. Voyez sa Biographie.
Chirurgien. Cauvin Louis, mort en 1852. Voyez sa Biographie.
Notaire. Cauvin Jacques-Marie, mort en 1869. Voyez sa Biographie.
Pharmaciens. Cauvin Joseph, mort en 1824.
Cauvin Antoine, mort en 1857.
Expert. Hilaire Giaume, nommé par autorité de justice.
Ingénieur civil. Cauvin Henri, mort en 1872.
Douanes. Cauvin Séraphin, démissionnaire.
Militaires. Cauvin Valérien, major, mort en 1860.

Nuat Ignace, Maréchal des Logis, mort en 1882.

Nuat J.-Bapt. Maréchal des Logis en retraite.

Secrétaires de Communes. Nuat Joseph, démissionnaire.

Straforelli Honoré.

Castelli Jacques, en Italie.

Instituteurs. Cauvin Jean, mort en 1883, en Italie.

Institutrice. Castelli Antoinette, à Nice.

En Agriculture :

Brocart Charles dit *Carletto*, mort en 1823, était selon Don Bonifassi, le plus intelligent pour cultiver la vigne, la couper, etc.

Castel Pierre, dit *frasa*, mort en 1845, était aussi selon Don Bonifassi, un des meilleurs agriculteurs pour labourer la terre.

Rostagne François, dit *Ceces la bissa*, mort en 1836 à l'âge de 80 ans, court de taille, mais fort et courageux. Il fut un modèle d'activité, il enseigna la vertu du travail à son gendre André Brocart, dit la *guerra*, et à l'âge de 80 ans il travaillait encore ; aussi sa fille *Davica*, épouse Brocart, l'aimait beaucoup et en prenait un grand soin ; elle lui préparait toujours sa soupe et son verre de vin pour son retour de la campagne (1).

Cauvin Jacques, mon père, mort en 1845, à l'âge de 78 ans. C'est incroyable les travaux qu'il fit dans sa vie, les terres qu'il cultiva et fit cultiver, et l'activité et la persévérance qu'il déploya toujours dans la culture et l'amélioration de ses propriétés.

---

(1) Se trouvant un jour à Bleussac avec Jean-Honoré Camous de Salos, dit *bolseton*, homme orgueilleux, entêté et terrible, indigné de ce que celui-ci dans une dispute méprisait ses compatriotes, il prit un trépied de cuisine et le lui enfonça si bien dans la tête, qu'il ne put s'en débarrasser qu'à grande peine. C'est ce Rostagne qui faisait les pierres pour les fours à pain. Son gendre Brocart mourut en 1856, âgé de 90 ans, Angléine, unique fille de Brocart, épousa Sixte Castel, dit *conte*.

Nuat J.-Bapt. travailla jusqu'à la fin de ses jours. C'est dans un accès de travail qu'il contracta une pneumonie de laquelle il mourut en 1871 à l'âge de 92 ans.

Cauvin Alexandre, mon frère, mort en 1873 à l'âge de 74 ans. Il avait beaucoup de connaissances en agriculture. C'est lui qui enseigna aux habitants de Sclos et de Castagniers à planter et à propager les Oliviers. Il prit la médaille d'or pour la meilleure huile.

Cauvin Césarin. C'est le meilleur agriculteur du pays, le plus intelligent, actif et soigneux. Ses terres sont des modèles d'ordre, de travail et de prospérité.

Camous Jacques, mort en 1883, métayer, le mieux entendu en agriculture raisonnée. Sa mort récente est une perte pour le pays. Ses conseils, son exemple, son raisonnement étaient d'une valeur inappréciable.

Ange Giacobi, dit *pleff*, et *Hilaire Giaume*. (2)

Dans les prix reçus aux Concours régionaux.

Au concours régional de 1865 :

Cauvin Alexandre, une médaille d'or pour la meilleure huile de la Région.

Cauvin Séraphin, médaille d'argent pour le meilleur vin de la Région.

Cauvin Antoine, Abbé médaille d'or pour la meilleure tenue des vignobles.

Au concours régional de 1883 :

Cauvin Séraphin, médaille d'or et 1000 fr. pour avoir réduit en culture 15 hectares de terrains colma-

---

(1) C'est Hilaire Giaume qui a cultivé la plus grande partie de la *Costa* de Ste Hélène. Il serait à désirer, pour la beauté et l'honneur de Sclos, que cette *Costa* fut aussi réduite en culture.

Hilaire Giaume a d'excellentes connaissances en agriculture ; c'est un homme capable, il a fait une grande partie des études classiques au Collège royal de Nice.

tés du Var, qui appartenaient à son oncle Cauvin Antoine, Abbé, et aux frais de celui-ci, situés dans la commune de Contes.

Longévité des habitants de Sclos.

Excellence du Climat de Sclos.

L'excellence du climat de Sclos est démontrée par la longévité de ses habitants. Depuis que le Registre des Actes de Sépulture a été tenu dans la Paroisse, savoir depuis 1804 à 1881 inclusivement, il y a eu parmi les personnes de Sclos :

8 de l'âge environ de 10 ans.
27 » 20
20 » 30
21 » 40
13 » 50
30 » 60
54 » 70
47 » 80
26 » 90
4 près de 100

Cette longévité des habitants de Sclos, sur une population d'environ 300 âmes, est remarquable.

En 1848, d'après le *Stato delle Anime* fait par Dom Filippi, curé de Sclos, registre qui est conservé dans les Archives de la Paroisse, il y avait à Sclos, à cette époque, 326 personnes vivantes, dont :

19 étaient de l'âge de 40 ans.
10 » 50
22 » 60

16	»	70
7	»	80

En 1779-1800 dans la terrible épidémie qui désola Nice et le bas Comté, et pendant laquelle il mourut 5000 personnes outre 3000 militaires, et 80 à Contes, Sclos en fut préservé. *Fodéré*. Et en 1854 lorsqu'il mourut 19 personnes à Scaréna, il n'y eut aucun cas de choléra à Sclos. Voyez Contes *Epidémies et Choléra* pages 196 et 196

Habitations de Sclos

Les anciennes maisons étaient de pauvres habitations, maisons basses, étroites, incommodes, pouvant à peine contenir les nombreux enfants qui y étaient nés. — Anciennement les plus belles maisons n'étaient que des maisons moins incommodes, où l'on ne trouvait rien de superflu. De nos jours, le simple appartement d'un bourgeois vaudrait mieux que la résidence royale d'un de nos anciens Seigneurs, Comtes et Rois.

La plus ancienne maison de Sclos est celle sur le *Serre*, qui appartenait anciennement à la famille Brocart, et qui appartient actuellement à Baptistin Giaume. Viennent ensuite celles du Cluot, de la Torre et de Simon.

Après 1830 les habitants commencèrent à réparer et améliorer leurs habitations. Le notaire Cauvin fut le premier à réparer sa maison et à en bâtir une autre leur donnant un extérieur civil.

Dom Camous Guillaume fit bâtir une belle maison dans sa propriété. C'est la plus belle et la plus solidement construite à Sclos. Le Médecin Cauvin ayant acquis la partie de sa maison sur le *Collet*, qui appartenait à son cousin Pie Cauvin, la rebâtit presque entièrement, lui donnant tant à l'extérieur qu'à l'intérieur une forme très-civile, en 1850. Cette maison fut grandement améliorée en 1883 par Prosper Cauvin, qui en devint le propriétaire.

Joseph Nuat fit construire une belle maison à *Riolla* en 1854. Séraphin Cauvin la sienne en 1856, et Dom Castelli un corps de maison avec enclos et grande citerne; et enfin une maison civile en 1871 dans sa propriété de *Castel*. M. Massa Philippe éleva une maison solide sur le *Serre* en 1854, et Ignace Giaume une grande et belle habitation dans le même quartier.

Plus tard en 1875, le susdit Prosper Cauvin mon neveu, embellit sa maison de la Valanca, et en 1879 il agrandit et répara celle de Lizières qui appartenait à la famille Galli de Scarena, et qu'il avait achetée la même année. Et son frère Adolphe, ayant acquis toute la partie de la maison du *Ciuot* qui appartenait à feu mon oncle Honoré Cauvin, la fit réparer en 1878, ainsi que celle de feu mon père, et fit des deux maisons un joli corps de maison, à laquelle est jointe celle que j'ai achetée de la Dame Macari, épouse Beretta, et que j'avais fait rebâtir en 1874.

En 1875 Eugénie Cauvin fit réparer la maison de *Jeanne* Véran, où a toujours demeuré et où demeure encore à présent le Curé de Sclos, et que son feu mari Thérésius acheta aux enchères publiques en 1864. — En 1882 Victorin Raybaut augmenta la maison qu'il avait achetée du chanoine Fabre, près de Lizières, et en fit une très-belle résidence.

En 1877, Dom Camous de Vernea fit bâtir une belle maison dans sa propriété du *Castel*.

Enfin je fus le dernier à faire réparer, ou à rebâtir la maison de la *Torre* que j'achetai en 1882 de mon neveu François Camous.

Toutes ces maisons civiles qui ont une belle apparence, font de Sclos un hameau distingué. (1).

Costumes des habitants de Sclos

Les Costumes ont bien changé à Sclos depuis 1848. *Les hommes* portaient avant cette époque une veste ou *jaquette* courte avec une poche de chaque côté ; ceux qui voulaient se distinguer y avaient deux boutons derrière. A présent tout le monde porte le veston. Pour pantalons ils avaient un tissu de toile de ménage rayé avec du coton bleu, fait par les tisserands du pays ; très-peu portaient des pantalons de drap. Le premier à porter l'habit à panneaux ou la redingote fut Joseph Cauvin de la *Torre*. Ils portaient tous des chemises de toile de maison, et des souliers bas, avec courroies de cuir : les bottines élastiques étaient inconnues à Sclos. (2)

(1) Nos pères n'avaient ni *vitres* ni *jalousies* aux fenêtres de leurs maisons. Il mettaient du papier huilé aux chassis. Le premier à mettre des vitres aux chassis fut Dom Giaume de la *Torre* Le second fut Joseph Cauvin dit *frussa*, lorsqu'il se maria en 1811, et le troisième, Dom Sixte Cauvin mon frère, qui en fit mettre d'abord à la fenêtre de la cuisine, et ensuite aux fenêtres de la maison et à celles de l'Ecole qu'il fit construire au *Cluot* en 1821.

Dom Sixte Cauvin fut le premier à faire mettre des jalousies aux fenêtres de la susdite Ecole, et peu après mon père en fit mettre à celles de la maison. Peu à peu, suivant l'exemple donné, chaque famille a fait mettre des vitres à ses fenêtres, et plusieurs y ont mis des jalousies.

Les pauvres habitants de la montagne, ne pouvaient se parer du vent, de la pluie et du froid qu'en fermant les volets des fenêtres ; ce qui les laissait dans une parfaite obscurité.

(2) Au commencement du onzième siècle les costumes et modes des Italiens furent introduits en Provence. On commença à se faire *raser le visage* et le derrière de la tête: aux *robes longues et trainantes*, aux lourds et amples manteaux succédèrent des habillements qui dessinaient toutes les formes du corps. Les *bottes* remplacèrent les antiques sandales, attachées avec des bandelettes. Les *chapeaux*, dont l'usage était réservé à la noblesse, reléguèrent les *capuchons* au fond des misérables chaumières.

Les femmes emprisonnaient leurs cheveux dans des crépins ou filets de *filoselle*, appellés *scoffia*, dont l'extrémité inférieure relevée sur la tête et fixée par des épingles, se terminait par de petits glands qui pendaient par derrière. Par dessus la coiffe qui était de couleur noire, mais que les jeunes filles faisaient souvent teindre en rouge ou jaune, elles plaçaient un petit fichu blanc liseré et bordé en dentelles en forme d'équerre, nommé *Kaïreu*, dont les longs bouts passaient sous le menton et étaient noués sur la tête. Une croix d'or était toujours suspendue devant la poitrine par un ruban de velours noir. Au corset qu'elles appellaient *bombé*, elles cousaient un bourrelet de 5 à 10 centimètres de long, auquel elles suspendaient leurs jupes, qui étaient assez courtes.

Et pour se garantir de la pluie ou des ardeurs du soleil, elles se servaient d'un chapeau de paille de forme cubique, à larges bords convexes, garni intérieurement d'étoffe, désigné sous le nom de *Cappellina*, dont l'usage était généralement répandu dans toute la Provence. Ce Costume date du 13me Siècle.

A présent, toutes les femmes et filles à l'aise portent des chapeaux de paille garnis de rubans et quelquefois de fleurs, et au lieu de *Cappellina* elles se servent de l'*ombrella*. Les femmes peu aisées, ou celles qui n'ont pas encore le courage de se servir de chapeaux, portent un mouchoir de soie, plié en biais sur leur tête et noué sous le menton.

La dame Magaglio Joséphine, épouse de Joseph Cauvin de la Torre, dit *Frussa* fut la première à porter un chapeau à Sclos ; elle mourut en 1876, âgée de 88 ans. Marianin Fabre d'Eze, épouse d'Alexandre Cauvin, mon frère, fut la seconde. Vint ensuite *Signa* (Madame) Vittoria Repaïre de Contes, épouse de J. Bapt. Cauvin, qui voulut en faire autant ; mais elle perdit la grâce que tout le monde admirait en elle dans son costume ancien du pays. Elle mourut en 1869, âgée de 78 ans. Toutes les filles de Sclos portent à présent des bottines élastiques. Voilà du luxe qui appauvrit les familles.

La queue des hommes. Il y a eu cinq personnes à Sclos qui ont porté la queue jusqu'à la mort.

Jean Honoré Camous dit *bolacion*, mort en 1829.

André Cauvin de *Libac*, mort en 1824.

Claude Cauvin, dit *lo paüre*, mort en 1832.

Jean André Brocart, dit la *guerra,* mort en 1855.

Antoine Hugues tisserand, mort en 1834.

Festin et Amusements

Sclos a toujours eu son *festin* le jour de la fête de Ste Hélène, 18 Août ; mais comme Sclos se trouve au milieu et à proximité de plusieurs autres bourgades, telles que Contes, Vernea, Berre, Scarena et Bleusastc, son festin fut, au commencement de ce siècle, très-tumultueux et en même temps le plus attrayant de ceux des environs. On doit à Dom Filippi, Curé de Sclos de 1822 à 1850, d'avoir contribué à rendre ce festin moins bruyant, plus calme, et par conséquent moins nombreux et moins belliqueux ; il y avait toujours des désordres, des disputes, des batailles.

En 1813, les jeunes gens de Scarena, de Berre et surtout de Contes, s'y battirent, désarmèrent les gendarmes qui voulaient mettre l'ordre, et plusieurs personnes furent blessées. Le Préfet envoya à Contes un peloton de soldats pour se saisir des principaux fauteurs du désordre. (1)

La danse et le festin eurent lieu d'abord sous les châtaigniers des Cauvin *Peironella* à *Riolla*. Plus tard sous ceux des Cauvin dit *fotte* au *Cluot*, et lorsque ces derniers furent abattus, sous les Oliviers à la *Torre*.

En été les habitants de Sclos ont la coutume de danser le Dimanche après les Vêpres ; ils choisissent ordinairement la petite place du *Serre*. Cette danse était très-animée vers l'an 1858 et suivants, lorsqu'il y avait à Sclos plusieurs jeunes garçons et plusieurs jeunes filles très-belles. Généralement les filles de Sclos aiment beaucoup la danse et elles dansent avec grâce et modestie.

Rancune entre les jeunes gens de Sclos et ceux de Vernea

Au commencement de ce siècle il y avait entre les habitants de Sclos et ceux de Vernea une espèce de rancune qui heureusement n'existe plus. L'origine en fut, du côté des Sclossiens, le choix que l'Evêque Colonna fit de Vernea en 1807 pour y placer la succursale, tandis qu'il ne fit de Sclos qu'une Annexe ; et du côté des Verniascs, lorsqu'en 1820 l'Evêque transféra la Succursale à Sclos et plaça l'Annexe à Vernea. (2) Voyez Eglise Ste Hélène érigée en Paroisse.

(1) Ce furent J. Bapt. Panblanc, Etienne Mari menuisier, âgé de 70 ans, Laramaglia, et un grand nombre d'autres. Les autorités de Contes intercédèrent en leur faveur, et promirent au Préfet d'empêcher de pareils désordres à l'avenir.

(2) Monseigneur Jean-Baptiste Colonna d'Istria fut fait Evêque de Nice en 1802, il donne sa démission en 1832, se retire à Rome où il meurt le 2 Mai 1835 âgé de 77 ans. Ses dépouilles furent portées à Nice le 31 Juillet 1853, et inhumées dans la Cathédrale Ste Réparate. Un immense concours de peuple à cette occasion pour vénérer les restes de ce Saint et charitable Evêque.

Le chanoine de Césole prononça l'oraison funèbre.

Vers l'an 1815 les jeunes gens de Vernea s'étant vantés qu'ils enlèveraient *l'arbre de Mai* que ceux de Sclos avaient la coutume de planter chaque année sur la place de Ste Hélène, ceux-ci prévenus de la nuit que ce projet serait mis en exécution, se postèrent sur les cyprès et les oliviers qui entouraient l'église, et lorsque ceux de Vernéa étaient en train d'arracher l'arbre de Mai, ils firent pleuvoir sur eux une grêle de pierres, et descendant précipitamment des oliviers, ils eurent encore le temps de s'emparer de l'un deux, nommé *Toton Robin* de la *Poncia*, dit *boü*, et l'emmenèrent devant Jacques Cauvin dit *frussa* de la *Torre*, qui était Conseiller de la Commune, lequel les condamna à payer un louis d'or au *bénéfice de l'Eglise Ste Hélène*, pour l'insulte qu'ils avaient faite aux habitants de Sclos.

Mécontents de leur défaite et de l'amende à laquelle ils avaient été condamnés, les jeunes gens de Vernea revinrent l'année suivante, et réussirent à enlever l'arbre de Mai, qu'ils plantèrent devant leur église de Vernea. Voyant ce hardi coup de main, les plus courageux de Sclos, et il y en avait plusieurs à cette époque, tels que Jérôme Brocart, Pierre Antoine Cauvin dit *pega*, Ludovic Cauvin dit *fotte* du *Cluot*, son frère Barthélemy, Jean Ludovic Cauvin dit *fotte* du Collet, les deux frères Charles et Joseph Raybaut, dit *bronzo*, avec leur fifre et tambour en tête, et suivis de presque toute la population de Sclos, hommes, femmes, enfants, allèrent à Vernea le Dimanche suivant, et après vêpres, à la vue des Verniascs qui ne firent aucune résistance, enlevèrent l'arbre de Mai et le portèrent en triomphe à Ste Hélène où ils *virèrent le brandi*. (1)

(1) *Vira lo Brandi* ou *faïre* lo *Brandi* signifie chanter et danser, des

A cette occasion François Camous de Vernéa dit *pébron*, voyant de sa fenêtre que l'arbre de Mai avait été enlevé, fit une chanson qui commençait ainsi : *La sentinella s'es endormida, e han trace lo Mai alla Margarida*. A cette époque c'était l'usage d'un jeune homme de planter l'arbre de Mai devant la porte de sa fiancée (1).

En 1822 lorsqu'on planta à Vernea la Croix du Ray, Dom Massa, Curé de Contes, qui prêcha à cette occasion, exhorta les Verniascs à vivre en paix avec leurs voisins ; mais, prévoyant que son conseil ne serait pas suivi, il dit :

Cat e can, Verniascs et Sclossians.
Non han maï face pas e maï la faran

En 1860 dix-sept jeunes gens de Vernea armés chacun d'un bâton avec un mouchoir blanc attaché au bout vinrent sous les fenêtres de Charles Camous dit *labicol* à *Riolla*, provoquant les habitants de Sclos, et troublant le bal de la jeunesse qui avait lieu dans les environs. C'était un Dimanche soir ; lorsque Antoine Garuzzo, Michel Castel et Antoine Castel dits *rodé*, et André Raybaut, qui étaient au bal, accoururent, se jetèrent sur eux, les accompagnèrent jusqu'au vallon de Vernéa (limite de Sclos) et leur enjoignirent de ne plus retourner et troubler le repos du Dimanche et les amusements des

rondes autour du *Mai* qu'on élève au printemps : appelé *Brandi*, parce que ce fut Pierre Brandi conseiller au parlement de Provence dans le seizième siècle, qui introduisit ces rondes provençales à Nice, danse particulière au mois de mai. *Durante*.

(1) Il y avait à cette époque trois jeunes filles, appelées *béates* à Sclos, qui n'avaient pas d'amant, savoir Thérésin, Felicita et Madalon du *Serre* : on les appelait *zin lita pantalon*. Thérésin Massa vit encore : les enfants appelaient celle-ci *zin tantan, la naveta an*.

habitants de Sclos. Cependant deux de ces jeunes gens, Delserre, Zelo Gasiglia et d'autres, en dépit du Médecin Cauvin qui, en sa qualité de Conseiller de la Commune, les avait menacés de les poursuivre, firent des dégâts à ses propriétés. Comme il y avait des témoins, ils furent condamnés à une amende *au profit de l'église S*^{te} *Hélène*. Ainsi que nous l'avons vu, c'était alors la coutume de donner à l'église les amendes auxquelles les délinquants étaient condamnés. Ainsi Sixte Castel à qui le juge condamna un de Vernéa de donner cinq francs en indemnité pour injures à son fils, les donna à l'église en achetant un Vespéral et un Graduel.

En 1863 Désiré Castel, Prosper Cauvin, Pierre Cauvin, Augustin Ardisson, François Camous, Antoine Castel et Barth. Thaon, dit *général*, sept en tout, de retour de Contes, où ils étaient allés pour la révision, allèrent prendre des rafraîchissements à Vernéa chez l'aubergiste *Pebron*. Les jeunes gens de Vernéa se postèrent aux fenêtres des environs de l'auberge, attendant qu'ils sortissent. Un certain Augier qui était aussi dans l'auberge, en sortit et étant pris pour un des sept, reçut, sur la tête une brique qui lui fit couler beaucoup de sang. Les jeunes gens de Vernéa disparurent, on prit soin du blessé, et ceux de Sclos se retirèrent chez eux en chantant. C'était le soir dans la nuit. Augustin Camous, Conseiller de Vernéa, fut requis de faire oberver l'ordre ; mais ayant accusé les Sclossiens de s'être retirés dans la nuit en chantant, troublant ainsi le repos public, le juge les condamna, six d'entre eux à deux francs chacun, et Barthélemy Thaon qui n'était pas conscrit, mais qui les dirigeait, à 45 fr. d'amende.

Rancune entre les jeunes gens de Sclos et ceux de Berre

Voici l'origine de cette rancune : Vers l'an 1830, Jérôme Brocart *la guerra* mort en 1840, un des plus *vaillants* hommes de Sclos, sachant qu'un certain Martin de Berre avait pris du bois dans sa propriété, lui donna une volée de coups. Martin, voulant se venger, l'attendit dans un vallon ; mais Brocart en étant prévenu, prit ses mesures et lui en donna une autre volée. Comme ce Brocart Jérôme allait en compagnie de Jacques Giaume, dit le *Petit*, et Jean Honoré Castel à l'*Authion* pour reprendre ses vaches, Martin, armé de son fusil, apparut tout à coup, et, le couchant en joue, lui dit : « Fais l'acte de contrition avant de mourir. » Brocart se jeta de suite à genoux, bien près de lui et commença cet acte en sanglotant ; mais, le prenant tout à coup par les jambes, il le renversa à terre, et prenant le fusil, lui dit à son tour : « Fais à présent toi-même l'acte de contrition. » Ses deux compagnons se jetèrent en même temps sur Martin, et tous ensemble lui donnèrent une nouvelle volée de coups. Au retour de l'*Authion*, avec leurs vaches, Brocart traversa Berre avec le fusil de Martin en bandoulière, sans que personne osât l'attaquer ; et quelques jours après il fit assigner Martin, qui était l'homme le plus vaillant de Berre, devant le juge qui le condamna à 70 francs d'amende : ils furent *donnés à l'église Ste Hélène*.

En 1850, pendant le festin de Sclos, vingt-cinq jeunes gens de Berre vinrent à la porte de l'église pendant les vêpres, proférèrent des paroles injurieuses envers Ste Hélène, en présence des personnes qui étaient au-dehors, et tentèrent même d'enlever les hallebardes de ceux qui se tenaient à la porte de l'église. Après Vêpres, ils allèrent au bal qui avait commencé sous les châtaigniers de *Riolla*, et se formant en cercle ils entourèrent les danseurs, tournant autour d'eux. Comme leur insulte continuait malgré les remontrances des *Abbés* et des personnes sensées, avis en fut donné au médecin Cauvin, Conseiller de la Commune, lequel, en sa qualité de capitaine de la Garde Nationale, ordonna aux 15 fusiliers de Sclos de se porter immédiatement sur le lieu du bal, baïonnette au canon. Jean-Baptiste Camous en était officier, Barth. Cauvin, lieutenant, et Sixte Castel, fourrier et instructeur ; il leur ordonna d'enfiler quiconque résisterait aux ordres et troublerait le bal. Les jeunes gens de Berre se retirèrent alors, mais procès-verbal fut dressé, et ils furent condamnés à 250 francs d'amende qui furent *donnés à l'église Ste-Hélène* ; et deux d'entre eux à la prison, dont un Barraja, fils du maire de Berre, qui, étant au service militaire, expia sa peine à Alexandrie.

L'année suivante, les Berrencs, pour se venger de cette condamnation, commirent plusieurs dégâts aux maisons et aux campagnes de Sclos ; mais ils furent condamnés à payer une indemnité, laquelle fut également *donnée à l'église Ste Hélène*.

Ils eurent alors recours à un autre expédient ; ils accusèrent les habitants de Sclos d'avoir empiété sur les terres de la Commune, dont les bornes avaient été enlevées ; mais le susdit Barraja, maire de Berre, fut condamné aux frais. Les habitants de Sclos soutinrent si bravement leurs droits, que depuis lors les Berrencs n'osèrent plus rien faire contre eux.

Cependant dix ans après, en 1862, à la foire de St-

André à Scarena, plusieurs jeunes gens de Berre, qui, l'année précédente avaient battu dans le Vallon de Berre, Ambroise Castel, Calixte Castel et d'autres jeunes gens de Sclos, enhardis par leur succès, tentèrent d'en faire autant aux deux frères Prosper et Henri Cauvin, mes neveux, à Césarin Cauvin, Désiré Castel et Barthélemy Giaume, dit *Santon*. Les jeunes gens de Berre étaient Cristini, Barraja maréchal-ferrant, Déleuze, Barraja, dit *padre*, Catalan, dit *calé*, est une vingtaine environ.

Ils se rencontrèrent tous à Scarena, et convinrent de souper tous ensemble chez Toselli, qui tenait alors auberge au delà du pont. Mais ceux de Sclos, devinant leur mauvaise intention, s'en retournèrent à Sclos sans aller au rendez-vous. Ceux de Berre les poursuivirent jusqu'à la Valanca ; c'était déjà bien tard dans la nuit. Là Prosper Cauvin les attendait derrière un olivier, et à mesure qu'ils montaient le mur de la planche, il les renversait en bas l'un après l'autre ; mais Deleuze, le plus fort de tous, réussit à l'empoigner, et se tenant tous les deux serrés, ils allèrent ainsi jusque vis-à-vis *Pleff*, se débattant, et finirent par tomber l'un et l'autre dans une mare d'eau, au dessous du chemin. Enfin Prosper Cauvin eut le dessus, et put conduire Deleuze prisonnier à Sclos, à la *Torre*, où se trouvait le médecin Cauvin, Conseiller, qui le fit arrêter. En attendant, son frère Henri Cauvin, saisissant un échalas, poursuivit et battit tous les autres agresseurs jusqu'à la *Colle de l'Olivier*. (1)

Depuis cette époque les jeunes gens de Berre n'ont plus provoqué ni inquiété ceux de Sclos.

(1) Cet Henri Cauvin avait une *force* et un *courage* extraordinaires. Il se fit ensuite Garibaldien, servit dans la guerre de 1870-1871, et mourut en 1872, en Algérie, où il était en qualité d'Ingénieur civil et d'interprète dans l'armée.

RELIGION

Eglise de Ste Hélène

Les 10ᵉ 11ᵉ et 12ᵉ siècles furent des époques de foi et de ferveur chrétienne. Partout on construisait des églises, on fondait des Etablissements religieux. C'était la Religion qui les consacrait et les sanctionnait.

Depuis un temps immémorial une Croix avait été plantée sur un endroit éminent, aux confins des territoires de Contes, Berre et Peille, et c'est apparemment cette Croix qui donna le nom de *Cros* au hameau de Sclos, et le titre de *Seigneur de Cros* au noble Domicello Gaufredo. (voyez pages 5 152 et 207).

L'esprit religieux qui animait les populations dans le moyen âge, inspira aux trois Communes susdites l'idée de bâtir à la place de la Croix, une église à laquelle leurs habitants viendraient chaque année en pèlerinage, et s'y rencontreraient dans un esprit de prière et de fraternité chrétienne. A cet effet chaque Commune nomma des délégués, lesquels se transportèrent sur les lieux, designèrent l'endroit où l'église devait être bâtie, et proposèrent de dédier l'église à Ste Hélène qui avait découvert la vraie Croix, et que le 3 Mai, fête de l'Invention de la Sainte Croix, serait choisi pour le pèlerinage que les habitants des trois Communes y feraient chaque année. Après avoir pris un modeste repas sur le lieu, où la relation latine de cette mission dit qu'ils *manducaverunt hœdum*, les délégués rendirent compte à leur Commune respective de leur décision, et l'Eglise fut construite aux frais des trois Communes. Arch. Com. de Contes.

Le même esprit de religion et de ferveur qui avait porté les trois Communes à construire l'église de Ste Hélène sur la Colline de Sclos, les porta aussi à imiter ceux qui, à cette époque, avaient fait don de leurs biens et de leurs pieuses fondations au Couvent ou Abbaye de St Pons de Nice, (1) qui jouissait d'une grande renommée de sainteté et de ferveur religieuse (2).

Nous savons que ce couvent possédait déjà en 1078 les églises de Ste Réparate de Nice, St Martin, (3) St Pierre de Scarène. Ste Marie de Ville-vieille, Ste Marie de Beaulieu, St Laurent d'Eza et d'autres, et selon Tissérant l'église de Ste Hélène de Cros (Sclos) en 1108 ; mais nous ne possédons pas le texte de l'acte de donation que les trois Communes firent de l'église de Ste Hélène, au Couvent de St Pons ; les invasions des barbares détruisirent les Archives de ce célèbre Couvent, (voyez page 25) Nous avons cependant une Bulle du Pape Innocent IV (*religiosam vitam*) de l'an 1247 publiée à Lyon, (4) ou il présidait le célèbre Con-

---

(1) Voyez page 31 notion sur l'Abbaye de St Pons. En 1732 l'Evêque Recrosio fit restaurer son église à ses frais, et en 1832 l'Evêque Galvano fit réparer son Couvent et y plaça les Oblats. L'église de St Pons et celle de la Miséricorde sur le Cours sont les deux plus beaux monuments d'architecture religieuse de Nice.

(2) Un bruit répandu au dixième siècle que le monde touchait à sa fin, et la peur de la peste fit qu'on abandonna le soin des affaires pour ne s'occuper que du salut de son âme, ce qui procura d'immenses richesses aux églises, Abbayes et Monastères. De cette époque datent les donations faites au Couvent de St Pons.

(3) St Martin sur la Colline de Fournier dont on voit encore un reste du chœur de l'église et où les Bénédictins bâtirent un petit Couvent.

(4) BULLE DU PAPE INNOCENT IV DE 1247.

Innocentius Episcopus Servus Servorum Dei. Dilectissimo Filio Abbati Sti Pontii extra muros Niciæn, ejusdemque Fratribus..... Salutem et Apostolicam benedictionem.

cile Général, et conservée dans la *Nicœa civitas* de de Gioffredo, page 215, par laquelle sa Sainteté confirme au dit Couvent toutes les donations des églises, des terres qui lui avaient été faites jusqu'à cette époque, et parmi les quelles il énumère, outre celles susdites, l'église *Ste Hélène* ainsi que celles de St Martin, de la Roquette, Ste Marie de Levens, St Martin du château de Monaco, de St Blaise, de St Martin, St Valentin de Berre et Ste Marie de Gordolon, avec toutes les terres qui y étaient attachées. Il y comprend aussi les églises que le Couvent possédait dans les Diocèses de Vintimille, de Vence, de Fréjus et de Glandèves en Provence. (1)

Religiosam vitam elegentibus Apostolicam convenit adesse præsidium... Ea propter, Dilecti in Domino filii, vestris justis postulationibus clementer annuimus..... Præterea quascumque possessiones, quæcumque bona idem Monasterium in præsentiarum ac canonice possidet, aut in futurum, concessione Pontificum. largitione Regum, vel Principum, oblatione fidelium, seu aliis justis modis, præstante Domino, poterit adipisci, firma vobis, vestrisque successoribus, et illibita permaneant, in quibus hæc propriis nominibus duximus exprimenda.

Videlicet locum ipsum, in quo præfactum Monasterium situm est, cum omnibus pertinentiis suis, Ecclesiam S. Reparatæ, in Civitate Niciensi, cum omnibus juribus et aliis pertinentiis suis, Ecclesiam Beatæ Mariæ Cimelensis, cum omnibus pertinentiis suis, S. Bartholomei, S. Sylvestri S. Michæles de Barbalata, S. Mariæ de Fulcano et Stæ Mariæ de Villa vetula Ecclesias, cum pertinentiis earumdem, S. Mariæ de Belloloco, S. Laurenti de Ysia, S. Devotæ et S. Mariæ de Aspromonte Ecclesias, cum pertinentiis earumdem, S. Martini de Rupa, S. Mariæ de Levens, S. Martini de Castro Monaco et S. Blasii Ecclesias, cum pertinentibus earumun, dem, S. *Helenæ*, S Martini, S. Petri de la Scarena, S. Valentini de Berra, et S. Mariæ de Gordolon Ecclesias......

Cunctis autem in eodem loco jura serventibus, sit Pax Domini Nostri Iesu Christi... Amen, amen.

† Ego Innocentius Catholicæ Ecclesiæ Episcopus.

Datum Lugduni, per manum Magistri Marini Sæ Romanæ Ecclesiæ Vicecancellaric.

Idib. Iunii. Indict V. Incarnationis Dominicæ. Anno MCCXLVII. Pontificatus Domini Innocentii Papa IV, anno quarto.

Voyez Nicea Civitas par Gioffredo, page 215.

(1) Innocent IV de retour du Concile de Lyon en 1251 s'arrêta à Nice pendant trois mois. Il y fit son entrée aux acclamations, d'un peuple immense, accouru de tous les environs. Il était accompagné de plusieurs Cardinaux et d'une foule de Prélats français et provençaux qui voulurent grossir sa Cour jusqu'aux confins de l'Italie. Pendant son séjour le concours fut prodigieux : le corps de la noblesse, les Seigneurs et les gentilshommes des environs furent admis à lui baiser les pieds : et les fidèles, accourus de tous les pays voisins, reçurent souvent sa bénédiction. Durante.

Agrandissement de l'Eglise.

L'ancienne église de Ste Hélène n'était pas aussi grande que celle qui existe à présent; elle fut agrandie au commencement du 17ᵐᵉ Siècle; on fit de sa longueur la largeur de la nouvelle église, car on voyait encore en 1878, avant que celle-ci fût recrépie au dehors, le sommet du mur qui supportait la toiture de l'ancienne dont la pente était du côté du midi et du nord, tandis que cette pente est dans la nouvelle église du côté de l'Est et de l'Ouest : de même dans l'église primitive la porte d'entrée était au Couchant, dans la nouvelle elle est au nord.

En agrandissant l'église, on bâtit du côté du levant. attenante à l'Eglise, une habitation avec citerne pour l'usage du gardien, qu'on appelait *hermite*, dont le dernier, connu de nos pères, fut Frà *Giraudi* César, mort en 1794 à Contes, où il s'était retiré pendant la Révolution, et où il portait la Croix, le troisième Dimanche de chaque mois, dans la procession du St Sacrement. En 1825 la dite habitation, dont la toiture s'était effondrée, fut abattue et la citerne comblée. On plaça à l'autel de la Vierge le beau *tableau du Rosaire* qui porte la date de 1615, et celui de Ste Hélène à l'autel vis-à-vis. Plus tard on fit faire la *Statue de Ste Hélène* qui porte la date de 1657.

En 1785 l'Eglise fut nouvellement agrandie : on y ajouta le *chœur* où l'on plaça la Statue de Ste Hélène dans une niche avec deux jolis tableaux représentant *St François de Sales, St Benoît, St Antoine de Padoua* et *St Augustin*; on y fit aussi le clocher, où l'on plaça une cloche.

La *tribune* fut faite en 1845 et on se servit pour sa construction des six vieux cyprès qui étaient plantés devant l'Eglise. L'expérience a prouvé que le tonnerre ne tombe jamais sur les bâtiments entourrés de cyprès ; aussi depuis que l'on a coupé les cyprès susdits, le tonnerre est tombé deux fois sur l'Eglise en 1877 et 1878, sur laquelle il n'était jamais tombé.

La Sacristie fut construite en 1847. On désirait acheter une deuxième cloche et à cet effet on fit un quête ou souscription qui produisit une somme de 500 francs. Le notaire Cauvin de Sclos obtint de l'Evêque Galvano que cette somme fut plutôt employée à bâtir une Sacristie, attendu qu'on n'avait pas strictement besoin d'une deuxième cloche, tandis qu'on n'avait point de Sacristie ; offrant en même temps de bâtir sur la Sacristie à ses frais une tribune ou chambre pour son usage. Le Curé Dom Filippi et les fabriciens s'y opposèrent, et comme leur opposition n'eût point d'effet, ils prirent le parti de rendre les 500 fr. aux souscripteurs. (1) Plus tard on fit une autre souscription qui produisit 1000 fr. et la Sacristie fut construite.

Les cloches : la deuxième cloche fut placée en 1851. Alexandre Cauvin, mon frère, et Mariannin Fabre son épouse, en furent le parrain et la marraine. (2)

(1) Le Curé craignait avec raison qu'après une tribune ou une chambre audessus de la Sacristie, on n'en bâtit deux ou trois autres, et on n'y fit l'habitation du Curé, où il aurait été séparé de la population, et dans un lieu désert exposé aux intempéries des saisons,

A cette époque on fit dans le mur une ouverture pour s'introduire dans la chaire : auparavant on y montait par un escalier en bois. *Pour mémoire*, c'est moi qui ai peint l'intérieur du chapeau de la chaire en 1825.

(2) Pour sonner la Messe et d'appeller les enfants au Catéchiame, le Curé Dom Guidi avait attaché le battant de la cloche de l'Eglise à un fil de fer qui partait de son presbytère ; ce que le peuple appelait le *télégraphe*. C'était très-ingénieux.

La troisième cloche fut placée en 1877. Ignace Nuat en fut le parrain, et son épouse Letitia Capitini, Veuve Aragona en fut la marraine.

L'orgue fut acheté en 1857 du temps du Curé Dom Guidi. Il fut fait par Joseph Jordan de Beauvais, et coûta 1100 fr, que les paroissiens payèrent par souscription.

Reliquaires. De retour de Rome, où je fus ordonné prêtre le 12 Octobre 1834 par le Cardinal Brignole-Sale, je donnai à l'Eglise Ste Hélène deux Reliques avec leurs Reliquaires : une de *Sainte Hélène*, et l'autre de *la vraie Croix*. Les pièces authentiques de ces deux reliques sont conservées dans les archives de l'Eglise.

Chemin de la Croix. Les premiers tableaux du chemin de la Croix, peints par une main inconnue, furent placés dans l'Eglise du temps du premier Curé Dom Mari. En 1880 François Cauvin, mon frère, démeurant à Marseille, fit présent à l'Eglise d'un nouveau chemin de Croix et alors les vieux tableaux furent placés dans la chapelle St Antoine à Sclos. Ces vieux tableaux avaient été donnés par les dames suivantes.

I. Station Thérèse CAUVIN.
II. » Camille GIAUME.
III. » Elizabeth GIAUME.
IV. » Elizabeth CASTEL.
V. » Catherine CAUVIN.
VI. » Agnès CAUVIN.
VII. » Antonia CASTEL.
VIII. » Antonia BROCARD.
IX. » Madeleine NUAT.
X. » N.
XI. » Marie CAUVIN.

XII.	»	Françoise CAUVIN.
XIII.	»	N.
XIV.	»	Catherine IMBERT.

L'Eglise de St. Hélène érigée en Paroisse.

Tant que le couvent de S. Pons, à qui appartenait l'Eglise de Ste Hélène, florissait, et que les religieux bénédictins qui vivaient dans leur couvent de S. Martin, étaient en nombre suffisant, l'église de Ste Hélène étaient desservie par eux ; mais vers le milieu du 18ème siècle vînt la décadence de ce célèbre couvent qui fut définitivement supprimé en 1792, et le couvent de S. Martin se trouva abandonné de ses religieux bien avant cette époque, ne laissant à la garde de Ste Hélène et de ses revenus qu'un de leurs frères lais, dont le dernier fut Frà *Giraudi* dont nous avons parlé.

Les habitants de Sclos furent alors obligés d'aller à Contes pour y entendre la messe le dimanche et y remplir leurs devoirs religieux. (1) Ils s'adressèrent alors à l'Evêque de Nice pour avoir un prêtre et leur église érigée en Paroisse. L'Evêque accueillit favorablement leur demande et les engagea d'arranger leur église de manière qu'elle put servir d'église paroissiale.

Ce fut alors que J. B. Camous dit *Gobbo*, de Vernea proposa de bâtir une église sur un terrain qu'il

---

(1) Mon grand père possédait une maison à Contes, à la *Carriera plana*, où il se transportait le samedi soir avec toute sa famille, pour pouvoir assister le lendemain aux offices de la paroisse. Cette maison est encore en possession des enfants de son fils Ignace Cauvin, auquel il la légua dans le partage qu'il fit de tous ses biens à ses quatre fils en 1797. 16 Janvier : (28 Pluviose An V) Jean Baptiste Penchienati notaire,

possédait au quartier *Raybert*, territoire de Sclos et qu'il était prêt à donner, lequel se trouvant à égale distance des deux hameaux de Sclos et de Vernea, servirait de paroisse à tous les deux. (1) Cette proposition ne fut pas acceptée par les habitants de Sclos qui avaient déjà une église, et qui s'étant conformés à l'avis de l'évêque, avaient ajouté en 1785 le chœur et le clocher à l'église de Ste Hélène.

Cette église ayant été alors reconnue convenablement appropriée pour paroisse, l'évêque Valperga, par son décret du 20 Juin 1789, nomma Pierre Antoine Mari de Bendejeun, desservant de l'église de Ste Hélène. La révolution française ne lui ayant pas permis de s'installer à Sclos, Dom Pierre Jean Cauvin de Libac alla dire la messe à Ste Hélène le dimanche, pour laquelle les habitants lui donnèrent six écus de six francs par an. Ce ne fut qu'après la Restauration des Eglises en France que Dom Mari vint en 1804 demeurer à Sclos, et loger au *Cluot* dans la maison de Fabrice Cauvin, dit *fotte*. (2) Il fut le premier curé de Sclos.

Les habitants de Vernea se voyant dépourvus de prêtres et d'église, commencèrent à bâtir à leurs pro-

---

(1) Ce Camous, dit *Gobbo* mort vers 1800 était riche, sa famille florissante et une des plus considérables de la commune. Il eut sept enfants dont trois garçons et quatre filles, Malheureusement ses deux fils Jean Antoine et Carlin dissipèrent leur fortune ; leurs propriétés furent achetées principalement par Joseph Giaume dit *Santon* de Sclos, Roselinde Camous, les Camous dits *marquis*, les Camous dits *puore*,, les Camous dits *martin* de Vernea, et Joseph Fabre d'Eze. Sa fille Marie épousa Davic Camous de Contes dit *Toto*, père des deux avocats et du médecin renommés à Nice et sa fille Octavie épousa François Fabre d'Eze dont un fils est le vénérable Antoine Fabre, chanoine de la cathédrale de Nice.

Ce fut Jean Antoine susdit qui le premier porta un *miroir* à Vernea.

(2) Fabrice Cauvin fut le premier qui fut enterré à Sclos après l'érection d'une paroisse dans ce hameau ; c'est lui qui fit le chemin qui du bas de la *Costa* conduit à l'église de ste Hélène.

pres frais en 1791 leur église, où Dom Maulandi fut nommé desservant en 1803. Il fut le premier curé de Vernea.

Erection d'une succursale à Vernea et d'une Annexe à Sclos.

L'Evêque demanda au Gouvernement Impérial le traitement des curés des deux églises de Sclos et Vernea, mais il ne put obtenir que celui de desservant d'une seule succursale pour les deux hameaux. Chacun voulait naturellement avoir ce desservant pour n'être pas dépourvu de curé, ou pour n'être pas obligé de payer son traitement. L'évêque suspendit sagement sa décision jusqu'à ce que les deux hameaux se fussent mis d'accord. C'est alors qu'ils se décidèrent de demander une Annexe, outre la succursale, s'obligeant de payer aux frais communs le traitement de 500 francs au prêtre de l'Annexe, celui de la succursale étant payé par le Gouvernement.

Cette proposition plût à Mgr l'évêque, lequel décida que outre les 250 fr. que chacun des deux hameaux devait payer au prêtre de l'annexe, chacun devrait aussi payer la moitié du loyer du presbytère de l'annexe, vu que la Commune n'était obligée de payer que le loyer du presbytère de la succursale. Cette décision ayant été acceptée par les parties, l'évêque plaça la succursale à Vernea et l'Annexe à Sclos, après que en présence du Préfet du département ils se furent obligés par écrit, les habitants de Sclos le 22 Novembre, et ceux de Vernea le 10 décembre 1807 de payer par moitié les 500 francs de traitement annuel au vicaire de l'annexe de Sclos, d'après le rôle de répartition fait entr'eux. Cette convention entre les deux hameaux fut légalement approuvée par l'évêque, comme *condition* de la succursale qu'il avait obtenue du Gouvernement et qu'il avait placée à Vernea.

En 1819 on fit à Sclos une nouvelle répartition de la somme que chaque famille devait payer pour former la somme de 250 fr. pour le Vicaire de l'annexe de Sclos, vu que plusieurs habitants de Sclos avaient augmenté de fortune ou de famille, d'autres avaient diminué, quelques familles s'étaient éteintes ou avaient émigré ailleurs et de nouvelles étaient venues s'établir à Sclos. Par acte du 4 août 1819, Blanchi notaire, Joseph Cauvin dit *frussa* de la *Torre*, et Joseph Giaume dit *Santon* furent nommés procureurs généraux par les habitants de Sclos pour faire ce nouveau rôle de répartition.

Translation de la succursale à Sclos et de l'annexe à Vernea.

Mais il arriva que les habitants de Vernea ne furent pas exacts à payer leur quote part (250 fr.) des 500 fr. au vicaire de l'annexe de Sclos, et ne l'avaient pas payé depuis dix huit mois. Mis en demeure de la payer, ils prétextèrent qu'il n'y avait aucun acte public, aucune loi qui les y obligeât. Pour éviter les frais d'un procès, on leur proposa de s'en rapporter au jugement d'une personne légale, et ils choisirent le supérieur ecclésiastique, le Vicaire Général, Dom Trinchieri.

Ce fut alors que Jean Antoine Prioris de la Poncia, au nom des habitants de Vernea, Joseph Cauvin et Joseph Giaume au nom des habitants de Sclos, assistés de leurs avocats, se présentèrent par devant le Grand Vicaire, le quel vu que Prioris confessait que les habitants de Vernea avaient toujours payé les 250 fr. par an au vicaire de l'annexe de Sclos et que seulement depuis dix huit mois ils étaient en retard. Vu d'ailleurs que Mgr l'évêque en établissant la succursale à Vernea ce fut avec la condition expresse que ses habitants auraient payé annuellement cette somme, et que ne la payant pas la succursale serait transférée à Sclos. Après avoir demandé l'avis de Monseigneur, déclara que les habitants de Vernea ne pouvaient refuser le payement de 250 fr. par an au Vicaire de Sclos, comme ils avaient fait les années précédentes, et que s'ils ne faisaient résulter dans l'espace de quarante jours qu'ils avaient payé les arrérages dûs, Mgr l'évêque transférerait à l'église de Sclos la succursale, et mettrait l'annexe à Vernea. Décret en date du 5 février 1820. Voici Copie de ce decret dont l'original est en ma possession.

» Essendo comparsi volontariamente avanti a noi Gio-
« vanni Antonio Prioris del luogo della Poncia, a nome
« di tutti i particolari del Massaggio della Vernea, e
« Giuseppe Giaume a nome dei particolari del Massaggio
« di Sclos, assistiti dai loro rispettivi Avvocati, aven-
« do dichiarato che in vece di rapportarsi all'arbitramen-
« to d'una personna legale da loro scelta, quale era stato
« loro proposito, intendevano rapportarsi a quanto arbi-
« tratto dal Superiore ecclesiastico nelle loro contestazio-
« ni relative al pagamento che i particolari del Masag-
« gio della Vernea devono fare al preie serviente la chie-
« sa di Sta Helena nel masaggio di Sclos, in seguito
« della loro convenzione passata avanti il già Prefetto

« del Dipartimento, concertato con Monsignor Vescovo
« ed approvato espressivamente dal medesimo, ed aven-
« do Noi riconosciuto dalle carte che ci sono state presen-
« tate, che *esiste realmente una Convenzione* colla qua-
« le i detti particolari della Vernea sono obligati di pa-
« gare lire due cento e cinquanta annue al detto prete
« serviente la chiesa di S.ª Elena, avendo Colui che rap-
« presenta i particolari della Vernea confessato che una
« tal somma era stata pagata, e che soltanto dappoi dieci
« otto mesi si era tralasciato di pagare.

« D'altronde essendo stata eretta da Monsignor Vescovo
« la succursale nella chiesa della Vernea colla condizione
« espressa di un tal pagamento e coll' intelligenza anche
« che cessando il medesimo si transporterebbe nella chie-
« sa di S.ª Elena la stessa succursale, con che i partico-
« lari di Sclos pagassero annualmente le lire due cen-
« to e cinquanta al prete che inservirebbe la chiesa esis-
« tente nel masaggio della Vernea.

« In vista di tutto quanto, avendo anche Noi esplorato
« l'Oracolo di Monsignor Vescovo, abbiamo dichiarato
« ai medesimi particolari della Vernea che il nostro a-
« viso si è che non possono ricusarsi al pagamento delle sud-
« dette lire due cento e cinquanta annue nella maniera
« che si è praticato per il passato, e che qualora vi si
« ricusino e non faciamo risultare fra *giorni quaranta*
« del pagamento delli arretrati, Monsignor Vescovo pro-
« vederà per la fissazione del prete succursalista nella
« chiesa di S.ª Elena, e di un altro prete per servire la
« chiesa della Vernea in qualità di Annessa.

« Dato a Nizza, li cinque febbrajo 1820.

Firmato: Trinchieri, Vicario Generale.   Alessandro Passeron.
   Can.co Segrio.

Les habitants de Vernea n'ayant pas payé les dix-huit mois d'arrérages qu'ils devaient au vicaire de Sclos, Mgr l'évêque Colonna par un décret du 30 juin 1820 transfera la succursale à Sclos et plaça l'annexe à Vernea. L'original de ce décret est conservé dans les Archives de la paroisse de Sclos. Voici copie de ce décret.

« Joannes Baptista Colonna d'Istria, Misericordia divi-
« na, et Sedis Apostolicæ gratia, Episcopus Niciensis.

« Cum incola Pagi Verneæ, Agri Computensis, vulgo
« *Contes*, ducentos quinquaginta libellas Rectori Eccle-
« siæ Stæ Helenæ in pago Sclos solvere recusaverint,
« etsi eos ex pacto soluturos promisissent, atque insuper
« sub ejusdem solutionis conditione et obligatione expres-
« sa, fuerit constituta et erecta succursalis Ecclesiæ Ver-
« neæ, ac proterea se decisioni nostræ obtemperaturos
« fuerint professi ; Nos idcirco Succursalem Ecclesiam
« in dicto pago Verneæ constitutam transferendum duxi-
« mus ad pagum Sclos ad Ecclesiam Stæ Helenæ, prout
« per presentes transferimus cum obligatione tamen quo-
« ad incolas Sclos solvendi quot annis presbytero Eccle-
« siæ sitæ in pago Verneæ inservienti, libellas 250, eo
« vel magis quod ipsi, ad eas præstandas paratos se ul-
« trà exhibuerint, et ita statuimus ac decernimus.

« In quorum fidem præsentes a Nobis subscriptas expe-
« diri et in concellario nostra registrari et publicari
« jussimus. Datum Niceæ 30 mensis junii anno 1820.

Signé † Joannes Bapta Epûs Niciensis
Can Alex Passeronus Secrius.

(locus sigilli)

La Commune de Contes et les habitants de Vernea se plaignirent à la Curie de la translation de la succursale à Sclos, donnant pour raison qu'une succursale seule suffisait, et que Vernea devait l'avoir étant située au centre des populations, entre Sclos et Poncia. Cette raison parut ridicule, vu qu'à la Poncia il n'y avait à cette époque que sept familles, tandis qu'il y en avait 62 à Sclos. La Curie rejeta toutes ces raisons, Dom Filippi, dans ses Memoires.

Les habitants de Vernea restèrent donc débiteurs de 18 mois du traitement du curé de Sclos, déjà écoulés à l'époque du décret du Vicaire Général Trinchieri en date du 5 février 1820, et de quatre mois de plus depuis cette époque jusqu'à celle de la translation de la succursale le 30 juin 1820; en outre ils devaient la moitié du loyer du presbytère qu'ils avaient reçu de la Commune pendant tout le temps que la Commune l'avait payé. Les habitants de Sclos refusèrent alors de payer leur part de traitement du vicaire de Vernea jusqu'à complète compensation de ce qu'il leur revenait de ceux de Vernea.

Le Vicaire Général leur donna raison, et par son décret du 10 Août 1824 il autorisa les habitants de Sclos de se retenir ce que Vernea devait à Sclos sur les 250 fr. que Sclos devait payer chaque année pour l'annexe de Vernea.

Les Comptes définitifs entre Sclos et Vernea ne furent arrêtés qu'en 1827, époque à la quelle le percepteur public *(Esattore)* fut chargé par l'Intendant de percevoir des habitants de Sclos et de Vernea leur quote de contribution pour le traitement du Vicaire de Vernea, à l'instar des autres contributions.

En 1838 l'Evêque Galvano conseilla aux habitants des deux hameaux de faire une Supplique pour demander au Gouvernement de Turin de les décharger des 500 fr. qu'ils devaient payer chaque année pour le traitement de l'Annexe de Vernea. Le Maire de Contes, qui était à cette époque Rosalindo Camous de Vernea, ne fit cette demande que pour les 250 fr. que devaient payer les habitants de Vernea. L'Evêque trouva que cette partialité n'était pas juste, puisque Sclos avait aussi bien que Vernea besoin d'être déchargé des 250 fr. que chacun des deux hameaux payait annuellement ; et il ne donna point cours à la Supplique. Ce ne fut qu'en 1861, après l'annexion, que le Gouvernement français établit aussi une Succursale à Vernea, et affranchit ainsi les deux hameaux de cette taxe qu'ils avaient payée depuis 1807.

En 1853 le 7 Juin une augmentation de 50 fr. fut accordée au Curé de Sclos par la Commission Sarde, chargée d'accorder des secours aux paroisses les plus pauvres du Diocèse de Nice.

Propriétés de l'Eglise.

L'Eglise Ste Hélène avait reçu en don lors de sa fondation, cette parcelle de terre qui de *lai giojai* s'étend jusque près du Cimetière, et que le Couvent de St Pons à qui elle appartenait, avait fait cultiver et planter en partie en Oliviers et vignes pour l'entretien de l'Eglise et du Gardien. L'Eglise avait joui de temps immémorial de ces biens sous tous les Gouvernements qui s'étaient succédés jusqu'en 1822, lorsque la Commune de Contes prétendit y avoir droit et en prendre possession. Les fabriciens s'y opposèrent, et l'affaire fut portée devant le Sénat de Nice. Les prétentions de la Commune etaient fondées sur ce que le Gouvernement de la République Française ayant donné aux Communes les biens invendus des Eglises, elle avait droit à ceux de Ste Hélène qui n'avaient pas été vendus. De leur côté les fabriciens disaient que le Couvent de St Pons, à qui appartenaient ces biens de Ste Hélène, ayant été supprimé en 1792 par le Gouvernement Sarde, celui-ci s'était emparé de ses biens, les quels étaient alors devenus biens nationaux. — Que le Gouvernement Sarde, après la chute de l'Empire, avait rendu aux Eglises les biens qu'elles avaient possedés et qui n'avaient pas été vendus, et que dès lors l'Eglise de Ste Hélène était rentrée en possession de ses biens, lesquels étaient d'ailleurs nécessaires à son entretien, d'autant plus que les habitants ne recevaient du Gouvernement aucun traitement pour leur Curé. (1)

Le Sénat engagea les parties à envenir à un arrangement, qui fut fait par acte public le 29 Mai 1828, Cauvin Notaire. Le dossier de cette affaire, ainsi que l'acte de transaction sont conservés dans les archives de la Paroisse. Voici un résumé de cette transaction.

Transaction entre la fabrique de Sclos et la Commune de Contes du 29 Mai 1828.

1º La fabrique renonce à la propriété qui entoure l'Eglise, complantée en partie en Oliviers et en partie en friche, excepté à la place et aux cyprés, et se reserve le droit de passage pour aller à l'Eglise et pour faire la procession. De son côté la Commune prend les obligations suivantes.

2º la Commune de Contes payera 60 fr. par an à l'Eglise pour son entretien intérieur.

(1) Un envoyé du Gouvernement républicain vint à Sclos pour vendre les biens de l'Eglise Ste Hélène, mais personne n'en voulut; il les offrit à J. B. Cauvin de *Libac* pour 200 fr. il refusa de les acheter.

3º les réparations extérieures de l'Eglise seront à la charge par moitié des parties contractantes.

4º l'eglise se charge des frais des ornements de l'Eglise.

5º l'Eglise ne payera rien à la Commune dans la procession ou pélerinage que les habitants de Contes font chaque année à Ste Hélène.

6º l'annuité de 60 fr à payer commencera de Janvier 1822 à Janvier 1828 ; on payera ainsi 150 fr en 1828 et 150 fr. an 1829.

Cette convention fut signée par Joseph Filippi, Recteur de Ste Hélène

Jean André Castel, Charles Camous,

Jacques Cauvin et J. B. Nuat, fabriciens,

Joseph Camous, Sindic de Contes

André Giacobi, Secrétaire. (1)

Biens de Jeanne

Jeanne Veran, fille de Fabrice Veran et Veuve Aiglin, possédait à Sclos deux pièces de terre, une au quartier *Simon*, plantée en Oliviers avec une maison à deux étages sur cave, d'une contenance de 37 ares 55 cent ; et l'autre au quartier *Cumina*, partie en bois et partie en vignes, d'une contenance de 54 ares 57 cent. Après la mort de son mari, elle fit une espèce de fonds perdu avec J. B. Nuat ; mais Dom Mari, Curé de Sclos fit résilier cet arrangement et induisit *Jeanne* à donner son bien aux habitants de Sclos pour le bénéfice de l'Eglise, moyennant une pension de 100 fr. par an.

Comme J. B. Nuat avait nourri Jeanne pendant plus de deux ans, et qu'il avait fait en outre des plantations

(1) Arch. Com. Oggetti diversi No 491—5º Fascicolo.

et des améliorations dans les susdites deux terres, on lui aloua la somme de 600 fr. d'indennité. Ces 600 fr. lui furent payés par Jean-Honoré Cauvin, Joseph Cauvin, J. B. Cauvin, Jacques Cauvin, Pierre Giaume et Guillaume Camous, au nom des quels Jeanne fit l'acte de fonds perdu, en faveur et pour le bénéfice des habitants de Sclos par un acte public du 7 Juin 1815.

Le revenu de ces terres devait servir d'abord à restituer aux susdites personnes les 600 fr. qu'elles avaient avancés, et ensuite à payer une partie des 250. fr. que Sclos devait donner chaque année pour le traitement du Vicaire de l'Annexe. Aussi tout le monde riche et pauvre portait ou faisait porter du fumier et labourer la terre des Oliviers du quartier *Simon*; et pour ne pas payer les 100 fr. de pension à Jeanne, celle-ci allait prendre sa nourriture dans chaque famille à tour de rôle, et chaque famille lui donnait volontiers le nécessaire. Bien avant cet acte de vente du 7 Juin 1815 le Curé Dom Mari était allé habiter dans la maison de Jeanne, sise dans la propriété des Oliviers.

Jeanne mourut à Sclos en 1820, elle fut trouvée morte dans une cabane, à l'endroit dit *troncs*, chez Jacques Cauvin de *Simon*, où elle couchait. Elle était d'une saleté rebutante, mais elle était bonne et paisible. Elle avait eu un enfant qu'elle portait toujours sur ses épaules, allant mendier son pain. Cet enfant mourut avant qu'elle fit le fonds perdu avec J. B. Nuat.

Lorsqu'une femme imite Jeanne dans la saleté, on dit à Sclos que c'est une *Jeanne*. On l'appelait *ponciona* à cause de sa maladresse.

Comme les habitants étaient las de cultiver la terre des Oliviers de *Simon*, on la donna à loyer, et après que les susdits six administrateurs eurent été payés des

600 fr. qu'ils avaient avancés, on nomma à diverses reprises un Administrateur qui devait chaque année rendre compte de sa gestion ; mais la jalousie, les soupçons, la malveillance rendirent cette charge pleine de difficultés ; on disait que la terre de Jeanne ne rendait pas assez, qu'on dépensait trop pour son entretien, et on faisait courir des doutes sur l'honnêteté des administrateurs.

Vente des biens de Jeanne.

Enfin l'annexion à la France eut lieu en 1860, et le Gouvernement français commença en 1861 à payer le traitement du Vicaire de Vernea, déchargeant ainsi Sclos des 250 fr. qu'il payait chaque année pour le dit traitement. Ce fut alors que le médecin Cauvin, qui était à cette époque l'Administrateur des biens de Jeanne, proposa de les vendre, et d'en employer le prix à la construction d'un presbytère. Ce qui fut accepté par les jaloux et les mécontents et le silence de la majorité des habitants. Le médecin Cauvin avait une grande influence dans le pays, personne n'osait le contrarier ni s'opposer à son opinion. Ce fut une idée bien malheureuse ; car ils avaient déjà la maison où habitait le Curé, celle comprise dans les biens de Jeanne, ils n'avaient donc pas besoin d'en bâtir une autre, et ils vendaient une propriété où ils auraient pu bâtir leur église, ou la conserver et la louer au Curé, ce qui aurait fait de Sclos une des plus acceptables Paroisses du Comté de Nice.

C'est une grande faute que les habitants de Sclos ont faite en vendant cette propriété ; ils ne l'ont plus, et n'en ont reçu ni en recevront le prix qui est entré dans le trésor de la commune. D'ailleurs la dissention se mit aussitôt parmi eux: deux partis se formèrent sur l'endroit où l'on bâtirait ce presbytère, les uns le voulaient au bas de la *Côte*, à l'endroit même où est située la maison de Jeanne, et alors pourquoi vendre celle-ci? les autres sur la colline à côté de l'église; et le plan fut abandonné; mais la terre était vendue.

Le 21 Janvier 1883 Robaudo, juge de Contes, fit publier l'avis suivant.

Il sotto scritto Giudice Regio del mandamento di Contes d'ordine superiore, invita tutti i Capi di casa di Sclos, a radunarsi giovedi prossimo, e per le ore dieci di mattina, ad oggetto di prendere alcune deliberazioni concernenti i beni da loro acquistati nell'interesse del luogo con atto 7 Giugno 1815. Il punto di riunione sarà sul davanti della casa del Signore Medico Cauvin. »

Contes li 21 Gennajo 1863. Robaudo Giudice,

Presque personne ne vint à la réunion, parceque l'avis ne fut pas connu; parmi le petit nombre des personnes présentes, Jacques Cauvin, dit *manchot*, fut le *Seul* qui s'opposa à la vente des biens de Jeanne.

En conséquence M. *Gavini*, Préfet des Alpes-Maritimes, prit l'arrêté suivant en date 16 Juillet 1864.

Vu la délibération du 1er novembre 1863 par laquelle le Conseil Communal de Contes demande l'autorisation d'aliéner deux immeubles appartenant à la section de Sclos.

Vu le procès-verbal d'estimation de ces immeubles de fr. 6750 pour le premier, et de 600 fr. pour le second.

Vu celui de l'enquête ouverte...

Vu la loi du 18 juillet 1837

Considérant que le produit de l'aliénation projetée *est destinée à la construction d'un presbytère pour le hameau de Sclos,* propriétaire des biens à vendre.

Que la Commune ne pouvant intervenir dans la dépense il est juste que les sectionnaires fassent les frais d'un culte dans leur section. Arrêtons

La Commune de Contes est autorisée à aliéner aux enchères publiques deux immeubles appartenant à la section de Sclos, savoir....

Les détenteurs de la terre à Oliviers *(Simon)* étaient les mêmes qui avaient payé les 600 fr. à J. Bapt. Nuat, et le détenteur de la terre à pins *(Cumina)* était le dit J. Bap. Nuat, auquel les premiers l'avaient vendue pour 150 fr ; et pour éviter des procès cette dernière terre ne fut pas vendue aux enchères, et Nuat en fut laissé en possession.

La vente publique de la terre de *Simon* eut lieu le 22 août 1864, Louis Alardi notaire ; depuis cette époque la Commune de Contes jouit des 6750 fr. prix de la vente de cette terre qui fut achetée par Thérésius Cauvin dit *frussa*, et la Commune qui en reçut le prix *ne paie point d'intérêt, et le presbytère n'est pas construit.* La Commune paie seulement le loyer du presbytère qui a été pendant 15 ans de 50 fr. par an et de 150 fr depuis 1876, époque à laquelle l'ancienne maison de Jeanne a été restaurée par la dame Eugénie Cauvin, veuve Thérésius Cauvin, tandis que l'intérêt des 6750 est de 337,50 fr. au 5 pour cent.

Observation importante Lorsque Dom Mari induisit *Jeanne* Veran, veuve Aiglin, de faire un fonds perdu de sa propriété de *Simon* par acte du 7 juin 1815 aux six personnes de Sclos, mentionnées dans le susdit acte, il fut convenu avec eux que la maison située sur cette propriété et une parcelle de terre pour jardin attenante à la dite maison, seraient réservées pour l'usage du Curé de Sclos *pro tempore* ; en effet le Curé a toujours habité dans cette maison et a joui du jardin j'usqu'en 1864. Don Camous, dit *labicol*, obtint du Tribunal de Nice une sentence reconnaissant ce droit du curé. Pcurquoi n'a-t-on pas réservé ce droit dans la vente de cette propriété ?

Pélerinage et dévotion à Ste Hélène.

Nous avons vu qu'à la fondation de l'Eglise Ste Hélène au commencement du onzième siècle, les trois communes de Contes, Berre et Peille, animées par l'esprit de ferveur religieux de cette époque, décidèrent de venir tous les ans en procession à ce sanctuaire pour y prier Dieu, et se donner le baiser de paix et de charité chrétienne. Il faut croire qu'ils y vinrent tous les ans, car nos pères nous ont appris que ces processions avaient eu lieu de temps immémorial. Il paraît que la commune de Peille cessa d'y venir seulement en 1656 lorsque Laghet devint un sanctuaire renommé, où ils vont tous les ans. Voyez la description du pèlerinage de Contes et le décret de l'Evêque y relatif page 89.; et notice sur Laghet à la fin de ces mémoires.

L'église Ste Hélène est aussi un sanctuaire renommé où l'on vient en pèlerinage pour demander à Dieu par l'intercession de la Sainte, le bienfait de la *pluie* dans les temps de grande sécheresse.

En 1733 et 1734, telle avait été la sécheresse pendant deux ans et demi que toutes les fontaines avaient tari, et les vallons étaient restés à sec excepté le Var. Voyez *sécheresse* page 168. cette sécheresse avait amené la famine; voyez famine page 203. Ce fut en cette année que la Confrérie de Valbonne en Provence vint en pèlerinage à Ste Hélène, pour implorer la pluie. Dieu exauça leurs prières, et il plut tant à verse pendant deux jours, après leur visite au sanctuaire, que ne pouvant retourner dans leur pays, les habitants de Sclos durent leur donner l'hospitalité. Jean Ludovic Cauvin, grand père de mon père, fut chargé de désigner le nombre de pèlerins que chaque famille de Sclos pouvait loger, et de prendre la direction de tout ce qu'exigeait l'hospitalité. Et comme il amenait des pèlerins dans les familles, en le voyant venir on disait, voilà le *brigadier* avec sa *brigade*, de là le sobriquet de *brigadier* qui plus tard fut changé par corruption en un nom impropre. (1)

Les habitants de Valbonne ne furent point ingrats, ils envoyèrent à l'Eglise Ste Hélène un *Ex-voto*, consistant en un tableau commémoratif, peint à l'huile sur toile, avec son cadre doré, d'environ un mètre de hauteur sur 60 cent. de largeur, représentant Ste Hélène avec les pèlerins à ses pieds, et une longue inscription en latin, décrivant la pluie obtenue, et l'hospitalité reçue. Ce tableau avait été déposé dans le clocher de l'église, parce que la toile s'était presque détachée du cadre par vétusté. Lorsque j'étais encore jeune séminariste en 1827, je roulai cette toile précieuse et la déposai dans l'armoire qui servait de garde robe, derrière l'autel. Malheureusement dans les changements qui survinrent lors de la construction de la sacristie

(1) Vieux papiers conservés dans la famille.

en 1847, on détruisit entièrement cette précieuse toile n'en connaissant pas le prix. Quel dommage que ce *Ex-voto* soit perdu ! Tous nos-pères l'ont vu et plusieurs encore vivant l'ont aussi vu. Ce qui est surtout à regretter c'est la perte de l'inscription. Dom Bonifassi la copia en 1814 et l'inséra dans son Manuscrit des Inscriptions, manuscrit que je n'ai pu trouver ni parmi ceux conservés dans les Archives de la ville de Nice, où se trouve la plupart des manuscrits de Dom Bonifassi, ni parmi ceux qui le sont dans la famille Brès de Nice. Dom Bonifassi parle de cette Inscription et du pèlerinage des habitants de Valbonne dans son manuscrit lettre R N°. 186. Arch. Com. de Nice.

En 1845 les habitants de Contes vinrent en procession à Ste Hélène pour demander la pluie, et la pluie vint si abondante qu'ils ne purent continuer leur voyage, et durent s'arrêter à Vernea, à leur retour de Sclos.

En 1857 après une longue sécheresse la statue de Ste Hélène qui avait été reparée et dorée par les soins du curé Dom Guidi, fut portée en procession pour la première fois. Mon frère aîné Dom Sixte Cauvin prêcha à cette occasion et demanda à la Sainte, au nom de la population, d'obtenir de Dieu la pluie dont on avait si grand besoin. La pluie tomba abondamment même avant la fin de la cérémonie.

En 1877 lors d'une autre grande et destructive sécheresse, les processions de Contes, Vernea et Sclos s'unirent dans un même pélerinage à Ste Hélène, et la pluie fut accordé immédiatement. Jamais avait-on vu à Sclos un si grand nombre de personnes priant Dieu, et implorant l'intercession de Ste Hélène. Ce fut le 25 Mars après une neuvaine faite dans les trois paroisses ; et le 29 Mars la pluie tomba à verse pendant *quatre heures*. Ceux de Berre y vinrent deux jours après les autres: mais le 10 Mai ils y vinrent de nouveau pour remercier Dieu et la sainte, et Dom Cristini, leur Curé, y fit un sermon très-émouvant.

Deux évènements remarquables.

Le 20 Août 1874 mes deux frères Dom Sixte, âgé de 82 ans, Dom Eugène agé de 70 ans, et moi agé de 64 ans, nous fîmes toutes les cérémonies de la fête de Ste Hélène, titulaire de l'église de Sclos. Dom Sixte célébra la sainte Messe, Dom Eugène fit Diacre et moi Sous-Diacre. Après la grand' Messe Dom Sixte porta la Relique de Ste Hélène à la procession et la fit baiser aux fidèles. Nous sommes tous les trois nés à Sclos Dom Eugène et moi y avons été baptisés, Dom Sixte le fut à Contes, parcequ'en 1792, année de sa naissance, il n'y avait pas de paroisse à Sclos. Trois frères prêtres, nés à Sclos fonctionnant à l'autel le jour de Ste Hélène, ce fut pour Sclos un évènemeut remarquable.

En 1879 le Curé de Sclos, Dom Camous m'ayant invité le Samedi à 9 heures de soir, à mon arrivée à Sclos, de célébrer la grand'Messe le lendemain, fête de Ste Hélène, j'acceptai à la condition que mon frère Dom Sixte, présent à l'invitation, prêcherait le panégyrique de Ste Hélène. Il accepta et le lendemain à l'âge de 87 ans, il monta en chaire et fit un discours qui tira les larmes de bien des personnes. Il commença par dire que le premier discours qu'il fit, même avant d'être prêtre, fut le panegyrique de Ste Hélène dans cette même Eglise, il y avait 65 ans, et qu'il croyait bien que celui qu'il allait faire serait le dernier. En effet il mourut l'année suivante, six mois après, le 2 Février 1880, plein de merite, suivi des bénédictions et des regrets de tout le monde.

Tableau des legs pieux faits à l'Eglise Ste Hélène

1° Une Messe chantée de Requiem le 7 Janvier en suffrage de Marguerite Cauvin, veuve Cauvin, jour de sa mort, à charge de ses héritiers Barthélemy et César ses fils, en vertu de son Testament du 27 Avril 1848 Allardi notaire. Pour l'accomplissement de ce legs l'Eglise n'a point de moyen coercitif ; c'est seulement une obligation des héritiers.

2° Deux Messes chantées et bénédiction du St Sacrement le soir, les jours de la fête de *l'Addolorata*, savoir le 1er septembre et le Vendredi de la passion, à charge de l'église, laissées par Madame Sérafine Archini, née Cauvin, ma Sœur. qui a donné à l'église la Cedule Italienne N° 11529 sur la dette publique d'Italie, créé par l'Edit royal du 24 Décembre 1819, d'une rente de 15 francs. Cette Cedule a été renouvellée en celle des N° 67303. Après la mort de la dite Mme Archini, la Messe du 1er Septembre aura lieu le jour anniversaire de la dite fondatrice.

3° *Les quarante heures*, trente Messes basses et une Messe chantée de *Requiem* après les 40 heures. Legs de Marguerite Gioffret de Sclos, à la charge de son mari Barthélemy Gioffret, selon acte du 29 Décembre 1854, Cauvin notaire, Capital 2200 fr. Ce capital a été racheté par Rosalie Dalbera veuve Gioffret. La fabrique autorisée en a fait le versement à la Recette générale, selon les lois de l'Etat contre une rente annuelle de 110 fr. de la dette publique 5 0/0. Arrets préfecturaux de 14 Janvier et 9 Février 1876.

4º Une Messe chantée de *requiem* et un Salut du St Sacrement tous les ans et à perpétuité, se lon l'intention du donataire, Cauvin notaire. Ordonnance de Mgr l'Evêque du 9 Juin 1864, rente Italienne de 20 fr. nominative de la fabrique de Sclos, inscrite N° 82686.

5º Une Messe chantée de *requiem* avec Salut du St Sacrement à perpétuité : testament de Jacques Marie Cauvin, notaire, du 16 Mars 1864 ; legs 1,000 fr. rente annuelle de 57 fr. dette publique 5 0/0, nominative à la fabrique de Sclos à charge de services religieux, N° 209. Décret du Président de la République fait Versailles le 11 Janvier 1872.

6º Une neuvaine de bénédictions lo soir, à l'occasion de la fête de Ste Hélène, à perpétuité, et une Messe basse, durant la vie de la donatrice, Pauline Cauvin, veuve du notaire Cauvin ; et une Messe chantée de *requiem* annuelle et perpétuelle après sa mort. Ordonnance de l'Evêque du 21 Janvier 1874. Rente Italienne de 75 fr. en tout et au porteur, portant les N°s 54,429-320,904—129,581—564,957. A déduire de cette somme des quatre rentes Italiennes les droits perçus par le Gouvernement Italien.

7º Deux messes chantées de *requiem* tous les ans et à perpétuité, pour le défunt André Giacobi, dans la première semaine du mois d'Août. Rente de 20 fr. sur l'Etat français, Cedule au porteur N° 485,669. Legs de Pauline Cauvin, veuve du notaire Cauvin, et tante du susdit André Giacobi. Ordonnance de l'Evêque Sola du 8 Novembre 1877.

Dons faits à l'Eglise.

Une belle chasuble par Mme. Audiffret en 1840. (1)
Trois lustres par Dom Antoine Cauvin.
Un tableau de l'Addolorata par Mme Sérafine Archini.
Une Statue de l'Addolorata par Dom Guidi.
Un tableau à l'huile de St Joseph par M. Galli.
Trois tableaux à l'huile par Mme Thérèse Cauvin.
Une Statue de Ste Hélène par Mme Pauline Cauvin.
Le chemin de la Croix par François Cauvin en 1880.

Curés de Sclos

1° Dom Mari Pierre Antoine de Bendejun, nommé le 20 Juin 1789, prend possession en 1804 et est transferré à Berre en 1819, y décédé en 1831.

2° Dom Pastorelli de la Briga de 1819 à 1822, transféré Répétiteur au Séminaire.

3° Dom Filippi Joseph de Valdeblora de 1822 à 1850, mort à Sclos le 13 Février de cette année.

4° Dom Guidi Antonin de Tende, de 1850 à 1860 transferré à Roquebrune, de là à Drap, et finalement à Ste Réparate, chanoine Curé.

5° Dom Camous Jean-Baptiste de Vernea, de 1860 ad multos annos.

---

(1) C'est dans la maison Audiffret que se repose Pie VII lorsque le 11 Août 1809 il fut conduit prisonnier de Nice à Savone par la route de Tenda.

Prêtres natifs de Sclos.

Dom Brocart Pierre Jean mort vers le milieu du 18e siècle
Dom Jean Honoré Giaume dit *fournier*, Curé de Peille de 1823 à 1838 mort en cette année.
Dom Giaume Jean Louis de la *Torre*, ex-religieux, mort en 1807.

Dom Cauvin André } mort à Contes
Dom Cauvin Joseph } frères } morts en 1822
Dom Cauvin Pierre Jean

Dom Sixte Cauvin } mort en 1880
Dom Eugène Cauvin } frères mort en 1875
Dom Antoine Cauvin

Dom Cauvin Joseph, dit *frussa*, mort en 1837
Dom Jacques Cauvin mort en 1863.
Dom Castel Antoine mort en 1879
Dom Camous Guillaume dit *labicol*, mort en 1865
Dom Cauvin Césarin de *libac*, Curé de l'Arianne
Dom Cauvin Jeannot de *libac*.

Chapelles de Sclos.

La chapelle *de l'Immaculée Conception* des frères Cauvin de *Libac*; qui fut détruite dans l'avalanche de 1796. Le tableau de l'Immaculée Conception existe encore dans la maison de famille, et les deux cloches furent vendues par les héritiers à l'Eglise de *Louda*.

En 1840 Dom Galli Trophine fit construire une chapelle privée dans sa propriété de Lizières, où il demeurait, et où il disait la Messe. Cette chapelle était dédiée à

S. Joseph, dont le tableau a été donné à Ste Hélène, par son neveu le notaire. Cette chapelle n'existe plus.

En l'année 1859 le notaire Cauvin de Sclos fit construire une chapelle, dédiée à l'Annonciation de la Vierge, dans sa propriété de *Pincalvin*. Par son Testament du 16 Mars 1864 il laissa une rente de 159 francs pour la célébration de la Messe dans cette Chapelle, tous les Dimanches, avec la rétribution de 3 francs pour chaque Messe; et à défaut d'un prêtre qui y dise cette Messe le Dimanche, il laisse une rente de 84 francs, à chacun des Curés de Sclos et de Vernea pour acquitter 84 Messes par an et à perpétuité. Ce legs et cette chapelle furent autorisés par le Président de la République le 11 Janvier 1872, et approuvés par Mgr l'Evêque le 14 Février 1872.

Pendant plusieurs années Dom Castel Antoine de Sclos, qui demeurait dans sa propriété du *Castel* y alla dire la Messe le Dimanche. C'est à présent le Curé de Vernea qui y va dire la Messe le Dimanche, et Mme Pauline Cauvin, veuve du Notaire, lui donne 5 francs au lieu de 3 chaque Dimanche. Cette chapelle est très-utile aux habitants de la Poncia qui sont déjà au nombre de 120.

En 1861 le même notaire Cauvin réduisit en chapelle un emplacement attenant à sa maison de *Simon,* au pied de la Côte Ste Hélène, elle fut bénite la même année par Dom Camous Curé de Sclos, avec l'autorisation de l'Ordinaire et dédiée à S. Antoine de Padoue. Cette chapelle est très-utile tant au Curé qu'à la population qui ne sont pas ainsi obligés d'aller les jours de la semaine à Ste Hélène y dire et y entendre la Messe. Le Curé s'en sert pour enseigner le Catéchisme aux enfants de la Paroisse, à l'époque de la première communion.

La chapelle *Saint Sixte*. C'est en 1881 que je fis bâtir cette chapelle au *Cluot* au-dessus du parc, laquelle je bénis le 13 juin, fête de St Antoine de Padoue, et où je dis la Messe le même jour. Dans la cérémonie de la bénédiction je l'ai dédiée aux Saints Sixte, Eugène et Antoine, les Saints Patrons de mes deux frères prêtres et le mien ; mais la Chapelle est seulement sous le nom de *chapelle Saint Sixte*, en l'honneur de mon bien aimé frère aîné, Dom Sixte. — La porte de la chapelle, celle du Tabernacle et les croisées sont faites avec le bois du gros et vieux *olivier* qui fut arraché pour faire le parc, et qui était entre la chapelle et la maison. Cet olivier devait avoir au moins 3 ou 4 cents ans. En faisant la chapelle on fit aussi le chemin voiturable qui y mène et dont on se sert pour monter au *Serre*.

C'était mon intention d'élever à côté de la chapelle une tour et d'y placer une horloge sonnant les heures et les demies *pro bono publico* ; mais on me fit observer qu'ayant décidé tout récemment de bâtir une nouvelle Eglise paroissiale au Centre de Sclos, pour laquelle j'avais acheté le 13 Septembre 1881 de la Dame Marie Meaux, épouse Toselli de Scarena Milon notaire, sa propriété située au quartier *Torre*, il convenait de placer de préférence cette horloge dans le clocher de la nouvelle Eglise, qui étant placée au centre de Sclos et dans un lieu plus élevé, on aurait pu l'entendre mieux sonner les heures de tous les côtés du pays. Cet avis prévalut.

Croix des Chemins.

En 1804 on plaça la Croix qui se trouve sur le chemin entre l'Eglise et le Cimetière. Elle était en bois, et elle fut remplacé par la croix en fer qui était au-dessus du clocher de l'Eglise lorsqu'on y plaça le paratonnerre en 1880.

La croix placée au nord de l'Eglise, sur le plateau ou chemin, et dite de *lai giojai*, fut placée plus tard. C'est au pied de cette croix que l'on porte et dépose les morts, et que le Curé vient les recevoir pour les porter à l'Eglise.

En 1826, à l'occasion du Jubilé, on plaça la croix qui se trouve à l'embranchement du chemin de Berre et de celui de *Puey*. La pierre qui la supportait fut faite aux frais de mon frère Alexandre Cauvin. A cette occasion Dom Toselli, curé de Scarena, y prêcha, monté sur une table appartenant à mon Oncle feu Jean Castel, que son Fils Sixte conserve encore. La Croix fut donnée par Jean-Honoré Camous, dit *bolacion*, mort en 1829.

En 1880 cette Croix étant à moitié détruite de vétusté, on en acheta une en fer, et on la plaça sur une colonne en pierre, faite et donnée par Barthélemy Thaon, dit *Général*: le piédestal sur lequel est gravé le millesime de 1826, et qui fut fait en cette même année, supporte cette colonne.

En 1850 Dom Guidi, Curé de Sclos, fit planter la Croix dite de la *Cuosta*, au bas de la montée de l'Eglise.

En 1865 on planta la Croix en fer, donnée par Joseph Cauvin, dit *fotte* sur le chemin du *Cluot*. Le théologien Asso, présentement Chanoine Curé de St François de Paul de Nice, y prêcha.

Visites pastorales à Sclos

La *première visite* pastorale à Sclos fut faite par

Mgr l'Evêque Colonna d'Istria, venant de Berre le 14 juillet 1823.

La *deuxième visite* fut faite par Mgr l'évêque Galvano le 1ᵉʳ juillet 1836, venant aussi de Berre. De Sclos il fit sa visite à Vernea puis à Contes. En retournant de Contes pour faire sa visite à Scarena, il passa par Vernea et Sclos. Les habitants de Vernea ayant à leur tête leur curé, Ange Camous, allèrent à sa rencontre en procession et l'accompagnèrent jusqu'au Vallon, *limite de leur paroisse*; la procession de Sclos y était aussi arrivée, celle de Vernea voulut franchir ces limites et traverser le vallon et accompagner l'évêque sur le territoire de la paroisse de Sclos ses habitants s'y opposèrent, et de là une bataille entre les deux procession. L'Evêque à cheval s'en étant aperçu, accourut pour les séparer, et y ayant momentanément réussi, congédia la procession de Vernea et continua son chemin par la colline de Raybert. (1)

Après le départ de l'évêque la bataille recommença entre les habitants des deux hameaux; ceux de Sclos postés sur les murailles des planches, repoussaient ceux de Vernea qui voulaient monter. Augustin Nuat qui était chargé de donner feu aux boites, accourut du haut de Raybert, tandis que l'évêque y montait, Jérôme Brocart alla arracher dans les vignes voisines une brassée d'échalas et les distribua aux Sclossiens pour leur servir d'armes: mais les Conseillers de Sclos s'opposèrent à ce qu'on en fît usage; ces Conseillers étaient Pierre Jean Giaume *santon*, Joseph Cauvin de la *Torre* et

---

(1) L'Evêque montait le mulet blanc d'un certain Gaudentius *Roger* de Scarena, conduit par son fils Antoine: comme il demandait à son conducteur si ce mulet pouvait le porter jusqu'à Scarena, celui-ci lui répondit que le mulet était si fort qu'il le porterait jusqu'au diable: *non voglio andare cosi lontano*, répondit l'Evêque.

Jean Bapt, Cauvin *de libac*, Les bannières des deux processions furent endommagées. (1) Arrivé à Scarena l'évêque fit mettre en prison Pierre Jean Giaume, premier conseiller de Sclos qui le premier s'était opposé au passage de la procession de Vernea ; mais il fut mis en liberté le lendemain.

La *troisième visite* fut faite par le même évêque Galvano, le 20 juin 1846 ; mais il se garda bien de donner occasion à un second conflit entre les deux hameaux.

La *quatrième visite* fut faite par l'Evêque Sola, le 24 Octobre 1859 ; le curé Dom Guidi lui fit une magnifique réception. Arrivé à la Valanca, venant de Berre Henry Cauvin, mon neveu, lui fit un compliment en vers latins qu'il avait composés lui-même, et que l'Evêque admira beaucoup. — *A lai giojai* Jean Cauvin, de Sclos Instituteur de l'Ecole centrale, le complimenta au nom de la population : Furent présents à la réception et au dîner chez le Curé, Barralis, ex-sindic de la ville de Nice, et Député à la Chambre de Turin, le Médecin Cauvin en uniforme de Capitaine de la Garde nationale, J. Bapt. Camous en celui d'officier et Barthélemy Cauvin en celui de Lieutenant : 15 soldats avec leurs fusils composaient la Garde d'honneur. (1)

A la fin du dîner Louis Castel, au nom des autres garçons confirmés fit à Monseigneur un compliment en vers niçois dont les finales étaient des mots latins,

---

(1) La bannière de Sclos était portée par Thérèse Raybaut encore vivante, Françoise Giaume et Madelon Cauvin.

(2) La Garde nationale de Vernea était aussi composée de 15 soldats ; celle de Contes de 30.

tels que *lux, vox, nex, nix*. (1) Et Joséphine Cauvin, ma nièce, au nom des autres filles confirmées, lui en fit un dans le même dialecte.

La *cinquième visite* pastorale fut faite par l'évêque Balaïn le 14 juin 1882, accompagné de son grand vicaire le chanoine Fabre. Venant de Berre il fut reçu à la Valanca par mon neveu Prosper Cauvin, assisté de ses deux sœurs Sixtine Orengo et Josephine Sauvet et de son frère Adolphe, les quels l'accompagnèrent jusqu'à l'église.

Arrivé à *lai giojai*, François Camous le complimenta au nom des fabriciens et de la population, et arrivé à la porte de l'église, à la suite de la procession, il fut complimenté par le curé Don Camous ; aux quels l'Evêque répondit. Le Grand Vicaire prêcha, et l'Evêque donna la bénédiction du S. Sacrement, c'était 7 1|2 du soir.

Le lendemain, 14 juin, confirmation et prédication par l'Evêque. Sur la porte de l'église il y avait l'inscription suivante suggérée par Hilaire Giaume de Sclos.

Tandem venisti tandem, pater optime,
Tandem venisti, sis benedictus. Amen.

Au grand diner que le curé donna, il y avait 15 convives : les enfants qui avaient été confirmés présentèrent à l'Evêque des bouquets et lui firent des compliments.

Dès ce même jour, avant de descendre à Vernea, l'E-

(1) Ceci me rappelle les deux vers que fit un jeune étudiant lequel ayant tiré sur le soir à un paysan une boule de neige, reçut de celui-ci un violent coup de bâton de noyer sur la tête. Averti par le médecin qu'il mourrait de sa blessure avant le jour, il expliqua son cas par le distique suivant :
Quem nive nocte peto, nuceo me stipite cedit,
Sic mihi, nix, nox, nux, nex fuit ante diem.

que visita la nouvelle chapelle *Saint-Sixte* que j'avais bénite la veille, et le Grand Vicaire visita celle de S. Antoine.

Aucun accident regrettable n'arriva dans cette visite, tout se passa dans l'ordre le plus parfait. L'évêque en fut très-satisfait. Il trouva les habitants de Sclos très-polis, gentils et religieux, supérieurs à bien d'autres populations, qu'il avait visitées, disait-il, en fait d'éducation et de civilité ; il n'avait eu une réception plus convenable et chaleureuse dans ses visites pastorales. Mme Sixtine Orengo, ma nièce, fut la marraine, et je fus le parrain des enfants qui furent confirmés.

Cimetière de Sclos

Avant que Sclos eut obtenu une Paroisse et un cimetière, c'était un grand inconvénient, souvent suivi de graves désordres, que de devoir porter les morts à Contes pour leur enterrement. Les morts étaient portés sur un brancard par quatre hommes qui recevaient six francs chacun, outre six francs pour la sonnerie des cloches et six francs pour le curé.

C'était la coutume des porteurs de s'arrêter, pour se reposer, à *las ajas*. à la fontaine dite pour cela encore aujourd'hui *fontaine des morts* dont les eaux ont été depuis quelque temps conduites sur la propriété voisine. Il arriva un jour que les porteurs du cadavre d'un certain Brocart dit *casal* de Sclos, s'arrêtèrent comme de coutume à la dite fontaine, et étant ivres renversèrent à terre le dit cadavre à la grande horreur des personnes présentes. (1)

(1) Comme ce Brocart mourut à l'époque que les fèves étaient encore tendres, et qu'il était avare, on dit à cette occasion *Casal a mangeat lu tastons* (jeunes fèves) *e non a begut lou vin, ma lu sièu porteurs n'an begut per eu.*

Ce scandale induisit Dom Jean Louis Giaume de Sclos, ex-religieux, qui habitait à la *Torre*, mort en 1807 à l'âge de 40 ans, de fonder une *Confrérie de Miséricorde*, dont le but était de porter les morts à Contes gratuitement, et pratiquer ainsi un acte de miséricorde. Cette Société n'admettait que des personnes sobres et honnêtes. Les premiers membres de cette Société furent Davic Castel, Jacques Giaume, Jean Castel dit *Conte*, et Giaume dit *soufla* et d'autres.

Le premier cadavre porté par la dite société de Sclos, fut celui de la femme d'Antoine François Camous dit *Conte* de Vernea. (1)

Cet acte de charité envers le cadavre d'une personne de Vernea induisit les habitants de ce hameau de fonder aussi eux, en 1840 une semblable Confrérie qui existe encore et qui prit le nom de Confrérie de S. Roch, dont l'office est de porter au cimetière le cadavre des membres décédés : ils portent une cape *(cappa)* noire.

A l'occasion de l'enterrement de la femme Camous susdite, Dom Giaume fondateur de cette Société, obtint de l'Eglise de Contes que le prix de la sonnerie des cloches et celui des honoraires du curé fussent réduits de la moitié. Voyez cimetière de Contes page 99.

Dès que Dom Mari eut pris possession de la nouvelle paroisse de Sclos en 1804, aucune personne de Sclos ne fut plus enterrée à Contes. Comme le cimetière de Sclos ne fut construit qu'en 1805, ceux qui moururent dans l'intervale, furent enterrés derrière

(1) L'escalier par où on la descendit de la maison était si étroit et si raide (il existe encore) qu'en descendant le brancard, le cadavre se renversa et alla frapper de la tête contre la poitrine d'un des porteurs, Jean Castel dit *Conte* de Sclos.

l'église au pied du clocher ; tels que Fabrice Cauvin, dit *fotte*, en 1804, et un enfant de Joseph Cauvin, dit *Giuseppin Peironnella*, âgé de 8 ou 9 ans, dont les dents bien conservées furent trouvées par Joseph Raybaut, maçon de Sclos, lorsqu'il fit la petite citerne pour le paratonerre en 1880.

Le premier enfant qui fut enterré dans le nouveau cimetière, y fut porté par le dit Dom Giaume, aidé de ses jeunes élèves, dont un était mon frère Alexandre Cauvin, qu'il engagea à imiter son exemple, leur enseignant en même temps qu'ils pratiquaient une bonne œuvre, une œuvre de miséricorde. Depuis lors les morts sont portés au cimetière par la population gratuitement. On portait d'abord les cadavres sur un brancard et on les couvrait d'un linceuil ; en 1848 on remplaça le brancard par une caisse avec son couvercle ; et tant avant qu'après 1848, on les enterrait toujours sans caisse. Ce ne fut qu'en 1860 qu'on commença à enterrer les cadavres dans une caisse ; la Commune fournit la caisse aux pauvres.

En 1869 le cimetière fut agrandi, une nouvelle porte en fer y fut placée ainsi qu'une croix en fer sur un pilier au centre du cimetière. A cette occasion j'achetai de la commune dans la partie ajoutée au cimetière à l'angle du mur sud-ouest, un lot de trois mètres carrés, pour le prix de deux cent francs, somme qui fut payée à la commune et enregistrée dans ses livres le 9 juin 1869 Folio 44, plus 8,80 pour l'enregistrement signé Richard. La concession de ces trois lots porte la date du 29 Mai 1869, vu et approuvé par le Préfet le 4 juin 1869.

A l'occasion de la mort de mon vénérable frère Dom

Sixte, ce lot fut entouré d'un mur et d'une grille en fer, et couvert. Mon frère Dom Eugène y fut enterré le 27 septembre 1875, et Dom Sixte susdit le 4 février 1880, ma place y est déjà marquée. Ce lot contient en outre les épitaphes de ma Mère morte le 2 Mai 1844 et de mon père mort le 7 septembre 1845, et une Inscription en mémoire de ma sœur Séraphine veuve Archini qui vit encore à Turin.

Inscriptions dans le Cimetière de Sclos

1.

Qui riposa
Margarita Cauvin
nata Castel
moglie e madre ottima
morta li 2 maggio 1844
d'anni 72
i tre figli preti D.D.
Sisto, Eugenio e Antonio
dolenti
posavano il 2 Agosto
1844.

2.

Qui riposa
Giacomo Cauvin
di fede ardente
di lavoro indefesso
morto li 7 settembre 1845
d'anni 78
i tre figli preti D. D.
Sisto, Eugenio e Antonio
dolenti posavano

3.

Ci-git
Eugène Cauvin curé
mort le 25 septembre 1875
âgé de 70 ans
requiescat in pace.

4.

A la mémoire vénérée
du prêtre charitable
Sixte Cauvin
Aumônier royal
décédé le 2 février 1880
âgé de 88 ans

5.

Ici repose
Thérésius Cauvin
enlevé prématurément
à l'affection
de son épouse et de ses deux enfants
regretté
de tous ses parents et amis
décédé le 27 novembre 1876
à l'âge de 36 ans
Eugénie
son épouse inconsolable
lui dédie ce modeste souvenir
priez pour lui.

6.

Al prete Antonio Castelli
morto li 30 aprile 1879
in età d'anni 73
pio, modesto, benefico,
uni alle virtu del ministero
evangelico
quelle del maestro dotto amoroso
piangono la sua perdita
i molti discepoli
da lui avviati
nei sentieri della scienza
e della pietà
il nipote inconsolabile
Giacomo Castelli
pose

7.

A la mémoire
de notre fille bien aimée
Pauline Pontier
née à Nice le 21 décembre 1860
décédée tragiquement à Sclos
où elle était institutrice
le 12 juillet 1880
laissant les parents inconsolables
regrets éternels
De profundis

8.

Ci-git
Trophime Cauvin
décédé le 20 mai 1858
Camous Catherine épouse Cauvin
née en 1800
décédée le 31 juillet 1882
De profundis

9.

Sacerdos Antonius Cauvin
natus die 23 aug. 1810
ultimo
Fundator et Rector per annos 23
Ecclesiæ Sanctæ Mariæ
ad Gratias
Hobocensis Civitatis
in fœderatis statibus
Americæ septentrionalis

ipse vivens sibi posuit
anno Dni 1884.

10.

à la mémoire de la pieuse dame
Séraphine Cauvin veuve Archini
née le 7 décembre 1807
qui a toujours porté l'amour le plus sincère et dévoué
à tous ses parents et à Sclos son pays natal
son frère le Rév. Antoine Cauvin
lui dédie ce souvenir
d'admiration, d'amour, de reconnaissance
en 1884

INSTRUCTION

Ecoles élémentaires privées.

Il parait qu'avant le 19ème siècle il n'y avait jamais eu d'écoles à Sclos, personne n'y enseignait à lire et à écrire, parce qu'il n'y avait pas de Curé ; les enfants devaient aller à l'école communale de Contes où il y a eu toujours de bons Instituteurs.

Lors de l'entrée des français dans le Comté de Nice en 1792, à l'époque que les couvents y furent supprimés, un certain Don Giaume Jean Louis, ex-religieux, fils d'Antoine François, s'étant retiré à Sclos dans sa propriété de la *Torre*, à l'endroit dit *beau plan*, se mit à instruire les enfants de Sclos, parmi lesquels il y eut surtout mon frère aîné Don Sixte, mon autre frère Alexandre, le Médecin Cauvin, le notaire Cauvin et Joseph Giaume, presque tous encore enfants, excepté ce dernier et Don Sixte. (1) A sa mort arrivée en 1807, Don Mari, curé de Sclos eut aussi une école privée, où il enseigna à lire, à écrire, et la grammaire Italienne. Les successeurs de Don Mari en firent autant pendant tout le temps de leur ministère, Don Pastorelli en 1819, Don Filippi en 1822, Don Guidi en 1850 et Don Camous en 1860. Celui-ci fut même chargé en cette année de l'Ecole communale de Sclos, et reçut un traitement du Gouvernement français.

(1) Dom Giaume aimait le bon vin et mon père lui ayant promis une dame-jeanne de vin *braquet*, lui envoya dire par son fils Sixte que le vin était prêt, le priant de lui envoyer une dame-jeanne pour l'y mettre La lui ayant envoyée mon père lui fit dire que cette dame-jeanne était plus grande que la sienne, et de lui en envoyer une plus petite; c'est, répondit Don Giaume, que l'on a soufflé dans ma dame-jeanne un peu plus que dans la sienne. C'est alors, dit mon frère Alexandre, qui n'avait que 7 ou 8 ans, que j'appris que c'est en soufflant dans le verre fondu qu'on fait les dames-jeannes et les bouteilles.

Après la chute de Napoléon en 1814 Louis Cauvin dit *fotte*, qui avait été chirurgien dans l'armée, de retour à Sclos, ouvrit aussi une école privée pour les garçons dans sa maison du *Cluot*. (1)

Ce Louis Cauvin était un homme de talent mais excentrique. Voyez sa biographie à la fin de ces mémoires.

En 1821 mon frère Don Sixte Cauvin pensa d'établir à Sclos une école d'enseignement mutuel, semblable à celle qu'il avait établie à Nice et dans quelques villes de la rivière de Gênes, et à cet effet il fit relever d'un étage la petite maison du *Cluot*, appartenant à mon père, et adopta le rez-de-chaussée pour une salle d'école; mais le Gouvernement ne l'approuva pas, parce que la charge du curé, qui en devait prendre la direction, était incompatible avec celle d'Instituteur communal. Cette petite maison qui a été agrandie en 1870, a servi jusqu'à présent pour l'école communale de Sclos.

C'est alors qu'en 1822 Don Filippi, curé de Sclos, se plaignant qu'il n'avait pas d'élèves, Don Sixte lui écrivit de Monaco, où il était aumônier royal de la garnison Sarde, de prendre pour élèves Amboise fils de Pierre Antoine Castel, André fils de Jean-André Brocart, le fils de la veuve Thérèse Castel, et son propre frère François Cauvin, et qu'il se chargeait de payer lui-même les mois d'école de ces quatre garçons.

---

(1) Il y avait dans cette école, à cette époque, quatre garçons nommés *Antoine*; pour les distinguer il appelait Antoine *le long*, mon cousin Don Castel mort en 1879. Antoine *le petit*, c'était moi-même; Antoine *de Guesa*, fils de Agnès Cauvin dite *fotte*, qui devint pharmacien, mort en 1857, et Antoine *de Gisches*, fils de Jacques Cauvin dit *frussa*, mort en 1881.

De ces quatre *Antoine* je suis le seul en vie. *Deo gratias*.

Ecoles d'adultes.

Dans les années 1831 et suivantes, il y eut à Sclos, outre l'école de Don Filippi, deux écoles *de soir gratuites* pour les adultes. La première fut celle de mon frère Alexandre Cauvin. Ayant passé quelques mois à Nice avec moi pour se perfectionner dans l'étude de l'*Arithmétique pratique*, il l'enseigna à plusieurs jeunes gens de Sclos, entr'autres André Cauvin, maître maçon, Paul Cauvin, Pie Cauvin, Jacques Castel, Calixte Castel, Barthélemy Giaume dit *santon*, Camille Giaume, Jacques Raybaut, Louis Raybaut, Victor Castel, Victor Cacciardi, rendant ainsi un grand service à la jeunesse de Sclos qui lui en a été toujours reconnaissante. (1)

La seconde école du soir fut celle de Sixte Castel dit *Conte* qui vit encore, le quel enseignait aux jeunes gens et aux enfants dans sa maison de *sobre lo Castel*. Il appelait les élèves avec un cor de chasse. Il avait fait ses études à l'école communale de Contes où il allait tous les jours avec son frère Victor.

Ecole centrale.

En 1850 une *Ecole centrale* pour Sclos et Vernea fut établie par la commune de Contes. C'est Don Camous dit *pregaïre* de Vernea qui en fut le premier Instituteur, et qui tint l'école dans sa propre maison située à *Mazin*, territoire de Sclos.

Cinq ans après Jean Cauvin dit *fotte* de Sclos fut le deuxième instituteur de cette école centrale, qui alors

(1) On n'enseignait pas alors l'arithmétique dans les écoles publiques élémentaires, et tel qui était déjà dans sa troisième de latin n'avait pas appris à faire une addition.

fut établie dans la maison de Gasiglia sise à Raybert, territoire de Sclos, vis-à-vis le moulin à huile de Vernea. Ses successeurs furent après cinq ans.

  Faraut, père, de Scarena jusqu'en 1864
  Giacobelli   «   1866
  Cauvin du Touet-Scarena   «   1869
  Mari   «   1872

Ecole mixte à Sclos.

En 1871 une école mixte fut établie à Sclos et une à Vernea. Les instituteurs de l'école mixte furent :
Melle Faraut Laurence de Scarena nommée en Octobre 1871.
 « Gaber Emilie de Saorgio en septembre 1872
 « Dalbera Josephine de Peille en sept.   1873
 « Passeron Anaïs de S. Laurent du Var en octobre 1876
 « Amicy Madeleine en Avril   1877
 « Pontier Pauline de Nice en octobre   1879
Mr Baudoin Michel de la Roquette du Var en Octobre 1880
 « Sativo Romuald de Rocabillière en décembre 1883.

Ecole secondaire, Supérieure.

Sclos a eu pendant plusieurs années, depuis 1861 à 1878 une ressource en fait d'instruction qu'aucune commune des environs n'a jamais eu. C'est l'école tenue par Don Antoine Castel mon cousin, qui s'était retiré dans sa propriété de Sclos, *sobre lo Castel*, où il continua à tenir des pensionnaires et des externes qu'il instruisait dans le latin, l'italien, le français et les autres branches d'instruction avec beaucoup de succès, et dont on compte par douzaines ceux qui sont devenus avocats, médecins, ingénieurs, avoués, prêtres etc... Voyez sa *biographie*. On peut voir encore sur la maison qu'il fit bâtir au *Castel*, écrite en lettres de fer sur la porte, cette légende, *hic magister docebat*.

Ecole de musique vocale et instrumentale.

Il y avait à Selos au commencement de ce siècle, trois personnes qui savaient la musique, Joseph Cauvin dit *frussa* de la *Torre*, Jacques Giaume dit *santon* qui jouaient du violon, et le chirurgien Cauvin dit *fotte*, qui jouait de la mandoline.

Plein chant. Joseph Cauvin susdit savait le plein chant et était le premier chantre de l'église ; le médecin Cauvin avait une belle voix, mais il ne restait pas toujours à Selos. Pendant les vacances de 1827 à 1831 j'enseignai les notes et le plein chant à Sixte et Victor frères Castel, dits *Conte*, François Giaume, Jean Albin, Marcellus Giaume, Barth. Cauvin dit *fotte* et Pierre Brocart dit *juge*. Ceux-ci encouragés par Don Filippi curé, commencèrent à chanter très-bien des messes et les vêpres.

Quant aux *filles*, ce fut Françoise Hugues, ma tante, qui leur enseigna à chanter des cantiques à l'église, et ce fut sous Don Filippi que les filles commencèrent à chanter les versets du Magnificat à vêpres, alternativement avec le chœur des hommes ; et qui plus tard sous Don Guidi et sous Don Camous curés, apprirent à chanter les messes de mort, l'absoute, le Tantum ergo, le Te Deum et des motets pendant la messe.

En 1853 Don Guidi, qui est musicien, enseigna la *musique vocale* à une dizaine de jeunes gens adultes. Ils commençaient déjà à chanter des messes ; mais ils se lassèrent bientôt, excepté J. Bapt. Nuat, aujourd'hui maréchal des logis en retraite, mais il dut aller au service en 1858.

En 1854 Don Guidi enseigna la musique à François Camous dit *labicol*, alors âgé de 9 ans, mais celui-ci dut quitter en 1855 pour aller à l'école ; il revint deux ans après, apprit de Don Guidi à toucher du piano et de l'orgue et jouer du violon.

En 1868 François Camous susdit, et Oscar Giaume, dit *santon*, organiste de Ste Hélène, qui avait aussi appris la musique à Nice, conçurent le projet de former une musique à Sclos ; leurs élèves furent Joseph Giaume, Séraphin Giaume, Désiré Castel et Pierre Cauvin, ce qui faisait un orchestre de six.

Ces messieurs avaient pour instruments : Giaume Oscar la flute, Camous François le violon, Giaume Joseph le violon, Castel Désiré le trombone, Nuat J. B. le violon, Giaume Séraphin le piston, Cauvin Pierre le violoncelle. Deux quittèrent ensuite le pays, Giaume Séraphin et Pierre Cauvin. (1)

Orphéon. En 1875 François Camous conçut le projet de former un petit orphéon à Sclos, et à cette fin il enseigna la musique vocale à ceux qui avaient une belle voix ; ce qui lui donna beaucoup de peine et qui lui vaut les éloges et la gratitude du pays. Ces chantres sont : Camous François directeur, Castel Louis dit *Conte*, Cauvin Joseph dit *préfet*, Delserre Ange 1. tenor,

---

(1) Le célèbre violoniste Paganini mourut à Nice le 27 Mai 1840. Son corps resta au Lazaret de Villefranche jusqu'en 1844.

Cauvin Joseph 2. tenor, Castel Sixte dit Conte basse, Garuzzo Barth. basse, Thaon Séraphin, Baillet Jérôme Camous Jacques décédé, et Cauvin Titus qui a quitté le pays.

INDUSTRIE

Chaux hydraulique
Briqueterie } *Voyez page 109.*
Tuilerie

AGRICULTURE

Voyez pour ce qui regarde Sclos la 1re partie, pages 111 à 140.

L'Agriculture est une profession d'autant plus noble qu'elle est plus ancienne ; elle date du commencement du monde. Dieu lui-même fut le premier agriculteur ; il planta le Paradis terrestre, en donna le soin à l'homme, et voulut, après sa chute, qu'il cultivât la terre pour pourvoir à sa subsistance. Les Patriarches, les rois et les grands de l'ancien testament furent tous agriculteurs.

C'est donc une profession honorable que celle d'Agriculteur, et si honorable que *Stercutius*, fils de Fan, roi d'Italie, pour avoir enseigné à fumer la terre, en reçut le surnom, (*stercus* fumier), et fut placé parmi les Dieux. Les noms de *Fabius*, *Lentulus* et *Ciceron* pour avoir enseigné la culture des légumes de noms semblables (*faba* fève, *lenticula* lentille, *cicer* pois-chiche), reçurent de ceux-ci leur nom.

Xénophon nous dit que Cyrus, roi de Perse, labourait lui-même un champ, plantait des arbres et en prenait le plus grand soin. Un jour qu'il montrait à l'ambassadeur des Lacédémoniens ses trésors, il lui dit qu'il se glorifiait plus d'être un bon agriculteur que de posséder toutes ces richesses.

Le fameux législateur Lycurgue ordonna que les champs laissés incultes fussent vendus avec leurs propriétaires négligents, afin qu'ils fussent cultivés par d'autres. Et Numa-Pompilius, second roi de Rome, réussit par le moyen de l'agriculture, à rendre ses sujets amateurs de la paix et plus doux, tellement que pendant quarante ans consécutifs les Romains vécurent en paix avec leurs voisins, qui les avaient imités en s'adonnant aussi eux à l'agriculture : et depuis lors telles furent l'ardeur et l'estime pour l'agriculture que pour pouvoir aspirer à une dignité parmi les Romains, il fallait avoir le visage bruni par le soleil et les mains rudes avec des calus endurcis par le travail. Tel devait être ce *Cincinnatus* que l'on trouva presque nu, labourant son champ, lorsque le Sénat vint lui annoncer sa nomination à la Dictature ; tel ce *Saranus* qui semait ses terres lorsqu'on lui annonça son élévation au Consulat ; tel ce *Curius Dentatus*... Et le grand Scipion l'Africain, et l'empereur Dioclétien n'abandonnèrent-ils pas l'empire pour s'adonner à l'agriculture ? Et tous ces grands savants qui ont écrit sur l'agriculture le grand Caton, Marc-Varron, l'empereur Constantin, Virgile, Columelle, Pline, Palladius, parmi les Romains, etc.

Après tout ceci dira-t-on que la profession d'agriculteur n'est pas honorable, et la quittera-t-on pour chercher ailleurs une occupation meilleure, un emploi plus distingué ? Un agriculteur dans sa maison, au milieu de ses champs, est l'homme le plus indépendant que je connaisse. Il n'a personne au dessus de lui qui le commande, qui le gêne ou le gronde dans ses opérations, dans sa vie. Qu'il n'ait pas d'ambition, qu'il se contente du fruit de ses travaux, du produit de sa terre, et il sera un homme heureux et estimé de tous.

Importants conseils aux Agriculteurs.

Evitez les procès comme la peste ; quand on plaide on ne gagne pas toujours ; il en coûte toujours cher, même quand on a raison. Rappelez-vous le proverbe : *Vau mai un arrangiamen maigre che una sentensa grassa.*

N'écoutez pas l'homme de loi qui vous conseille de plaider contre votre parent ou votre voisin ; lui seul y trouve son profit. Toute personne qui se trouve enferrée dans un procès, ne fermera pas avant dix ans la brèche faite à son patrimoine.

Engagez votre adversaire à faire décider vos différents par un arbitre sage et entendu, choisi de commun accord. A défaut rapportez-vous-en au juge de *paix* dont la principale mission consiste à concilier les parties, ainsi que son nom l'indique, et n'allez pas plus loin.

Ne vous entêtez pas, l'entêtement est le fruit de l'orgueil, et l'orgueilleux est haï de Dieu et des hommes. Le proverbe dit : *Cu fa de testa, paga de borsa,* on peut y ajouter, *e de tem, d'onor e de tranquilità.*

Dans toutes vos affaires soyez juste et appliquez-y cette maxime qui devrait être la règle suprême de tous les actes de la vie : *Ne fais pas aux autres ce que tu ne voudrais pas qu'on te fît.*

Culture de l'Olivier. (Voyez page 111).

Comme l'huile est la principale ressource de Sclos, il importe de bien cultiver l'Olivier, et surtout de ne pas imiter ceux qui abattent cet arbre précieux, pour planter à sa place des vignes ou d'autres arbres. Détruire d'un coup de hache un arbre qu'il a fallu un ou deux siècles pour lui donner l'ampleur et la force productive qu'il a, c'est inadmissible.

Si la récolte d'olives n'est plus ce qu'elle était du temps de nos péres, faute de pluies régulières, qu'on pense que, outre que les saisons changent, ce peut bien être notre faute. Qu'on n'oublie pas le principe des Romains dont j'ai parlé à la page 115; il faut labourer les Oliviers, les fumer, et surtout les élaguer souvent et les *emmotà* lorsqu'il en est besoin. *Qui laborat orat, qui stercorat obtinet, qui recidit compellit.* Ce qui est aussi exprimé dans les vers suivants d'Ugolin Costa :

Judicium pacis præstat tibi Palladis arbos,
Innumeris confert usibus, atque cibis,
Fœcundam faciunt incisio, stercus, aratrum,
Nulla capræ morsu res inimica magis.

Ce furent les Athéniens qui les premiers cultivèrent l'olivier, et firent le commerce de l'huile. (1). Les Ro-

(1) Le premier Roi d'Athènes pour induire les Grecs à cultiver l'olivier, leur raconta la fable suivante. Il y avait dispute entre Neptune et Minerve (dieux de la fable) à l'égard du protectorat d'Athènes, lorsque Jupiter (le Roi des dieux) y mit fin en décrétant que celui des deux qui aurait procuré le plus grand bienfait à la ville, en serait le Protecteur. Neptune frappa avec son trident la terre et en fit sortir le cheval, ou comme veulent d'autres, frappa le rocher du Temple et en fit jaillir une source d'eau vive, et de plus mit à portée de la ville la mer avec un port sûr. De son côté Minerve d'un seul coup de sa magique lance sur le même rocher en fit naître l'Olivier, que Jupiter jugea de plus grande utilité que le cheval et l'eau ; parce que cet arbre est le symbole de la paix, pendant laquelle les villes fleurissent et prospérent; tandis que le cheval et les ports de mer où se réfugient les vaisseaux, indiquent la guerre par laquelle les villes sont détruites.

mains s'apperçurent un peu tard de leur erreur en ne cultivant pas cet arbre précieux ; car on sait qu'en l'année 505 de la fondation de Rome, (248 ans avant J.-C.), une livre d'huile valait à Rome douze as (2) ; mais en 680 on avait dix livres d'huile pour un as, tant les Romains avaient cultivé l'Olivier dans l'espace de 175 ans, de sorte que 22 ans après cette époque, du temps du grand Pompée, on envoyait de Rome l'huile dans les provinces ; quoique les Romains fissent alors une grande consommation d'huile pour la cuisine et l'éclairage, ainsi que pour s'oindre le corps avant de s'engager dans la lutte ou les batailles, instruits en cela par l'adroit général Carthaginois, lequel la première fois qu'il eut à combattre les Romains sur la rivière Trebbia, fit oindre d'huile ses soldats, afin que dans la saison froide, leurs membres fussent dégourdis par la chaleur de l'huile, et rendus agiles à combattre les Romains sur lesquels il remporta une grande victoire. C'est à cette occasion que Dante a dit :

Qual solean' i campion, far nudi ed unti.

L'empereur Auguste ayant demandé à un vieillard qui vivait depuis plus de cent ans, quel régime il avait suivi pour vivre si longtemps, il lui répondit, *en oignant*

Cette fable non seulement excita les Athéniens à cultiver l'Olivier, mais par de sages lois ils punirent les négligents, et défendirent de couper ou maltraiter l'Olivier, comme chose sacrée, maudissant ceux qui le feraient ; malédiction que craignirent leurs ennemis même, les Lacédémoniens, lesquels dans la guerre contre eux, coupèrent les autres arbres et respectèrent l'Olivier.

Les Athéniens avaient tant de vénération pour l'Olivier du Temple, qu'à l'exemple de Minerve qui s'en avait orné la tête, ils couronnaient de ses branches les vainqueurs dans leur triomphe et, comme don précieux, ils en donnaient un rameau à celui qui avait rendu un service insigne à la Ville.

(2) *As*, livre romaine, morceau de cuivre pesant douze onces, qui était la première monnaie des Romains jusqu'à la première guerre punique (264 ans avant J. C.) et s'appelait *as grave* à cause qu'il se donnait au poids. *L'as, ou libra* fut ensuite divisée en onces, et il y avait des *as* d'une once, de 2 onces, de 3 onces...... l'as de 12 onces était appelé *libra*.

mon intérieur de miel, et mon extérieur d'huile. (1).

Valeur des terres complantées en Oliviers,

Dom Bonifassi dit qu'en 1826, dans les environs de Bellet, commune de Nice,

1 sétérée et 10^m de 40 oliviers fut payée 510 francs.
4 « et 9^m de 55 « « 1100

Ce qui revient à 17 fr. par Olivier.

Et il dit que d'après un calcul fait, une sétérie d'Oliviers comprend 25 oliviers, en leur donnant un espace de 900 pieds carrés savoir, en les plaçant, comme ils le sont communément, à 30 pieds de distance de chaque côté.

Culture du cyprès

Ce qui a toujours été particulier à Sclos, c'est la culture des Cyprès; cette culture date de bien loin.

Antoine Cauvin, dit *brigadier*, mon grand père, mort en 1797, et son voisin Fabrice Cauvin dit *fotte*, mort en 1804, furent les premiers à cultiver et planter des cyprès à Sclos.

Le premier en planta devant sa maison du *Cluot* et sur le bord de sa propriété le long du chemin du *Serre* et de celui qui conduit à *la Poula*; et Fabrice en planta devant sa maison et le long du sentier qui conduit dans le *plan* au chemin communal de Ste Hélène. Tous ces cyprès ont été d'un grand service au pays pour la construction et réparation des maisons de Sclos.

Les plus gros cyprès de Sclos furent, d'abord celui qui était situé près du réservoir au bas de la propriété

---

(1) Le miel est un aliment très-saint : aussi les savants Pytagoriens faisaient-ils leur repas ordinaire de miel étalé sur le pain. Athénée raconte que les fêtes de Cérès s'approchant, les femmes prièrent un vieillard décrépit qui était sur les bords de sa fosse, de prolonger sa vie afin de ne pas troubler ces fêtes par sa mort. Pour leur plaire il se fit apporter un pot rempli de miel dont il mangea jusqu'à ce que les fêtes fussent finies, et tant qu'il y eut de miel dans le pot.

que Joseph Camous dit *labicol* avait achetée de François Giaume dit *fournier*, et que le médecin Cauvin acheta ensuite de lui. Ce fameux cyprès fut acheté en 1836 par Jean-Baptiste Nuat qui le fit scier en deux parties longues de huit mètres et dont il fit quatre poutres.

Le second est celui de *Sipieras* qui appartenait à Ghis, père de Mme Declou, auquel on avait laissé toutes les branches jusqu'à terre, et sur les quelles les enfants se cahaient et se couchaient. — Le troisième cyprès que nous appellions le *gros cyprès*, était planté sur l'aire de Fabrice Cauvin au *Cluot*. Ce cyprès fut abattu en 1855 et partagé entre ses héritiers. Probablement ce cyprès avait été planté par Jean Antoine Cauvin, père du dit Fabrice.

Ceux qui ont suivi l'exemple de nos aïeux dans la culture du Cyprès furent Ignace Giaume du *Serre,* mort en 1873 âgé de 70 ans, personne intelligente, active et laborieuse, qui en planta sur le *Serre* le long du chemin et en vendit plusieurs aux habitants de Sclos. — Honoré Cauvin mort en 1871, qui en fit une pepinière de dix mille audessous de sa maison, dont une partie fut achetée par le notaire Cauvin et par le médecin Cauvin. — Alexandre Cauvin, mon frère mort en 1873, qui lui aussi en fit une grande pépinière dans sa propriété de *Sipieras*, et qu'il vendit dans différents endroits, surtout à Contes. (1) Et c'est moi qui en 1874 fis planter les Cyprès dans le parc audevant de ma maison de Sclos au *Cluot*.

(1) C'est lui qui en 1848 fit planter les nombreux cyprès qui se trouvent dans ma propriété des *Plaines* à Castagniers, dont les graines furent prises aux vieux cyprès qui étaient plantés audevant de l'Eglise Ste Hélène, et auxquels j'en ai ajouté plus de douze cents que j'ai semés et cultivés moi-même.

La culture du cyprès n'est pas à dédaigner. Si les cyprès sont plantés dans une bonne terre, surtout aux bords des rivières, sources ou canaux d'eau, il croissent vite et en vingt ans ils valent vingt francs pièce: c'est un produit d'un franc par an. Le cyprès n'exige aucune culture, excepté de couper une partie de ses branches à mesure qu'il croit; ses racines ne s'étendent pas au loin, leur étendue est en proportion de celle de ses rameaux.

Les anciens Grecs, quand il leur naissait une fille, faisaient planter autant de cyprès qu'il fallait pour lui constituer une dôt, après vingt ans, avec le prix de leur vente. Les Italiens les imitèrent en plantant des peupliers à la même fin.

Le cyprès par son odeur et durée est un arbre remarquable; il est incorruptible et perpétuel, il équivaut aux cèdres du Liban. (1) Voilà pourquoi les portes et fenêtres du fameux Temple d'Ephèse, et les idoles des payens étaient faits en bois de Cyprès, (2) Demandez aux

(2) Les Pytagoriens ne se servaient pas, par respect, du bois de cyprès, parce qu'ils disaient que le sceptre de Jupiter était fait de ce bois. Le cyprès fut consacré à Pluton, parce que une fois coupé il ne pullule pas comme il arrive à l'homme lorsqu'il meurt. Comme c'est un bel arbre qui ne produit aucun fruit, il est le symbole de l'homme qui parle bien et beaucoup, mais ne dit rien de concluant.

(1) Les cèdres croissent dans les régions chaudes, surtout sur le mont Liban et l'Atlas; il y en a qui ont de 25 à 30 mètres de hauteur sur 4 ou 5 de circonférence. — Le cèdre est comparé par le Psalmiste à l'orgueil que Dieu brise, comme il brise toute hauteur qui s'élève: *vox Domini confringentis cedros Libani.*

Le cèdre est d'une durée presque éternelle; coupé son bois est incorruptible, et conserve toujours son odeur; les anciens s'en servaient pour conserver les corps des morts. Il est le Hiéroglyphe de l'Eternité; on dit de celui qui parle de choses d'éternelle mémoire *loquitur dignacedro*; c'est de ce bois que fut fabriquée l'Arche du vieux Testamment.

A Rome on faisait avec ce bois les fameuses tables de cèdre, *mensae cedrinae*, de quatre pieds de large, montées sur des pieds d'ivoire; et elles étaient d'une telle valeur qu'on les échangeait contre des propriétés ou des perles, contre leur poids en or, à cause de la variété et beauté des linéaments et des veines qu'on y voyait, comme nous voyons dans celles faites des racines du noyer et de l'olivier: telles étaient les deux tables de Giubba, roi de Mauritanie, celle de Cicéron, et celle si renommée de Tibère César.

vieux maçons ce qu'ils pensent du Cyprès pour les bigues et les boulins de leurs échafaudages, ainsi que les poutres des planches et des toitures ? Ils vous répondront que le bois de cyprès résiste sans se rompre sous des fardeaux énormes, qu'il ne pourrit pas dans la construction, et que les vers ne l'attaquent jamais. — Aujourd'hui on s'en sert pour faire des bois de lit et des caisses pour les préserver des punaises et des vers. Il est insecticide.

Un autre avantage des cyprès c'est qu'ils sont un préservatif contre la chute du tonnerre : l'expérience l'a prouvé à Sclos, lorsqu'après avoir abattu les six vieux cyprès qui étaient plantés audevant de l'Eglise Ste Hélène, le tonnerre tomba deux fois sur l'Eglise, où il n'était jamais tombé de mémoire de nos aïeux. Nos pères le savaient bien, aussi avaient-ils entouré leurs habitations de cyprès. — La fumée du bois de Cyprès est excellente contre la peste : ses noix brulées chassent les cousins ; pilées et mélées avec du vinaigre elles noircissent les cheveux.

Cependant le Cyprès est un arbre sinistre ; il servait anciennement à bruler le bûcher des défunts ; on en plaçait des rameaux à la porte des maisons où quelqu'un venait de mourir, et on les plantait, comme on les plante encore aujourd'hui, dans les cimétières. Il servait aussi à la construction de la potence.

Flebat adhuc mœrens cervo Cyparissus adempto
Quum sua conspexit cortice membra tegi

PRODUITS

Huile. J'ai dit à la page 141 que, selon Don Bonifassi, il n'y a eu dans l'espace de 33 ans, de 1795 à 1828 dans la commune de Contes, seulement que trois bonnes récoltes d'huile. Ce sont :

Celle de 1795, année du *maximun* ; l'huile de cette année fut calculée à 80,000 rubs. (En 1807 on aurait eu dans la commune 40,000 rubs d'huile ; mais à cause du *Kaïron* on en eut à peine 10 ou 12 mille rubs.)

Celle de la floraison de 1819 qui fut en grande partie perdue par le froid rigoureux du 11 au 15 janvier 1820 qui brûla les olives.

Enfin la belle et magnifique floraison de 1827, suivie d'une abondante récolte d'huile en 1828 ; mais les huiles se vendirent à un prix si *minimum* que cela ne s'était vérifié depuis plus de 60 ans. L'huile provenant des olives *gaulées* en mai se vendit à 5 francs le rub, et de celles *tombées* de 3, 50 à 4,50.

Vin voyez page 145 — *Blé* 146 — *Haricots* 149 choux 150.

Fèves 151 (1) *Féveroles*, En 1838 mon père qui à Monaco avait mis quelques féveroles dans sa poche, en perdit apparemment une dans sa terre du *plan* au *Cluot* laquelle produisit 277 féveroles. Il en a été de même d'une plante d'orge, née par hasard dans un jardin,

---

(1) On sait que c'est de la fève que prit le nom de cette famille si honorable et guerrière des *Fabius* romains, dont Pline dit que dans une défaite qu'eurent les Romains dans la guerre avec les Veïens, il mourut 300 de cette seule famille (477 ans avant J. C.)

Sum faba : si docti me damnant Pytagorei.
At magis Fabiis nomina tanta dedi.

qui a produit *cent* épis, les quelles ont eu en moyenne 15 grains chacun : 1500 grains d'orge d'une seule plante. *Don Bonifassi*. Voilà ce que peuvent produire les graines dans un terrain fertile et bien cultivé.

MÉTÉOROLOGIE

Voyez dans la 1er partie ce qui regarde Sclos.

Sécheresses	pages	168 et 169
Pluies	»	169, 172, 173
Froid	»	176, 177, 178, 179
Neige	»	179
Grêle	»	179, 180
Tremblement de terre	»	186, 188, 189
Peste	»	189, 191, 194
Epidemie	»	196, 197, 198, 199
Famine	»	200, 201, 203, 204

HISTOIRE

Sac de Sclos en 1792.

Les français après avoir occupé Nice le 30 septem-1792, placèrent en Novembre 2000 hommes de troupes entre Scarena, Berre, Contes et Coarazza, (voyez page 52). Manquant de vivres ils vinrent à Sclos chercher des bestiaux, et s'emparèrent des deux vaches appartenant à *Peironella* Veuve Cauvin (morte en 1819 agée de 60 ans). Telles furent les plaintes et les cris de cette femme, que les habitants de Sclos vinrent à son secours et chassèrent les soldats leur empêchant d'emmener les vaches. Le lendemain on envoya à Sclos un peloton de soldats avec ordre de mettre le hameau de Sclos à sac et d'y prendre toutes les provisions qu'ils y trouveraient. Ils commencèrent par s'emparer des deux vaches de la susdite *Peironella*, mais ils ne purent en trouver d'autres, parce que les habitants les avaient cachées dans les bois, dans des cavernes à *Roquier* et dans d'autres endroits.

Ils firent main basse sur les poules. A *Lambert* un des frères Giaume *santon* voulant sauver les siennes qui étaient en vue sur un hangard, leur tira une pierre pour les en chasser; mais cette pierre coupa la tête à une d'elles; les soldats la prirent disant: *bon chasseur!* Etant entrés dans la maison de Catherine Massa dite *Casala* du *Serre*, ils n'y trouvèrent rien, mais en sortant un soldat ayant apperçu une poule juchée derrière la porte s'en empara: aux cris de *Casala* les voisins accoururent et elle frappa un violent coup de bâton de prunier sauvage sur la tête du soldat; ce qui lui fit couler le sang et beaucoup de mal. Le capitaine à qui il s'en plaignit à son retour, lui dit : *tu as chassé les poules, et ils ont chassé toi.*

Les soldats visitèrent toutes les maisons de Sclos qu'ils trouvèrent ou dépourvues de toute espèce de provisions, ou fermées, mais dont les personnes qui l'occupaient leur jetèrent de la fenêtre du pain, des fromages, des *tomettes* pour s'en débarasser. Ils furent plus heureux chez les frères Cauvin prêtres à *Libac*. Marianin Berti de Scarena, épouse de Joseph leur neveu, fils de Charles leur frère, qui était au service de l'armée Sarde, étant devenue la maîtresse d'un officier français à Scarena (1), leur désigna la maison des susdits prêtres Cauvin, comme renfermant un gros butin ; ils y allèrent et s'emparèrent de tout le *damas*, qu'ils vendirent à Scarena.

Tandis qu'un de ces soldats était sous un mur pour satisfaire à un besoin naturel, *Franson* Camous dite *Sella*, sœur de Jean Honoré Camous, dit *bolacion*, morte en 1854, à l'âge de 84 ans, lui jeta sur la tête une grosse pierre (*lausa*) qui causa sa mort trois jours après. On voulut punir plus sévèrement les habitants de Sclos ; mais par l'influence d'un des susdits frères Cauvin prêtres, auprès de l'officier supérieur qui commandait les troupes françaises à Contes, le châtiment n'eût pas lieu, et les soldats envoyés de Berre, qui étaient déjà à la Colle de l'Olivier, s'en retournèrent.

Ce fut pendant ce pillage que les soldats français, passant devant l'église de Ste Hélène, lui tirèrent deux coups de fusil, dont on voit encore les trous faits par les balles à la porte de l'église, et au tableau de St François de Sales, placé derrière le maître autel dans le chœur, qu'elles endommagèrent.

Cherté des vivres en 1795.

La présence en 1795 des troupes françaises entassées dans le Comté de Nice, jointe à la modicité de deux récoltes consécutives, amenèrent le manque de subsistances surtout dans le bas Comté. Le prix des denrées

(1) Elle en eut une fille *Madalin* qui épousa un de Coarazza, du *Ponté*, laquelle mourut dans la misère chez Castel *Rodé* de la Poncia, au pont de Peille.

devint exorbitant. Une charge de blé se vendait jusqu'à 120 fr. en *numéraire*. Le seigle valait 21 fr. le sétier. A Nice la population fut mise à la ration, et on ne donnait qu'une livre de pain très-mauvais à la fois aux personnes qui payaient comptant. Louis Raybaut dit *bronzo* qui allait à Nice acheter des provisions pour Dom Giaume de la *Torre*, paya six francs 4 livres de morue. Ce furent des bâtiments grecs qui portèrent du blé à Nice, auxquels on le paya très-chèrement.

Eboulement de la Colline de Lizières en 1796.

Nous avons vu page 172 que ce fameux *éboulement* eut lieu le 3 Février 1796. Mon père et ma mère étaient tous les deux dans leur propriété de *Fournier*. A son retour au *Cluot* ma mère observa que l'eau du vallon de *Cuegne* était trouble, et voilà que quelques heures après toute la Colline de *Lizières* glissa sur son sol et s'amoncela au bas sur le vallon qu'elle remplit, et forma un étang (*luona*) du côté de *Sipières*.

Ce même jour on célébrait au *Castel* dans la famille de Jean-André Castel, frère de ma mère, le baptême de son fils Jean dit *poulon*, qui avait été baptisé la veille à Contes, et au bruit sourd que les convives entendirent du côté de *Lizières*, ils y accoururent pour en connaître la cause. Mon frère aîné Dom Sixte, qui n'avait alors que trois ans et demi, se souvient d'avoir vu les arbres marcher, dit-il, comme s'ils étaient des hommes.

Le lendemain de ce jour les frères Cauvin prêtres, de *Libac*, devaient avoir dans leur maison un grand dîner, auquel étaient invités plusieurs autorités de Nice ; mais ils furent assez heureux de sauver leur vie. L'un deux se trouva en présence d'une grande crevace, laquelle heureusement se retrécit, et il put sauter de l'autre côté et se sauver. Ce fut après une pluie continuelle de douze jours et demi que cette avalanche eut lieu, me disait mon père, — La propriété qui souffrit le plus dans l'éboulement de cette Colline de *Lizières*, fut celle des susdits frères Cauvin prêtres, laquelle était la plus belle propriété de la Commune de Contes. On y recoltait mille rubs d'huile, et elle était divisée en vignobles, plans d'oliviers, champs de blé et en terre arrosable, avec des avenues d'arbres fruitiers, des saules pleureurs dits babiloniens, et d'arbres d'ombrage ; il y avait aussi une belle et vaste habitation avec sa chapelle. Mgr l'Evêque Valperga qui la visita, dit que cette propriété lui rappelait les villas des Seigneurs du Piémont ; il était Piémontais.

Un autre *Eboulement* eut lieu en 1802 sur la route de Scaréna, vis-à-vis l'Eglise de Ste Hélène. Voyez page 172.

Pie VII en route pour Tende en 1809.

En 1809 le 11 Août lorsque le Pape Pie VII, prisonnier de Napoléon, partit de Nice pour Tende, presque tous les habitants de Sclos et des environs, se portèrent sur la route de Turin à son passage pour recevoir sa bénédiction. Ils allèrent surtout à Scarena où il s'arrêta dans la maison Audiffret et d'où il donna sa bénédiction à la foule. Ce fut une joie extrême, une dévotion, un enthousiasme sans exemple. Chacun se glorifiait du bonheur d'avoir vu le Pape et reçu sa bénédiction. Voyez dans Durante III page 361 la description qu'il fait de l'arrivée et du séjour de Pie VII à Nice et de son départ. Il dit que partout dans les montagnes des Alpes-Maritimes Pie VII fut l'objet de la plus grande vénération, partout les habitants des villages circonvoisins se portaient en masse sur son passage, arrêtaient sa voiture et demandaient sa bénédiction ; depuis le fond des vallées jusqu'au sommet des montagnes Sa Sainteté eut pour escorte l'entière population. (1)

Dom Sixte Cauvin exempté du service militaire en 1813.

Après la déroute de Moscou en 1812 Napoléon demanda 300,000 hommes à la France pour pouvoir continuer la lutte avec l'ennemi. Mon frère Dom Sixte devait être du nombre, ayant atteint alors sa vingtième année.

Grande tristesse dans la famille et dans le pays ; lorsque André Cauvin de *Libac*, retournant de Nice et passant sur le *bial* en vue du *Cluot*, appela *Giacomo, Giacomo* (c'était le nom de mon père) et lui cria: *Sisto es libre*. L'évêque Colonna de Nice avait obtenu que les séminaristes fussent exempts du service militaire. Grande joie partout à Sclos, où Dom Sixte était beaucoup estimé et aimé de la population.

Mariage de Séraphine Cauvin en 1829.

Le 20 Avril 1829 ma sœur Séraphine épousa à Mo-

(1) Tel était le dénuement au quel le Pape était réduit pendant sa captivité, suffit de dire qu'il manquait de linge pour se changer, qu'il n'avait que deux soutanes rapiécées, et qu'il fut obligé de demander un peu de tabac, dont il était privé depuis longtemps.

naco le capitaine Felix Archini de Turin (1) Deux semaines après les époux vinrent faire une visite à leurs parents à Sclos ; la jeunesse alla au devant d'eux avec des instruments, des bouquets et des compliments, et les accompagna jusqu'à l'église de Ste Hélène où les Confréries de Contes étaient déjà arrivées pour leur pélerinage annuel du 3 mai, fête de l'invention de la Sainte Croix. — Après leur visite à l'église, la jeunesse accompagna les époux au *Cluot*, à la maison de leurs parents, — Le soir elle leur fit la sérénade ; on leur offrit alors des rafraichissements, entr'autres une tourte qu'un des jeunes gens fut invité à couper ; ne pouvant y réussir il voulut voir ce qui empêchait le couteau de fonctionner, et il trouva sous la tourte quatre écus de cinq francs.

Constitution de 1848

C'est le 8 Février 1848 que la Constitution fut proclamée. A Sclos on fit de grandes réjouissances. Les

(1) La famille Archini descend de cet *Archino* dont le nom est gravé sur une des portes de Milan en souvenir des services signalés rendus à cette ville. — Felix Archini, né à Turin, ayant pris ses examens fut fait officier d'emblée en 1815, Capitaine en 1827, Major en 1836, et mourut Colonel en 1875 à l'âge de 78 ans.

Lorsqu'en 1834 le choléra sévissait à Coni son régiment y fut envoyé pour y tenir le cordon. Il arriva un jour que son soldat de confiance, *Grillo* qui était Génois, lui portant le café au lit le matin, comme d'habitude, fut tout-à-coup pris d'une attaque foudroyante de choléra, et tomba raide mort à travers et sur le corps d'Archini. Aux cris de celui-ci on accourut, et on eut beaucoup de peine d'enlever le cadavre. — Tous les officiers s'empressèrent de rassurer Archini, et telle était l'amitié et la déférence qu'ils avaient pour lui que leur général comte Bricherasco, fit appeler auprès de lui son beau frère, François Cauvin, frère de son épouse qui était sergent fourrier dans le même régiment, pour l'égayer avec son caractère enjoué et lui tenir compagnie. (Ce François ne continua pas la carrière militaire qu'il laissa en 1843.)

Felix Archini avait beaucoup de pénétration et d'esprit ; il parlait plusieurs langues et avait beaucoup d'instruction. Il avait surtout un grand cœur et un noble désintéressement.

Conseillers J. Bapt. Camous dit *labicol* et J. Bapt. Cauvin de *Libac* demandèrent au curé Dom Philippi de chanter un *Te Deum*; ils invitèrent le juge de Contes Blanqui de Peillon d'y assister, entrèrent dans l'Eglise précédés du drapeau et après vêpres on chanta le *Te Deum*.

Joseph Cauvin dit *frussa* de la *Torre*, un des meilleurs et habitués chantres de l'église, chanta pendant les Vêpres, mais il ne voulut point chanter pendant le *Te Deum*.

Le lendemain il alla à Nice pour demander à son cousin le notaire Cauvin, ce que c'était que cette Constitution; il répondit qu'elle donnait la liberté au peuple et des Députés pour faire les lois. Mais les contributions seront-elles diminuées ? Au contraire elles augmenteront, puisqu'il faudra payer les Députés... Si c'est ainsi répondit-il, la constitution ne nous est pas favorable, car nous avons toujours été libres ; je n'en veux pas.

Annexion à la France

Les habitants de Sclos furent d'abord indifférents à l'égard de l'annexion à la France en 1860, quoiqu'ils votassent à l'unanimité pour elle, mais ils en furent ensuite bien contents lorsqu'ils furent exemptés de payer les 250 fr. au Curé de l'Annexe de Vernea, dont le traitement, ainsi que celui de Sclos furent augmentés et payés par le Gouvernement Français.

La Commune de Contes a été pendant près de 500 ans sous la souveraineté des Ducs de Savoie; elle avait été avant 1388 sous celle des Francs et des Comtes de

Provence pendant huit siècles (pages 23, 24, 28) : en 1860 elle se trouva nouvellement unie à la Provence et à la France. Esperons que de nouveaux changements politiques n'en opéreront pas un autre dans sa destinée. (1)

Inauguration du buste de Dom Sixte Cauvin, et Jubilé d'or de Dom Antoine Cauvin

Dom Sixte Cauvin, ex-Aumônier royal, une des gloires de Sclos par ses talents, ses rares qualités et sa grande charité, méritait certainement l'honneur d'un monument érigé en sa mémoire : aussi les membres de sa famille, ses nombreux amis et ceux qui l'ont connu, tous pleins d'estime et de vénération pour lui applaudirent à l'idée de perpétuer ainsi le souvenir de cet homme de bien.

Ce monument, placé au centre du petit parc (2) entre la maison paternelle et la chapelle dédiée à St Sixte, son patron, consiste en une colonne en pierre de taille sur base quadrangulaire, sur laquelle est placé le

---

(1) Ce fut en 1388 que Nice et le bas Comté se donnèrent à Amédée VII Prince Souverain de laSavoie (page 30) pour en être protégés et gouvernés. En 1416 l'Empereur Sigismond érigea la Savoie en Duché, et Amédée VIII fut le premier Duc. C'est en 1720 que le Duc de Savoie prit le titre de Roi de Sardaigne. (page 42).

(2) Ce *Parc* fut fait en 1868 sur un terrain accidenté planté en oliviers, qui de la hauteur du chemin du *Serre* descendait et venait s'unir au reste de la propriété à l'endroit où finit le parc à l'Est ; les cyprès qui l'ornent furent plantés en 1874.

Lorsqu'en 1881 la Chapelle St Sixte fut construite, le parc fut agrandi de cette partie de terrain de cinq mètres de large, qui avait été laissée le long du dit chemin, sur lequel se trouvaient encore trois oliviers, des cyprès et le four à pain ; et un mur avec parapet y fut élevé pour soutenir le chemin, lequel fut alors rendu voiturable.

La Chapelle et le réservoir, qui lui sert de base, furent construits sur le terrain que j'achetai le 23 Avril 1879 de la veuve Angelique Giaume; Milon notaire.

buste en marbre blanc très ressemblant de Dom Sixte, avec l'inception suivante.

à

Sixte Cauvin
bienfaiteur
de son pays
de sa famille
des malheureux
6 Août 1884.

L'inauguration de ce monument devait avoir lieu le 6 Août, jour de la fête de Saint Sixte, et Dom Guidi, chanoine Curé de la Cathédrale de Ste Réparate de Nice, qui avait été Curé de Sclos de 1850 à 1860, devait présider la cérémonie et faire le discours d'Inauguration. Pour des raisons indépendentes de notre volonté la cérémonie n'a pu encore avoir lieu, et je regrette de ne pouvoir, avant de mettre ce chapitre sous presse, en faire le rapport et y consigner les éloges que Dom Guidi aurait faits des mérites et des vertus de Dom Sixte, de ses bienfaits envers sa famille, et de sa grande charité envers les malheureux.

Je dirai seulement que tous ses proches, pleins de reconnaissance envers lui, se réjouissent de voir ainsi honoré leur bienfaiteur, et que son frère François Cauvin de Marseille et sa sœur Mme Séraphine veuve Archini de Turin, ne pouvant venir à Sclos pour être présents à l'inauguration, m'envoyèrent les lettres suivantes;

Marseille, 1er Août 1884.

Cher frère,

J'ai reçu votre lettre par laquelle vous m'annoncez que dans quelques jours vous aurez l'inauguration du buste en marbre de feu notre frère bien aimé Dom Sixte.

Je regrette de ne pouvoir être présent à la cérémonie. Le marbre reproduira les traits d'un homme de bien. J'espère que Dieu m'accordera un jour la grâce d'aller le contempler et dire à haute voix; Voilà une âme sans tâche.

J'écris à mon fils de vouloir me représenter à cette cérémonie.

Turin, 20 Juillet 1884.

Cher frère,

C'est avec bien du regret que je me trouve dans l'impossibilité physique, vu mon âge et mes infirmités, d'être présente à la cérémonie d'inauguration du monument que vous avez érigé en honneur de notre bien-aimé frère Dom Sixte, d'heureuse et vénérable mémoire. Ce sera un monument de la reconnaissance que nous lui devons tous et moi en particulier. Les bienfaits sont toujours recompensés même dans ce monde ; aussi ai-je applaudi de tout mon cœur à ton idée de lui élever ce monument dès que tu me l'as communiqué.

De mon côté, tout ce que je puis faire à présent pour lui, c'est de prier Dieu qu'il lui donne sa gloire en recompense, et lui dédier ce petit souvenir de ma reconnaissance que je te prie de consigner dans ton histoire.

Alla
Cara memoria
dell'ottimo fratello ed
Esimio benefattore
Cauvin D. Sisto

la Sorella
Serafina Cauvin vedova Archini
riconoscente
D.
anno 1884

M.me Archini m'envoya aussi les vers suivants, composés par son amie M.me *Angela Torelli-Fea*. pour être lus à l'occasion de la cérémonie de l'Inauguration.

    O Fratel, ch'infra gli Eletti
Or riposi in grembo a Dio,
Di noi tutti ai caldi affetti
Benedici, e al voler pio
Del German, ch'a tua memoria,
E a comune nostra gloria
Fa il tuo busto inaugurar.

    Di famiglia è vera festa,
Che i tuoi pregi a noi rammenta:
Ma perchè, perchè son mesta?
Ahi, che tutta greve e lenta
Dai ben lunghi già miei anni
Quale augel ch' ha tronchi i vanni,
Non mi posso là portar!

    Pur quel marmo ancor non visto
Sì lo tengo a me presente,
Ch'in persona il nostro Sisto
Lo ravvisa il cuor, la mente.
Ti sian grazie, Antonio amato,
Che il fratello hai collocato
Presso al tempio del Signor

Molte cose a noi pur dice,
E al defunto certo e grata
Quella scelta tua felice,
E l'Effigie venerata
Par ch'inviti alla preghiera
Della mane e della Sera,
E ch'inspiri il divo amor.

Le même jour devait aussi avoir lieu à l'Eglise Ste Hélène une cérémonie non moins nouvelle pour le pays : *le Jubilé d'or* de Dom Antoine Cauvin, frère du susdit Dom Sixte, et auteur de ces Mémoires. — Ordonné prêtre à Rome le 12 Octobre 1834, il complétait la 50me année de Sacerdoce; il devait chanter la Messe paroissiale, et le même Dom Guidi devait y faire le discours d'occasion.

A cette occasion son neveu, l'Avocat Sérafin Ghè, lui envoya les vers suivants, faits par lui-même.

All'amatissimo zio
Abate Antonio Cauvin
nella
fausta e solenne circostanza
del
Cinquantesimo Anniversario
della
di lui prima Messa
(Settembre 1884)

VERSI

Io ti veggo a l'altàr... una tranquilla
E lieta luce in verso te raccolta
Su la tua fronte veneranda brilla...,
Scesa da Quei che la tua prece ascolta...!

Io veggo te col dolce sguardo affiso
In quel raggio che splende in su l'aurato
Calice sacro... e ad un dolce sorriso
Componi il labbro... in Dio se' penetrato!

Ma quel calice a te del rito santo
Che di Cristo il martirio rappresenta...
Oggi il primiero dì bello cotanto
In che a l'altar salisti, ti rammenta!

Si nel baldo vigor di giovinezza
Col pensier ti rivedi... era l'Aprile
De la tua età... ma con viril fortezza
Ogni gaudio mondano avesti a vile!

Son cinquant'anni ed oggi il tuo pensiero
Come un lampo li scorre... e ne sorride
E ne gioisce... chè a quel dì primiero
T'unisce Iddio se il tempo ten divide!

Gioisci pur... chè i fior che'l primo dì
Offristi a Dio prostrato in pia preghiera
In cinquant'anni rifiorir così
Ch'or ti sorride intorno Primavera!

La Primavera, i di cui fior fragranza
Traggon dell'uom da le benefic' opre
Dal sorriso del Ciel vien lor possanza
Che d'ineffabil grazia li ricopre!

Mezzo secol di fior si eletti e puri
Godi e sereno ognor t'affida in Dio,
Per cui bontà fia che tua vita duri
Lungh'anni ancor se appaga il mio desio!

Genova, Settembre 1884.
L'aff.mo nipote,
Avv.to Serafino Ghé.

Delits conmis à Sclos

Assassinat de la marquise de Butler à la Fuont *de Giarriè en 1815.*

La marquise Françoise de Butler, fille du riche banquier Coutts de Londres, que l'on appelait à Nice Princesse de *Riout*, avait passé l'hiver de 1815 à Nice dans la maison Grandis, qui avait été en 1814 la demeure de la Princesse Pauline. Elle y avait mené une vie princière et y avait fait beaucoup de bien aux pauvres. Voulant partir pour Turin, via Scaréna, le banquier Carlone de Nice, correspondant du banquier Coutts, lui donna pour courrier Félix Sazia, père de M. Sazia encore vivant à Nice, auquel on porta un bouquet au moment de partir, parce que le 21 Mai était la fête de S.t Félix, son patron. — Comme la Marquise ne pouvait voyager en voiture et allait toujours à cheval, elle partit de Nice le 21 Mai 1815, à 9 heures de matin, accompagnée de M.r Marlock de la maison Coutts, de M.r Sazia, d'une Dame de Compagnie et de deux domestiques tous à cheval: tous ces chevaux appartenaient à la Marquise. Ils arrivèrent à Scaréna vers onze heures et demie.

Trois voitures appartenant à la Marquise, et contenant son fils âgé de 14 ans et sa fille âgée de 12, l'épouse du dit Marlock, deux femmes de chambre et deux domestiques, et Mr Cantion, maître d'hôtel de la Marquise, avec les bagages, partirent de Nice vers 10 heures. Les chevaux des trois voitures appartenaient à Mr Gilly de Nice qui avait l'entreprise de la poste. Ces Voitures étaient accompagnées de Ferdinand Styr, propriétaire de l'Hôtel des Etrangers.

A peine Sazia avait-il mis les chevaux de selle dans l'écurie à Scaréna qu'il voit arriver au grand galop Mr Styr, criant, *nous avons été assassinés, dévalisés*. Sazia monte de suite sur un cheval et va à la *Fuont de Giarriè* où l'assassinat avait eu lieu ; il met la fille de la Marquise sur un âne accompagné d'un paysan, et le fils sur son cheval et les accompagne à Scaréna. A-peine la Marquise les voit venir, elle s'écrie : *merci mon Dieu, mon vrai trésor est sauvé*. Sazia prit un autre cheval et retourna sur les lieux où déjà les paysans de Sclos, Poncia, Bleusasc, Contes, Vernea, Scaréna et Drap étaient accourus, ainsi que les gendarmes de Scaréna et le juge de Contes.

Lorsque les trois voitures susdites furent arrivées à la *Fuon de Giarriè*, territoire de Sclos, sur la grande route de Turin, elles furent arrêtées par huit brigands déguisés, savoir : Laurent Bellone, François Bellone et Antoine Bellone dit *Rostan*, tous trois cousins, habitant au *Ray*, campagne de Nice, près S. Barthélemy, Dominique Contes dit Brancalion et François Boniface dit *Totà* : les trois autres sont inconnus. Ceux-ci s'étaient placés en amont et en aval de la *Fuon de Giarriè*, pour empêcher les passants de monter ou descendre par la route. Les autres cinq brigands, firent déscendre de voiture les personnes qui s'y trouvaient, et Ferdinand

Styr et les domestiques furent obligés de se coucher sur le chemin le ventre à terre, tandis que les brigands fouillaient les bagages et s'emparaient d'une somme de 60.000 francs, d'une caisse de dorures et de diamants; le tout évalué à 300.000 fr. Dans une caisse du bagage il y avait des bouteilles de rhum dont ils burent avec excès, ce qui les perdit.

Barthélemy Caisson, qui demeurait au pied de la montée de Sclos, près de la route, fut le premier à s'appercevoir de cet assassinat, et donna l'alarme aux voisins qui accoururent de Bleusasc, on en fit autant de la Poncia.

Après avoir dévalisé les voitures, les assassins s'enfuirent dans le bois de *Pincalvin*. Boniface se réfugia dans les *vernai* (aunes) de Michel Augier, vis-à-vis le pont de Contes, à qui il donna une boîte de diamants pour qu'il le sauvât. Les gendarmes demandèrent à cet Augier s'il avait vu un des assassins, il leur répondit qu'il avait pris le bois de Pincalvin; mais Boniface fut pris par Antoine Robin dit *boü*, Jules dit la *tulipa*, tous deux de la Poncia, et Jean Castel dit *conte*, qui se trouvait à la Poncia; il ne fit aucune résistance, il ne le pouvait dans l'état d'ivresse où il était. On le lia très-étroitement avec des cordes, on le plaça sur le mulet d'Antoine Robin, et on le porta à Scaréna. Mais, soit qu'il eut trop bu de rhum ou des médecines contenues dans ces bouteilles, ou qu'il eut été étranglé par les cordes, il mourut en chemin et on le porta mort à Nice.

Dominique Contes, dit *Brancalion*, fut pris à *Entuart* dans la campagne de Contes, tandis qu'il fuyait par Laurent Camous dit *clappa*, Alexandre Barraja, maréchal-ferrand à Contes, Gaëtan Faraut dit *Kinson*, Jean Antoine Prioris, tous de la Poncia, et par Jean Dalbera dit *potec* par ordre du juge Allart de Contes, qui fit le procès-verbal dans la maison de Jean Dalbera dit *portanelli*, de la Poncia.

Les trois Bellone furent pris dans le bois de *Pincalvin*, où ils s'étaient réfugiés, par les mêmes hommes, auxquels s'étaient joint Jean Castel dit *Conte* de Selos. Un de ces trois brigands s'était réfugié sur le sommet de la colline, où il fut cerné par les susdits hommes armés de fusils et de cordes ; mais il les menaça de brûler la cervelle au premier qui s'approcherait. Jules la *tulipa* qui était derrière lui, lui asséna un violent coup de crosse de son fusil et le renversa à terre, les autres se jetèrent sur lui et le lièrent avec des cordes. Les autres inconnus s'enfuirent en France par le Var. Les trois Bellone furent condamnés à mort et Brancalion à la galère en vie le 9 Juin 1815, par le Sénat de Nice. Voici la sentence.

« Il senato udita la relazione degli atti et dell' or-
« dinanza di voto dei 23 passato Maggio, et alle con-
« cluzioni fiscali et defensionali, ha pronunziato et pro-
« nuncia doversi condannare come condanna i sovra
« nominati Lorenzo, Francesco e Antonio Bellone detto
« *Rostan*, ad essere publicamente appiccati per la gola
« sino che l'anima sia separata dal corpo e questo fatto
« cadavere.

« Manda spiccarsi la loro testa dai busti, e conficar-
« sene due sul patibolo, e l'altra su di un pallo da
« collocarsi nel sito del commesso delitto. E Domenico
« Contes detto *Brancalone*, alla pena della galera per-
« petua, previa l'esemplarietà d'essere condotto col

« remo in spalla, al suono della campana nel modo e
« luoghi soliti di questa città, e tutti solidariamente
« nelle indennizzazioni e colle spese, e previa gli in-
« terrogatori e recognizioni del § 3 del Reggio Editto
« del 10 Giugno 1814.

Le 9 Juin, le secrétaire du Sénat, Joseph Ruffi, lut la sentence aux condamnés qui étaient à genoux, tête découverte, et le 10 Juin à onze heures et demie ils furent exécutés.

La tête d'un de ces Bellone fut en effet placé sur la pointe d'un poteau planté sur le bord de la route, du côté du vallon, où le crime avait été commis. On dit que la barbe de la tête crût de deux doigts; mais comme ce spectacle faisait peur aux passants, surtout aux femmes et aux enfants, après quelque temps Jean-Honoré Camous dit *bolacion*, et Jérôme Brocart, tous deux de Sclos, renversèrent le poteau, et la tête alla rouler dans le vallon, où elle resta, sans que personne y touchât, jusqu'à ce que les eaux l'emportèrent.

Lorsqu'on était à la recherche des assassins, tout le monde pleurait sur le grand chemin; parce qu'on craignait que si on ne les prenait pas, d'autres assassinats eussent lieu.

M. Sazia qui avait échappé à la mort en ne se trouvant pas présent lors de l'assassinat, donna depuis tous les ans, en reconnaissance, un cierge à l'église de St Barthélemy, ce que fait encore son fils à présent.

La Marquise avec toute sa suite retournèrent à Nice le même jour, et quelques jours après elle partit de nouveau pour Turin par la même route. Elle retourna à Nice plusieurs années après avec sa fille qui était alors mariée.

La capture de ces forcenés, dit Toselli, fit heureusement connaître les chefs d'une bande organisée qui, sous le manteau de l'hypocrisie, (car ils étaient marchands, entrepreneurs, fabriciens), savaient tenir un certain relief en fréquentant la meilleure société de la ville, et profitant de l'impunité, ils osaient commettre les plus noirs forfaits. Cette affaire produisit dans le pays autant d'étonnement que d'horreur.

Autres délits.

En 1820, Marion Castel, fille de François, (1) ayant pris quelques racines des pins qui avaient été coupés au *Puey*, et qui appartenaient à Joseph Camous dit *marquis* de Vernea, fut tellement battue par celui-ci qu'elle mourut huit jours après. Les chirurgiens Giacobi de Contes et Cauvin de Sclos firent l'autopsie de son cadavre. Joseph Camous fut condamné à deux ans de prison.

En 1822, les gros ceps de vigne plantés sur la muraille à gauche de l'*encalada*, en montant, au bas de l'endroit dit *Caïre*, appartenant à Jean-Honoré Camous dit *bolacion*, furent coupés pendant la nuit.

En 1824, le mulet de Barthélemy Cauvin dit *fotte*, fut empoisonné, et sa citerne salie avec du crottin *(busai)* de mulet qu'on y jeta.

En 1829 juillet, les grappes de raisin d'environ 300 ceps de vigne à Sclos furent coupées et jetées à terre. Vengeance de frères, dit Dom Bonifassi.

En 1850, une fille de Berre qui avait été séduite par François Barraja de ce lieu, donna un coup de couteau à son séducteur à la Colle de l'Olivier, territoire de Sclos.

(1) Fameux dénicheur d'oiseaux ; il en mangeait 150 chaque Dimanche, dans la saison des nids. Dom Bonifassi.

En 1866 un certain *Milieri* avec son garçon et deux charretiers qui conduisaient les charrettes furent assaillis par quatre assassins Italiens, à l'endroit dit *Dragoniero* de la *Gardia*. Un des assassins prend Milieri par la gorge, son garçon qui était un homme très-fort et courageux, saute sur l'assassin, ils se battent et tombent tous deux en bas du chemin, et en tombant le revolver de l'assassin part et tue le garçon. Milieri eut son corps traversé d'une balle, il en guérit par miracle. Tandis qu'ils se battaient un des charretiers cacha les mille francs qu'il portait, l'autre se sauva et alla se cacher sur un Olivier. — Un des assassins dit *Quaranta*, fut pris à Marseille et condamné par la Cour d'Aix à la mort : il avait commis d'autres assassinats en France.

En 1873 un Italien loua une voiture de Nice à Scarena ; arrivé à la *Gardia*, il tue le cocher, jette son corps sous le pont et veut retourner à Nice ; il part au galop, mais la voiture se brise vis-à-vis *Pincalvin*, il monte à cheval, mais bientôt il l'abandonne pour s'enfuir. Finalement il est pris à Tende, conduit à Nice, où il se pend en prison avec son mouchoir.

En 1880 Pauline Pontier de Nice qui était Institutrice de l'Ecole communale de Sclos, fut tuée le 5 Juillet d'un coup de revolver tiré par Jacques Cauvin dit *pega* de Sclos, parce qu'elle avait refusé de l'épouser. C'était une excellente personne, pleine de modestie, de douceur et de piété : aussi elle fut regrettée de tout le monde. On lui fit un superbe enterrement, tous les Instituteurs de l'Arrondissement y vinrent et lui élevèrent un petit monument dans le cimetière de Sclos.

Elle revenait, vers dix heures du soir de chez sa

voisine Antoinette Camous qui l'accompagnait à la porte de sa maison vis-à-vis, avec une lampe allumée, lorsque le meurtrier, qui l'attendait, lui tira un coup de revolver qui l'atteignit au ventre au dessous de l'ombril ; et tandis qu'elle fuyait, il lui tira un second coup qui ne l'atteignit pas. — Adolphe Cauvin. son voisin, accourut à son secours, et avec l'aide de sa femme, il la porta sur son lit, où elle mourut deux jours après dans d'atroces douleurs après avoir pieusement reçu les derniers Sacrements de l'Eglise. — Le meurtrier qui prit la fuite et dont on n'a plus entendu parler, fut condamné à mort par contumace en 1881 par la Cour d'Assises de Nice.

Incendies à Sclos

En 1823 le *graïssier* d'Honoré Giaume du *Serre* fut incendié ; cet incendie fut attribué à la malveillance.

Vers la même époque les *paillers* de Jean Bapt. Cauvin de *Libac* furent aussi incendiés : attribué aussi à la malveillance.

En 1825 le *fenil* attaché à la maison des frères Giaume dits *Santon* à Lambert, fut incendié pendant la nuit : attribué à la malveillance.

En 1826 les nombreux fagots amoncelés à la tuillerie de *Libac* pour y chauffer le four, furent incendiés. Ils appartenaient à mon père Jacques Cauvin.

En 1876 la petite maison à *Fournier* appartenant à Octave Cauvin, fut incendiée pendant la nuit

En 1881 une cabane située à la terre *Cumina* appartenant au même, fut incendiée pendant le jour, et un petit enfant qui y dormait fut brulé.

En 1882 une maison, sise à Sipieras, appartenant

au même, fut incendiée. Cette maison fut réparée, et peu de temps après elle fut nouvellement incendiée.

Le 17 Novembre 1884 un incendie vient de détruire la remise et le fenil d'Adolphe Cauvin sise au Cluot. Cause inconnue.

Accidents à Sclos.

En 1840 Joseph Cauvin du *Cluot*, mon cousin, tandis qu'il aidait son ouvrier à rompre des pierres dans sa propriété au dessous de sa maison à l'endroit dit *lausa*, une grosse pierre tomba sur lui et l'écrasa ; il était âgé de 32 ans. Sa mort fut un deuil général, parce qu'il était estimé de tout le monde. Comme il faisait le commerce, et qu'il portait à Nice les produits de la montagne, les marchandes de comestibles de la place St François, dès qu'elles apprirent sa mort tragique, fermèrent leurs boutiques. — Il avait épousé Thérèse Camous de la Vernea dont il eut trois filles ; laquelle épousa en secondes noces Ange Giacobi dit *Pleff* de Sclos.

En 1860 Janvier, lors de la prise de possession du curé de Sclos par Dom J. Bapt. Camous, Jacques Cauvin du *Ribas* fut chargé de donner feu aux boites (*mortaïret*), lorsqu'une d'elles fit explosion et lui emporta la main droite. Ses douleurs furent atroces, il alla à l'hopital de Nice où on lui fit l'amputation. Depuis lors on l'appella le *manchot*. Il apprit à écrire de la main gauche, Il est mort en 1883.

En 1865 Jean Joseph Benoît Camous, tomba d'un chataignier et mourut trois jours après, Il était venu de Coates s'établir à Sclos en 1862.

En 1871 Meglio fils de Charles Deleuze de Bleusasc,

qui demeure à la *Gardia*, propriétaire [de la source d'eau minérale, allant à Nice sur une charrette où il se tenait debout, tomba, se cassa le cou et mourut.

Dans le même endroit de la *Gardia* en 1855 le médecin Pierre Arnulf de Scarena tomba de cheval et se tua. — Gajetti maçon, tomba à la *Fuon de Giarrié*, et alla mourir chez Caisson où il fut transporté.

En 1875 Suzanne Garuzzo, fille de Jean Honoré, fut brulée à Sclos le feu ayant pris à sa jupe, à l'âge de 70 ans.

En 1885 le 28 Mai, Dimanche fête de la Pentecôte, la dame *Beretti* de Nice vint à Sclos avec son neveu Léonce. A son retour, comme le cheval attelé à sa voiture était très-rétif et refusait d'avancer, Adolphe Cauvin offrit de lui prêter un cheval moins indocile pour continuer sa route jusqu'à Vernea, ou même jusqu'au chemin de Contes. Le cheval rétif fut confié à Ferdinand *Taboret*, garçon d'Adolphe, qui lui recommanda de ne pas faire d'imprudence. Malheureusement Tabouret voulant faire preuve de vaillantise, ne tint pas compte de ces recommandations et enfourcha le cheval qui aussitôt entra en furie et partit à fond de train. — Arrivé au commencement de la *Barre*, à environ cinquante mètres de la Briqueterie, l'animal franchit le parapet de la route, entraînant son cavalier, et sauta dans le vide, au fond du quel à une effrayante profondeur coule le vallon de *Cuegne*. Le cheval se tua sur le coup; Taboret eut encore la force de grimper sur la route; on s'empressa de courir à son secours; mais son état était désespéré. Transporté à la maison d'Adolphe Cauvin il y mourut le lendemain au soir à l'âge de 18 ans. C'était un excellent garçon. Ses parents demeuraient à Paris, ils l'avaient mis à nourrice chez Rosalie veuve Giauffret, qui le tint chez elle jusqu'à cet âge, le traitant comme son fils.

Une circonstance à remarquer c'est que la dite dame *Beretti* fut mise à l'âge de 3 ans, en 1832, à nourrice à Sclos chez Christine Castel, qui prenait des enfants de cet âge pour les élever (1)

En venant à Sclos l'enfant fut mise dans un panier sur le dos d'un mulet, et dans un soubresaut elle tomba et se cassa la jambe, ce qui la rendit boiteuse. La seconde fois qu'elle vint à Sclos, en 1882, le jeune homme qui prit soin de son cheval fut tué.

Chute du tonnerre.

En 1877 le 26 Mars le tonnerre tomba sur l'église Ste Hélène, dont il effondra la coupole du clocher, et un coin du mur de l'église. Entrant dans l'église par la toiture et suivant la barre de fer à laquelle était suspendu un des lustres qu'il détruisit entièrement, il incendia l'image de N. D. des sept douleurs et brûla l'autel sur lequel elle était placée. Le curé Dom Camous et le sacristain, Joseph Castel, se trouvaient dans l'église, arrangeant la lampe de l'autel. Ils en furent quitte pour la peur.

En 1878 le 30 Mars le tonnerre tomba nouvellement sur l'église, dont il fit le tour du maître autel, brûlant les plus beaux ornements dont il était encore garni. Les dégâts faits à l'église par le tonnerre furent

---

(1) La susdite Christine Castel avait pris avec elle un certain Joseph batard de Villeneuve en Provence, qui vit encore et est marié. Etant à Sclos chez sa nourrice, il disait souvent: *Cora eri a Villanouva de truffa e de polenta non mi mancavan, aura a Sclos pa mai che de bugliaraca.*

réparés avec une subvention du Gouvernement en 1879, époque à laquelle on plaça le paratonnerre sur le clocher.

Noms donnés aux différents quartiers de Sclos

Vers l'an 1824 un nombre d'habitants de Sclos, tels que le médecin Cauvin, Jérôme Brocart, Jean-Honoré Cauvin dit *padre* du *Cluot*, Davic Cauvin *fotte* du Cluot. Jean-Davic *fotte* du Collet convirent de donner les noms suivants aux divers quartiers de Sclos ; ce qui fait connaître l'état des lieux à cette époque.

Observatoire à la *Valanca*, parce que la partie la plus élevée de Sclos.

Astronomie à l'endroit habité par Giacobi dit *pleff*.

Collet sec au quartier habité par Cauvin dit *lo paure*.

Rue de Ste Marthe au quartier *Riolla*, habité par de vieilles filles : les sœurs *Peironella* Cauvin (1), Suzanne Camous, Suzanne Garuzzo mortes toutes célibataires.

Peschiera à *Libac* à cause de la *luona* (étang) y formée par l'éboulement de la Colline de *Lizières* en 1796.

(1) Petronilla, dite *peironella* (voyez Sac de Sclos page 301), morte en 1819 âgée de 60 ans, qui en 1814 était veuve, était celle qui d'après Dom Bonifassi récoltait le plus de châtaignes fraîches à Sclos. elle en récoltait 25 sétiers. Elle avait eu de son époux Joseph Cauvin, dit *Giuseppin*, trois filles : Françoise morte en 1881 âgée de 90 ans, Marie morte en 1874 âgée de 76 ans, toutes les deux célibataires, et Thérèse qui épousa Joseph Camous de Contes dit *cocon*, dont le fils Antoine, dit *l'antechrist*, mort en 1884. épousa Adeline Camous *puore* de Vernea (voyez page 71) et devint l'héritier des dites sœurs *Peironella* Françoise et Marie, ses tantes. Les sœurs *Peironella* possédaient des terres considérables à Sclos; lesquelles appartiennent à présent à Françoise, fille unique du dit Antoine, et épouse de Louis Carles de Contes dit *coddo*.

Françoise avait souvent et vivement regretté, avant de mourir, de ne pas s'être mariée afin de laisser ses biens à ses enfants. Elle avait fait sa première Communion avec Dom Sixte Cauvin, mon frère, mort en 1880 dont elle était plus âgée d'un an.

Procession au quartier habité par les frères Raybaut dit *bronzo*, lesquels accompagnaient les processions tant religieuses que profanes, les mariages. etc. en jouant du fifre et du tambour.

Sénat au quartier *Serre* à cause des personnes qui y demeuraient, lesquelles prétendaient juger les affaires, décider des différents, donner des avis..., tels que Joseph Brocart, dit le *juge*, Joseph Massa dit *marron* (1), Honoré Giaume dit *Blanqui*.

Ghet au quartier *Cluot* à cause des méfaits et des délits y arrivés qu'on disait ne pouvoir être commis que par des juifs ; tels que un mulet empoisonné, une citerne remplie de crottin...

Théâtre au *ribas* où vivait Davicon, qui était à lui seul un théâtre, et où l'on avait fait quelques représentations.

Emigrant ou *bellaron* au *Collet* des Cauvin *fotte*, à cause que Valérian, un d'eux était parti, et que son frère Jean-Davic bégayait.

Boucherie à la *Torre*, parce que J.-B. Nuat y faisait e boucher.

Bareau à *Lambert* où Joseph Giaume *santon* donnait des avis, dirigeait les procès comme un Avocat,

Evesche (Evêque) à l'endroit où avait habité Dom Giaume, et et où tout près ont toujours habité les Curés.

(1) Joseph Massa aimait à faire des rimes ; telles que celles-ci : Stabat mater *dolorosa*. La testa de Dom Maulandi, (Curé de Vernea) *spaventosa* La terra de Vernea es *Viscosa*. — Il avait épousé Catherine Brocart de Contes, dite *Casala*, morte en 1837 âgée de 74 ans, dont le père Antoine eut le cerveau brûlé par la chaleur de la chaux lorsqu'on construisait les voûtes de l'Eglise de Contes.

Ce Joseph Massa avait un frère appelé Antoine dit l'*Ours* mort dans la misère en 1835 âgé de 70 ans. Le curé Dom Filippi procurait le fil et Antoine Hughes donnait le coton et tissait l'étoffe pour l'habiller. Marguerite Cauvin, ma mère, le nourrissait.

Roaccia à *Simon* dit *troncs*, parce que cette maison était entourée de litière, (*sueglias*).

Des damnés à la région *Cabana* où habitait Jean Honoré Camous dit *bolacion*, homme terrible, vindicatif, orgueilleux, entêté etc.

La grappiera au quartier *Puey et Mazin* chez Straforelli, parce qu'il avait un moulin à huile, et y faisait parconséquent de la *grappa*, marc d'olives.

Castel ne fut pas changé, par respect pour l'endroit où les Seigneurs de Sclos avaient leur manoir, appelé Château, *Castel*. Voyez page 208.

BIOGRAPHIE

des personnes remarquables de Sclos.

Mihi Galba, Otho, Vitellius nec beneficio, nec injuria cogniti Tacit. Histor. Lib. I §1,

Dom Mari Pierre Antoine

PREMIER CURÉ DE SCLOS

Dom Mari Pierre Antoine était natif de Bendejeun ; il avait un frère arpenteur et un oncle prêtre, celui-ci fit beaucoup de bien à ses proches. Il dit, un jour qu'il était à table, j'ai établi tous mes frères et tous mes neveux, je suis content, et il mourut à l'instant.

Dom Mari a été le premier Curé de Sclos, nommé en 1789 par décret de l'Evêque Valperga le 20 Juin; il ne prit possession de sa cure qu'en 1804, et y demeura jusqu'en 1819, lorsqu'il fut nommé curé de Berre. — Il alla d'abord habiter un petit appartement dans la maison de Fabrice Cauvin dit *foite* au *Cluot*, dont l'accès était et est encore par la terrasse. Quelques années après il alla habiter dans la maison de Jeanne Veran, veuve Aiglin, au bas de la *Cuosta* di Ste Hélène, où les curés, ses successeurs, ont toujours demeuré jusqu'à ce jour. C'est lui qui induisit la dite Jeanne à faire un fonds-perdu de sa propriété au bénéfice des habitants de Sclos, qui devaient à cette époque supporter le Curé. Voyez page 259.

Dom Mari ouvrit une école élémentaire, après la mort de Dom Giaume Jean Louis, et rendit de grands services au pays sous ce rapport: il se servait parfois dans son école d'une verge qu'il appelait le *bucican*. Il rendit aussi des services à divers propriétaires en leur prêtant de l'argent; mais sans usure. Il devint même propriétaire de divers immeubles à Sclos et Vernea, qu'il vendit ensuite à bon marché à leurs anciens propriétaires ou à d'autres, lorsqu'il fut nommé curé de Berre.

Dans l'administration des baptêmes il engageait les parents à donner à leurs enfants le nom du saint du jour, et sur leur refus il l'ajoutait à celui qu'ils désignaient. — Dans les mariages, il disait aux époux en les quittant, *se ven laudas sies lu premié.*

Lorsque ma pieuse mère alla lui faire visite à Berre pendant sa maladie elle lui demanda de prier pour elle: il lui répondit: *cu a nas e bocca, non di a un autre souffla. Opera bonorum sequuntur illos.* (1) Il avait un caractère doux et aimable, plein de bon sens

---

(1) Ma susdite mère était très-charitable; ce fut pour l'exhorter à continuer dans ses bonnes œuvres qu'il lui dit: *opera....* Les bonnes œuvres suivent dans l'autre monde ceux qui les font.

et de gravité, mais sans gêne, mettant tout le monde à son aise. Il mourut à Berre en 1831.

Dom Pastorelli
DEUXIÈME CURÉ DE SCLOS.

Dom Pastorelli était natif de la Briga, il fut le deuxième curé de Sclos ; il y vint en 1819 et alla au séminaire en qualité de Répétiteur en 1822. C'était un homme à talent, mais entêté et timbré. A Nice dads un sermon qu'il fit, il soutint que les enfants morts sans baptême, jouissaient de la vue de Dieu, contrairement à la doctrine reçue dans l'Eglise ; il en fut blamé. En récitant son office au chœur, à ces mots du Psalmiste ; *non fecit taliter omni nationi. Judicium suum non manifestavit eis*, il jeta son bréviaire disant, pourquoi cette partialité, ne sont-ils pas tous ses créatures ? Il devint fou, et fut envoyé à l'hospice des fous à Turin, où il mourut.

Dom Filippi Joseph
TROISIÈME CURÉ DE SCLOS.

Dom Filippi Joseph, natif de Valdeblora, était Instituteur à Drap lorsqu'en 1822 il fut nommé curé de Sclos. Il enseigna aux enfants tout le temps qu'il resta à Sclos, comme ses deux prédécesseurs. Il avait de très-bonnes qualités, fidèle à ses devoirs de curé, bon patriote, rendant des services aux habitants, et prenant un grand intérêt au pays de Sclos. — Il enseignait le catéchisme aux enfants tous les dimanches de l'année, avant vêpres, et presque tout le monde y assistait, enfants, pères et mères de famille. C'est pendant son ministère que l'on bâtit la sacristie et la tribune en régie et avec économie.

Il faisait tout ce qui était en son pouvoir pour s'approcher de ceux qui lui étaient contraires. Il attirait à lui les mauvais enfants, et tous les dimanches il faisait la partie aux boules avec eux, afin de les empêcher d'aller jouer aux cartes et boire à l'auberge. Il leur faisait en même temps de douces corrections et leur donnait de bons conseils. Il visitait toutes les maisons, surtout celles où il fallait mettre la paix.

Il aimait beaucoup Sclos, il était Sclossien d'âme et de cœur. Il prêtait de l'argent à ceux qui en avaient besoin, même à ceux qu'il savait ne le lui rendraient jamais. Il enseignait l'économie à ceux qui en avaient besoin, leur montrant par son exemple la manière de la faire. Il contribua beaucoup à diminuer le concours des étrangers au festin de Ste Hélène, afin d'éviter les rixes qui avaient lieu chaque fois. Voyez page 90. Il y avait à Vernea du temps de Dom Filippi, beaucoup de dissipation, à cause surtout de l'auberge tenu par un certain Camous dit *pregaïre*. Mais à Sclos tout le monde se tenait à l'ordre de crainte d'être vu de Dom Filippi qui allait et se faisait voir partout où le moindre désordre était à craindre; tellement que les habitants de Berre, Scarena, Contes et Bleusasc appelaient les Sclossiens des *Messieurs*, des *Seigneurs*, des *personnes comme il faut*.

Enfin vint le temps que Sclos devait perdre ce bon curé et cet ami du pays, après 28 ans de ministère. Le dimanche avant le carnaval de 1850 il dit la messe et publia le règlement du Carême. On sonna les vêpres, le peuple était déjà à l'église, et Dom Filippi n'arrivant pas, on alla et on le trouva malade. On récita alors le Rosaire et on chanta les litanies dans l'église. Le lendemain lundi, à 10 heures du soir, il rendit son âme à Dieu. Le deuil fut général, des larmes partout, pas le moindre amusement le jour suivant, mardi gras.

Les fabriciens dérogèrent à l'occasion de sa mort, à l'usage de faire la levée du corps à la croix de la place, tout le monde vint à sa maison et accompagna son corps à l'église; chacun, grand et petit ayant un cierge allumé. Les curés de Contes, Scarena, Vernea et Bleusasc vinrent lui faire les obsèques. Il fut enterré dans l'église au-dessous du grand confessionnal, près de l'endroit où en 1822 au mois de Juin, les deux frères prêtres, Joseph et Pierre-Jean Cauvin de Libac, avaient été enterrés par lui. (1)

Don Guidi Antonin

QUATRIÈME CURÉ DE SCLOS

Don Guidi Antonin, natif de Tende était curé de St Antoine Siga lorsqu'il fut nommé curé de Sclos en 1850, où il resta dix ans jusqu'en 1860. De Sclos il fut transféré à Roquebrune, puis à Drap et enfin en 1866 à Ste Réparate où il est chanoine Curé présentement.

Il fut très-exact dans les devoirs de son ministère, pendant lequel il établit la dévotion des 40 heures, plaça une deuxième cloche, la croix du chemin au bas de la *Cuosta*, et le notaire Cauvin construisit les deux chapelles de St Antoine à Sclos et celle de Pincalvin.

---

(1) Les fabriciens à l'époque de sa mort étaient: Trophime Cauvin mon frère, Sixte Castel, Fabrice Cauvin, Jean Albin, Charles Camous et André Nuat.

Il fit restaurer à ses frais la Statue de Ste Hélène, et en 1879 fit présent à l'Eglise de la statue dorée de l'*Addolorata* lorsqu'il apprit que le tableau de la Vierge avait été détruit par le tonnerre tombé sur l'Eglise en 1877, quoiqu'il ne fut plus curé de Sclos depuis 1860.

Lorsqu'il était Curé de Sclos il prenait le plus grand intérêt à tout ce qui regardait l'Eglise. la Religion et le pays. C'est lui qui donna le goût du Chant et de la musique à la jeunesse de Sclos, et qui fut le premier à apprendre aux filles à chanter à l'Eglise ; ce qu'elles continuent de faire avec beaucoup de zèle et d'édification.

Ce qu'il a beaucoup et justement regretté, c'est que les habitants aient vendu la terre et la maison que Jeanne veuve Aiglin avait données à fonds perdu pour le bénéfice du pays et pour l'usage du Curé *pro tempore*. Voyez page 261.

Dom Guidi, comme ses prédécesseurs, a toujours tenu une Ecole privée pour les enfants de Sclos, quoiqu'en 1850 on établit une Ecole centrale pour Sclos et Vernea.

Don Camous Jean-Baptiste
CINQUIÈME CURÉ DE SCLOS

Don Camous, natif de Vernea, était instituteur à Conles lorsqu'il fut nommé Curé de Sclos en 1860. Voilà 28 ans qu'il est Curé sans que le moindre différent ait troublé la paix et l'union entre lui et la population. C'est le plus bel éloge que l'on puisse faire de lui et des habitants de Sclos.

Les frères Cauvin prêtres de Libac.

Ils sont dits de *libac,* parce qu'après l'éboulement de

la colline de *Lizières* en 1796 (page 304) ils habitèrent l'endroit sur lequel s'était amoncelée la terre éboulée, et qui à cause de l'étang (*luona*) qui s'était formé du côté de *Sipieras*, et la source d'eau qui y sourd en bas depuis l'éboulement. était devenu humide et en partie marécageux (*ibac*). Ils étaient dits avant cette époque *giacas*, parce qu'ils étaient petits-fils de Jacques qui vivait en 1720, souche connue de leur famille.

Ils étaient trois frères prêtres ; André demeurait à Contes où il était recteur de la Chapellenie Cauvin fondée en 1748 (page 92), Joseph et Pierre-Jean vivaient à Sclos et avaient une chapelle dans leur maison. Ils moururent tous les deux dans le mois de Juin 1822, le premier âgé de 90 ans, et le second de 87, et furent enterrés dans l'Eglise de Ste-Hélène au-dessous du confessional.

Dom Bonifassi dans son recensement de la population de Sclos en 1814 dit que les susdits prêtres Cauvin étaient à cette époque distingués par le grand nombre de saules pleureurs, dits babiloniens, qui existaient au bas de leur propriété, et leur tuilerie qui cuisait 300 tuiles par fournée, lesquels se vendaient cinq francs le cent.

Généalogie de la famille Cauvin

dite de *libac* alias *giacas*.

Une des plus anciennes familles de Sclos.

Jacques Cauvin, souche connue de cette famille, vivait encore en 1720. Il eut deux fils : Jean-François et Joseph.

1º *Jean-François* eut quatre fils : André mort à Contes, Joseph et Pierre-Jean morts à Sclos, tous les trois prêtres et, *Charles* qui eut quatre fils. savoir :

  1. Antoine prêtre, mort à Contes

  2. Joseph, Capitaine mort en Allemagne, épouse 1. Marianin Berti de Scarena: 2. une allemande dont il eut deux enfants.

3. . . . . . dit le *morfi*, mort à Contes.
4. Jean-Honoré, épouse Suzanne Barralis, de Luceram 2 enfants, savoir : André et Jean-Baptiste.
   1. André mort en 1824, âgé de 43 ans épouse Madeleine Cauvin dite *fotte,* morte en 1853 : 4 enfants.
      1. Thérèse épouse Augustin Camous dit *puore.*
      2. Augustine épouse Jacques Cauvin dit *pega.*
      3. César prêtre, curé de l'Arianne.
      4. Barthélémy épouse Victoire Blanchi : 5 enfants.
   2. Jean-Baptiste mort en 1871, âgé de 85 ans, épouse Victoire Repayre, morte en 1869 âgée de 79 ans. 5 enfants.
      1. Madalon épouse André Nuat.
      2. Jean prêtre, né en 1819.
      3. Pierre épouse Madeleine Bagnaro : 2 enfants.
      4. Gaëtan mort en 1879, célibataire.
      5. Joséphine épouse Pierre Brocart de Contes.

2º Joseph, célibataire, mort avant la Révolution française, à l'âge de 84 ans, à Turin où il était employé dans l'intendance de la maison de Carignan. (1).

(1) Un de ses neveux, Joseph prêtre, alla le trouver à Turin, l'oncle lui offrit une forte somme en or pour être employée dans l'achat de terres à *censo perpetuo.* Il la refusa crainte d'être assassiné et volé à son retour à Sclos ; mais il lui dit qu'il aurait envoyé à Turin une personne de confiance avec sa procuration. Ce fut un certain *Olivari,* agent d'affaires. Celui-ci reçut l'or, mais au lieu de retourner à Sclos, il alla s'établir en Suisse emportant avec lui l'or reçu. — Après la mort du vieil oncle, on envoya à ses neveux de Sclos, trois grandes caisses remplies de linge, damas, dont ses successeurs conservent encore une petite partie. C'est ce damas que les soldats français emportèrent à Scarena dans le sac de Sclos. (page 303).

Don Giaume Jean-Honoré
dit fournier Curé de Peille

Dom Giaume Jean-Honoré fut Curé de Peille pendant plusieurs années et y mourut en 1838, C'était un saint prêtre. Il eut à Peille des ennemis, comme en ont tous les gens de bien. Un certain *Robin* de Peille serrurier, allant à Gorbis pendant la nuit pour y porter des outils qu'il avait arrangés, apperçut au clair de la lune quatre individus qui avaient baillonné Dom Giaume et le menaient pour le précipiter dans un ravin. Il accourut à son secours et avec ses outils obligea les assassins de lâcher prise, et sauva ainsi la vie de D. Giaume. C'était sous prétexte d'aller confesser un malade en danger que les assassins de Peille attirèrent le curé hors de sa maison pendant la nuit. (1)

Dom Giaume était fils d'Antoine Giaume lequel jouissait dans le pays d'une grande considération et d'une entière confiance ; c'était un parfait honnête homme. Cette famille n'existe plus à Sclos ; Joseph Camous, dit *labicol*, (2) acheta en 1823 les terres qu'elle y possédait pour dix mille francs et les vendit ensuite au médecin Cauvin ; elles sont à présent possédées par sa fille Césarine, épouse Giacobi.

(1) Les habitants de Peille, Scarena et Lantosca ont toujours été turbulents et cruels envers leurs Curés. C'est parce que les habitants de Scarena ne pouvaient vivre en paix avec ceux de Peille qu'en 1520 ils s'en séparèrent et formèrent une nouvelle Commune. Dom Bonifassi.

(2) Joseph Camous était le frère de Guillaume, souche de la famille Camous de Sclos dite *labicol*. Il y avait épousé successivement les deux filles de Jean-Louis Cauvin *fotte du Collet*, Catherine et Pauline, et en troisième nôce Irène Véran dite *Parmelona* de Scarena. Comme il avait passé, en troisième nôce à un âge avancé, on lui fit un tel charivari à Contes qu'il se retira à Sclos. Après la vente de la propriété qu'il y possédait, il se retira à Nice, où réduit à la misère, il mourut à l'âge de 84 ans. Sa femme Irène s'était établie à Marseille avec ses deux enfants.

Généalogie de la famille Giaume
dite *Fournier*

Jérôme en est la souche connue, il vivait en 1747. Il eut un fils *Antoine*, mort en 1800, épouse Felicité Giaume morte en 1816 agée de 80 ans. Après la mort de son mari, elle demeurait tantôt à Sclos, tantôt à Peille où elle avait sa dôt.

Elle eut cinq enfants.

1º Antoine François qui, après la vente de ses biens, alla demeurer à Peille.
2º Dom Jean Honoré Curé de Peille.
3º Françoise épouse le Juge Raynaut.
4º Jérôme épouse Françoise Blanchi de Scarena.
5º Marie Elizabeth, mariée à l'Abadie.

Dom Giaume Jean-Louis
dit *Santon*

Dom Giaume Jean-Louis, fils d'Antoine-François, mort en 1807 agé de 40 ans, rendit de grands services à Sclos par l'Instruction qu'il y donna aux enfants (page 285), et pour avoir induit les habitants par son influence et son exemple à porter les morts au cimetière et les y enterrer gratuitement. (page 279. 280)

Il était ex-religieux, la Révolution française l'avait obligé de quitter son couvent. Le Gouvernement français l'avait nommé Juge de Paix à Contes, où il allait tenir audience tous les samedis.

Il disait la messe à Ste Hélène, et mourut pendant qu'on chantait les vêpres dans les bras de mon oncle Jean Castelli dit *Conte*.

Généalogie de la famille Giaume
dite *Santon*, une des plus anciennes familles de Sclos.

Jean Louis Giaume, souche de cette famille, vivait à Contes en 1695 (Arch. Com. Ordinati Originali No 134). Il eut un fils *Michelange* qui vivait encore en 1747 et qui est la souche de cette famille Giaume de Sclos. Michel Ange eut deux fils Antoine-François et Jacques, le premier habita à la *Torre*, le second à *Lambert*.

Famille d'Antoine-François Giaume

Antoine François épouse Françoise, fille de Jean-Antoine Cauvin *fotte* et en a quatre filles et un fils.

1º Angélique morte en 1810 agée de 62 ans épouse Jacques Castel.

2º Antonia épouse en 2èmes nôces Barthélemy Camous dit *Raünet* et devient mère du chanoine Ange Camous, mort en 1800.

3º . . . . . . mariée à Tourette.

4º Françoise mariée à Contes à un dit *Passiensa*

5º Dom Jean-Louis prêtre, susdit.

Pour la famille de *Jacques* voyez la biographie du médecin André Giaume.

<small>Cette famille habitait l'endroit proprement dit *Torre*; parce que Antoine-François y avait fait construire une tour à pigeons qui a été démolie, et un réservoir pour y recueillir les eaux du vallon de la *Cuosta* de Ste Hélène. Cet endroit s'appelait à cette époque *beau-plan*, nom que l'on voit encore gravé sur la porte de sa maison avec le nom d'Antoine-François et la date de 1766.

Plus tard cet endroit fut appelé *acco d'Antonia*, parce que Antonia une de ses filles y habitait: la propriété qui est au-dessous de celle-ci fut appelée *passiensa*, parce qu'elle fut donnée en dôt à Françoise sœur d'Antonia, qui avait épousé la *passiensa* de Contes ; et on appela *tourettan* celle sise dans le *plan* du *Cluot* qui appartenait à l'autre sœur mariée à un de Tourette.</small>

Dom Camous Guillaume
dit *labicol*

Dom Camous Guillaume né en 1810 fut ordonné prêtre en 1835. Il fut d'abord Instituteur au Villars, ensuite gardien des élèves du Collège de Nice sous la direction des Jésuites, professeur de sixième, et en dernier lieu Vice-Préfet du Collège, place qu'il occupa avec beaucoup d'activité et d'intelligence.

Lorsque le 4 Mars 1848 les Jésuites durent quitter le Collège, Dom Camous se retira à Sclos, où il avait fait construire en 1845 une belle maison, possédée maintenant par son neveu François Camous, où il établit un petit pensionnat d'élèves. Il vendit ensuite son patrimoine d'une valeur d'environ 12 mille francs et se retira à Nice, où il ouvrit une Ecole libre. Malheureusement il fit certaines spéculations en immeubles qui ne lui réussirent pas, et par surcroit de malheur il tomba malade. Muni d'un diplôme il partit pour l'Italie, et ouvrit une Ecole à Bari, A la révolution de Naples en 1860 il alla à Rome, où il devint fou et où il mourut en 1864.

Dom Comaus Guillaume avait quelque talent, il était courageux et actif, bon ami, mais mauvais ennemi, d'un tempérament prompt, orgueilleux, mais généreux. Il a rendu de grands services à Sclos, dont on lui doit être reconnaissant. Il fit abolir la taxe que la Commune de Contes imposait à ceux qui défrichaient les biens Communaux, droit que tout le monde avait, parce qu'il trouva que la Commune n'avait aucun titre pour imposer cette taxe. — Il fit déclarer source publique ou Communale, celle de *Simon* que le notaire Cauvin s'était appropriée (page 212), Enfin il obtint du tribunal de Nice, une sentence qui déclarait que dans la donation que *Jeanne*, veuve Aiglin, avait faite de ses biens aux habitants de Sclos, la maison et le jardin avaient été destinés à l'usage du Curé *pro tempore*, (page 264)

Généalogie de la famille Camous.
dite *labicol*

Guillaume est la souche de cette famille de Sclos. Il épouse Catherine Brocart, veuve de Conso de la Trinité et en a quatre enfants.

1o *Charles* mort en 1862 agé de 81 ans, épouse Rose Cauvin *frussa* de *la Torre* morte en 1871 agée de 82 ans. Quatre enfants,

1º Dom Guillaume, prêtre, susdit.
2º Baptiste, né en 1814, mort en 1883 épouse Victorine Cauvin *frussa*, morte en 1852. Deux enfants.
    1º Sophie épouse Baptiste Lacroix de Drap.
    2º François né en 1837 épouse Antoinette Cauvin: enfants.
        1º Hélène née en en 1867:
        2º Eugène né en 1870.
3º Catherine née en 1816 épouse Malaussena de l'Arianne.
4º Suzanne née en 1818 épouse Jacques Giaume du *Serre*.
2º Joseph célibataire mort en 1878 âgé de 84 ans.
3º Suzanne morte en 1829 âgée de 30 ans.
4º Claire épouse Joseph Dalbera de la Madonne.

Dom Castelli Antoine.

Dom Castelli Antoine né en 1805, fut ordonné prêtre en 1831. Il fut d'abord instituteur à Scarena, puis dans le collège de mon frère Dom Sixte Cauvin à Monaco en 1835 et 1836. Après deux ans, il devint professeur dans le collège de Saluces en Piémont, et finalement instituteur communal à Berre pendant 28 ans, où il eut toujours de 7 à 8 élèves pensionnaires qu'il instruisait rapidement et avec succès. On trouve partout de ses élèves et dans toutes les professions libérales. Il enseignait par goût, et voilà la cause de ses succès ; car il ne faisait payer à ses pensionnaires que trente francs par mois, tout compris, logement, instruction et table, disant qu'il fallait aider les parents qui faisaient assez de sacrifices pour leurs enfants.

En 1864 il quitta Berre, et se retira dans sa propriété du *Castel*, à Sclos, où il continua à tenir quelques pensionnaires et à instruire la jeunesse presque jusqu'à la fin de ses jours arrivée en 1879.

Sa conduite fut toujours irréprochable ; on n'a qu'à

lire l'épitaphe que son neveu et héritier, Jacques Castelli, a fait placer sur sa tombe (page 283). Son unique occupation, hors de son école, était d'améliorer ses propriétés et d'élever des constructions. Il entoura son jardin de murs, et fit bâtir une maison tout près de cet enclos, où il demeurait et enseignait, sur la porte de laquelle il fit placer en lettres de fer cette légende: *Magister hic docebat*. Et sur la porte de l'enclos de son jardin :

S. C. A.
non f. f. non f.
sic tibi f. lector.

Ce qui signifie : le Prêtre Castelli Antoine n'exista pas, il exista, il n'existe plus : il t'arrivera de même, ô lecteur. Légende qu'il n'a jamais expliquée à personne, excepté à son dit neveu, de qui je la tiens.

Dom Castelli a laissé deux petits ouvrages manuscrits, un intitulé *il solitario*, qu'il chargea son neveu de publier, s'il le croyait opportun : l'autre intitulé *Ortopeja*. Son séjour à Sclos dans les dernières années de sa vie, a été d'un grand avantage au pays. qui avait ainsi le privilège d'une école secondaire supérieure.)page 288.)

Généalogie de la famille Castelli.
dite Castel.

Jean-Louis Castelli est la souche de cette famille, Il eut 2 fils André et Jacques qui devinrent les chefs des deux familles Castel.

Famille d'André Castelli.

André mort en 1803 agé de près de 100 ans, épouse la fille de Jean-Honoré Cauvin dit *frussa*, et en a un fils

Jean-André mort en 1840 agé de 86 ans, épouse en *1re nôces*

Elizabeth Camous dite *L'Evesche*, morte en 1847 agée 86 ans. Il en eut trois enfants.

1º Angeline morte en 1863 épouse Honoré Giaume *santon*.

2º Jean dit *poulon* mort en 1872 agé de 76 ans, épouse Marie Giaume *santon*, morte en 1867 agée 73 ans, et en a cinq enfants, dont un Jacques, secrétaire de questure en Italie.

3º Don Antoine, prêtre, sus dit.

Pour les enfants de Jean-André issus de son second mariage, voyez la Biographie de Sixte Castelli.

Dom Sixte Cauvin

Dom Sixte Cauvin, mon frère aîné, né le 3 Août 1792, alla d'abord à l'Ecole de Dom Giaume à Sclos, puis au Lycée de Nice. En 1811 il entra au séminaire à *Cimiez*. En 1812 il obtint une bourse, en 1813 il reçut le diplôme de bachelier ès-lettres, et en 1815 à la Noël il fut ordonné prêtre.

Il voulut d'abord se dédier aux missions, mais Dom Bouiller Supérieur du séminaire, l'en dissuada disant que le Diocèse avait aussi besoin de bons prêtres. Il accepta alors l'offre qu'on lui fit, à cause de son aptitude pour l'éducation de la jeunesse, d'aller à Monaco en qualité de Précepteur de Désiré, fils unique de M. De Millo Gouverneur de la Principauté. M. Désiré de Millo est encore en vie.

En 1817 il fut nommé par le Roi de Sardaigne, aumônier de la garnison de Monaco, place qu'il a occupée jusqu'en 1839.

En 1818 l'abbé de Cessole de Nice le choisit pour aller apprendre en Angleterre la méthode d'enseignement mutuel qui était alors en vogue. Il partit le 3 juin 1818 et en retourna en janvier 1819. C'est en Angleterre qu'il apprit la langue anglaise, dans laquelle il se perfectionna ensuite, langue qu'il lui fut très-utile et qu'il enseigna tant à Monaco qu'à Nice.

Il établit l'école d'enseignement mutuel à Nice dans la grande salle de l'ancien Couvent de la Visitation, occupée présentement par la *Providence,* dite des *cessolines.* Le nombre des élèves fut très considérable, et il existait encore quelques anciens élèves de cette école en 1883. Il établit aussi cette méthode à S. Remo, Port-Maurice et Oneille sur la demande de leurs maires. Ces écoles commençaient à prospérer lorsque la crainte d'innovations et la jalousie les firent fermer.

De retour à Monaco, Dom Sixte Cauvin, reprit l'éducation du jeune De Millo, qui avait été confiée à M. Florence pendant son abscence, et il ouvrit une école libre où les principales familles de la ville envoyèrent leurs enfants ; et tel fut le succès de son enseignement que des étrangers et des anglais mirent leurs enfants en pension chez lui. Le nombre des pensionnaires augmenta tellement et la confiance en ses talents et sa méthode devint si générale qu'à mon arrivée chez lui en 1832 il fonda un *Collège de Commerce,* et acheta à cet effet la grande maison Vignalis, occupée présentement par le Gouverneur Général de la Principauté.

Le collège devint de suite très-florissant, les élèves pensionnaires étaient au nombre de 60 à 70, et y venaient de toutes parts, du Piémont, de Gênes, de la Rivière, de Nice surtout, de France, de l'Ile de Sardaigne ; des anglais même qui passaient l'hiver à Nice. ou y étaient de passage lui confiaient leurs enfants.

A la fin de 1835 je dus avec regret quitter le collège de mon frère pour aller en fonder un semblable à Sestri-Ponente, près Gênes. C'est alors que la jalousie et la persécution redoublant d'activité, induisirent Dom Sixte Cauvin à fermer son collège. Dégoûté de Monaco il demanda sa retraite d'aumônier et se retira à Nice, où il s'occupa de bonnes œuvres. Il fut un des promoteurs de la fondation en 1844 de la Conférence de S. Vincent de Paul, des Salles d'Asile et des Crèches en 1850.

Il fit beaucoup de bien à sa famille, qu'il aida de toutes les manières et en toutes les occasions. Il maria sa sœur Séraphine en 1829 au capitaine Archini de Turin ; il dôta ses neveux et ses nièces à l'occasion de leur mariage, ainsi que ses deux cousines Castelli qui avaient été à son service. — Il avait fait à Monaco plusieurs acquisitions d'immeubles entr'autres la maison du collège qu'il vendit en 1861 au Prince de Monaco pour 20,000 fr, et la propriété des Salines qu'il vendit aussi en 1879 au même Prince pour 64,000 fr. Il fit aussi des acquisitions à la Trinité — Victor qu'il donna en dôt à sa nièce Joséphine, épouse Sauvet, et à Sclos qu'il donna à ses deux neveux Prosper et Adolphe frères Cauvin.

Dom Sixte Cauvin avait beaucoup de talent et de pénétration, il était poète d'occasion, et bon prédicateur lorsque l'occasion le demandait. Il fut choisi au séminaire en 1815 pour faire le panégyrique de S. Thomas d'Aquin, et fit un chef d'œuvre qui surprit tout le séminaire. Ce panégyrique est conservé en famille. —

Il était d'un caractère très-doux, patient à l'extrême, charitable autant et plus qu'un homme peut l'être, d'une honnêteté parfaite, d'une amabilité exquise envers tous, s'entretenant avec aise avec les pauvres et les petits comme avec les riches et les grands. Il pardonnait volontiers, même les plus grands torts, et son système était de faire du bien à ceux qui lui faisaient du mal. Il était humble et se rangeait toujours au dernier rang, quoiqu'il fut presque en tout supérieur aux autres. Il mourut à l'âge de 88 ans le 2 février 1880, regretté et béni de tous sans exception. (1) Il fut enterré dans le cimetière de Sclos. Voyez page 282.

C'est en sa memoire que j'ai fait construire à Sclos une chapelle que j'ai dédiée à *Saint Sixte,* et c'est en reconnaissance des bienfaits que j'ai reçus de lui, comme aussi pour célébrer ses vertus et rares mérites que je lui ai élevé, avec le concours de mon neveu Prosper Cauvin, un Monument avec son buste en marbre au centre du parc, vis-à-vis l'ancienne maison paternelle. Voyez page 309.

Dom Eugène Cauvin

Dom Eugène Cauvin, mon frère et frère de Dom Sixte, naquit le 15 Février 1805. Il fit une partie de ses Etudes au Collège de Sospel, et en 1824 il alla

---

(1) Voici l'éloge qu'en a fait le journal de Nice du 5 février 1880.
Nécrologie. — Hier *matin*, à 9 h., ont eu lieu, à l'église de Saint-François-de-Paule, les obsèques du très regretté Sixte Cauvin, ancien fondateur du Collège Français de Monaco, ex-aumônier de l'armée italienne, et décédé le 2 février, dans sa 88e année.
Le deuil était conduit par M. l'abbé Cauvin, frère du défunt, et une foule nombreuse et émue de parents et amis formait le cortège funèbre de ce digne prêtre, à la dépouille mortelle duquel les honneurs militaires ont été rendus par les soldats du 111e.
L'abbé Cauvin, en dépit de son âge avancé, avait non seulement conservé les facultés intellectuelles qui le distinguaient, mais il joignait encore à une gaîté pleine de bonhomie, cette amabilité qui, quand elle survit à l'âge, fait des vieillards des êtres à la fois vénérés et chéris.
Nous ne saurions trop louer l'inépuisable charité qui caractérisait l'abbé Sixte Cauvin; tous ceux qui l'ont connu ont pu l'apprécier, et c'est à lui qu'on peut appliquer le verset du psaume ; *In memoria æterna erit justus,*

F. GIRAUD.

faire son cours de Théologie au grand Séminaire d'Avignon. Après quatre ans d'Etudes théologiques, il fut nommé Professeur au petit séminaire de Ste Garde, qu'il quitta en 1830, lors de la révolution de Juillet, et fut ordonné prêtre à Nice en 1831.

Il gagna au concours la Paroisse de Toudon, dont il prit possession le 24 Juillet 1831. En 1857 au mois d'Avril il fut nommé provisoirement Curé de Vernea, et le 14 Octobre de la même année il fut fait Curé de Peille. Il eut là des ennemis comme l'ont tous les gens de bien (voyez page 336) ; fatigué d'ailleurs d'un ministère qui ruinait sa santé, il donna sa démission à la fin de 1868 et fut fait nommé Curé de St Antoine-Siga, dont il prit seulement possession, s'y faisant remplacer par un Econome avec le consentement de l'Evêque, et il se retira à Nice, où il fut aumônier des Religieuses. Il fut un des fondateurs de la Caisse d'Epargne de Nice et contribua beaucoup à induire Dom Bosco à fonder à Nice un de ses Établissements pour les enfants pauvres ou abandonnés, sous le Patronage de St Pierre, N° 1 Place d'Armes.

Dom Eugène Cauvin avait un cœur excellent ; il aimait sa famille et fit pour son bien tout ce qui était en son pouvoir. Il prit avec lui et instruisit pendant plusieurs années ses neveux Sérafin et Félix, fils de ses frères Trophime et François, lesquels lui donnèrent bien de la peine et du trouble ; il éleva aussi chez lui Casimir, petit-fils de sa tante Marguerite Cauvin du Touet, Antoinette actuellement Institutrice à Nice et son frère Marius, enfants de Victor Castel, de Sclos, son cousin.

Dom Eugène se distingua surtout par l'Hospitalité qu'il donnait largement à tout le monde, surtout à ses proches et aux malheureux. Il supportait patiemment les injures, les pardonnait et ne se vengeait jamais. A sa grande charité il joignait une grande humilité. C'était un homme sans défaut, disaient souvent les personnes qui le fréquentaient. — Il mourut le 25 Septembre 1875 et fut enterré le 27 du même mois dans le Cimetière de Sclos. Voyez page 282.

Dom Antoine Cauvin
AUTEUR DE CES MÉMOIRES

Dom Antoine Cauvin, frère des deux précédents Dom Sixte et Dom Eugène, naquit le 23 Août 1810. En 1826 il alla au Grand Séminaire d'Avignon où il fit sa Philosophie et trois ans de Théologie. A la Révolution de 1830 il retourna à Nice où il fit sa quatrième année de Théologie, comme externe, tout en étant Secrétaire intime du Vicaire Général De Villa-Rey, du temps de l'Evêque Colonna. En Novembre 1831 il alla à Turin, où il fit un cours de Morale chez le Théologien Guala, tout en vivant chez le Comte Piola en qualité de répétiteur de son fils.

En 1832 il alla aider son frère aîné Dom Sixte à fonder le Collège de Monaco, où il publia en 1834 l'*Abrégé chronologique de l'histoire de Monaco*, le premier récit de cette histoire qui ait paru.

En Septembre 1834 il alla à Rome où il fut ordonné prêtre le 12 Octobre par son Em. le Cardinal Brignole-Sale; en Octobre 1835 il fonda dans le palais Centurioni à Sestri-Ponente près de Gênes, un Collège de Commerce, *le premier de ce genre établi dans les Etats Sardes*. Ce Collège fut très-prospère, il y eut jusqu'à

96 pensionnaires. Après neuf années de travaux, fatigué et malade il céda le Collège à la fin de l'année scolaire de 1844, et se retira à Nice pour s'y reposer.

Désirant voyager pour mieux rétablir sa santé, il alla à Turin en 1845, où il devint le Chapelain du Comte Cavour, père du Ministre, et en 1846 à Paris, et finallement en 1847 en Amérique où il resta pendant trois ans appliqué à l'Eglise française de New-York. En 1850 il fut nommé Curé de Cold-Spring et de West-Point (Académie militaire des Etats-Unis), et en 1851 il fut chargé par l'Archevêque Hughes de la Mission de Hoboken, un des faubourgs de New-York. Il bâtit la même année l'Eglise de West-Hoboken qu'il dédia à *N. D. de Miséricorde*; pour laquelle le Cardinal Brignole lui avait envoyé une Copie de la Madonne miraculeuse de *Rimini*. — Il établit des Stations à Fort-Lee, Englishneighbourhood, Bulls-ferry, Pleasant-Valley et Hackensack, où il allait dire la Messe, confesser, prêcher et faire le catéchisme les Dimanches. Enfin en 1854 il édifia l'Eglise de Hoboken qu'il dédia à *Notre Dame des Grâces* dans laquelle il plaça le fameux tableau de la Vierge de Foligno que son beaufrère, le Major Archini, lui avait obtenu du Duc de Gênes, frère du Roi Victor-Emmanuel. (1)

En 1856 eut lieu dans l'Eglise de Hoboken la translation des reliques de *St Quietus* qu'il avait obtenues de Rome. En 1858 le Couronnement de *Notre Dame des*

---

(1) C'est une excellente copie de la même dimension que l'original, faite par M. Ansaldi, pour le prix de douze mille francs, outre les frais de son séjour d'un an et demi à Rome, par ordre du Roi Charles-Félix qui la légua à Ferdinand Duc de Gênes second fils de Charles-Albert.

C'est la duchesse de Gênes, son épouse, qui en 1858 fit les frais du Couronnement de Notre-Dame des Graces, la Vierge de Foligne susdite.

Grâces, et en 1860 l'Inauguration de 46 tableaux à l'huile placés dans l'Eglise. Trois grandes cérémonies religieuses, *les premières de ce genre en Amérique,* qui firent chaque fois beaucoup de bruit dans les Etats-Unis, et qui attirèrent à Hoboken une foule de Catholiques et de Protestants. —

Dom Antoine Cauvin obtint en 1856 pour son Eglise de Hoboken, un superbe Ostensoir en argent du Roi Victor-Emanuel par l'entremise du Ministre Comte Cavour, un Calice en vermeil et une grande lampe aux armes impériales de l'Empereur Napoléon III, ainsi qu'un Calice en argent de la Reine mère, Christine de Sardaigne.

En 1859 il ceda la paroisse de Fort-Lec à un de ses Vicaires, et en 1861 celle de West-Hoboken aux Pères Possionites, qu'il y installa, et ne conserva pour lui que celle de Hoboken, où les Catholiques s'étaient accrus au nombre de huit à neuf mille.

En 1863 il fit bâtir la belle Ecole paroissiale à trois étages avec soubasement, à côté de l'Eglise de Hoboken, et y établit les Sœurs de charité pour l'enseignement.

En 1866 le grand Hôpital *Ste Marie* de charité fut construit tout près de l'Eglise de Hoboken, au service duquel il appela les Sœurs de St François, dont la maison mère est à Aix-la-Chapelle. Cet hôpital contient plus de cent lits. Chose singulière, ce fut le premier Hôpital établi dans tout l'Etat de New-Iersey !

En 1870 il acheta le reste du bloc qui contient l'Eglise, le presbytère et l'Ecole, situé en face de la belle place publique, au centre de la ville; de sorte que la propriété de l'Eglise de Hoboken est la plus belle propriété (250 pieds de tront sur 200 de profondeur) qu'une Paroisse catholique possède dans le Diocèse de Newark.

Enfin fatigué, après vingt six ans de ministère assidu en Amérique, Dom Antoine Cauvin donna sa demission, et le 9 Août 1873 retourna en Europe. Les Messieurs de la Paroisse, les dames, la Société de temperance qu'il avait établie, celle du Catéchisme, les filles de Marie, les Elèves des Ecoles de la Paroisse, les Sœurs de l'Hôpital, tous lui firent des adresses la veille de son départ, et lui donnèrent des présents et des souvenirs. (1)

Arrivé à Nice, après 28 ans d'absence, il se retira dans sa propriété des *Plaines à Castagniers*, qu'il avait achetée en 1839, et qu'il s'occupa à améliorer et à agrandir. — En 1881 il fit bâtir la chapelle *St Sixte* à Sclos, en mémoire de son frère ainé Dom Sixte, mort

---

(1) Voici ce que le Catholic Riview de New-York imprimait en 1880 relativement au Rev. A. Cauvin.

DIOCESE OF NEWARK.

A Tribute to Rev. A. Cauvin.

Tho the Editor of The Catholic Review:

In reading the interesting article inyour last number, on the extraordinary growth of the Diocese of Newark, it has been a matter of surprise to many of your readers, to find omitted the name of the Rev. Antony Cauvin who bore so conspicuous a part in its early annals; and by his zeal and energy, for a period of twenty three years, contributed so greatly to its development and prosperity. During a visit made tome in London, by the late Archbishop Bayley, in the Summer of 1877, he had frequent occasion to mention this most worthy and devoted priest, and he invariably spoke of him in the most enthusiastic terms, especially eulogizing his efforts in the promotion of benevoieut insiitutions in his former diocese, and the establishment of the Hospital at Hoboken, and the introduction of the Little Sisters of St Francis as well as of his having prepared the soil for the labors of the Passionist Fathers, at West Hoboken, which parish was one of his creation; of him, therefor it may be justly said: « Si queris monumentum, circumspice. » The

en 1880, auquel il éleva un monument avec son buste en marbre dans son parc du *Cluot*, vis-à-vis l'ancienne maison paternelle. En cette même année il acheta l'ancienne propriété de feu Joseph Cauvin de la *Torre*, à la fin d'y bâtir la nouvelle Paroisse de Sclos, à l'endroit dit *Caïre*, centre du hameau, Eglise qu'il entend bâtir à ses frais, et en 1884 il publia ces Mémoires pour servir à l'histoire de la Commune de Contes et du hameau de Sclos. — Il laisse en Manuscrit la Généalogie des familles de Sclos, dont de courts Extraits ont été mis à la suite de la Biographie des personnes de Sclos qui se sont distinguées.

Jacques Cauvin
dit *brigadier* (1)

Jacques Cauvin, mon père, peut élever dix de ses enfants et les faire instruire quoique avec des médio-

Archbishop told me that he had frequent occasion to have recôurse to Father Cauvin for counsel and advice, as well as for the solution of nice questions in moral Theology, and tkat he never failed by his judicious suggestions to afford him the aid he songht, or to solve the difficult problems that were perplexing him. The Archbishop deeply deplored the loss to his diocese at the time it occured, ot one who seemed to him to bepossessed of the vigor necessary for carrying on the many good works he had inaugurated. But Father Cauvin felt that advancing years, and the inroads made upon his health by the malarious influences of the neighborhood in which he was living, were making it necessary for him to withdraw from the active work of the mission and accordingly retired some seven years ago, to his native country, whither the good wishes and prayers for his welfare, of thousands who had benefitted by his ministrations followed him.

A NEW YORK CATHOLIC.

(We have inquired concerning the omission noticed, and we find that t was owing to an inadverteuce and the impossibility of noticing all the good and glorious work done in the diocese since its organization. Since the apostolic days this has been the common fault of all ours records)

(1) Voyez page 265 l'origine de ce sobriquet donné à son grand-père Jean-Louis.

cres ressources ; mais sa grande activité et son travail continuel supléérent au manque de moyens. Il éleva aussi sa nièce Agathe, fille de feu son frère Ludovic, morte en 1808, Augustin et Josephine Carrara, enfants de sa sœur Marie Françoise, André Scarella et sa famille, Pierre Castel dit *pignol* et Baptiste Bermont dit *Bondon*, qu'il tint jusqu'à sa mort. Il bâtit une grande maison dans la propriété de la *Valanca* qu'il avait achetée et augmenta son patrimoine de plusieurs propriétés.

C'était un homme d'une foi vive et très-pratique. Tous les soirs il récitait le chapelet en famille ; tous ses enfants sans exception devaient y assister. C'était une personne à proverbes, à maximes, citant de bons exemples et donnant de bons conseils ; parfait honnête homme, d'une grande piété et d'une dévotion exemplaire à l'Eglise.

Il avait sa chaise dans le Sanctuaire sous la chaire. Il allait souvent le Dimanche visiter ses Sœurs ou leurs enfants au Touet, à Bendejeun, ou ses amis à Luceram, à Contes, à la Beguda chez Carrara, son neveu ; ou bien il accourait aux Eglises où il savait qu'il y avait un prédicateur, une Mission, une fête ; et alors il s'habillait en bas blancs, culotte courte et habit long à panneaux. Sa mort fut édifiante, elle eut lieu le 7 Septembre 1845 ; il était né le 28 Juin 1767.

Généalogie de la famille Cauvin
demeurant au *Cluot*,
une des plus anciennes de Sclos

Le nom français *Cauvin* et celui italien *Calvino* ou *Calvini* viennent du latin *Calvinus* dont ils ne sont que la traduction. On trouve souvent parmi les noms propres des anciens Romains celui de *Calvinus* : ainsi ce fut le Consul *Sextius Calvinus* qui bâtit la ville d'Aix en Provence, page 23. *Calvinus* a été aussi traduit en français par *Calvin* ; l'hérésiarque Calvin, dont le vrai nom était Cauvin, fut appelé *Calvin*, parcequ'il publia en 1532 un Commentaire en latin des deux livres de Sénèque sur la *Clémence*, a la tête duquel il mit son nom *Calvinus* en latin ; et depuis on l'a appelé *Calvin*.

Les aïeux connus de cette famille sont :

Louis Cauvin *(Ludovico Calvino)* mort en 1650, père de *Jean-André* Calvini, mort en 1730, qui eut deux enfants : Jean-Louis et François-Antoine célibataire.

Jean-Louis dit *brigadier* (1) mort en 1776 fut père d'Antoine et de Jacques. (2)

Famille d'Antoine Cauvin

Antoine mort en 1797 épouse Marie Catherine Camous dite *Boretta* de Vernéa, morte en 1799 et en eut neuf enfants dont cinq garçons et quatre filles. (3)

(1) Voyez page 265 l'origine du sobriquet *brigadier* donné à Jean-Louis Cauvin (Gian Ludovico Calvino). Papiers de famille.

(2) Par son Testament du 13 Janvier 1776, Penchienatti notaire, Jean-Louis fit Antoine son héritier et ne donna à Jacques que la légitime portion, laquelle fut établie en 1782 par une Convention entr'eux, Fossati notaire. — Jacques épousa Marguerite Bottié de Drap et alla demeurer à Cognasses. Cette famille est éteinte.

(3) Par un acte du 17 Février 1797, Penchienatti notaire, Antoine partagea ses terres et maisons entre ses quatre enfants (son fils Lodovic était mort), moyennant une pension viagère pour lui et son épouse, et par lequel il donna à son fils Ignace la maison et les propriétés qu'il possédait à Contes et dans son territoire. Il ne se réserva pour lui que la partie basse de terre du *plan*, dite *d'Angela*, qui est située au *Cluot* entre le parc et le vallon, et qu'il donna avant de mourir, à son fils Jacques : chez lequel il s'était retiré et où il mourut.

Les cinq fils d'Antoine Cauvin

1º *Ludovic*, mort en 1793 agé de 40 ans, épouse Marie Ordan de Drap, morte en 1794 agée de 40 ans, et en a une fille Agathe née en 1785 et morte en 1808. (4)

2º *Barthélemy* mort en 1814 épouse Françoise Bermont de Bendejun morte en 1864 agée de 55 ans : deux enfants.

    1º Ludovic né en 1786 mort en 1857, épouse Catherine Imbert de Roquebrune, morte en 1881, et en a sept enfants.

    2º Ignace né en 1803, épouse Françoise Delserre morte en 1853; et en a un fils Jacques

3º *Ignace* mort à Contes en 1830 épouse Camille Maurandi, et en a cinq enfants.

    1º Jean-Honoré prêtre, mort à Paris en 1868 après 20 ans de souffrance.

    2º François mort en 1864 agé de 77 ans épouse Marie Juan et en a cinq enfants.

    3º Elisabeth (*Babelin*) morte en 1866, épouse Xavier Brocart dit *Sac*, et en a huit enfants.

    4º Thérèse épouse Jacques Cauvin dit *gaï* : trois enfants.

    5º Octavie.

4º *Jacques*, né en 1767 et mort en 1845, épouse Marguerite Castelli ; et en a dix enfants.

    1º Sixte Antoine prêtre né en 1792 et mort le 2 Février 1880.

    2º Rosalie (*Marie-Françoise*) née en 1794 morte en 1816.

    3º Marie Catherine, dite *Joliette* née en 1797, morte en 1807.

    4º Alexandre Pierre-Jean né en 1799 mort en 1873,

---

(1) Après la mort de ses parents, Agathe se retira à Sclos chez son oncle Jacques, et lui légua sa dôt par son Testament du 23 Décembre 1806. Scuderi notaire.

épouse Marianin Fabre d'Eze et en a cinq enfants.
1º Sixtine née en 1839 épouse François Orengo mort en 1883 et en a deux enfants.
 1º Apollonie née en 1864 épouse Louis Crovetto et en a un fils François.
 2º Victor né en 1868 mort en 1871.
2º Prosper né en 1841 épouse Antoinette Escalon
3º Henry né en 1843, mort en 1872.
4º Josephine née en 1847 épouse Jacques Sauvet
 1º Sixtine née en 1876.
 2º Prosper né en 1878.
5º Adolphe né en 1852 épouse Geneviêve Cacciardi.
 1º Henry né en 1872.
 2º Sixtine née en 1875.
 3º Antoinette née en 1877.
 4º Hanna née en 1879.
5º Trophime né en 1802 mort en 1858 épouse Catherine Camous née en 1800 et morte en 1882 : quatre enfants.
 1º Séraphin né en 1831 épouse Thérèse Thaon.
 2º Baptistine née en 1833 épouse Claude Bottau.
 3º Eugénie née en 1838 épouse Thérésius Cauvin.
  1º Séraphine née en 1872.
  2º Séraphin né en 1874.
 4º Antoinette née en 1841 épouse François Camous
  1º Hélène née en 1867.
  2º Eugène né en 1870.
6º Eugène Charles Marie prêtre, né en 1805, mort en 1875.
7º Séraphine née en 1807 épouse Félix Archini de Turini, mort en 1875.
8º Antoine Sixte, prêtre, né le 23 Août 1810.
9º François Antoine né en 1716 en *1res nôces* Félicie Blondin morte en 1846 et en a une fille Louise, morte religieuse du Bon Pasteur en 1873.

En 2mes *nôces* il épouse Françoise Bonnieux. Enfants vivants.

   1º Antoinette née en 1852 épouse Louis Pignatel et en a trois enfants.

   2º Félix né en 1853.

   3º Sophie née en 1855 épouse Séraphin Ghè Avocat et en a quatre enfants.

   4º Léon né en 1860.

   5º Hypolite né en 1861.

   6º Louis né en 1866.

   7º Séraphine née en 1868.

   8º Jules né en 1875.

  10º Jean Alexandre né en 1869 mort en 1878.

5º *Jean-Honoré* dit *padre* né en 1774 mort en 1842; épouse Catherine Castelli morte en 1857. Sept enfants.

   1º Josephine épouse Delserre de Vernéa, sans enfants.

   2º Honoré né an 1805 et mort en 1871 épouse Lucrèce Ramini. morte en 1881 agée de 77 ans. Un fils Octave.

   3º Joseph né en 1808 mort en 1840 épouse Thérèse Camous de Vernéa. Trois enfants. *Voyez Accidents page 323.*

   4º Lucréce née en 1814 morte en 1866. épouse Pierre Gioval et a sept enfants.

   5º Napoléon né en 1815, se noye dans le Var.

   9º Claire née en 1819 morte jeune.

   7º Joachim né en 1823 mort jeune.

Les quatre filles d'Antoine Cauvin

1º *Catherine*, en religion Angela Sérafina, morte dans le Couvent des Clarisses a Coni en Janvier 1832. Elle était religieuse au Couvent Ste Claire à Nice : la Révolution Française en expulsa les religieuses le 4 Octobre 1792. Voyez page 45.

2º *Marguerite* épouse en 1res nôces J. Bapt. Cauvin du Touet Scarena et en a deux enfants.

1° Constantin mort sans enfants.

2° Baptistine épouse Ferdinand Cauvin du Touet et en a quatre enfants: Zepherine, Casimir, Honoré et Gaudentius.

Elle épousa en 2ᵐᵉˢ nôces Jean-Marie Barralis du Touet, veuf, père de Lucréce, mariée à Deleuze, Bayle de Blausasc.

3° *Marianne* épouse Véran du Touet et en a deux enfants.

1° Jacques épouse Cauvin du Touet.

2° Catherine épouse Cristophe Cauvin du Touet.

4° *Marie-Françoise* morte à Bendejum en 1818 agée de 55 ans. épousé en *1ʳᵉˢ nôces* Charles Carrara de la Beguda et en a deux enfants.

1° Augustin épouse Davica Dalbera, et en a sept enfants dont Antoine, Capucin, Curé de Sᵗ Barthèlemy encore vivant.

2° Josephine morte en 1860 agée de 77 ans, épouse Jean Bapt. Berzezio (Berzès), et en a deux enfants. Davica et Félix.

Elle épouse en *2ᵐᵉˢ nôces* André Dalbera dit *Granoglia*, veuf mort en 1833 agé de 93 ans. Celui-ci avait deux filles :

1° *Davica* qui épousa Augustin Carrara *Susdit*.

2° Jéromine morte en 1854 qui épousa J. Baptiste Bermont et en a deux enfants.

Marguerite Castelli épouse Cauvin

Marguerite Castelli, ma mére, épouse de Jacques Cauvin, mon père, née le 3 septembre 1772 et morte le 2 Mai 1844, a été remarquable surtout par sa grande charité envers les pauvres du pays, et l'hospitalité qu'elle donnait aux pauvres étrangers. — C'est elle qui pendant longues années nourrit Antoine Massa dit *tote l'ours* du *Serre* (1) mort en 1837 agé de 70 ans, et Félicie Camous, épouse de Davic Thaon et sœur de Jean-Honoré Camous dit *bolacion*, morte en 1839 agée de 84 ans, dans la plus affreuse misère, couchée sur la paille dans l'étable de la *Geïna* sur le *Serre,* où elle lui portait tous les jours sa nourriture et la soigna jusqu'à sa mort. — C'est elle qui logeait tous les pauvres qui venaient mendier, (et il y en avait plusieurs à cette époque surtout de Bolena) dans la chambre que mon père avait fait construire exprès pour y loger les pauvres en hiver, au-dessus du four à pain, lequel a été transporté ailleurs en 1880 ; et qui outre de les loger leur lavait le linge et raccommodait les hardes.

Un étameur de casseroles qui tous les ans faisait sa tournée dans le pays et recevait toujours d'elle l'hospitalité, passant à Sclos en 1844 et apprenant qu'elle était morte, pleura à chaudes larmes, et depuis lors n'a plus paru à Sclos. — Voyez biographie de Dom Mari, 1er Curé, page 326.

Elle eut à nourir une nombreuse famille, à élever par charité bien des personnes pauvres ou abandonnées, donner l'hospitalité à André Scarella, élever ses enfants, dont la mère Benedetta est morte en 1857 dans la susdite chambre du four.

Grande était sa piété et sa foi. C'est elle qui avec sa sœur Françoise, épouse Hughes, allait tous les Dimanches reciter le Rosaire à l'Eglise avant les Vêpres. Bonne épouse, excellente mère, sa mort fut édifiante comme l'est toujours celle des âmes justes. Que Dieu

(1) Voyez page 327 la manière dont il était vêtu.

l'ait dans sa gloire ! Elle fut enterrée dans le Cimetière de Sclos.

Voyez page 281 son Inscription, la première qui a été placée dans le dit Cimetière,

Pour la Généalogie de sa famille Castelli, voyez celle de Dom Castelli page 341 et de Sixte Castelli, ses neveux.

Sérafine Cauvin, veuve Archini

Sérafine Cauvin, ma sœur, fille des deux précédents, Jacques Cauvin et Marguerite Castelli, nacquit le 6 Décembre 1807 et épousa en 1829 le Capitaine Félix Archini mort Colonel en 1875. (1) Voyez son mariage page 368. — Son pére l'aimait beaucoup ; c'est lui qui lui donna les premières leçons de lecture et d'écriture. Lorsque sa mère perdit sa fille ainée Rosalie en 1816, elle lui dit : j'ai perdu ta sœur qui était un ange de vertu et de Sainteté ; tu dois la remplacer, viens avec moi à Notre Dame de Laghet et allons prier la Sainte Vierge qu'elle te fasse aussi vertueuse et Sainte qu'elle l'a été. Elle la conduisit avec elle à Laghet, et Mme Archini raconte toujours avec les larmes aux yeux, les prières longues et ferventes que sa mère fit à la Vierge pour elle : aussi grande est sa foi et grande sa piété.

Mme Archini a un cœur admirable, elle aime ses proches, ses frères, ses neveux et ses nièces, pour les quels elle a fait de grands sacrifices. Elle éleva son frère François qu'elle prit avec elle à l'âge de 13 ans, et que son époux le Major Archini fit instruire pour la carrière militaire, et en partie son neveu Sérafin auquel le même Archini obtint ensuite un emploi au Ministère des finances en 1849 ; et n'ayant point d'en fants, elle prit avec elle en 1861, à l'âge de six ans, Sophie. fille du dit François, qu'elle éleva dans la pratique des solides vertus chrétiennes, la tenant éloignée des frivolités mondaines et lui enseignant l'économie d'une bonne menagère. Elle lui fit aussi donner une Instruction étendue et élevée par des Institutrices qu'elle prit chez elle pendant une douzaine d'années, et par des Professeurs des langues vivantes, de litérature française et Italienne, de dessein ect. ect. Elle la maria enfin en 1877, à l'age de 22 ans avec l'Avocat Sérafin Ghé, Secrétaire à l'Intendance de finance à Gênes, et voulut lui faire elle même une dôt de deux mille francs de rente. — Elle éleva aussi Léon, frère de la dite Sophie, qu'elle teint au Collège pendant plusieurs années, et Sérafine, leur sœur pendant trois ans ; outre un nouveau né du dit François qu'une nourrice piémontaise de Marseille apporta avec elle à Turin et au quel M.me Archini voulut faire de mère en le soignant et en payant tous les frais pendant trois ans. — Elle rendit aussi de grands services à son frère Dom Antoine Cauvin, en lui procurant divers ornements et des tableaux pour ses Eglises d'Amérique, et protégea toujours avec succès tous ceux qui recouraient à elle. *Voilà une vie bien remplie, pleine de merite.*

Pleine d'esprit, d'amabilité et d'instruction, M.me Archini recevait chez elle à Turin, avant la mort de son époux, les personnages de haut rang et dignité dans l'armée et la magistrature, et les dames les plus pieuses. Suivant l'exemple de son époux, elle était de toutes les bonnes œuvres, et devenue veuve elle fut souvent faite Présidente des diverses associations de bienfaisance de Turin, et même Présidente des présidentes de ces associations réunies, avec les honneurs dus à cette qualité dans les réunions et cérémonies publiques. — Après la mort de son mari elle lui éleva un tombeau dans le lot N° 420 qu'elle acheta dans le *Camposanto* de Turin, où elle veut être aussi enterrée, ayant résidé dans cette ville depuis 1832.

— Que Dieu la conserve encore pendant longues années cette Dame si digne et pleine de merite, cette bonne Sœur !

Voyez l'Inscription en son honneur page 284 et sa pieuse fondation dans l'Eglise Ste Hélène de Sclos page 264.

(1) Les vers suivant furent faits par Mme Fea de Turin, son amie, à l'occasion de la mort de son mari, Felix Archini. C'est la même qui a fait les vers à l'occasion de l'Inauguration du buste de Sixte Dom Cauvin page 312.

VERSI
dettati da
A. T. F.
per confortar la sua Cara Amica

Pon freno al pianto, e il guardo al Ciel solleva!
   Nobile Donna, che al FELICE ARCHINI
   Il nodo coniugal dolce stringeva.

S'Ei della terra già varcò i confini,
   Oh ben donogli Iddio superna sede,
   Dell'Eterna Città fra i cittadini!

In Chiesa Santa, viva intatta fede.
   Al Cristo in croce, devozione, amore,
   Degno l'han fatto d'una tal mercede.

Oh commovente scena! le lunghe ore
 Vederlo prono a meditare intento,
 Sì che molcer facea ben ogni core!

E dei proprii dolor non un lamento!
 Ilare sempre! al bene oprar propenso!
 Così il Vangel guidava il suo talento.

Dei sofi mai non die' al dubbiar consenso,
 Chè dotto in ver ei verità pregiava;
 Nè fu dall'armi il suo fervore offenso.

Eredità d'amore Ei qui lasciava,
 Ma i casti affetti suoi fatti or più puri,
 Ognor più ama quanti al mondo amava.

Se, per sua dipartita, in lai perduri!
 Di vedovanza è sfogo, o SERAFINA,
 Ma ricongiunta a Lui nei dì futuri.
 A luce il rivedrai splender divina.

A. T. F.

François Cauvin

François Cauvin, né le 27 Janvier 1816, frère de la précédente Mme Archini, ne voulant pas étudier le latin, son beau frère, le Capitaine Archini, avec le consentement de son père, l'amena avec lui en Sardaigne, où son régiment fu envoyé en garnison peu après son mariage en 1829. Là il le fit instruire pour la carrière militaire, et à son retour de Sardaigne en 1832 il lui fit apprendre l'art des fortifications à Gênes et à Alexandrie où son Régiment fut successivement envoyé en garnison.

François passa ses examens et fût admis en qualité

de *Cadet* dans ce même Régiment, 1er Coni, où il devint en peu de temps *sous-officier*. Pendant plusieurs années il accompagna son beau-frère le Major Archini, en qualité de secrétaire, dans les diverses levées militaires que celui-ci fut chargé de faire dans la province de Turin par le Ministre de la Guerre, et dans lesquelles il se distingua par l'ordre, la netteté et la promptitude de ses écritures.

Il était si spirituel et aimable, d'un caractère si enjoué et plaisant que les Commandants des Villes où les levées avaient lieu, et les principales familles, surtout de Bielle et d'Aosta se disputaient le plaisir de l'avoir en leur compagnie. — D'une taille de 43 onces, il était doué d'une voix magnifique, forte et sonore, capable de se faire entendre par son commandement de tout un Régiment en rase campagne. S'il avait continué dans la carrière militaire, nul doute qu'il serait parvenu à un grade supérieur dans l'armée ; mais il ne l'aimait pas ; et son beau frère Archini ayant quitté son Régiment, parce qu'il fut appliqué au Ministère de la Guerre. il le quitta lui aussi en 1843.

Il alla s'établir à Marseille où il se maria deux fois, et devint père de 16 enfants, dont huit sont encore en vie. Voyez le nom de ses enfants dans la Généalogie de sa famille page 352.

Sa fille Louise, qu'il avait eue de son premier mariage, mourut en 1873 à l'age de 23 ans, religieuse sous le nom de Sœur Marie-Madeleine de Ste Agathe, dans le Couvent du bon Pasteur à Nice ; elle était d'une rare beauté et d'une grande habilité dans les travaux d'aiguille. (1)

(1) De retour de l'Exposition de Paris en Juin 1878, je lui fis une vi-

site à Marseille et lui donnai un rendez-vous pour le soir à 8 heures et demie, à la Statue du Cours Belzunce, vis-à-vis l'hôtel Ste Marie où j'avais pris un logement. Fatigué de l'attendre je m'assis sur un banc en pierre, tournant le dos à deux personnes, un homme et une femme, qui y étaient aussi assises. La femme se plaignait à cet homme de ce que les enfants n'étaient plus ce qu'ils étaient autrefois: disant qu'ils étaient désobéissants, insoumis, sans respect pour leurs parents et irréligieux. L'homme de son coté confirmait ce qu'elle disait: mais quant à moi, disait-il, je ne permets pas à mes enfants de faire leur volonté; tous les soirs ils doivent faire leur prière avec moi, et les Dimanches venir tous avec moi à l'Eglise, et gare s'ils n'obéissent pas: c'est la Religion qui tient les hommes dans le devoir, et je veux les y habituer. — Enfin je me lève et je m'apperçois que cet homme est François, mon frère, dont je n'avais pas réconnu la voix. Je fus enchanté de ses bons principes et de sa manière de les mettre en pratique, tout en gémissant sur les désordres dont se plaignait cette bonne femme.

Françoise Castelli, épouse Hughes

Françoise Castelli épouse Hughes, était sœur de Marguerite, ma mère, et fille de Jean-André Castelli de Sclos. Voici l'histoire de son éducation.

Un officier supérieur, natif de Grasse, avait été chargé par la République française de faire couper les gros chênes du département des Alpes-Maritimes pour servir aux constructions navales. Il vint s'établir à Vernea dans la maison d'Antoine-François Camous dit *Conte*, dont la femme eut pour lui tous les égards dus à son rang. (1) — Cet officier prit pour femme de ménage la grande tante de Françoise, qui était fille de Jean-Louis, et sœur d'André grand-père de Françoise. L'officier retournant à Grasse y mourut laissant un bon héritage à sa ménagère. Celle-ci, qui avait emmené avec elle sa petite nièce Françoise, la fit instruire, l'éleva chrétiennement et enfin elle la maria avec Antoine Hughes, maître tisserand, qui avait été fourrier d'artillerie.

En 1806 les époux Hughes vinrent s'établir à Sclos, où Françoise se dévoua à toutes les bonnes œuvres de religion et de charité. C'est elle qui la première enseigna à lire et à écrire aux filles de Sclos, elle qui leur enseigna le catéchisme et à chanter des cantiques dans la salle de Joseph Cauvin de la *Torre*, dans la maison du quel il demeurait, (maison que j'ai achetée en 1882 Muaux notaire.) Comme elle n'avait point d'enfants, elle allait tous les matins chez ma mère, sa sœur, l'aider à habiller les jeunes enfants, qu'elle peignait et lavait et auxquels elle donnait toujours un bonbon à chaque prière qu'ils apprenaient et qu'elle leur enseignait.

Tous les dimanches elle allait la première à l'Eglise avant les vêpres, et tous la suivaient, surtout les filles, leur faisant chanter deux cantiques et leur enseignant le catéchisme, jusqu'à l'arrivée du curé qui en continuait l'explication jusqu'à vêpres. — Elle se confessait et communiait tous les mois et à toutes les fêtes de de la Vierge : elle donnait l'exemple de la dévotion, et par ses conseils et exhortations elle y portait les personnes de son sexe, surtout les jeunes filles.

C'est surtout des pauvres et des malades qu'elle prenait soin ; elle allait visiter ces derniers toujours avec un pôt de bouillon, et c'est elle qui pour les agonisants remplaçait le curé qui lui confiait le livre des prières. — Elle allait aussi mettre la paix dans les ménages, et toujours avec succès, et c'est à elle qu'on s'adressait à cet effet de préférence. Aussi elle était en grande considération dans le pays, elle en était adorée. Toutes les prémices étaient pour elle, elle avait la préférence sur le curé, quoique celui-ci, Don Filippi, fut aussi beaucoup aimé de ses paroissiens.

Elle avait prédit sa mort un mois avant de mourir. Elle tomba malade le dimanche soir et perdit la parole ; elle la recouvra le mercredi lorsqu'elle se confessa et reçut les derniers sacrements de l'Eglise ; et le jeudi, jour de l'Ascension, elle expira en l'année 1827 à l'âge de 60 ans.

Sa mort mit le deuil dans le pays, ce fut une grande perte pour tous : les personnes qui attendaient dehors pour avoir de ses nouvelles, apprenant qu'elle venait d'expirer se mirent à pleurer et disaient : elle est montée au ciel. — A l'enterrement le curé se mit à pleurer aussi dans l'Eglise ; ce ne fut que pleurs et sanglots que l'on entendait ; la tristesse était générale. Voilà la plus sainte, la plus vertueuse, charitable et estimée personne que Selos a jamais eue.

Pour la Généalogie de sa famille, voyez la Biographie de Don Castelli et de Sixte Castelli, ses neveux, (page 341.)

(1) En reconnaissance des bons services de la femme Camous, l'officier ne fit point couper son gros chêne sis au Ray, vis-à-vis l'église. Lorsque longtemps après le chêne sécha, on disait: *le chêne de Conte est mort, est-ce que un tel malheur, ou un tel événement ne peut aussi arriver ?*

Hughes Antoine maître tisserand et Jean Albin

Hughes Antoine, époux de la précédente Françoise Castelli, était natif de Grasse et avait été fourrier d'artillerie ; il était maître tisserand. En 1806 un gendarme, nommé Cauvin du Touet-Scarena, qui se trouvait à Grasse, lui conseilla de quitter le pays, parcequ'il était considéré comme *rouge* (républicain). Il se retira alors à Sclos, pays de son épouse, où celle-ci le réjoignit bientôt. Ils s'établirent à la *Torre* chez Joseph Cauvin dit *frussa*, et il plaça son métier au-dessous de la terrasse. Il prit ensuite avec lui Jean Albin fils de Victoire, épouse Albin du Thouet, et sœur de sa femme, lui enseigna le métier de tisserand, lui donna en 1837 une dôt de mille francs à l'occasion de son mariage avec Thérèse Cauvin dite *fotte*, et le fit son héritier après sa mort.

Hughes était un parfait honnête homme et un des plus distingués gentilhommes du pays: aussi était-il invité à toutes les nôces, à tous les baptêmes, à tous les dîners, réunions ou fêtes particulières: ses fillieuls sont très-nombreux à Sclos. — Il était un *très habile tisserand*, surtout en travaux de lingerie de table (Don Bonifassi), et tenait trois ou quatre ouvriers à Sclos. Il ne pressait pas ses débiteurs et prenait d'eux en payement des denrées, du blé etc... aussi était-il à cette époque le seul qui mangeât du *pain blanc*, fait avec de la farine de blé, bien buretée et sans mélange. Il avait avec lui à Sclos sa mère Dorothée, une sainte femme. Il avait un frère à Grasse qui était boulanger dont le fils était barbier : un fils de ce dernier est prêtre et actuellement curé dans le diocèse de Fréjus. Hughes mourut en 1834 âgé de 62 ans, bien regretté dans le pays.

Après sa mort, Jean Albin s'établit au *Cluot*, et après la mort de sa femme arrivée en 1850 il passa à de secondes nôces pour avoir un aide ; plus tard il devînt aveugle et se retira à Nice en 1879 chez sa fille

Antoinette, épouse Giaume Hilarion, dans la propriété duquel, sise au sommet de la montée de Villefranche, il mourut en 1884 à l'âge de 86 ans. C'était un homme juste, honnête et religieux, bon et fidèle aami. (1)

(1) Jean Albin avait souvent dit à la belle-mère de sa fille Baptistine, épousé Ramoin. qu'ils mourraient tous deux le même jour; et en effet elle mourut le même jour, 23 Août. — Il avait dit souvent qu,il ne voulait pas de glas à sa mort. mais le carillon; ce qui arriva; car le lendemain de sa mort, 24 Août, à trois heures tandis qu'on le portait à l'Eglise de Villefranche, on sonnait le carillon pour l'arrivée de l'Evèque qui y venait installer le nouveau curé, Don Matteo.

Cauvin Louis,

dit *fotte*, médecin

Louis Cauvin, médecin, fit ses études au Lycée de Nice et en 1822 il obtint le diplôme de médecin à l'Université de Turin. Il était tres-instruit en latin, grec et en mathématiques. Il fut fait d'abord Médecin de l'Hopital Militaire de Nice, ensuite de celui de Turin, et en 1848 médecin en chef des armées sardes, Ayant obtenu sa retraite il se retira à Sclos où il continua à pratiquer la médicine, jouissant de la réputation d'un excellent médecin.

A Sclos, il acheta les biens de Joseph Camous dit *labicol* qui confinaient avec ses biens, ceux de ses neveux sur le *Collet*, et ceux de Giaume *Santon* à la *presa* et forma ainsi une grande propriété depuis le collet jusqu'au Vallon de Vernea. Il acheta aussi à *fornier* une grande propriété de son oncle Valerian, et le *Camp* situé à *pemia* de Vernea. Il construisit un Edifice à huile à *Roquier* et acheta celui de la commune à

Vernea, il se fit ainsi un patrimoine qui fut évalué après sa mort à 75,000 francs.

Etant Conseiller de la Commune, il fit changer le chemin communal de Sclos, qui passait de *Cuegne* à la *Valiera* et à *Riolla* et le fit passer au *Cluot* et à la *Torre* allant à Ste Hélène par *lai lausai* de la *Cuosta*.

Mais il fit une grande faute, celle de faire vendre les biens de Jeanne qui appartenaient aux habitants de Sclos, (voyez page 261).

Il épousa en 1828 Césarine Nicolas de Cimiez, de la quelle il eut une fille Césarine qui se maria, contre sa volonté avec Joseph Giacobi de Contes, ce qui l'induisit à passer à de secondes nôces après la mort de sa première femme arrivée en 1838, et épousa Thérèse Giaume de Sclos en 1855, de la quelle il eut un fils Titus, le quel vendit son héritage à Prosper Cauvin.

Le médecin Cauvin excella surtout en mathématiques ; il trouva la solution d'un problème qu'on n'avait pu trouver jusqu'alors ; l'Academie des Sciences l'en loua beaucoup ; mais cette solution n'étant d'aucune utilité pratique, il n'en reçut aucune recompense.

Il fit une étude particulière du *Kaïron*, ver des olives, et composa un petit ouvrage, divisé en deux parties, sur ce *Kaïron* qu'il publia en 1840 et 1842. Il trouva que pour détruire ce ver ou pour empêcher sa reproduction, il fallait gauler et cueillir les olives de bonne heure avant la mi-Mai ; — En 1880 la société d'agriculture de Nice à qui je communiquai cette découverte, fut surprise de trouver dans cet ouvrage le moyen qu'elle cherchait de détruire le *Kaïron*, voyez page 113.

Le médecin Cauvin mourut à Sclos en 1865 agé de 69 ans.

Généalogie de la famille Cauvin
dite *fotte*
une des plus anciennes de Sclos.

Jean-Antoine est la souche connue de cette famille de Sclos. Il eut deux fils: *Jean Louis* et *Fabrice*, le premier demeura au Collet, le second au Cluot, et sont les chefs des deux familles Cauvin dites *fotte* de Sclos. Il eut aussi deux filles; Françoise mariée à Antoine-François Giaume *Santon*. fils de Michelange, page 337 et...... mariée à Barth. Giacobi de Contes.

famille de Jean Louis Cauvin,
dite *fotte* du *Collet*

Jean Louis mort en 1808 agé de 79 ans, épouse Marie Catherine Dallori de Luceram, morte en 1812 agée de 75 ans et en a cinq enfants.

1º Joseph (1) mort en 1824 agé de 70 ans, épouse Madeleine Repayre morte en 1852 agée de 70 ans et en a six enfants.
- 1º Anne morte en 1854 épouse Faraut de Scarena: un fils
- 2º Françoise morte 1852 épouse Pierre-Jean Cauvin dit *blanc* et en a cinq enfants
- 3º Rose morte en 1859 épouse Faraut de Scarena dit *madora* et en a deux filles
- 4º Jean-Davic mort en 1829 épouse Felicie Camous *puore* et en a six enfants.
- 5º Josephine épouse André Lea de Contes
- 6º *Louis médecin susdit* mort en 1865.

2º Vavrian majolé épouse Josephine Cauvin, trois enfants

3º Catherine } épousent Joseph Camous *labicol* (page 336
4º Pauline }

5º Thérèse épouse Joseph Fulconi de Scarena.

Pour la famille de Fabrice Cauvin voyez la biographie du chirurgien Louis Cauvin, qui suit page 372.

(1) très-entendu dans les maladies des animaux. Dom Bonifassi.

Louis Cauvin chirurgien
dit *fotte*

Louis Cauvin, fils de Fabrice dit *fotte*, servit dans les armés de l'Empire en qualité de chirurgien. A la chute de Napoléon il se retira à Sclos, où il exerça la médecine et cultiva ses petites propriétés, dans lesquelles, dit Dom Bonifassi, il planta plusieurs arbres fruitiers. Il ouvrit une Ecole pour les garçons. Voyez page 286.

Grande était son excentricité; il avait une chienne qu'il couvrait d'un manteau auquel il avait attaché une grande quantité de grelots, et en ayant aussi attaché tout le long de chaque coté de ses pantalons, il se promenait ainsi dans le pays jouant de la mandoline. Grande aussi était son immoralité et son ressentiment pour la plus petite contrariété, ce qui le rendit odieux au pays. En 1826 il se retira en Suisse où il trouva un emploi dans le Collège de Brigne, Canton du Vallois. Quelques années après il quitta la Suisse et alla s'établir en France au Cannet prés Vidauban, Arrondissement du Luc.

Pour pouvoir exercer la médecine en France il dut aller passer l'examen à la faculté de Montpellier. Il parait qu'il était assez habile dans son art, car on s'adressait à lui dans les cas désespérés. On l'appela une fois à Aix pour un jeune homme qui avait une fistule au bras que les médecins avaient décidé de lui couper. Il ne fut pas de cet avis. Si vous vous faites arracher la dent qu'il lui désigna, lui dit-il, vous guérirez; les médecins en rirent; mais la dent fut arrachée et le bras fut guéri.

Dans une affaire qu'il eut au Tribunal de Draguignan

il ne voulut point d'avocat, il plaida lui-même sa cause en latin.

Il était sâle dans ses vêtements et très-original dans ses manières. Au Cannet on disait qu'il le faisait exprès pour intéresser le public en sa faveur; mais le fait est qu'il était naturellement sâle, vicieux et vindicatif. Au retour d'une visite qu'il fit au Luc, il monta sur le tombereau d'un boucher; quelqu'un le voyant dit à ceux présents, on va le conduire à l'abatoir; non, dit un autre, on ne tue pas de porcs en été.

En 1842 il épousa une jeune personne du Cannet qu'il tourmenta par ses sales excentricités, tellement qu'elle devint folle. Il lui avait fait faire une jolie robe toute galonnée par devant et par derrière, et allait se promener avec elle avec des vêtements dégoutant de saleté. — Il mourut en 1860.

Généalogie de la Famille de Fabrice Cauvin
dite *fotte* du *Cluot*

Fabrice Canvin, second fils de Jean-Antoine, mort en 1804 agé de 67 ans, épouse Françoise Barralis de Luceram, morte en 1821 agée de 70 ans, et en eut neuf enfants.

1o Catherine morte religieuse à Varese dans le Milannais.
2o Jean mort en 1836 épouse Rose Dallori, quatre enfants.
3o Joseph pharmacien, mort eu 1824
4o Ludovic mort en 1862 agé de 88 ans, épouse Agnès Cauvin *frussa*; deux enfants
5o Barthélemy mort en 1864 agé de 83 ans, épouse Marguerite Farant, morte en 1879 agée de 82 ans. Six enfants.
6o *Louis chirurgien* susdit: sans enfants.

7o Charles mort en 1863 épouse Angelique Nuat 4 enfants
8o Madeleine morte en 1853 épouse André Cauvin de *libac*
9o Marion épouse Fabrice Camous dit *marquis*.

Pour la famille de *Jean-Louis, frère de Fabrice. Voyez la biographie du médecin Cauvin* qui précéde.

André Giaume, médecin.

Giaume André, fils de Jacques dit *Santon*, né en 1817, après avoir fait ses études avec distinction à Nice et à Sospel, embrassa la carrière de pharmacien qu'il exerça à Nice jusqu'en 1854, lorsqu'il partit pour l'Amérique. — A New-York il fut admis dans la grande pharmacie française de Deluc. Cinq ans après il étudia la médecine et après deux ans d'étude assidue il obtint le diplôme de médecin dans l'Université de New-York. Il commença à pratiquer la médecine dans cette grande Ville ; mais la guerre de sécession ayant éclaté dans les Etats-Unis en 1862, il fut nommé médecin dans l'armée du Nord. Il suivit l'armée. mais il fut bientôt placé au grand hôpital militaire de Louisville dans le Kentucky où sa famille alla le rejoindre.

A la fin de la guerre en 1865 il alla s'établir à Hoboken où son compatriote Antoine Cauvin était Curé. Il y avait déjà une belle clientelle, lorsqu'il mourut d'Hydropisie en 1869 à l'age de 52 ans. Il fut enterré dans le cimetière Catholique de Hudson County. — C'était un grand travailleur très-capable et prenait un grand soin de ses malades. Il avait épousé en Europe Rosina Borriglione de Sospel et en avait eu deux enfants.

Généalogie de la famille Giaume *Santon*
une des plus anciennes familles de Sclos.

Jean-Louis est la souche connue de cette famille. Il fut le père de Michelange qui eut deux fils : Antoine — François et Jacques.

Pour la famille d'Antoine – François Giaume, voyez la Biographie de Don Jean-Louis Giaume page 337.

Famille de Jacques Giaume
démeurant à Lambert.

Jacques dit *calangin* épouse Françoise Brocart et en a quatre fils.
1o Pierre (1) mort en 1824 agé de 80 ans, épouse Camille Cauvin *frussa* morte en 1836 agée de 93 ans et en a cinq enfants
   1o Jacques mort en 1845 agé de 72 ans, épouse Catherine Nuat morte en 1859 agée de 80 ans et en a trois enfants :
      1o Marcellus mort en 1868 agé de 65 ans épouse Baptistine Castel et en a une fille Anastasia.
      2o Hilaire né en 1814 épouse Josephine Faraut et en a Oscar né en 1843 qui épousa Louise Gilli et en a
         1o Virginie née en 1870
         2o Hortence née en 1871
      3o *André médecin* susdit qui épouse Rosine Borriglione et en a 1o Joséphine 2o François.
   2o Joseph épouse Madeleine Nuat et a cinq enfants.
   3o Pierre-Jean mort en 1870 agé de 84 ans, épouse Marie Camous dite *Giandié*, morte en 1857 agée de 73 ans, et en a cinq enfants.
   4o Angelica épouse Michel Camous *brustiaire*
   5o Davic mort à la guerre.
2o Michel va démeurer à Bleusasc

3o Antoine demeure sur le *Serre*, mort en 1813, épouse Felicie Blanqui et en a six enfants : Jacques, Ignace, Victor, Felicie, Pierre-Jean et Honoré.

4o Pierre-Jean mort en 1859 agé de 89 ans demeure à *Riolla*, épouse Françoise Brocart et en a un fils Charles qui a cinq énfauts.

(1) Les trois fils de Pierre Giaume, Jacques, Joseph, et Pierre-Jean, tous les trois mariés, vivaient tous dans la même maison avec leur père et ne faisaient qu'un seul menage, Don Bonifassi dans son recencement de la population de Sclos en 1814, loue beaucoup cette famille pour la concorde et l'harmonie qui y regnaient, surtout entre les trois belles-filles et leur belle-mère : chose rare ! - Il dit que Pierre était un des plus forts producteurs en blé, à cause des champs qu'il possédait dans le territoire de Peille, et qu'il faisait du très-bon vin.

Le notaire Cauvin
dit *frussa*

Le notaire Cauvin Jacques Marie, (*ou Cauvini; nom qu'il prit*), naquit en 1797 et mourut en 1869 agé de 72 ans. Il fit partie de la garde d'honnenr du Roi Charles-Félix lorsqu'il vint à Nice en 1829 et 1826 ; fut décoré de la croix des Saints Maurice et Lazare, et de celle de S⁺ Grégoire le Grand par Pie IX.

Il fut fait notaire en 1823 ; pendant de longues années il fut secrétaire de l'Auditeur de Guerre à Nice, tout en exerçant sa profession de notaire. C'était un grand travailleur, et devint le notaire le plus achalandé de Nice et du Comté. Il vendit son notariat en 1867 pour 72,000 fr. Il devint très-riche surtout en immeubles ; il en avait partout, à Sclos, Vernéa, Nice et ailleurs ; car il disait : *le case cascano, i censi cessano, le terre restano*.

Il épousa Pauline Cauvin de Contes, dite *Antorona*,

sa cousine, fille de Pierre-Antoine, et n'eut point d'enfants. Par son testament il laissa des legs aux Eglises de Sclos et de Vernéa (page 272), et ses terres à ses neveux et à ceux de sa femme. On estime à plus de 300,000 fr. la fortune qu'il laissa.

Il bâtit trois Chapelles ; celle de Pin-calvin en 1859, celle de St Antoine à Sclos en 1861, et une autre à l'Aubre au-dessous de Cimiez. Il prit toujours un grand intérêt pour ce qui regardait Sclos et son Eglise, défendant leurs droits et leurs privilèges, sans cependant oublier les siens propres. Voyez la part qu'il eut dans ce qui regarde la source publique de *Simon*, la Sacristie, les legs aux Eglises, les Chapelles, ses maisons et les cyprès qu'il planta, pages 212, 231, 247, 272 de ces Mémoires,

Vers la fin de sa vie son cerveau se dérangea, il se croyait ruiné, et comme Don Sixte Cauvin lui disait qu'il avait cependant encore treize métayers ; mais répondit-il, ils n'ont pas eux-mêmes du pain à manger.

Généalogie de la famille Cauvin
dite *frussa*
une des plus *anciennes* familles de Sclos.

Jacques Cauvin est la souche de cette famille de Sclos. Il eut deux enfants : Lambert et Jean-Honoré. Lambert alla demeurer à Marseille en vertu de l'acte de 1759.

Jean-Honoré épouse Davica Camous dite *Boretta*, et en a Joseph et Jacques qui sont les chefs des deux familles Cauvin dites *frussa* de Sclos. Celle de Joseph résidant à *Simon*, et celle de Jacques à la *Torre*. Il eut aussi cinq filles, Marguerite, Camille, Catherine, Marie et ....

Famille de *Joseph Cauvin* de *Simon*

Joseph Cauvin mort en 1810 agé de 97 ans, épouse Catherine Camous dite *Boretta* de Vernea, et en a cinq enfants dont Jean-Honoré, Pierre-Antoine et Jacques, qui épousent trois Sœurs Cauvin de Contes dites *Antorona*.

1º *Jean-Honoré* (1) mort en 1825 agé de 60 ans, épouse Marie-Françoise Cauvin dite *Antorona*, et en a *Jacques-Marie* susdit notaire.(2)

2º *Pierre-Antoine* mort en 1840 demeure à Contes : a 10 enfants, dont 7 filles et trois garçons.

3º *Jacques* mort en 1834 agé de 74 ans épouse en 3mes nôces Franson Conso du Vallon de Laghet, morte en 1839, quatre enfants.

    1º Thérèse morte en 1856 agée de 62 ans.

    2º Françoise morte en 1870, épouse Laurent Giacobi *pleff*,

    3c Catherine épouse Joseph Massa de Sclos.

    4º Antoine mort en 1881 agé de 72 ans épouse Marie Dalbera et en a quatre enfants.

4º *Madeleine* épouse Jules Millo de Coarazza.

5º .... épouse Pascal Conso de Contes.

Pour la famille de Jacques Cauvin de la Torre, voyez la biographie de Joseph Cauvin page, 380

---

(1) Jean-Honoré avait une fortune de 20,000 fr. il semait des pins dans les lieux incultes, et était le plus fort producteur en vin ; il en récoltait 80 charges par an. Jean-Honoré Camous dit *bolacion* venait après lui, il en récoltait de 60 à 70 charges. Don Bonifassi en 1814.

(2) Voici une chanson composée à l'occasion d'une fête champêtre en 1849 dans sa propriété de *Pin-Calvin*, ainsi appelée, parceque cette belle forêt appartenait anciennement à la famille Cauvin ou Calvin (du latin *Calvinus*, et de l'Italien *Calvino*. (Vayes page 352

LA SALITA ALLA COLLINA PIN-CALVIN (Contes)

Antica proprietà della Famiglia Calvin, alla quale ha succeduto il Signor Notajo Cauvini Segretario dell' Uditorato di guerra e marina della Divisione di Nizza.

CANZONCINA

In occasione della Campagnata delli 25 Ottobre 1849.

    Nuovo desir mi trasse un giorno
Sotto bel Ciel puro e seren,
U' respirava aura dintorno,
Che qual Zefiro è grata appien.
    Contento allor mi fuì avviso
Ch'i' di bel nuovo era vicin
Al paradiso — ed al giardin } bis.
Della collina Pin-Calvin.

    Di Pin-Calvin l'ameno colle
Tanto leggiadro apparve ed è,
Che là, dov'egli il capo estolle,
Volli quel di mettere il piè.
    E nel salir, l'occhio era fiso
Sui verdeggianti eterni pin,
Che al paradiso — ed al giardin } bis.
Il nome dier di Pin-Calvin.

    Quando col piè toccai la cima,
Nel cor provai nuovo piacer;
Chè di lassù la cosa prima
Fu di abbassar occhio e pensier,
    Ratto esclamando: oh vago viso!
Oh loco amabile e divin!
Un paradiso — ed un giardin } bis.
È 'l sacro colle Pin-Calvin!

    Quindi fissando alto l'aspetto
Da quella parte. u' vianne il Sol,
D'una villetta e d'un borghetto (*)
E i tetti vidi e i colli e 'l suol.
    Bello è 'l veder tutto diviso:
Colà li monti aspri ed alpin;
Qui 'l paradiso — ed il giardin } bis.
Del sacro colle Pin-Calvin.

    Poi, che voltai tergo all'Oriente,
Mi s'affaciò l'antichità
Di Castelnuovo, onde mia mente
Stupida ancor molto ne sta,
    Nel rimirar ch'ora è reciso
Di Castelnuovo ogni confin;
E 'l paradiso — ed il giardin } bis.
Sempre fiorisce in Pin-Calvin

    Vidi di là l'ariata Berra,
Che 'l capo innalza infino al Ciel;
Vidi di quà quanti ha la terra
Monti e colline, orti e ruscel;
    Tutto era bel, tutto era un riso
Quanto scopri verso il marin;
Ma 'l paradiso — ed il giardin } bis.
Era il più bello in Pin-Calvin

    E a Pin-Calvin mi consacrai
Qual a novel monte Elicon.
E di cantar fermo giurai
Al suo Signor dolce canzon.
    Quindi uno sguardo ed un sorriso
Donai scendendo e venni alfin
Al paradiso — ed al giardin } bis.
Della collina Pin-Calvin.

(*) Per VILLETTA s'intende la Comunità di Peglia; et per BORGHETTO quello di Blausasco dipendanza della stessa Comunità.

F. BARBERIS.

Joseph Cauvin
dit *frussa*, de la *Torre*.

Joseph Cauvin, fils de Jacques, fut un des principaux et plus riches habitants de Sclos. Zélé pour le bien du pays, il fut toujours le représentant, avec Joseph Giaume, des habitants en ce qui les regardait, surtout dans l'affaire de la Succursale, de la répartition des 250 fr. pour le vicaire de l'Annexe, des biens de l'Eglise et de ceux de Jeanne. Voyez ces articles, pages 251, 252, 260.

Son père Jacques le laissa riche, et voulant le favoriser sous les lois françaises du temps de l'empire, fit une vente simulée d'une partie de ses biens à Dom Ramini, curé de Contes, avec promesse de la part de celui-ci qu'après sa mort, il aurait donné ces biens à son fils; mais Dom Ramini mourut avant lui, et ses héritiers qui demeuraient à Isola, réclamèrent ces biens à son dit fils Joseph; cependant les témoins qui avaient assisté à leur vente simulée, leur ayant dit qu'ils n'auraient pu les posséder en conscience, ils les lui cédèrent. Mais Joseph Cauvin dut payer les frais du contrat de cession, les droits de succession, donner en outre 2000 fr. à chacune de ses sœurs. Il fit aussi 3000 fr. de dot à chacune de ses trois filles; ce qui diminua de beaucoup sa fortune.

Joseph Cauvin était un gentilhomme, honnête et serviable. Il fut toujours un des premiers et meilleurs chantres de l'église. Le moulin à huile qu'il construisit dans sa propriété de *Mazin*, l'occupa tellement que sa santé s'en ressentit, et commença à dépérir. Il mourut en 1849.

Sa femme *Joséphine Magaglio*, morte en 1876, à l'âge de 88 ans, était la seule que de son temps qu'en appelait *Madame* à Sclos ; en effet, elle était la seule qui, par son éducation, ses manières distinguées et sa toilette put mériter ce titre. Elle avait beaucoup de sens, de gravité et de piété. Elle avait une dot de 7000 francs, constituée au Castellar. — Elle avait trois filles, lesquelles étaient si belles dans leur *costume du pays*, que se trouvant un jour toutes trois à Nice, elles furent suivies d'un si grand nombre de personnes, avides d'admirer leur beauté, que pour se dérober à leurs regards importuns, elles durent se réfugier chez leurs connaissances.

Généalogie de la famille de Jacques Cauvin *frussa* de la *Torre*.

Pour ses aieux voyez la biographie du notaire Cauvin, page 376

Jacques *Cauvin* épouse Thérèse Camous dite *Rondo*, morte en 1838, âgée de 81 ans, et en a 7 enfants :
1. Jéronime épouse Victor Maria de Breguès.
2. Angélique épouse Bernardin Juan, dit *patet*.
3. Davica épouse Antoine Blanchi de Touet-Scarena
4. Catherine épouse François Dalbera dit *Rabadan*.
5. Agnès épouse Ludovic Cauvin dit *fotte*.
7. Rose épouse Charles Camous dit *labicol*.
7. *Joseph* susdit, épouse Joséphine Magaglio et en a 4 enfants :
    1. Thérésin née en 1816, épouse Malausséna de l'Arianne.
    2. Victorine née en 1812 épouse Baptiste Camous *labicol*.

3. Sophie née en 1819, épouse Pascal Muaux.
4. Octavius, né en 1816, mort jeune.

Joseph Giaume
dit *Santon*.

Joseph Giaume, fils de Pierre, avait fait ses études classiques jusqu'en réthorique ; la Révolution française l'empêcha de les continuer. C'était un homme capable, il parlait et écrivait bien, avait un bon jugement et quelques connaissances et de la pratique des lois. Aussi le consultait-on dans les affaires et dans les procès. C'est lui qu'en 1827 et 1828 défendit les droits de l'église Ste Hélène à la propriété qui l'entoure, et obtint à cet égard une *transaction* avec la commune de Contes. Voyez pages 252, 257. Il mourut en 1851, âgé de 70 ans. Sa mort fut une perte pour le pays, voyez page 375.

Cauvin Antoine
pharmacien, dit *fotte*.

Cauvin Antoine, fils de Ludovic et d'Agnès, mort en 1857, âgé de 51 ans, étudia la pharmacie avec son oncle Joseph, pharmacien à Pinérol, et succéda à son dit oncle qui vint établir une pharmacie à Nice, rue de France.

Ce fut lui qui fit construire la première maison qui fut élevée sur la place Masséna, au-delà du pont neuf à l'angle sud-est de la place et du quai Masséna.

Il épousa Joséphine Paul, riche veuve de l'île Bourbon, et en eut 2 enfants :

1. Thérèse épouse Blanc de Paris.

2. Emilie épouse un architecte de Paris,
    Marie, fille de sa femme, épouse Alziari de Roquefort de la Colle.
Pour ses aïeux, voyez la biographie de son oncle le chirurgien Louis Cauvin, et du médecin Louis Cauvin, pages 370 et 372.

Cauvin Jacques
dit la *Marto* (1).

Jacques Cauvin était un homme très-intelligent et habile spéculateur. Il était boucher, cuisinier, parlant bien avec des manières distinguées ; honnête homme surtout, et estimé de tout le monde. Il fit quelques bonnes affaires ; mais on lui fit des torts et il eut des malheurs ; il dut faire banqueroute, et tous ses biens furent vendus ; mais tout le monde chercha à l'aider. Il mourut en 1881, âgé de 82 ans. Il avait épousé Marguerite Cassio de Tende et en eut cinq enfants : Augustin, Flamin, Virginie, Lætitia et Augustine.

Ses aïeux sont Gabriel qui vint de Touet-Sarena s'établir à Sclos et eut un fils appelé Antoine-François, lequel fut père de cinq enfants.
1. Alexis mort en 1856, âgé de 75 ans.
2. Catherine, épouse Mari de Contes.
3. Jean-Honoré mort à Contes.
4. *Jacques*, susdit.
5. Antoine encore en vie.

(1) Dit *la Marto*, parce que sa famille était de Touet-Scarena dont les habitants sont appelés *martoliers*.

Sixte Castelli
dit *Conte*.

Sixte Castelli, fils de Jean et petit-fils de Jean-André, est une personne distinguée de Sclos par son intelligence, prudence, honnêteté et religion ; il a surtout une excellente mémoire. C'est à lui que je dois la plus grande partie des informations que j'ai pu recueillir sur Sclos, et surtout sur la Généalogie des familles que j'ai faite avec beaucoup de succés, quoique à grand' peine. Cette Généalogie est manuscrite et doit être conservée avec soin ; car il serait presque impossible d'en faire à l'avenir une autre aussi complète. Ce ne sont que des extraits de cette Généalogie que j'ai mis à la suite de la Biographie des personnes de Sclos qui se sont distinguées. Voyez page 287, l'Ecole gratuite d'adultes tenue par lui.

Généalogie de la famille de Jean-André Castelli.

Pour ses aïeux voyez la Généalogie de Dom Castelli, page 341

Jean-André Castelli épousa en secondes nôces Marguerite Massa dite *Gançin* et en eut 4 enfants.
1. Françoise qui épouse Antoine Hughes.
2. Margherite, ma mère, épousa Jacques Cauvin.
3. Jean dit *Conte* (1) mort en 1849, âgé de 74 ans, épouse Antonia-Maria Camous. dite *brustiaïre* de Vernea, morte en 1862, âgée de 88 ans et en a six enfants. Voyez sa biographie page 392.
   1. Françoise morte en 1882, âgée de 32 ans, épouse Michel Castel de Monaco.
   2. Elisabeth née en 1805, célibataire.
   3. Antoinette morte en 1881 âgée de 70 ans, épouse Gastaud de Monaco.
   4. *Sixte* né en 1811, épouse Angélique Brocart, dite *Dousset*, née en 1819, 2 enfants.

1. Désiré né en 1844, épouse Antoinette Camous, dite *Dousset* : 2 enfants Louise et Adolphe.
2. Louis, né en 1849.
5. Victor, né en 1814 épouse Jéronime Prioris : 2 enfants
    1. Antoinette, institutrice à Nice.
    2. Marius, élève pharmacien.
6. Marie née en 1818, veuve Ghiglionda a une fille. Sixtine qui épouse Paul Olivier de Monaco et en a quatre enfants.

4° Vctoire qui épouse Jacques Albin de Touet : 4 enfants.

(1) Dit *Conts*, parce qu'il eut pour parrain à son baptême le comte Lea de Contes.

Jérôme Brocart

Jérôme Brocart trosième fils de Pierre Brocart était un homme de beaucoup d'esprit, d'intelligence et d'industrie; s'il avait fait un cours d'étude suivi, il serait devenu un habile écrivain, même un poéte, un homme de grand avenir. Le médecin Cauvin qui l'avait fréquenté pendant quelques années. l'admirait et regrettait qu'un talent semblable n'eut pas été cultivé, n'eut pas eu de chance. On l'appelait *Girò* par abréviation de *Gerolamo*.

Voici quelques fredaines de sa jeunesse. Lorsque Baptiste Bermont mourut, mon père qui en avait pris soin jusqu'alors, fit revêtir son cadavre de la tunique blanche (cappa) dont il se servait comme membre de la Confrérie des Blancs de Contes, Confrerie qu'il avait quittée lorsqu'une Paroisse fut établie à Sclos en 1804. Cette nouveauté étonna la population. Jerôme Brocart s'en prévalut pour faire peur aux femmes et aux jeunes gens en leur faisant croire que *Baptiste* était retourné à la vie, qu'il lui avait apparu, et qu'il rôdait dans le pays. A cette fin il s'affeublait d'un linceuil blanc et mettant une lumière dans une courge taillée en tête de mort, allait attendre les passants pendant la nuit dans les endroits fréquentés ; ce qui mit l'épouvante dans le pays.

Il fit même pire. Sachant que les femmes de Berre qui portaient de grand matin les champignons à vendre à Nice, se reposaient au Cimetière, sur le mur du quel elles déposaient leurs corbeilles, il alla s'y cacher et retenant les corbeilles lorsque les femmes voulurent les reprendre, celles-ci frappées de frayeur s'en retournèrent à Berre, abandonnant leurs corbeilles. Il joua le même tour à un certain *Barral* de Berre, dit des *lattes*, le quel portait à Nice des lattes de pin (jeunes arbres de pin) à vendre. Comme celui ci avait l'habitude de se reposer au même endroit, appuyant les lattes d'un côté sur le mur du Cimetière, et de l'autre sur le mur opposé, au moment que *Barral* voulut reprendre son fardeau, Jérôme qui était dans le Cimetière, le retint ; ce qui l'effraya tellement qu'il alla tout tremblant se refugier chez Giacobi dit *pleff*, et en mourut quelque temps après.

Enfin les jeunes gens de Sclos découvrirent la fraude et obligèrent Jérôme Brocart à quitter cette vilaine et dangereuse plaisanterie.

Voyez page 240 ses exploits à Berre et 319 sa conduite à l'égard de la tête de Bellone.

Généalogie de la famille Brocart
une des plus anciennes familles de Sclos.

Barthélemy Brocart, mort en 1650, eut deux fils ; Antoine et Marc-Antoine, qui sont les chefs des deux familles Brocart de Sclos.

famille d'Antoine Brocart

Antoine mort en 1710 fut père de

Jean Louis (1) mort en 1724, père de

Pierre Antoine, mort en 1742. épouse Louise Cauvin (2) morte en 1778 et en quatre enfants Pierre, Honoré, Catherine et Elizabeth.

1º Pierre, mort l'an XII de la République, le quel eut de son premier mariage avec Marguerite Barralis

    1º Jean-André dit *la guerra*, mort en 1855 agé de 82 ans le quel épousa Davica Rostagne fille de François dit *Ceces la bissa*, (3) de la quelle il eut six enfants.

    2º Barthélemy qui alla demeurer à Biot.

    3º *Jérôme susdit*, mort en 1842 agé de 52 ans épouse Marie Dalbera dite *Portanelli* morte en 1829, ne laissant qu'une fille, Angelique née en 1819, la quelle épouse Sixte Castel dit *Conte*.

2º Honoré épouse Madèleine Marie Cauvin *frussa* et a sept enfants. (4)

3º Catherine épouse Henry Caisson.

4º Elizabeth, morte subitement en 1821 agée de 90 ans, épouse en 1753 Ludovic Camous dit *boul* ou *boulé*. (5)

(1) Par son testament du 12 Janvier 1714 Jean-Louis fait un legs à la chapelle de Ste Hélène de Sclos.
(2) Par son testament du 20 Avril 1775 Louise Cauvin fait un legs à la confrerie du Confalon de Contes.
(3) Personne industrieuse et très-habile à faire les pierres pour les fours à pain. Voyez page 228.
(4) Une de ses filles Ursule, morte jeune, prédit trois jours avant sa mort qu'elle mourrait le troisième jour et à 11 heures; ce qui arriva à l'heure précise.
(5) Ludovic Camous était fils d'Alexandre, originaire de la Madonna. Il eut d'Elizabeth ou *Isabella* cinq enfants :

GÉNÉALOGIE DE CAMOUS *balacion*

1º Jean-Honoré dit *bolacion* et *bâtard* mort en 1829, agé de 60 ans qui épouse Eléonore Ardisson, morte subitement sur le chemin, Suzanne, Devote et Catherine.

2º Antonia épouse Jacques Giacobi dit *pleff*

3º Madeleine épouse Garuzzo de Tende
4º Felicie épouse Davic Thaon voyez page 358
5º Franson dite *Sella*, morte en 1854 agé de 84 ans, (voyez page 303)

Charles Brocart
dit *Carletto*

Charles Brocart (1) mort en 1823 agé de 65 ans épouse Elizabeth Lea morte en 1834 agée de 70 ans. Cette famille habitait au Serre; elle 'était appelée la *sainte famille* tant l'union, la vertu et la piété y régnaient. Il eut quatre enfants dont un Joseph était appelé le *juge*, par cequ'il mettait la paix dans les familles dont il décidait des différents. *Monica*, sœur de Charles, qui épousa Jacques Gasiglia de Vernéa dit *Catalan*, était d'une patience admirable et pleine de vertus. Après la mort de son mari, dont le caractère était intraitable, elle éleva si bien ses quatre garçons et trois filles que par leur sage conduite ils méritèrent l'estime de tout le monde.

(1) Voyez page 228 son habilité comme agriculteur.

Généalogie
de la famille de *Marc Antoine Brocart*.

Voyez la Généalogie de son frère qui précède.
Marc-Antoine, fils de Barthélemy, fut père de
Jean-André père de
Jean-Honoré qui épouse Jeanne Camous morte en 1805. agée de 85 ans et en a trois enfants
1º Charles susdit qui eut trois fils
    1º Barthélemy épouse Marie Mari 3 enfants

2º *Joseph* susdit célibataire, dit le *juge* mort à Rocabilière

3º Madeleine épouse Gasiglia de Coarazza

2º Jacques dit le *petit* qui épouse Antonia Gilli et demeura à la *Torre* dans la maison de dom Giaume Jean Louis, 2 enfants

1º Angelique épouse Cristini maire de Berre.

2º Anastasia morte en 1864, épouse 1º Augustin Nua t 2º Jean Castel.

3º *Monica susdite.*

Les frères Raybaut
dits *bronzo*

Les frères Raybaut méritent une mention honorable. D'abord ce sont les deux frères Charles majeur et Charles mineur qui ont toujours joué à Sclos du fifre et du tambour dans toutes les cérémonies et fêtes publiques. — *Charles majeur* fut pendant de longues années métayer de Joseph Cauvin dit *frussa*, à la Torre et à *Mazin*; ses enfants y naquirent et son fils Louis continue à tenir à métayer les mêmes terres qui appartiennent a présent à Cauvin Antoine Abbé qui les a achetées en 1881 et 1882. — *Charles mineur* a été le meilleur élagueur d'oliviers de la Commune; ses deux fils Honoré et Thérésius succèdent à leur père avec honneur dans la pratique de cet art important pour l'agriculture; et son autre fils Joseph est un maçon très-intelligent; c'est lui qui a bâti la Chapelle Ste Sixte, les deux réservoirs du Cluot et celui de la Torre, ainsi que la maison dudit lieu, et réparé celle du *Cluot* et plusieurs autres maisons de Sclos.

Joseph, frère des susdits Charles, était le grand *chas-*

seur du Comté de Nice, et Instructeur des *chiens-de-chasse* : dans toutes les parties de chasse on voulait l'avoir ; à l'âge de 81 ans il allait encore à la chasse.

Généalogie de la famille Raybaut
dite *bronzo*.

François Raybaut est la souche de cette famille, originaire de Belvedere. Il eut deux enfants : Jean et Barthélemy, tous les deux tisserands.

Barthélemy mort en 1812 agé de 60 ans, épouse Barbera morte en 1847 agée de 83 ans et en a sept enfants :

1º Charles *majeur* épouse Catherine Garuzzo, morte en 1869 agée de 84 ans, et en a cinq enfants, dont deux sont encore vivants.
    1º Thérèse née en 1815 célibataire.
    2º Louis né en 1819 qui épouse Angélique Barraja morte en 1873. Deux enfants.

2º Joseph mort en 1871 agé de 87 ans, épouse Constance Camous dite *brustiaïre*, morte en 1881 agée de 90 ans. 4 enfants.
    1º Jacques épouse Josephine Peirano : 3 enfants.
    2º Louis épouse Césarine Garuzzo.
    3º Louise épouse Thérésius Camous.
    4º Victorine épouse Antoine Castel.

3º Ludovic célibataire, mort en 1881 agé de 86 ans.

4º Charles *mineur* né en 1803 épouse Jeanne Castel morte en 1883 agée de 72 ans, et a quatre enfants.
    1º Victorin marié et domicilié à Contes.
    2º Joseph, 3º Honoré 4º Thérisius célibataires.

5º Victoire, 6º Thérèse 7º Josephine.

Camous Felicie
dite *puore* de Vernéa.

Elle épousa Jean-Davic Cauvin, dit *fotte*, du *Collet* dont elle supporta avec la plus grande patience le mauvais tempérament, et devenue veuve en 1829 elle prit un grand soin de ses cinq enfants, dont un Joseph devint prêtre et mourut en 1837.

Son beau frère, le médecin Cauvin, la louait beaucoup, et la donnait comme le modèle d'une sage épouse et d'une excellente mère de famille. Elle mourut en 1849 agée de 67 ans.

Généalogie de la Famille Camous
dite *puore* de Vernéa.

Joseph Camous eut une fille, *Félicie* susdite, et deux fils, Antoine et Joseph qui sont les chefs des deux familles Camous dites *puore* de Vernea.

1º Antoine épousa Elisabeth Camous dite *Conte,* et en eut trois enfants dont un Louis, prêtre, Vicaire à Guiraut.

2º Joseph épousa Sabine Camous dite *Reonet* et en eut dix enfants dont un Baptiste, prêtre, Curé de Selos, et un autre Augustin, expert par autorité de justice.

Pour les aïeux de Jean-Davic *fotte,* mari de Félicie Camous, voyez la biographie du médecin Cauvin page, 370.

Camous Marie Thérèse
dite *l'Evesche.*

Marie-Thérèse Camous a rendu de grands services au pays. Elle était tailleuse, acoucheuse, infirmière, et toujours prête à accourir où elle pouvait être utile. Elle fut surtout infatigable pendant le choléra. Elle fut souvent malade et reçut cinq fois l'Extrême-Onction.

Un jour que le Curé lui recommandait l'âme, elle lui dit: *non parto ancora.* Elle épousa Pierre-Antoine Castel dont elle eut cinq enfants, et mourut en 1853 agée de 84 ans.

Généalogie de la famille de Pierre-Antoine Castel.

Pierre-Antoine Castel était un des huit enfants de Jacques Castel frère d'André, tous les deux fils de Jean-Louis Castel, et chefs des deux familles Castel. (voyez la biographie de Dom A. Castelli page 341). Pierre-Antoine épousa en 2⁰ nôces Marie Thérèse Camous susdite dont un fils est Ambroise père de Joseph, sacristain de S. Hélène.

Généalogie de la famille Camous
dite *l'Evesche*.

Alexandre Camous dit *l'Evesche*, natif de Bolena, fut père de *Alexis* mort en 1815 agé de 93 ans; il fut un fameux *chasseur*. Il épousa Marguerite Camous morte en 1818 agée de 80 ans et en eut quatre enfants.

1o Antoine-Alexis, dont la fille Angelica épousa Mathieu Raynaut (1)

2o Jacques: 3o Elisabeth, morte en 1847 agée de 86 ans, épousa Jean-André Castel, et en eut cinq enfants.

4o *Marie Thérèse susdite* épouse de Pierre-Antoine Castel.

Cette famille n'existe plus à Sclos.

(1) Mathieu Raynaut était maçon, il eut quinze enfants. C'était un honnete-homme et beaucoup estimé dans le pays. Il possedait à *Simon* une propriété qu'il vendit à Antoine Cauvin dit *frussa* et s'en alla à Nice regretté de tout le monde. Il etait natif de Villar S. Constant en Piemont. Il mourut à Nice en 1865 agé de 67 ans.

Imbert Madeleine
dite *bellacao*, épouse Nuat.

Elle naquit à Luceram, et épousa J. Baptiste Nuat. Elle tenait auberge à Sclos, et rendait des services à tous ceux qui lui en demandaient ; elle prêtait de l'argent même de très petites sommes, des serviettes, des draps de lits etc., quoique toujours à intérêt, mais sans usure. Elle fit ainsi une petite fortune, avec laquelle elle éleva et fit étudier tous ses enfants. Elle mourut en 1864 agée de 78 ans.

Généalogie de la famille Nuat de Sclos

Pierre Nuat est la souche de cette famille, dite *potrier* Il eut deux fils, Vincent et Jean-Laurent qui vinrent de Ginestières s'établir à Sclos vers l'an 1720. Vincent fut père de

Joseph (1) épouse Catherine Camous dite *Giandié* de Vernea et en a sept enfants, dont un est

Jean-Baptiste dit *Carnaval* (2) mort en 1871 agé de 92 ans, épouse la susdite Madeleine Imbert, et en a sept enfants: Catherine, Augustin (3) dont le fils Baptiste est maréchal des logis en retraite avec medaille. André; Joseph, Victor (3), Jacques et Ignace.

(1) C'est ce Joseph qui s'aida dans les fouilles de la source du *bauis sorios* page 215. Dom Bonifassi disait en 1814 qu'il était un des plus forts producteurs de blé, à cause des champs qu'il possedait dans le territoire de Luceram.

(2) J. Baptiste à force de travailler à la terre (page 250) les calus de ses mains devinrent d'une telle épaisseur, qu'il en cousait les profondes crevasses avec l'alène et le fil des cordonniers.

(3) Augustin et Victor étaient deux fameux joueurs de pomme, ils gagnaient tous les joueurs de Scarena, Contes, Drap, Berre, Peille, qu'ils invitaient à Sclos. C'est en jouant à la pomme que Augustin contracta la maladie pulmonaire dont il mourut, en frappant violemment son coté droit avec son bras lorsqu'il lançait la pomme.

Françoise Castelli.

Françoise Castelli, fille de Jean dit *Conte*, née en 1800 et morte en 1882, épouse Michel Castel dont elle supporta avec une admirable patience et silence le tempérament furieux, et dont elle éleva les deux sœurs et le frère, qu'il maria avec un trousseau convenable. — Elle soigna avec une grande patience et un zèle admirable Michel Castel grand-père de son mari, qui fut aveugle pendant douze ans, lequel pendant les deux dernières années de sa vie eut la dissenterie. Elle soigna aussi Jacques Castelli, père de son époux, attaqué de la dissenterie pendant six mois.

Elle souffrit pendant plusieurs années, avec une admirable résignation, d'atroces douleurs rhumatismales. Se sentant mourir elle envoya chercher sa fille Philomène de Monaco, parcequ'elle ne voulait pas mourir sans la voir, à son arrivée l'ayant étroitement embrassée, elle lui dit: Je vais à présent mourir contente, et elle expira dans ses bras le 2 Décembre 1882, à l'age de 82 ans.

Pour les aïeux de Françoise Castel voyez la biographie de Dom A. Castelli et celle de Sixte Castel pages 341 et 383.

FIN DES MÉMOIRES

LE SANCTUAIRE DE LAGHET

RÉCIT HISTORIQUE

Selon *Scaliero* (1) le nom de *Laghet* vient de la Villa *Aquetto* qui existait anciennement à cet endroit. Une ancienne chapelle rustique y avait été consacrée à la Vierge Marie ; le temps l'avait presque entièrement détruite, lorsque la dévotion d'une pieuse femme la rétablit, et lui fit acquerir une grande célébrité.

Une brochure intitulée, le *meraviglie del Santuario di Laghetto,* imprimée à Turin en 1654, d'ordre de l'Évêque Désiré de Palletis (Bibl, Roy. de Turin) dit que *Camille Porta,* épouse d'un riche gentil homme de Monaco nommée *Casanova,* se trouvant depuis plusieurs années tourmentée d'une maladie incurable se fit transporter dans cette chapelle ancienne, où la ferveur de ses prières lui obtint une guérison miraculeuse.

Temoin de ce prodige, *Antoine Fighiera,* parent de la malade, lui persuada de la reconstuire en reconnaisance du bienfait qu'elle avait reçu.

Cet événement fit beaucoup de bruit, les miracles se multiplièrent, et bientôt on accourut de tous les côtés à la chapelle de Laghet pour avoir une part aux grâces célestes. (Durante) Ce fut de Villefranche que sortit la première procession qui vint en pèlerinage à Laghet. En 1653, 52 processions y vinrent de la Rivière. A la voix de l'Évêque de Nice toutes les corporations religieuses, toutes les confréries s'y rendirent processionnellement le 12 Juin 1653, et l'Évêque décréta la construction d'un vaste Sanctuaire et d'un couvent, et une somme

(1) Arch. comm. de Nice

de cent écus d'or fut consacrée à l'établissement d'une fontaine et à la réparation du chemin.

Ces constructions ne furent achevées que trois ans après.

L'inscription gravée sur le frontispice de l'Eglise consacra son ancienne célébrité.

Plus tard en 1667 l'Évêque et les membres du Synode qui se tenait cette année à Nice. proclamèrent la Vierge de Laghet Protectrice et Spéciale patronne de la ville de Nice, et les consuls firent placer sa Statue sur chaque porte de la ville avec cette inscription *Ego murus et ubera mea quasi turris*. Cant. XIII-20.

Ce fut alors qu'un grand nombre de dames, de Seigneurs et de riches propriétaires, tant du pays que de l'étranger, apportèrent à Laghet leurs pieuses offrandes, entr'autres le Duc de Mercœur, gouverneur général de la Provence avec son épouse et ses deux enfants, lequel offrit un diadème pour la Vierge, orné de perles et de diamants du plus grand prix. Madame Royale avait déjà envoyé en 1665 huit chandeliers d'argent.

Le Duc Charles-Emanuel II qui regnait à cette époque, eut recours à la Vierge de Laghet pour la guérison de son fils unique, et en reconnaissance du bienfait reçu, fit suspendre à son autel un enfant en or massif, de la grosseur et du poids dont était alors l'héritier du trône: 8 livres 6 onces, et de la valeur de 20 mille francs.

Le prince Philibert et son épouse vinrent en personne à Laghet. Madame Royal offrit une jambe en argent, de grandeur naturelle, en reconnaissance de la guérison obtenue de sa jambe,

En 1689 Victor Amédée, la Duchesse, son épouse et leurs enfants voulurent donner un grand exemple de dévotion, en portant leurs pieuses offrandes au Sanctuaire de Laghet. Ce fut une fête religieuse des plus édifiantes: toutes les Communautés et les confréries s'y rendirent processionellement avec une foule immense de peuple; chacun s'empressa d'aller joindre ses vœux à ceux de l'auguste couple.

Charles Emanuel accompagné de ses généraux, poursuivant victorieusement ses ennemis, vint en personne au sanctuaire remercier la Vierge des glorieux trophées qu'il avait remportés.

S. M. Charles Félix et Marie Christine, son épouse, visitèrent le Sanctuaire de Laghet en 1826; à cette occasion l'ancienne voie *Iulia* fut rétablie et élargie.

Marie Christine y alla une seconde fois en 1835.

Enfin en 1849 après la défaite de l'armée piémontaise à Novare, le Roi Charles-Albert qui avait abdiqué, venant de Savone, alla à Laghet, y coucha et y fit ses dévotions. On lit sur une pierre du Couvent les Inscripstions suivantes.

Qui
La mattina del 26 Marzo 1849
Carlo Alberto
lasciati i campi di Novara
sostava ignoto esule

Qui
piamente confessò alla mensa di Gesù
riconfortato lo Spirito affranto
rinnovò il Sacrifizio degli affetti
e dei dolori

Qui
perdonò le ingiurie

pianse le comun sciagure
abbandonando colla presenza l'Italia
ne raccomandò i destini
al patrocinio della Vergine Maria (1)

En 1674 les Carmes déchaussés furent établis dans le Couvent de Laghet par l'Évêque Provana˙ qui était de l'ordre.

Pendant la Révolution Française les religieux Carmes furent forcés d'abandonner le Sanctuaire. Les Français s'en emparèrent, le pillèrent et brulèrent tout ce qui s'y trouvait, à l'exception de la statue de la Vierge, qui fut conservée à la Turbie pendant dix ans, de 1792 à 1802, lors qu'elle fut restituée au Sanctuaire. Les Carmes retournèrent à Laghet en 1815.

Le Couvent ayant été converti en bien national par la Révolution, le Gouvernement Français, après l'annexion, le fit vendre aux enchères publiques en 1874 et ce fut le chanoine Brès qui l'acheta pour le chapitre de Nice, à l'énorme prix de 103,000 fr. pour empêcher que les religieux ne l'achetassent ; ceux-ci se retirèrent alors dans leur propre maison, à côté de la fontaine, où ils démeurèrent jusqu'en 1881, lorsque l'Évêque Balaïn obligea le chanoine Brès de le rendre aux Carmes, en vertu d'une décision de Rome en leur faveur.

Mais à peine avaient-ils pris de nouveau prossession de leur Couvent que en vertu des décrets de Mars 1882, ils en furent chassés par le Gouvernement Français ; il fut permis seulement à deux d'entr'eux, qui étaient les propriétaires titulaires, d'y rester.

Les habitants de Peille qui avaient contribué à la construction de l'Eglise de *Ste Héléné de Sclos*, comme nous avons vu dans les Mémoires sur ce hameau, et où ils allaient en pèlérinage le 3 Mai, (pages 243 et 264,) cessèrent d'y aller lorsque le Sanctuaire de Laghet devint célèbre en 1652, et c'est depuis lors que la procession de Peille va tous les ans à Laghet avec le privilége d'y aller la première, ouvrant ainsi la série des processions que plusieurs paroisses y font chaque année dans la belle saison. — Les Confréries de Nice y vont le jour de la Trinité: ce jour et ceux de la fête de Ste Thérése et de Notre Dame du Mont Carmel, sont les jours d'un grand concours de dévots, sur tout de Provence.

Par un usage séculier le passage du Var de France à Nice était libre le jour de la Trinité, le passeport n'était pas exigé, afin que les Français pussent aller à Laghet; et le 15 Aout, le passage était aussi libre pour que les Italiens pussent aller à Notre Dame *de la Garde d'Antibes*. On ne va plus à Antibes depuis que la République Française s'est emparée en 1792 de la Statue d'argent de la Vierge pour en faire du numéraire.

En 1753 le 2 Février, on célébra avec beaucoup de pompe et de dévotion le premier Centenaire de la fondation du Sanctuaire de la Laghet.

---

(1) En mémoire de la visite que Charles-Albert fit à Laghet le 26 Mars 1849, on a placé au milieu de la place devant l'entrée du Couvent, un monument carré inachevé qui présente un tronçon de colonne, placé sur deux marches de pierre taillée.

Noms des villes. bourgs et villages, Couvents et Sanctuaires dont il est fait mention dans ces Mémoires.

A.

PAGES.

AGNÈS STE	26, 60, 93, 187
AIX	23
ANDRÉ ST	52
ANTIBES	23, 25, 49, 88
ANTONIN ST	39
ASCROSS	36, 148
ASPREMONT	11, 27, 28, 52, 53, 93, 172, 180, 181, 194
AUVARE	39, 40

B.

BAIROLS	189, 202
BAUSSON	197
BEAULIEU	93, 111
BELVEDERE	56, 60, 186, 198, 389
BERRE	27, 41, 52, 75, 90, 93, 112, 190 204, 208, 240 à 243, 264, 275, 301, 303, 328, 340, 385.
BENDEJEUN	30, 52, 53, 60, 115, 144, 152, 153, 177, 328, 329,
BEUIL	27
BLAISE ST	93
BLEUSASC	90, 179, 199. 316, 323
BOLLENA	36, 56, 166, 177, 186, 358, 391
BRAÜ	51

BREIL	60, 93, 194
BRIGA	71, 93, 110, 330.

C.

CASTAGNIERS	19, 144, 172, 179, 180, 181, 297, 350.
CASTELLAR	93, 94, 118, 187, 199
CHATEAUNEUF	4, 28, 41, 52, 75, 78, 93, 95, 144, 152, 179, 194, 204
CASTILLON	26, 93, 94
CIMIEZ	2, 22, 78, 145, 151
CLANS	145, 189
COARAZZA	41, 52, 75, 144, 171, 204, 301
COLMAS	181
CROS D'UTELLE	146
CUEBRIS	39. 64, 148

D.

DALLUIS	39 40, 127, 181
DALMAS St de Valdeblora	166
DALMAS St le Selvage	167
DOSFRAIRES	38, 39
DRAP	33, 41, 53, 75, 118, 119, 145, 146, 151, 316, 330.
DURANUS	59

E.

ENTRAUNES	110, 171
ETIENNE St	178, 203, 204
EZE	41, 52, 60, 172, 175

F.

FALICON	52
FONTAN	43
FRÉJUS	23

G

GARAVAN	93
GIANDOLA	194
GILETTE	27
GORBIO	93. 94, 336
GORDOLON	186
GRASSE	25, 88, 364. 366,
GUILLAUME	22, 39, 40, 147

I.

ILLONZA	189
ISOLA	22, 147

L.

LAURENT ST DU VAR	192
LANTOSCA	43, 56, 57, 66, 186, 198, 336
LA CROIX	39, 40,
LÉGER ST	39, 40, 93
LEUCIA	203
LEVENS	27, 43, 52, 55, 71
LOUDA	57, 186, 274
LUCERAM	41, 77, 171, 187, 195, 203, 204

M.

MALAUSSENA	119, 120, 124, 152
MARIA	113, 181
MARTIN ST	

Lantosca	43, 44, 56, 69, 179, 186, 198
MARTIN St d'Entraunes	22
MASSOINS	118. 145, 152
MENTON	93
MOLINET	93
MONACO	27, 54 93, 94, 194, 306, 340, 342, 347, 394

P.

PEILLE	15, 22, 27, 41, 93, 119, 127, 153, 199, 208, 243, 264 335, 336, 346, 397
PEILLON	41, 53, 118
PENNA LA	39, 147
PEONA	167
PIERLAS	110, 199
PIERREFEU	181
PUGET THÉNIERS	22, 27, 29, 60, 189
PUGET de Rostan	39, 40

R.

REVEST	39
RIGAUD	110
ROBION	22, 181
ROCCABILIERA	56, 66, 77, 171. 186
Roccaspaviera	41
ROQUEBRUNE	93, 332
ROQUESTERON	39, 151, 183, 186
RORA	181, 183

S.

SAORGIO	43, 60, 69, 77

SAUSSE	22
SAUVEUR St	181
SCARENA	52, 53, 59, 60, 66, 71, 75, 90, 93, 194, 199, 301, 303, 305, 315, 316, 324, 336, 340.
SIGALE	22, 66,
SOSPEL	17, 27, 36, 51, 56, 66, 93, 94, 170, 194

T.

TENDE	42, 71, 93, 305, 332.
THIERI	152,
TOUDON	143, 346
TOUET de Beuil	145, 152
TOUET-Scarena	93, 194, 367
Tourrette-Levens	60, 153 180, 181, 200
Tourrette-Revest	143
TOURNEFORT	145, 203
TRINITÉ-Victor	119
TURBIE	26. 118, 127, 153, 194, 200, 397

U.

UTELLE	41, 43, 59, 143, 201

V

VALBONNE	169, 203, 265,
VALDEBLORA	147, 166, 330
VENANSON	56, 186
VENISE	138
VENTIMILLE	88, 93, 94
VERNEA	73, 75, 76, 90, 96, 97, 99, 101, 106, 109, 147, 149, 152, 179, 217, 218, 225, 236, à 257,

275 279, 308, 316, 331, 333,
346, 364, 390, 368,
VILLARS 119, 145, 152, 183, 338
VILLEFRANCHE 25, 50, 52, 60, 93, 175, 186, 394
194, 195, 202, 368
VILLEVIEILLE 30, 93

Couvents

DE LERINS 25. 195
St PONS 25, 30, 46, 244
Ste CLAIRE 45
Ste CROIX 34
CIMIEZ 34, 40
St FRANÇOIS 191
St DOMINIQUE 44
St AUGUSTIN 95,
THÉATINS 45
TEMPLIERS
Chevaliers de St Jean
de Jérusalem   } 193
et de Malte

Sanctuaires

DE FENÊTRES 43, 143
DES MIRACLES 59
DE LAGHET 264, 359
DE MONDOVI 194

TABLE DES MATIÈRES
Contenues dans ces Mémoires

PREMIÈRE PARTIE
la Commune de Contes

HISTOIRE

Origine de Contes. — Fondation de Cimiez et de Nice. — Les Védiantiens. — Étimologie de Contes. — Contes au Vignal. — Contes forteresse. 1

Les Seigneurs de Contes. — Droits outrés des Seigneurs. — Status politiques. — Procès aux Seigneurs. — Achat de la juridiction. — Cession des eaux d'arrosage en 1489 en 1500. 4

Les Seigneurs chassés de Contes. — La pierre dite *dau Revès* — La ville prend possession du fort. — Les terres de Contes libres de toute servitude. — Defense de vendre des terres aux nobles, ou d'en acheter d'eux — detense aux nobles d'en vendre aux habitants. — Les Seigneurs renoncent à leurs terres à l'exception de trois. — Les passages et les bans donnés à cens perpétuel à la commune 7

Contes erigé en Comté en 1700. Hommage et serment de fidélité au Duc de Savoie — Les habitants de la Commune de Contes sont tous nobles — Établissement à Nice de l'Insinuation, du Collége des notaires et du Sénat 10

Droits des Seigneurs et ceux du Souverain sur Contes. 15

Paturages et Bandites. — Paturages donnés en emphitéose — Procès aux Seigneurs — achat des Ban-

dites — defense de faire de la litièrie dans les bois de
la communne. 13

Bornages de 1306 à 1720. — Quatre décrets
du Sénat contre la Commune de Peille. 14

Fontaine de Contes. Droit de la Ville à la source
de Rieudum. 15

Moulins et Edifices. — Leur achat. — Cession
de l'acqueduc des moulins. — Défense de construire
des moulins et des Edifices. 16

Animaux. — Défense de chasser avec des engins. —
Destruction des chenilles à Contes, à Sclos et à Nice. 18

Archives de la Commune. — Leur Inventaire. — Les
Archives des autres Communes. 19

En temps de guerre.

Incursion des barbares. Destruction de Cimiez
et de Nice. — Nice et le Comté sous le Roi Childebert
en 585. 22

Incursion des Sarrazins. en 729. — Le moine
Eblon-Victoire des chrétiens à Poitiers. — Prédiction
de St Hospice. — Origine d'Antibes, Fréjus et Aix —
La Provence et Nice réunis au royaume de France en
740. — La Gaule narbonnaise prend le nom de Provence — Charlemagne à Nice en 777. — Les chrétiens
défaits à Roncevaux et à Carcassonne. — Destruction
des anciennes nations historiques. 23

Les deux Fraxinets des Sarrazins en 870. — Ils
ravagent les environs de Nice et l'Abbaye de St Pons
en 890. — Ils s'emparent du port Olive et s'établissent
à St Hospice et à Turbie. — Notions sur Turbie et St
Agnès. 25

Destruction des Fraxinets en 950. — Gibalin
libérateur de la patrie. Donat — ion de Monaco à la famille Grimaldi. — Contruction des villes et des châteaux
sur le sommet des montagnes. 27

Nice sous les Comtes de Provence en 1176. Vêpres Siciliennes en 1273. — Massacre de vingt mille colons. — Deux familles de Contes. — Population de la Provence. 28

Nice se donne au Duc de Savoie en 1388 Notions sur l'Abbaye de St Pons et Villevielle. . . . 30

Guerre avec la France en 1524. — Le château de Nice en 1518. — Ses fortifications, son puits. — Ancienne Cathédrale Ste Marie. — Cathédrale Ste Réparate — Mort de l'Evêque — François Ier fait prisonnier en 1525 — Charles-Quint consacré Roi d'Arles. — Désespoir des Provençaux. — Les Impériaux battent en retraite. 32

Le Saint Suaire exposé à Nice à la vénération publique en 1537. . . . . , ... 33

Trève de dix ans en 1538. — Paul III, François Ier et Charles-Quint à Nice. — Notions sur les Couvents de Ste Croix et de Cimiez. — La Croix de marbre et le monument à Pie VII. 34

Siège de Nice par les Turcs en 1543. — Contes devient le refuge de plusieurs familles de Nice. — Assaut à la ville. — Catherine Segurane. — l'Eglise de Sincaire. — Vœu de la ville. — La ville capitule. — Le Comté se soumet. — Le château résiste. — Les Turcs se retirent. 35

La paix de 1544. — Paul III obtient une suspension d'armes. — Mort de François Ier en 1543. — Charles Quint renonce à la Couronne et se retire dans un Couvent. 37

Contes en temps de guerre. Refus d'admettre les troupes du Duc dans le fort en 1551. — Les Syndics condamnés à l'amende de mille ducats. — Annulation de la sentence. — Siège de Dosfraires en 1617. — Attaque de la tour de Revest en 1696. — Echange de plusieurs bourgs avec la France en 1760. — Notions sur Guillaume, Auvare et le Couvent de Cimiez. . . 38

Dégats et frais de guerre. — Ruine du château de Nice en 1691. — Terrible explosion. — Impositions. — Le Duc de Savoie prend le titre de Roi de Sardaigne en 1720. 40

Travaux Publics.

Route de Tende en 1786. — Notion sur Tende, son Eglise, ses Seigneurs. — Terrible avalanche au col de Tende. — l'hospice de *la Cá*. — Saorge et Fontan. 42

Route mulatière en 1424. — Notions sur le Sanctuaire de Fénêtres, sa statue, son hospice. — St Martin-Lantosca, le Seigneur Aiglieri tue le Curé et est dévoré par les loups. — Le Seigneur Gubernatis brulé en effigie. — La fête de l'*Andulata*. — Soldats noyés dans le lac de Fenêtres. — Les cinq lacs des Merveilles. 43

A Nice. Le port. — Chemin des ponchettes. — La tour de l'orloge. — La caserne militaire. — Le Couvent St Dominique, son Eglise, sa façade. — La famille Badat s'éteint. — Le Couvent Ste Claire. — Tombeau de Romée de Villeneuve. — St Vincent Ferrier à Nice, il y donne une Mission. — Eglise de St François de Paule. — De la Miséricorde. — Promenade de la terrasse. — Mort du Président Mélarède. — Palais épiscopal. — Façade de l'hôtel de Ville. — Théâtre Maccarani. — Promenade du Cours. — Place Victor. — Cimetière du château. — Grand Dictionnaire d'Alberti. — Rues de Nice pavées. — Reverbéres. — Promenade des anglais. 44

Finances. — Papiers monnaie. — St Pons supprimé. — Faillite de Vierne et Veillon. — Rareté de l'argent en 1714. — Système ruineux de Jean Law en France. — Usures des Juifs à Nice. — Le peuple resiste à un impôt foncier. — Abondance du numéraire en 1750. —

Affluence d'illustres étrangers à Nice. — Indépendance des Etats-Unis en 1776. — La Corse cédée à la France en 1758. 46

Révolution française. Émigration à Nice. Procession de la fête-Dieu en 1792. — Retraite des troupes Sardes. — Fuite de la population. — Entrée des français à Nice. — Pillage de la ville. — Phalange Marseillaise. — Horreurs commises. — Pillage de Sospel. — Braü village et église. — Sac de Sclos. — Troupes à Contes, Scarena, Berre et Coarazza. — Sac de Sospel. — Assassinats à Bendejeun. — Graille veut adopter le fils d'un milicien de Berre. — Convention des Colons Marseillais. Guillotine en permanence. — Comités de surveillance. — Exécution. — Loi des suspects. — Terrorisme. Patriotisme à Contes. — Le notaire Giacobi. — Vente des biens nationaux. Monnaie de Monaco. — Abus de pouvoir. — Rapport de l'abbé Grégoire. . . 49

Les Barbets. — Massena. — Levens, son château. — Etat désastreux de la vallée de la Vésubie. — Horreurs des barbets. — Saut de la République. — Chasse aux barbets. — Horrible ouragan. — Exécution des barbets. — Liste des barbets condamnés à mort. — Notions sur Utelle, son Eglise. — La Madonne des Miracles. . 55

Constitution civile du Clergé. — Fête civile de l'Etre suprême. — Ste Reparate fermée en 1794' — Signes extérieurs du culte enlevés — Le son des cloches cesse. — Costume religieux interdit. — Ordre d'anéantir tout signe féodal et nobilaire. — Punitions divines. — Serment exigé des prêtres. — Jugement des prêtres insermentés. — Les mauvais prêtres à Nice .— Chute de Robespierre en 1795. — Liberté des cultes. — Solennité de Paques. — Procession à l'exterieur à Aspremont. — La Terreur cesse. — Joie universelle. — Les terroristes. — Le peuple revient à la pratique de la Religion. — Concordat de 1801. — Colonna d'Istria,

Évêque de Nice. — Missions à Contes et dans le Diocèse. 61

La paix de 1814. — Le roi Charles-Emanuel est relegué en Sardaigne en 1798. — Son entrevue avec Pie VI. — Il abdique. — Les alliés entrent dans Paris. — Napoléon abdique en 1814. — Insurrection dans le Comté. — Désertions. — Les conscrits de Contes se cachent. — La paix proclamée à Nice et à Contes. — Réjouissance du peuple. — Les conscrits retournent à la ville. 66

Révolution de 1821. — Victor-Emanuel abdique. — Les étudiants du Comté. — Condannation. — Exécutions.

Désordres à Contes en 1828. 68

Passage de Charles-Félix à la Poncia en 1829. — Arc de triomphe. — Inscription. — Chanson en son honneur. — Mort de Charles-Félix. — *Marie-Christine* à la Poncia en 1834. — Adeline Camous lui presente un bouquet. 70

Constitution de 1848. Desordres dans quelques villes. — Les Jésuites quittent le Collége de Nice.

Annexion à la France en 1860. — Unanimité des votes. — Réjouissance publique. 71

TERRITOIRE DE CONTES.

La ville de Contes. — Ses murailles, ses portes. — Maison de ville.

Le sol de la Commune. — Cadastre. — Terrain cultivable. — Composition de la Commune. — Climat. 72

Noms anciens des divers quartiers

Administration de la Commune. 74

Population de Contes. — De l'arrondissement. — Des divers quartiers. — A diverses époques. — Les principales familles de la Commune. 75

Qualité des habitants. — Taille. — Caractère. — Richesse. — Longévité. — Mariage. — Juifs. — Les personnes qui se sont distinguées. 76

Nom des anciennes familles de Contes. Des Syndics. — Des Bayles. 79

Usages particuliers à Contes. — Les Abbés des festins. — Droit de Charivari 80

Proverbes en usage à Contes. 82

Sobriquets, leur origine. 83

RELIGION

Eglise paroissiale de Contes. L'ancienne. — La nouvelle. — Eglise de St Etienne. 85

Compagnie du Rosaire. Donation. — Bienfaiteurs. — Autel. — Messes. — Quête — Privilèges. — Revenus. — Dévotion. 86

Eglise de St Roch. Société de Secours mutuels. . 87

Confréries. — Bénédiction papale. — Revenus. — Origine des confréries. — Les flagellants. — Confréries de Ste Croix et de la Miséricorde de Nice.

Pèlerinage à Ste Hélène. — Décret de l'Evêque. . 88

Bénéfices Ecclesiastiques. 91

Curés et prêtres de Contes. — Les Eglises de Chateauneuf et de Villevieille. — Étendue du diocèse de Vintimille. — Sospel érigé en Evêché. — L'Eglise de Monaco. — Notions sur Roquebrune, Menton, Molinet, Castillon, Castellar, Gorbio. — Luther à Nice. — Nombre des prêtres à Nice. 93

Eglise de Vernea. — Inscription. — Curés. — Ancienne chapelle. 96

Synode de Nice. — Patrimoine des prêtres. — Carême. — Devoir des Curés. — Pouvoirs de l'Evêque. — Serment des prêtres. 97

Calendrier romain. 98

Cimetière de Contes. — Défense d'enterrer dans les Eglises. 99

INSTRUCTION.

Instruction élémentaire à Contes. — Dom Faraut. — Noms des Instituteurs et Institutrices. Instruction à Vernea et à Sclos. 100

Instruction Secondaire. — Collége des Jesuites à Nice. — Leur suppression. — Leur maison de Carabacel. — Leur bibliothèque. 102

INDUSTRIE.

Fabriques à Contes de Cocons. — Drap. — Poterie. — Savonnerie. — Vermicellerie. — Pipes. . . . 103

Edifices à huile à Contes. — Sclos. — Vernea. . . 104

Moulins à farine. 106

Usine à chaux hydraulique de Contes-les-Pins. — De la fuon de Giarriè. 107

Tuilerie et briqueterie. — A Sclos. — Vernea. — Poncia.
Industrie des anciens. — Culture des fleurs. — Notions sur Pierlas, Rigaud, Briga et Beaulieu. 109

AGRICULTURE.

Olivier. — Son origine. — Ses maladies. — Notions sur l'Olivier de Beaulieu. — Sur Maria. 111

Culture. — Principe des Romains. — Élagage. — Après la gelée. — Beauté et utilité de l'olivier. — Symbole de la paix. . . . . . , . Voyez aussi pages 291 et 294. 115

Vigne. — Les meilleures qualités. — Endommagée par la grêle. — L'insecte *bega*. — Taille. — Culture. — Son origine. — Sa noblesse. — Notions sur Peillon, Massouins, Trinité, Malaussena. . . . . , . 117

Murier. Sa Culture. — L'espéce *incartada*. — Pépinières à Sclos. 121
Figuier. — Origine. — Vertu. — Diverses espèces. — Insecte *peü*. — Utilité de la figue. — Symbole de la douceur. — Quand est-elle mure ? 122
Chataignier. — *Amandier*. 124
Prairies artificielles. Dom Faraut et Lea, les premiers à en faire à Contes. 124
Engrais. 125
Bestiaux. — Vaches envoyées à la montagne en Eté. — Chèvres. — Bêtes à laine. — Notions sur Dalluis. 126
Animaux domestiques. — Poule. — Utilité des œufs. — Les meilleurs. — Coq. — Ses vertus. — Sa beauté. — Sa bravoure. — Qualité d'un bon coq. . . . 127
Insectes nuisibles. — Hanneton. — Charençon. — Courtilières. — Bruches. Sauterelles. — Puceron. — Pyrale. 129
Oiseaux utiles ou insectivores. — Hirondelle. — Martinet. — Alouette. — Étourneau. — Coucou. — Rossignol et Fauvette. — Rouge queue. — Roitelet. — Pouillet. — Mésange. — Les Moineaux en Amérique. . 132
Autres animaux utiles. — Buse. — Hiboux. — Chouette. — Pie. — Chauve-souris. — Couleuvre. — Lézard. — Crapaud.
Patron de l'agriculture. — Des autres professions 138

PRODUITS.

Huile. — Pays d'huile. — Quantité. — Prix. — Mesure. — Quatre qualités d'huile. — Conservation. — La meilleure. . . . . Voyez aussi page 300
Notions sur Utelle et Toudon. 140
Vin. — Quantité à Contes. — Vin blanc. — Les meilleurs vins. — Prix. — Mesure.

Vinaigre. — Notions sur Touet, Breuil et Drap . . 144
Blé. — Insuffisance. — Causes. — Paille. — Défense de glaner. — Notions sur la Pena, Isola, Cuebris et son mont de blé. 146
Haricots de Contes. — Leur renommée. 148
Patates. — Culture. — Le premier à les planter dans la Commune. 149
Choux. — Culture.
Châtaignes. — Culture. — Conservation. — Prix. . 150
Fèves. — Semence. — Époque de les semer. — Culture. — Voyez aussi page 300. Notion sur Roquesteron.
Cocons. = Recolte. — Prix à diverses époques. — Notions sur Touet et Thieri, Chateauneuf et Bendéjeun. 151
Saisons. — Précoces. — Arriérées.
Temps favorable à l'agriculture. — Proverbes *Pronostics* de la pluie et du *beautemps*. — Proverbes. 154
Prix des denrées à diverses époques. — Au 11me siècle. — De la viande en 1883. — Réduction des kilogrammes en rubs, livres et onces. 157
Maximes de culture. — Notions sur Valdeblora, St Dalmas et St Dalmas le Selvage. 166
La journée de l'ouvrier. — Prix. 167

MÉTÉOROLOGIE.

Grandes Sécheresses En 1158 mortalité des arbres. — 1500 les habitants reduits au désespoir. — 1630 les fontaines tarissent. — Moulins fermés. — 1733 mémorable. — On va abreuver les bestiaux et laver le linge au Var. — Les habitants de Valbonne en pèlerinage à Ste Hèlène de Sclos.
1741 procession à Nice avec la Statue de l'*Addolorata*. — 1749 procession avec les reliques de St Alexandre. — Notion sur la *fuonsanta*. — 1845, 1851, 1877, processions à Ste Hélène. . . . . : 168

Grandes Pluies en 1530 le Var et Paillon débordent. — Victimes à Nice. — Le pont St Antoine est emporté. — Notions sur ce pont. — 1544 deluge à Sospel. — Notions sur Sospel. — 1601 orage épouvantable. — Paillon emporte tout 1651 — Année dite du déluge. Le pont d'Entraunes rompu. — 1694 éboulement d'une montagne à Luceram. — 1751 Paillon se jette dans le Port. — 1756 affaissement de la montagne du Col de *Secco* à Coarazza. — Eboulements à Rocabiliera. — Notions sur Entraunes, Luceram, Coarazza et Roccabiliéra. — 1796 Eboulement de la Colline de Liziéres. — 1803 Dommages aux oliviers. — Indemnité à la Commune de Contes. — 1837 Paillon se jette dans le Port. — 1841 l'Ingénieur Ripert est emporté par le Var. — Danger du Gouverneur des Ambrois. — 1855, 1873, 1882 Paillon emporte le chemin de Contes. . . 169

Pluies bienfaisantes en 1825, 1857, 1882 *Asphyxie* par immersion. — Par la foudre. — La vapeur des cuves à vin, ou à charbon. — Conduite à suivre. — *En temps d'orage.* — Conduite à suivre 173

Ouragans en 1516 grands dégats à Nice et à Villefranche. — Plusieurs victimes. — 1807 l'Eglise d'Eze ruinée. — Notions sur Eze. — Mort de l'Evêque Pallavicini. — 1825 Vent furieux. — Les sources diminuent. — Les moulins sans eau. — Les eaux des puits baissent.
1851 singuliers effets d'une trombe aspirante. . . . 174

Froid en 1494 froid horrible qui détruit les oliviers. — 1709 mémorable pour la gelée de tous les arbres. — A Contes les oliviers périssent presque tous. — intensité du froid. — 1720 le froid tue le *verp* des oliviers. — 1789 grands dégats par le froid et la neige. — 1846 le froid tue le puceron (peü) *des figuiers* et la morphéedes oliviers. — *Asphyxie par le froid.* — Conduite à suivre. 176

Hivers doux. — En Janvier 1825 arbres fleuris à St Etienne. — Fraises et violettes à St Martin-Lantosca. — Notions sur St Etienne. 178

Neige 1837 année mémorable 1840 — 1853 — 1883.

Grêle en 1782, 1787 immenses dégats. — 1818, 1827 dégats à Contes. — Indemnités à la Commune. — Notions sur Tourette, Aspremont, Castagniers, Maria, Pierrefeu, St Sauveur et Robion. — 1839 grelons d'une grosseur épouvantable. — 1881 elle détruit tout aux *Plaines* de Castagniers. 179

Phénomènes.

Sauterelles en 1364. — Année mémorable par leur nombre. — Notions sur Rora et Villars. — Les familles Ciaïs et Grimaldi.

Papillons en 1623. — Multitude extraordinaire.

Brouillards en 1781. 1840, 1853 et 1881.

Exhalaisons sèches en 1782. Peur des habitants.

Comète en 1743. — Funestes prédictions.

Prodiges dans le Ciel. — Trois soleils. — Trois lunes. — Pluie de sang. — Deux soleils. — Une Croix dans la Lune. — Feu dans l'air. —

Aurores boréales en 1848. — 1870 — 1883. 1882.

Tremblements de terre. — Ceux du 17me Siècle. — En 1227 plus de 500 personnes périssent. — Luda détruite. — 1564 désastres dans la Vallée de la Vésubie. — Gordolon détruit — Les savants sur ce phénomène. — Eboulement à Luceram. — Notions sur Bolena et Gordolon. — Mort de l'Evêque Recrosic. — 1775 ruine de Lisbonne. — Consternation générale. — 1803 dégats à St Agnès, Castellar, Taggia et San Remo. — 1818 à Contes et à Sclos. — 1854 terrible à Sclos. — la fontetta tarit. 186

Peste en 1348 la peste *noire* de Florence ravage le Comté. — Attribuée aux maléfices des Juifs. — Le Pape arrête leur carnage. — Curieuses explications de la

perte. — Notions sur Illonza, Clans, Puget-Théniers —.
Usage à Clans et à Contes. — 1405 peste attribuée à la
présence à Nice de l'antipape Pierre de Luna. — Météore. — Notions sur le Couvent des Franciscains. —
1467 mémorable par ses ravages. — La Commune de
Contes prend des mesures pour s'en préserver. —
A St Laurent du Var *tous* les habitants en sont victimes. — Sa répopulation. — Passage du Var sur une
barque. — Notions sur les templiers, les chevaliers de
St Jean de Jérusalem et de Malte. — 1581 Vœu de la ville
Nice à St Sébastien. — 1630 Vœu de la ville de Nice
à Ste Rosalie. — Translation de ses reliques. — Ses
reliques à Luceram. — Pélerinage de Breil à la Madonne de Mondovie. — Contes est préservé de la peste. —
Notions sur Breil et Giandola. — 1720 peste dite de
Marseille, 87,650 victimes. — Le Comté de Nice en
est préservé. 189

Epidémies. — 1476 Contes prend des mesures pour
s'en préserver. — 1735 dîte *mortelle*. — Vœu de Nice
de célébrer la fête de l'Immaculée Conception. — 1779
Vœu de Bausson à St Sébastien et St Roch. — Notions
sur Bausson. — 1782 mortalité des enfants à Nice et à
Contes. — 1799, 1800 le typhus fait 8000 victimes à
Nice et 80 à Contes. — 1805 Épidémie des chiens à
Nice et à Contes. — 1806 maladies épidémiques à Contes. — 1818 dans la vallée de Lantosca. — Vœu de
Belvedere à N. D. des Fénêtres. — Notion sur St Martin-Lantosca. 196

Choléra. — Eglise du Vœu à Nice. — Notions sur
Peille, Scarena et Bleusasc.

Lèpre hopital des lépreux dans le 7me et 16me Siècle. 199

Famine, misère en 1330. — 1358. — 1366. — 1520
la Commune de Contes vient au secours des habitants
par des emprunts et *chiabenza*. — 1560. — 1568. —
1709 — 1711 — 1721 et 1727. — Notions sur Ville-

franche, Bairols, Leucia et Tournefort. 1725 — terrible famine à Contes, St Etienne et Luceram. — On se nourrit de glands, de nœuds de paille, de racines d'herbe... 1825 — 1828 — 1829 misère à Contes. 200

DEUXIÈME PARTIE
Le Hameau de Sclos

TERRITOIRE DE SCLOS.

Ancienneté de Sclos. — Les Romains y habitaient. — Son Eglise date du 11me Siècle. — Gaufredo Seigneur de Sclos. — Son château ou manoir. . . 207

Eboulements qui ont bouleversé son territoire. — Le grand éboulement de 1796. 208

Sources. — De Gioferna. — Libac. — Presa. — Poula. — Camous. — Puey. — Castel. — Simon. — Roquier. — Riolla. — Baüs scrice. — Notions sur les sources fuon santa et Moraglia. — Belia devineur d'eau. — Castelli astrologue. 210

Echo de Ste Hélène. 214

Baüs scrice. — Inscription.

Source d'eau minérale. — Analyse de cette eau. 215

Chemin vicinal. — Sa prolongation. 217

POPULATION.

Population en 1814 par familles. — Age. — Sexe. — Mariages. — Condition. 220

Nombre des animaux domestiques.

Valeur des propriétés en 1814. 222

Population à diverses époques. — Limites entre Sclos et Vernéa — Veufs et veuves. 224

Personnes qui se sont distinguées. — Dans

les professions libérales. — En Agriculture. — Aux Concours régionaux. 227

Longévité des habitants. — Excellence du climat de Sclos. 230

Habitations. — Les plus anciennes. — Les meilleures. — Vitres et jalousies aux fenêtres. 231

Costumes des hommes. — Des femmes. — Queue portée par les hommes. 233

Festin et amusements. — Désordres. 235

Rancune entre les jeunes gens de Sclos et ceux de Vernea. — Origine. — Arbre de Mai. — *virà lo Brandi.* — Amendes données à l'Eglise. — Notion sur l'Evêque Colonna. 236

Rancune entre les jeunes gens de Sclos et ceux de Berre. — Jérome Brocart. — Prosper et Henry frères Cauvin. . 240

RELIGION

Eglise de Ste Hélène. Croix plantée de temps immémorial. — L'Eglise construite par les Communes de Contes, Berre et Peille dans le 11me Siècle. — Sa donation à l'Abbaye De St Pons. — Notions sur cette Abbaye. — Bulle du Pape Innocent IV du 1247. — Notions sur ce Pape. 243

Agrandissment de l'Eglise en 1785. — Citerne et hermitage. — Frà Giraudi. — Tableaux du Rosaire et de Ste Hélène. — Les autres tableaux. — Statue de Ste Hélène. — Chœur et clocher. — Tribune. — Sacristie. — Chaire. — Cloches. — Orgue. — Reliques. — Chemin de Croix. 246

L'Eglise érigée en paroisse en 1789. — J. Bapt. Camous dit *Gobbo* propose de bâtir une Eglise à Raybert. — Notions sur la famille *Gobbo*. Dom Mari nommé Curé de Sclos en 1789. — Il prend possession en 1804. — Vernea bâtit son Eglise en 1791. 249

Erection d'une Succursale à Vernea et d'une Aunnexe à Sclos en 1807. — Les deux hameaux s'obligent chacun de payer 250 f. pour le traitement du Vicaire de l'Aunnexe. — Répartition pour ce traitement. — nouvelle répartition en 1819. . . 251

Translation de la Succursale à Sclos et de l'Aunnexe à Vernea en 1820. — Décret du Vicaire G¹ Trinchieri. — Décret de l'Evêque Colonna. — Opposition à cette translation. — Compensation des arrérages dus par Vernea. — Comptes définitifs arrangés en 1827. — Le traitement du Vicaire collecté par le Percepteur. — Augmentation de 50 fr au Curé de Sclos. — Vernea erigée en Paroisse en 1860. 252

Propriétés de l'Eglise. La Republique veut les vendre. — Refus de les acheter. — Procès entre la Commune et les fabriciens. — Transaction entre eux. 257

Biens de Jeanne Véran. Elle en fait un fond-perdu en faveur des habitants. — Destination de leurs revenus. — Leur administration. — Notions sur Jeanne. . 259

Vente des biens de Jeanne. — Décret du Préfet. — Destination du prix de la vente. — La Commune s'en empare. — Observation importante. . . 261

Pèlerinages à Ste Hélène. — Celui de Valbonne. — Jean-Louis Cauvin dit *brigadier*. — Ex voto de Valbonne. — Divers pèlerinages. 264

Deux Evènements remarquables. — Les trois frères Cauvin chantent la Messe. — Panégyrique de Ste Hélène par Dom Sixte Cauvin à l'âge de 87 ans. 267

Tableau des legs pieux faits à l'Eglise. . . 268

Dons faits à l'Eglise.

Curés de Sclos et prêtres natifs de Sclos. 270

Chapelles de Sclos. 271

Croix des chemins. 273

Visites pastorales. 274

Cimetière. — Les inhumations dans l'Eglise de Contes. — Fontaine des morts. — Scandale. — Confrerie de la Miséricorde à Sclos. — De St Roch à Vernea — Cimetière de Sclos. — Inscriptions. 281

INSTRUCTION

Ecoles privées. — De Dom Giaume. — Des Curés. — Du chirugien Cauvin. 285
Ecoles d'adultes
Ecole centrale. — Nom des Instituteurs. . . . 287
Ecole mixte. — Nom des Intituteurs.
Ecole Secondaire de Dom Castelli. . . 288
Ecole de musique vocale et instrumentale. — Plain chant. — Chant des filles. — Musique. — Orphéon. . : 289

INDUSTRIE.

Edifices à huile. 105
Chaux hydraulique.
Briqueterie.
Tuilerie. 109

AGRICULTURE.

Voyez page 111 et suivantes

L'agriculture profession noble. — Ceux qui l'ont exercée. — Importants conseils aux agriculteurs. . . . 291
Culture de l'Olivier. — Maxime des Romains. — Les premiers qui l'ont cultivé. — Qui ont fait le commerce de l'huile. — Usage de l'huile par les Romains. — Vénération des Grecs pour l'olivier. — Valeur des terres plantées en Oliviers. — Notions sur la première monnaie des Romains. — Sur le miel. 294
Culture du Cyprès. — Les premiers qui l'ont cultivé à Sclos. — Les plus gros. — Son utilité et valeur. — C'est un arbre sinistre. — Respect pour le cyprès. 296

PRODUITS.

Voyez page 140 et suivantes.

Huile. — Trois seules bonnes recoltes en 33 ans.

Féveroles. — Leur produit. — Notions sur la famille romaine des Fabius. 300

MÉTÉOROLOGIE.

Voyez pages de 168 à 204 et 301.

HISTOIRE.

Sac de Sclos en 1792. — Un soldat est blessé, un autre tué. — Deux balles tirées à la porte de l'Eglise. 301

Cherté des vivres en 1795. — Les habitants de Nice mise à la ration. — Prix du blé, seigle, morue. . 303

Eboulement de la Colline de Lizières en 1796. — La plus belle propriété de la Commune ruinée. 304

Pie VII à Scarena. — Zèle du peuple à recevoir sa bénédiction. 305

Dom Sixte Cauvin exempté du service militaire

Mariage de Séraphine Cauvin. 306

Constitution de 1848. — Le Juge assiste au *Te Deum*. — Joseph Cauvin refuse de le chanter. . 307

Annexion à la France. — Motif du contentement des habitants. — La Commune de Contes sous les Comtes de Provence. — Sous les Ducs de Savoie. — Réunie à la France. 308

Inauguration du buste de Dom Sixte Cauvin. — Inscription sur le Monument. — Vers italiens par Mme Fea. 309

Jubilé d'or de Dom Antoine Cauvin. — Vers italiens de l'avocat Sérafin Ghè. 314

Délits commis à Sclos.

Assassinat de la Marquise de Butler. — Trois voitures attaquées. — Mort d'un assassin. — Les trois Bellone condamnés à mort. — La tête d'un Bellone placée sur un poteau. 315

Marie Cestel battue à mort. — Milieri attaqué. Son garçon tué. — Un des assassins exécuté. — Un italien tue son cocher et se pend en prison. — Pauline Pontier

tuée. — Le meurtrier prend la fuite. — Il est condamné à mort 320
Incendies à Sclos. 322
Accidents à Sclos
Chute du tonnerre sur l'Eglise. 325
Noms donnés aux divers quartiers de Sclos. . . 326

BIOGRAPHIE

Des personnes de Sclos qui se sont distinguées.

Curés   Dom Mari 1er Curé . . . . page 328
            Dom Pastorelli 2me ». 329
            Dom Filippi 3me ». 330
            Dom Guidi 4me » 332
            Dom Camous 5me » 333
Prêtres Les frères Cauvin de *libac*. 333
            Dom Giaume dit *fournier*. 335
            Dom Giaume dit *santon*. 337
            Dom Camous dit *labicol*. 338
            Dom Castelli Antoine. 340
            Dom Sixte Cauvin. 342
            Dom Eugène Cauvin. 345
            Dom Antoine Cauvin. 347
Laïques Jacques Cauvin dit *brigadier*. 351
            Marguerite Castelli épouse Cauvin. 357
            Sérafine Cauvin, veuve Archini. 359
            François Cauvin. 362
            Françoise Castelli épouse Hughes. , ... 364
            Antoine Hughes et Jean Albin. 366
            Médecin Cauvin dit *fotte*. 368
            Chirugien Cauvin dit *fotte*. 371
            Médecin Giaume dit *santon*. 373
            Notaire Cauvin dit *frussa*. 375
            Joseph Cauvin dit *frussa*. . . . . , . 379
            Joseph Giaume dit *santon*. 381
            Ant ine Cauvin dit *fotte*. 381

Jacques Cauvin dit *la marto.* 382
Sixte Castelli dit *conte.* 382
Jérôme Brocart. . . . . , . 384
Charles Brocart. 387
Les frères Raybaut dits *bronzo.* 388
Felicie Camous épouse Cauvin. 389
Marie-Thérèse Camous épouse Castel. 390
Madeleine Imbert épouse Nuat. 391
Françoise Castelli épouse Castel. 392

GÉNÉALOGIE.

Des familles suivantes de Sclos.

Cauvin dit *brigadier.* . . . . page 352
Cauvin » *fotte* du Collet. 368
Cauvin » *fotte* du Cluot. . . . . . 370 et 372
Cauvin » *frussa* de Simon. 376
Cauvin » *frussa* de la Torre. 380
Cauvin » *giacas* de Libac. 334
Cauvin » *la marto.* 382
Camous » *labicol.* . . . . , 339
Camous » *bolacion.* . . , ... 386
Camous » *l'Evesche.* 391
Camous dit *puore* de Vernéa. 390
Giaume » *fornier.* 336
Giaume » *santon* de la Torre. . . . . . , 337
Giaume » *santon* de Lambert. 374
Castelli André. . . . . 341 et 383
Castelli Pierre-Antoine. 391
Brocart Antoine. 385
Brocart Marc-Antoine. 387
Raybaut frères. 389
Nuat. 392
Recit historique sur le Sanctuaire de Laghet. 394
Noms des villes et villages, Couvents et Sanctuaires dont il
   est fait mention dans ces Mémoires. 399

ERRATA

page	ligne	*Erreurs*	*Correction*
3	6	thenos	ktenos
17	13,26	audessus	audessous
25	9	970	870
32	31	d'Arsagis	de Palletis
	30	1538	1658
33	27	1837	1537
66	1,2	1834, 1843	1634, 1643
75	10	1808	1814
	15	322	326
96	8	371	271
166	21	Molieras hameau de	*effacez*
143	35	Amédée VII	Charles Emmanuel
190	30	est la Pentecôte	*effacez* est
210	29	1979	1879
228	33	30 ans	80
229	30	aussi	toute
230	3	de Contes	Castagniers
271	13	trussa	fotte
	14	Cauvin Jacques	*ajoutez* frussa
304	6	Louis	Charles
333	23	Instituteur	*ajoutez* et Vicaire
338	8	1800	1880
354	6	1864	1814
370	26	Vavrian majolé	Valérian major
386	36	*après* chemin	*ajoutez* 3 enfants

MÉMOIRES

Pour servir à l'histoire naturelle, statistique, industrielle, agraire, politique, morale et religieuse

DE LA

COMMUNE DE CONTES

ET DU HAMEAU

DE SCLOS

AVEC DES NOTIONS SUR LES VILLES, BOURGS ET
VILLAGES, COUVENTS ET SANCTUAIRES
DE L'ANCIEN COMTÉ DE NICE

PAR

l'Abbé Antoine CAUVIN

Amor patriæ.

NICE

IMPRIMERIE ET LIBRAIRIE DU PATRONAGE SAINT-PIERRE
1, place d'Armes, 1.

1885

Les erreurs faites dans ce livre (excepté celles d'orthographe) et leur correction se trouvent à la fin du volume.

www.ingramcontent.com/pod-product-compliance
Lightning Source LLC
Chambersburg PA
CBHW070921230426
43666CB00011B/2265